EINZELSCHRIFTEN

Nina Klein
Ökonomische Erkenntnistheorie und ordnungspolitische Implikationen – Die Beiträge von Platon, Aristoteles, Thomas von Aquin, John Locke, David Hume, Immanuel Kant, John Stuart Mill, Karl R. Popper und Friedrich August von Hayek
Lohmar – Köln 2000 ♦ 412 S. ♦ DM 96,- ♦ € 49,08 ♦ ISBN 3-89012-782-7

Harald Schmitz
Der Krankenhausvergleich als Instrument der internen und externen Koordination
Lohmar – Köln 2000 ♦ 320 S. ♦ DM 87,- ♦ € 44,48 ♦ ISBN 3-89012-788-6

Daniela Brandl
Koppelungsgeschäfte in der Rechtsordnung unter besonderer Berücksichtigung des Betriebsverfassungsrechts
Lohmar – Köln 2000 ♦ 240 S. ♦ DM 78,- ♦ € 39,88 ♦ ISBN 3-89012-789-4

Dorothea Gerloff
Möglichkeiten, Grenzen und Konsequenzen des Einsatzes elektronischer Geldbörsen
Lohmar – Köln 2000 ♦ 424 S. ♦ DM 96,- ♦ € 49,08 ♦ ISBN 3-89012-792-4

Christian Boris Robbers
Übertragbarkeit internationaler Bewertungsrelationen zur Vergütung von Krankenhausleistungen
Lohmar – Köln 2000 ♦ 252 S. ♦ DM 78,- ♦ € 39,88 ♦ ISBN 3-89012-800-9

Irene L. Market
The Economics of Informal Financial Arrangements – The Characteristics and Potentials of Informal Financial Institutions and the Senegalese Experience
Lohmar – Köln 2000 ♦ 260 S. ♦ DM 79,- ♦ € 40,39 ♦ ISBN 3-89012-811-4

Frank Körsgen
Handlungsorientierte computerunterstützte Lehr-Lernarrangements am Beispiel SAP® R/3®
Lohmar – Köln 2001 ♦ 298 S. ♦ DM 86,- ♦ ab 01.01.02 € 44,- ♦ ISBN 3-89012-832-7

JOSEF EUL VERLAG

Dr. Frank Körsgen

Handlungsorientierte computerunterstützte Lehr-Lernarrangements am Beispiel SAP® R/3®

JOSEF EUL VERLAG
Lohmar · Köln

"SAP" ist ein eingetragenes Warenzeichen der SAP Aktiengesellschaft Systeme, Anwendungen, Produkte in der Datenverarbeitung, Neurottstraße 16, D-69190 Walldorf.

Der Autor bedankt sich für die freundliche Genehmigung der SAP Aktiengesellschaft, das Warenzeichen im Rahmen des vorliegenden Titels verwenden zu dürfen. Die SAP AG ist jedoch nicht Autorin des vorliegenden Titels oder sonst dafür presserechtlich verantwortlich.

Die Deutsche Bibliothek – CIP-Einheitsaufnahme

Körsgen, Frank:
Handlungsorientierte computerunterstützte Lehr-Lernarrangements am Beispiel SAP® R/3® / Frank Körsgen. – Lohmar ; Köln : Eul, 2001.
   Zugl.: Köln, Univ., Diss., 2001 u.d.T.: Körsgen, Frank: Didaktisch-methodische Grundlagen und praktische Gestaltung handlungsorientierter computerunterstützter Lehr-Lernarrangements mit integrierter, betriebswirtschaftlicher Standardsoftware am Beispiel SAP® R/3®
   ISBN 3-89012-832-7

© 2001
   Josef Eul Verlag GmbH
   Brandsberg 6
   53797 Lohmar
   Tel.: 0 22 05 / 91 08 91
   Fax: 0 22 05 / 91 08 92
   http://www.eul-verlag.de
   info@eul-verlag.de
   Alle Rechte vorbehalten
   Printed in Germany
   Druck: RSP Köln

Bei der Herstellung unserer Bücher möchten wir die Umwelt schonen. Dieses Buch ist daher auf säurefreiem, 100% chlorfrei gebleichtem, alterungsbeständigem Papier nach DIN 6738 gedruckt.

**Für meine Frau Renate
und meine Söhne Philipp und Max**

Vorwort

Die vorliegende Arbeit entstand mit der Intention, effektive und interessante Lehrveranstaltungen unter Anwendung aktueller und praxisrelevanter betriebswirtschaftlicher Standardsoftware zu entwickeln und wirtschaftspädagogisch zu begründen. Die eingesetzte Software SAP®R/3® repräsentiert hierbei zum einen ein komplexes kaufmännisch orientiertes IT- Werkzeug, das in vielen Unternehmen etabliert ist und zum anderen ein Reflexionsobjekt für die Integration und Darstellung standardisierten betriebswirtschaftlichen Wissens.

Die hier mögliche Verknüpfung von Theorie und Praxis bietet interessante Gestaltungsmöglichkeiten für die Entwicklung von Lehr-Lernarrangements im Überschneidungsbereich der Wirtschaftspädagogik, der Betriebswirtschaftslehre und der Informationstechnologie. Die Betrachtung integrierter, betriebswirtschaftlicher Standardsoftware im Unterricht erfolgt in der vorliegenden Arbeit unter dem Schwerpunkt pädagogischer und betriebswirtschaftlicher Aspekte. Da es sich grundsätzlich um ein EDV-Werkzeug handelt, werden auch informationstechnische Aspekte aufgegriffen und erläutert.

Die im Rahmen dieser Arbeit erfolgten theoretischen Reflexionen, die realisierten und dokumentierten Veranstaltungen und Unterrichtsmaterialien sollen beispielhaft die Möglichkeiten und Risiken der Verwendung komplexer, kaufmännischer Standardsoftware darlegen. Die didaktischen Überlegungen erfolgen unter besonderer Berücksichtigung einer kritisch-handlungsorientierten Wirtschaftsdidaktik.

Ganz besonders danken möchte ich meinem Doktorvater Herrn Prof. Dr. Josef Aff für die Ermöglichung und engagiert-konstruktive Betreuung der vorliegenden Dissertation. Weiterer Dank gebührt Herrn Prof. Dr. Horst Tempelmeier für die Übernahme des Korreferates und Herrn Prof. Dr. Otto K. Amon für die Ermöglichung der Seminardurchführung. Für das Lektorat bedanke ich mich bei Frau Barbara Henning.

Abschließend danke ich meiner Frau Renate, die während der Promotionsphase ein Höchstmaß an Toleranz für mein Vorhaben zeigte und auf sehr viel gemeinsame Zeit verzichten mußte.

Widmen möchte ich diese Arbeit meinen beiden Söhnen Philipp und Max.

Bergisch Gladbach, im Oktober 2000

VIII

Inhaltsverzeichnis

1. Einleitung 1
   1.1 Problemstellung und Zielsetzung der Arbeit 1
   1.2 Aufbau und Vorgehensweise 5
   1.3 Zur Praxisrelevanz der Arbeit 8

2. Didaktisch methodische Ansatzpunkte zur Entwicklung von Lehr-Lernarrangements mit integrierter betriebswirtschaftlicher Standardsoftware 9

   2.1 Theoretische Reflexionen zu komplexen Lehr-Lernarrangements mit betriebswirtschaftlicher Standardsoftware 9

       2.1.1 Bildungs- und lerntheoretische, kommunikative und handlungsorientierte Ansätze 9
           2.1.1.1 Das Konzept der kritischen Handlungsorientierung als genereller Bezugsrahmen 9
           2.1.1.2 Der kritisch-konstruktive Ansatz nach Klafki 12
           2.1.1.3 Der kritisch-kommunikative Ansatz nach Winkel 25
           2.1.1.4 Normative und organisatorisch-soziale Aspekte des Einsatzes integrierter, betriebswirtschaftlicher Standardsoftware im kfm. Unterricht 29
           2.1.1.5 Die Kognitionspsychologische Handlungstheorie von Aebli .. 30
           2.1.1.6 Methodisch-didaktische Schlußfolgerungen der Theorieaussagen Aeblis für Gestaltung von Lehr-Lernprozessen mit integrierter betriebswirtschaftlicher Standardsoftware ... 36
           2.1.1.7 Das didaktische Konzept des handlungsorientierten Unterrichts nach Meyer 38
           2.1.1.8 Curriculare Überlegungen 46
       2.1.2 Ansätze zur Gestaltung computerunterstützter Lernumgebungen .. 48
           2.1.2.1 Das Konzept des problemorientierten Lernens und Lehrens .. 48
           2.1.2.2 Gestaltungsprinzipien problemorientierter computerunterstützter Lernumgebungen 52

2.1.2.3 Cognitive Apprenticeship – ein handlungsorientiertes Konzept für problemorientiertes Lernen in computerunterstützten Lernumgebungen ... 56

2.2 Entwicklung eines methodisch didaktischen Strukturierungskonzeptes zur effizienten Gestaltung von Lehr-Lernarrangements mit komplexer betriebswirtschaftlicher Standardsoftware ... 62

2.2.1 Übersicht über das Gestaltungskonzept ... 62
2.2.2 Die Planungsphase ... 66
    2.2.2.1 Teilnehmeranalyse ... 70
        2.2.2.1.1 Einschätzung der Eingangsvoraussetzungen ... 70
        2.2.2.1.2 Einschätzung der Erwartungen und Einstellungen ... 73
    2.2.2.2 Dozentenmerkmale ... 75
        2.2.2.2.1 Fachkompetenz ... 82
        2.2.2.2.2 Methodisch didaktische Kompetenz ... 84
        2.2.2.2.3 Überfachliche Kompetenz ... 86
        2.2.2.2.4 Soziale Kompetenz ... 86
        2.2.2.2.5 Die organisatorische Kompetenz ... 88
        2.2.2.2.6 Kompetenzen auf der Funktionsebene ... 88
    2.2.2.3 Lernziele ... 89
        2.2.2.3.1 Lernzieloperationalisierung (Richt-, Grob- u. Feinziele) ... 91
        2.2.2.3.2 Lernzieldimensionierung und Lernzielhierarchisierung ... 93
        2.2.2.3.3 Ableitung eines praktikablen fachdidaktischen Lernzielmodells ... 97
    2.2.2.4 Potentielle interdisziplinäre Themenfelder im Rahmen des Einsatzes integr. betriebswirtschaftlicher Standardsoftware ... 100
        2.2.2.4.1 Grundlegende Bedienungskenntnisse ... 101
        2.2.2.4.2 Datenbankkenntnisse ... 102
        2.2.2.4.3 Systemadministration ... 102
        2.2.2.4.4 Programmierung ... 103
        2.2.2.4.5 Customizing ... 104
        2.2.2.4.6 Implementierungswissen ... 105
        2.2.2.4.7 Projektmanagement ... 106
        2.2.2.4.8 Electronic commerce ... 108
        2.2.2.4.9 Betriebswirtschaftliche Anwendungen ... 109
        2.2.2.4.10 Geschäftsprozeßwissen ... 112
    2.2.2.5 Gewünschte Handlungsergebnisse ... 116
    2.2.2.6 Methoden ... 117
    2.2.2.7 Ergänzende Medien ... 124

2.2.2.8　Institutionell-organisatorische Aspekte der Einführung 126
   2.2.2.8.1 Notwendige Rahmenbedingungen 126
   2.2.2.8.2 Hochschulkompetenzzentren als Beispiel für ein kostensparendes Konzept der Vernetzung von Bildungsinstitutionen für den Bereich integrierter betriebswirtschaftlicher Standardsoftware 127
2.2.2.9　Möglichkeiten der Verknüpfung integrierter, betriebswirtschaftlicher Standardsoftware mit multimedialer Lehr- und Informationssoftware 130
   2.2.2.9.1 Begriffsbestimmung Multimedia und Neue Medien 130
   2.2.2.9.2 Typologie multimedialer Lehr- und Informationssoftware 131
   2.2.2.9.3 Möglichkeiten der Integration des Internet in den Unterricht mit integrierter, betriebswirtschaftlicher Standardsoftware 138
   2.2.2.9.4 Potentiale, Risiken und Grenzen des Einsatzes multimedialer Lernhilfen 140
2.2.2.10　Qualitätssicherung in der Planungsphase 143
2.2.3　Die Durchführungsphase 145
   2.2.3.1　Entwicklung eines Phasenschemas zur Unterrichtsdurchführung 145
      2.2.3.1.1 Phase des Problematisierens 150
      2.2.3.1.2 Phase des Informierens und Orientierens 150
      2.2.3.1.3 Anwendungsphase 151
      2.2.3.1.4 Transferphase 152
      2.2.3.1.5 Reflexions- und Explorationsphase 152
   2.2.3.2　Qualitätssicherung in der Durchführungsphase 153
2.2.4　Die Analysephase 154
   2.2.4.1　Abschließende Evaluationen 154
      2.2.4.1.1 Analyse des Zufriedenheitserfolgs 154
      2.2.4.1.2 Analyse des Lernerfolgs 155
      2.2.4.1.3 Analyse des Transfererfolgs 155
   2.2.4.2　Kosten-Nutzenanalyse 156

2.3　Zwischenfazit 158

3. Integrierte, betriebswirtschaftliche Standardsoftware als Brücke zwischen Theorie und Praxis ... 161

3.1 SAP®R/3® als Beispiel erfolgreicher ERP-Software ... 161

3.1.1 Module und Komponenten eines R/3® Systems ... 162
3.1.1.1 Grundkonzept und Modulübersicht ... 162
3.1.1.2 Basismodul ... 164
3.1.1.3 Modul Vertrieb ... 165
3.1.1.4 Modul Materialwirtschaft ... 168
3.1.1.5 Modul Produktionsplanung und –steuerung ... 170
3.1.1.6 Modul Instandhaltung ... 172
3.1.1.7 Modul Personalwirtschaft ... 173
3.1.1.8 Modul Finanzwesen ... 174
3.1.1.9 Modul Controlling ... 176
3.1.1.10 Modul Treasury ... 176
3.1.1.11 Modul Business Workflow u. spezielle Branchenlösungen ... 177
3.1.1.12 Internet- und Intranet Anwendungen ... 179
3.1.2 Gründe für die starke Marktdurchdringung und aktuelles Marktgeschehen ... 181
3.1.3 Technische Aspekte der Implementierung ... 184
3.1.4 Kosten-Nutzen-Analyse ... 185

3.2. Lernthemenpotential von Modellunternehmen am Beispiel des SAP®R/3® IDES®- Trainingsmandanten ... 186

3.2.1 Voreinstellung globaler, repräsentativer Unternehmens- und Organisationsstrukturen ... 187
3.2.2 Darstellung verschiedener Fertigungsverfahren und Produktgruppen ... 190
3.2.3 Abbildung integrierter charakteristischer Geschäftsabläufe ... 192
3.2.4 Herstellung reproduzierbarer betriebswirtschaftlicher Ausgangszustände ... 193

3.3 Zwischenfazit: Vorzüge, Grenzen und Risiken beim Einsatz betriebswirtschaftlicher Standardsoftware in komplexen Lehr- Lernarrangements ... 194

4. Empirischer Teil: Entwicklung, Durchführung und Auswertung einer Seminarkonzeption zur Darstellung integrierter Geschäftsabläufe unter Einsatz der betriebswirtschaftlichen Standardsoftware SAP®R/3® 197

4.1 Entwicklung der Seminarkonzeption 197
    4.1.1 Ablauf und Inhalt des Seminars 197
    4.1.2 Entwicklung der iterativen Vier-Stufen-Methode 199
        4.1.2.1 Einführung/ Bedienung der Software 201
        4.1.2.2 Stufe 1: Betriebswirtschaftlicher Hintergrund 201
        4.1.2.3 Stufe 2: SAP®R/3® spezifischer Hintergrund 202
        4.1.2.4 Stufe 3: SAP®R/3® Fallstudie 202
        4.1.2.5 Stufe 4: Multimediale Fallstudienlösungen 203
    4.1.3 Angestrebte Lehrziele 203
    4.1.4 Konzeption der integrierten Wertschöpfungskette vom Kundenauftrag bis zum Rechnungsausgleich in Form von fallstudienbasierten Lerneinheiten 204
        4.1.4.1 Lehrziele, Unterrichtsablauf und -materialien der Lerneinheit 1: Kundenstammbearbeitung 205
        4.1.4.2 Lehrziele, Unterrichtsablauf und -materialien der Lerneinheit 2: Materialstammbearbeitung 206
        4.1.4.3 Lehrziele, Unterrichtsablauf und -materialien der Lerneinheit 3: Lieferantenstammbearbeitung 208
        4.1.4.4 Lehrziele, Unterrichtsablauf und -materialien der Lerneinheit 4: Arbeitsplatzbearbeitung 210
        4.1.4.5 Lehrziele, Unterrichtsablauf und -materialien der Lerneinheit 5: Arbeitsplanbearbeitung 211
        4.1.4.6 Lehrziele, Unterrichtsablauf und -materialien der Lerneinheit 6: Materialstücklistenbearbeitung 212
        4.1.4.7 Lehrziele, Unterrichtsablauf und -materialien der Lerneinheit 7: Terminauftragsbearbeitung 213
        4.1.4.8 Lehrziele, Unterrichtsablauf und -materialien der Lerneinheit 8: Bestellbearbeitung 215
        4.1.4.9 Lehrziele, Unterrichtsablauf und -materialien der Lerneinheit 9: Wareneingangsbearbeitung mit Bestellbezug; Rechnungsbearbeitung mit Bestellbezug 216
        4.1.4.10 Lehrziele, Unterrichtsablauf u. -materialien der Lerneinheit 10: Fertigungsauftragsbearbeitung 218

4.1.4.11 Lehrziele, Unterrichtsablauf u. -materialien der Lerneinheit 11:
Lieferungsbearbeitung ... 219
4.1.4.12 Lehrziele, Unterrichtsablauf u. -materialien der Lerneinheit 12:
Fakturabearbeitung, Rechnungsausgleich ... 221
4.1.5 Organisatorisch-technische Rahmenbedingungen ... 222
4.1.6 Teilnehmer/ Zielgruppe ... 223
4.1.7 Dozenten ... 223
4.1.8 Methoden und Medienmix ... 224
4.1.9 Schulungsmaterialien ... 224

4.2 Auswertung der Veranstaltung ... 229

4.2.1 Teilnehmerbefragung und Feedback ... 229
4.2.2 Eingangsvoraussetzungen der Teilnehmer ... 229
4.2.3 Teilnehmererwartungen ... 232
4.2.4 Beurteilung des Seminarinhaltes ... 236
4.2.5 Bewertung der Lernmöglichkeiten und der Software ... 237
4.2.6 Bewertung der Lehr-Lernmethodik/ Wahrnehmung des
Praxisbezugs der Seminarinhalte ... 238
4.2.7 Kompetenzeinschätzung des Dozenten ... 239
4.2.8 Beurteilung der Unterrichtsmaterialien ... 240
4.2.9 Bewertung des Informationsgehaltes der SAP®-Infothek ... 241
4.2.10 Erfüllte Erwartungen aus Teilnehmersicht ... 242

4.3 Einsatzerfahrungen im Rahmen der Seminardurchführung ... 242

4.3.1 Angestrebte Lehrziele ... 242
4.3.2 Lehr- Lernmethoden ... 243
4.3.3 Unterrichtsinhalte ... 243
4.3.4 Medieneinsatz ... 244
4.3.5 Seminarteilnehmer ... 245
4.3.6 Dozenten/ Betreuer ... 245
4.3.7 Möglichkeiten der Leistungsbeurteilung ... 245
4.3.8 Probleme bei der Durchführung ... 247

4.4 Abschließende Zusammenfassung der empirischen Ergebnisse ... 248

5. Schlußbetrachtung ... 251

5.1 Möglichkeiten und Grenzen des Einsatzes integrierter betriebswirtschaftlicher Standardsoftware in komplexen Lern-Lehrarrangements ... 251

5.2 Weiterer Handlungsbedarf ... 254

Literaturverzeichnis ... 256

Abkürzungsverzeichnis:

Abb.	Abbildung
ALE	Application Link Enabling
Aufl.	Auflage
CD	Compact Disk
DV	Datenverarbeitung
EDI	Electronic Data Interchange
EDV	Elektronische Datenverarbeitung
E-commerce	Electronic commerce
E-mail	Electronic Mail
ERP	Enterprise Ressource Planning
f.	folgende (Seite)
ff.	fortfolgende; folgende Seiten
Hrsg.	Herausgeber
i.e.S.	Im engeren Sinne
i.w.S.	Im weiteren Sinne
IDES	International Demo and Education System
IT	Informationstechnologie
o.Jg.	ohne Jahrgang
o.V.	ohne Verfasser
PC	Personal Computer
PPS	Produktionsplanung und -steuerung
SAP	Systeme, Anwendungen und Produkte in der Datenverarbeitung
SAPGUI	SAP Graphical User Interface
Vgl.	Vergleiche
WWW	World Wide Web
ZfB	Zeitschrift für Betriebswirtschaft

Zeichenerklärung:

„..." kennzeichnet ein Zitat
(...) kennzeichnet eine Auslassung im Zitat

Schrifttypen:

Kursivschrift kennzeichnet Hervorhebungen im Text
Fettdruck kennzeichnet Überschriften im Text

Abbildungs- und Tabellenverzeichnis

Abbildung 1:	Übersicht Theorieteil	7
Abbildung 2:	Übersicht Empirischer Teil	7
Abbildung 3:	Exemplarische Übersicht über die typische fachbereichsübergreifende Wertschöpfungskette eines produzierenden Betriebes in SAP®R/3®	18
Abbildung 4:	Prozeßkette Terminauftrag in SAP®R/3®	19
Abbildung 5+6:	Didaktische Reduktionsstrategie für die Thematik e-commerce i.V.m. integrierter betriebswirtschaftlicher Standardsoftware	24
Abbildung 7:	Analyse- und Planungskonzept der kritisch-kommunikativen Didaktik	27
Abbildung 8:	Handlungsschemata Kundenstammerstellung	34
Abbildung 9:	Didaktische Strukturierung nach Aebli	38
Abbildung 10:	Planung und Durchführung handlungsorientierten Unterrichtes nach Meyer	40
Abbildung 11:	Methodenspektrum beim Einsatz integrierter betriebswirtschaftlicher Standardsoftware	42
Abbildung 12:	Typische Berufsfelder im SAP Bereich	43
Abbildung 13:	Möglichkeiten der curricularen Integration kaufmännischer Standardsoftware in die Fächer BWL/ Rechnungswesen	47
Abbildung 14:	Kernaussagen des Konzeptes Problemorientiertes Lernen und Lehren	50
Abbildung 15:	Lernperspektivenpotential im Rahmen des Einsatzes integrierter betriebswirtschaftlicher Standardsoftware	54
Abbildung 16:	Gestaltungsprinzipien und Anforderungen problemorientierter Lernumgebungen	55
Abbildung 17:	Lernmethoden beim problemorientierten Cognitive Apprenticeship-Ansatz	59
Abbildung 18:	Explorationsgeeignete Informationsquellen und deren Inhalte im Rahmen des Einsatzes der SAP®R/3® Software	61
Abbildung 19:	Zur Entwicklung von Lehr- und Lernarrangements beim Einsatz betriebswirtschaftlicher Standardsoftware	64
Abbildung 20:	Vorläufiges Perspektivenschema zur Unterrichtplanung	69
Abbildung 21:	Faktoren zur Analyse der Lernvoraussetzungen im Kontext des Einsatzes betriebswirtschaftlicher Standardsoftware	71
Abbildung 22:	Potentielle Erhebungsmethoden zur Analyse der Lernvoraussetzungen im Kontext des Einsatzes betriebswirtschaftlicher Standardsoftware	72
Abbildung 23:	Zentrale Erwartungs- und Motivationskategorien im Kontext des Einsatzes der betriebswirtschaftlichen Standardsoftware SAP®R/3®	75
Abbildung 24:	Kategorisierung von Handlungskompetenz	77
Abbildung 25:	Primäre Funktionen und Tätigkeiten von Lehrkräften im Rahmen des Einsatzes integrierter betriebswirtschaftlicher Standardsoftware	80
Abbildung 26:	Kompetenzenmodell professionellen Dozentenhandelns	81
Abbildung 27:	Fachliches (idealtypisches) Kompetenzprofil von Lehrkräften im Rahmen des Einsatzes integrierter betriebswirtschaftlicher Standardsoftware (am Beispiel von SAP®R/3®)	83
Abbildung 28:	Einordnung kognitiver Lernziele	95
Abbildung 29:	Stufen der kognitiven Lernzieltaxonomie	96
Abbildung 30:	Lernzielgenerierung und -analyse im Rahmen des Einsatzes integrierter betriebswirtschaftlicher Standardsoftware	98
Abbildung 31:	Beispiel zur Lernzielgenerierung und -analyse	99

Abbildung 32:	Potentielle Themenfelder im Rahmen des Einsatzes integrierter betriebswirtschaftlicher Standardsoftware	101
Abbildung 33:	Vorgehensmodell zur Implementierung integrierter betriebswirtschaftlicher Standardsoftware	106
Abbildung 34:	Potentielle Lerninhalte aus dem Bereich BWL-Anwendung im Rahmen der betriebswirtschaftlichen Gesamtkonzeption integrierter betriebswirtschaftlicher Standardsoftware	112
Abbildung 35:	Beispiel: Geschäftsprozeß Auftragsabwicklung	114
Abbildung 36:	Beispiele möglicher Handlungsprodukte beim Einsatz integrierter betriebswirtschaftlicher Standardsoftware	117
Abbildung 37:	Phasierung und Beispiel projektorientierten Unterrichtes	121
Abbildung 38:	Ergänzende Medien	126
Abbildung 39	Möglichkeiten der Verknüpfung integrierter betriebswirtschaftlicher Standardsoftware mit multimedialer Lern- und Informationssoftware	132
Abbildung 40:	Allgemeine Potentiale Computerunterstützten Lernens	141
Abbildung 41:	Roter Faden: Übersicht Anwendung Vertrieb (Modul SD)	147
Abbildung 42:	Integrierte Geschäftsprozeßbearbeitung	149
Abbildung 43:	Softwareklassifikation	161
Abbildung 44:	Module der R/3®- Software	164
Abbildung 45:	Übersichtsmaske der Terminauftragserfassung	166
Abbildung 46:	Phasen eines Fertigungsauftrages	171
Abbildung 47:	SAP®R/3® Kunden- Installationen nach Branche	178
Abbildung 48:	Menüübersicht der R/3® Eingangsmaske (Rel. 4.0b)	180
Abbildung 49:	Realisierte eBusiness Projekte bei R/3® Anwendern (BRD)	183
Abbildung 50:	R/3 Kunden nach Mitarbeiterzahlen	183
Abbildung 51:	Unternehmensstrukturen der IDES Modellfirma	188
Abbildung 52:	Logistische Organisation der IDES-Gruppe (Europa)	190
Abbildung 53:	Branchen, Produkte und Fertigungsverfahren im IDES	191
Abbildung 54:	E-commerce Funktionen im IDES	193
Abbildung 55:	Bestandteile des Komplett PCXX 600	198
Abbildung 56:	Fallstudienübersicht	198
Abbildung 57:	Fallstudienbasiertes 4-Stufen Konzept	200
Abbildung 58:	Übersicht der Wertschöpfungskette	204
Abbildung 59:	Einstiegsseite zum SAP®R/3® Seminar	225
Abbildung 60:	Seite Seminarübersicht zum SAP®R/3® Seminar	226
Abbildung 61:	Aufruf der Dokumente und Videolösungen der Lerneinheit 1	227
Abbildung 62:	Inhalte der Seite SAP®R/3® Infothek	228
Abbildung 63:	Betriebswirtschaftliches Vorwissen der Seminarteilnehmer	230
Abbildung 64:	Berufs- und Praxiserfahrung der Seminarteilnehmer	230
Abbildung 65:	EDV-Kenntnisse der Seminarteilnehmer	231
Abbildung 66:	Verhältnis zur Computerarbeit	231
Abbildung 67:	Gründe für die Seminarteilnahme	232
Abbildung 68:	Einschätzung der praktischen Bedeutung des Seminars	233
Abbildung 69:	Interessensschwerpunkte nach BWL-Bereichen	233
Abbildung 70:	Teilnehmererwartungen an das Seminar	233
Abbildung 71:	Bewertung der Seminarinhalte	238
Abbildung 72:	Bewertung der Lernmöglichkeiten und der Software	239

Abbildung 73:	Bewertung der Lehr-Lernmethoden und der Praxisorientierung	239
Abbildung 74:	Leistungsbeurteilung des Dozenten	240
Abbildung 75:	Beurteilung der Unterrichtsmaterialien	240
Abbildung 76:	Bewertung des Informationsgehaltes der SAP®-Infothek	241
Abbildung 77:	Ergänzender Test und Übungen	246

Tabelle 1:	Konzept der Hochschulkompetenzzentren	128
Tabelle 2:	Dimensionen von Multimedia	130
Tabelle 3:	Planungsbereiche und Fragestellungen zur Qualitätssicherung	144
Tabelle 4:	Kostenarten und Nutzenpotentiale beim Einsatz integrierter betriebswirtschaftlicher Standardsoftware in kfm. Aus- und Weiterbildungen	159
Tabelle 5:	Kosten und Nutzen bei der Einführung von SAP®R/3®	186
Tabelle 6:	Betriebswirtschaftliche Funktionsverteilung im Modellkonzern IDES	189
Tabelle 7:	Produktgruppen im IDES	191
Tabelle 8:	Lehrziele der Lerneinheit 1 (Kundenstammbearbeitung)	205
Tabelle 9:	Unterrichtsablauf und –materialien der Lerneinheit 1 (Kundenstammbearbeitung)	206
Tabelle 10:	Lehrziele der Lerneinheit 2 (Materialstammbearbeitung)	206/207
Tabelle 11:	Unterrichtsablauf und –materialien der Lerneinheit 2 (Materialstammbearbeitung)	207/208
Tabelle 12:	Lehrziele der Lerneinheit 3 (Lieferantenstammbearbeitung)	208/209
Tabelle 13:	Unterrichtsablauf und –materialien der Lerneinheit 3 (Lieferantenstammbearbeitung)	209
Tabelle 14:	Lehrziele der Lerneinheit 4 (Arbeitsplatzbearbeitung)	210
Tabelle 15:	Unterrichtsablauf und –materialien der Lerneinheit 4 (Arbeitsplatzbearbeitung)	210/211
Tabelle 16:	Lehrziele der Lerneinheit 5 (Arbeitsplanbearbeitung)	211
Tabelle 17:	Unterrichtsablauf und –materialien der Lerneinheit 5 (Arbeitsplanbearbeitung)	211/212
Tabelle 18:	Lehrziele der Lerneinheit 6 (Materialstücklistenbearbeitung)	212
Tabelle 19:	Unterrichtsablauf und –materialien der Lerneinheit 6 (Materialstücklistenbearbeitung)	213
Tabelle 20:	Lehrziele der Lerneinheit 7 (Terminauftragsbearbeitung)	213/214
Tabelle 21:	Unterrichtsablauf und –materialien der Lerneinheit 7 (Terminauftragsbearbeitung)	214/215
Tabelle 22:	Lehrziele der Lerneinheit 8 (Bestellbearbeitung)	215
Tabelle 23:	Unterrichtsablauf und –materialien der Lerneinheit 8 (Bestellbearbeitung)	215/216
Tabelle 24:	Lehrziele der Lerneinheit 9 (Wareneingangsbearbeitung mit Bestellbezug; Rechnungsbearbeitung mit Bestellbezug)	216/217
Tabelle 25:	Unterrichtsablauf und –materialien der Lerneinheit 9 (Wareneingangsbearbeitung mit Bestellbezug; Rechnungsbearbeitung mit Bestellbezug)	217
Tabelle 26:	Lehrziele der Lerneinheit 10 (Fertigungsauftragsbearbeitung)	218

Tabelle 27:	Unterrichtsablauf und –materialien der Lerneinheit 10 (Fertigungsauftragsbearbeitung)	218/219
Tabelle 28:	Lehrziele der Lerneinheit 11 (Lieferungsbearbeitung)	219/220
Tabelle 29:	Unterrichtsablauf und –materialien der Lerneinheit 11 (Lieferungsbearbeitung)	220
Tabelle 30:	Lehrziele der Lerneinheit 12 (Fakturabearbeitung, Rechnungsausgleich)	221
Tabelle 31:	Unterrichtsablauf und –materialien der Lerneinheit 12 (Fakturabearbeitung, Rechnungsausgleich)	221/222

1. Einleitung

1.1 Problemstellung und Zielsetzung der Arbeit

Die kaufmännische Ausbildung in den Fach- und Kollegschulen, Berufsakademien, Fachhochschulen und Universitäten muß in immer schnellerem Maße auf neue ökonomische, technische und gesellschaftliche Veränderungen reagieren. In didaktischen Diskussionen wird oftmals gefordert, unterrichtliche Vorgehensweisen anzubieten, in denen Lernen und praktisches Tun miteinander verbunden werden. Ebenso sollen Einsichten in betriebswirtschaftliche Zusammenhänge entwickelt werden und zugleich neue Techniken und Medien in den Unterricht integriert werden. Neben der traditionellen fächerorientierten Durchführung des kaufmännischen Unterrichts können insbesondere Formen der Simulation kaufmännischer Arbeit, die die Verwendung betriebswirtschaftlicher Softwarepakete beinhalten, diesen Anforderungen Rechnung tragen.

Moderne Informations- und Kommunikationstechnologien basieren auf der integrierten Informationsverarbeitung[1]. Hierarchisch orientierte und unflexible Strukturen in Unternehmen sollen hiermit überwunden werden. Kern dieser Systeme sind in der Regel komplexe betriebswirtschaftliche Anwendungen. Auf der Basis einer enormen technisch- organisatorischen Änderungsdynamik ist in den letzten Jahren ein Trend weg von der Individualprogrammierung hin zu sogenannter integrierter, betriebswirtschaftlicher Standardsoftware zu verzeichnen. Aufbauend auf den Unternehmensstrukturdaten[2] können vielfältige Geschäftsvorfälle, etwa aus den Bereichen Vertrieb und Materialwirtschaft, Produktion, Lagerwirtschaft, Finanzbuchhaltung und Personalwesen, in einem durchgängigen Bearbeitungs- bzw. Datenfluß miteinander verbunden und unter betriebswirtschaftlichen Aspekten be- und verarbeitet werden. Die im Unternehmen ablaufenden Prozesse werden mit Hilfe der Software datentechnisch abgebildet und den organisatorischen Einheiten des Unternehmens zugeordnet. Inzwischen existieren am Markt mehrere konkurrierende Standardsoftwareprodukte[3], die in der Lage sind, die wesentlichen Aufgaben und Anforderungen aller betrieblichen Funktionsbereiche betriebswirtschaftlich und technisch zu integrieren. Bei der Herstellung dieser Programme wurde umfangreiches kaufmännisches Fachwissen verarbeitet. Dieses entspricht überwiegend den allgemeinen Anforderungen der jeweiligen Funktionsbereiche und

---

[1] Gegenstand der Integrierten Informationsverarbeitung können Daten, Funktionen, Prozesse/ Vorgänge, Methoden und Programme sein. Vgl. Mertens, P., Integrierte Informationsverarbeitung 1, 1997, S.2

[2] Dies sind Daten bezüglich der Aufbau- und Ablauforganisation eines Unternehmens, z.B. die Definition möglicher Tochterunternehmen, Werke, Produktions- und Lagerstätten, Verkaufs- und Einkaufsorganisationen etc..

[3] Eine Übersicht über am Markt befindliche Softwareprodukte dieser Art findet sich in Steffens, F., Dorrhauer, C., Cuo, F.; Zendler, A., (1998), Internetadresse: http://vasant02.wifo.uni-mannheim.de/

beinhaltet somit umfassende Sammlungen allgemein anerkannter und in der Praxis angewendeter betriebswirtschaftlicher Kenntnisse und Methoden. Die Entwicklung der Software unter dem Primat der Kundenanforderungen gewährleistet, daß eine komplexe Softwarefunktionalität angeboten wird, die sich im alltäglichen Produktivbetrieb der Unternehmen bewähren muß. Zu diesen Unternehmen zählen mittlerweile nicht nur Großunternehmen, sondern auch zunehmend mittelständische Betriebe.

Der Einsatz solcher Softwarepakete im kaufmännischen Unterricht impliziert also eine starke und wirklichkeitsnahe Praxis- und Handlungsorientierung, die sich mit den bekannten Simulationen kaufmännischen Handelns etwa in Form von Unternehmensplanspielen, CBT Programmen oder Lernbüros kaum realisieren läßt. Zudem ergibt sich aufgrund der hohen Verbreitung der in dieser Arbeit verwendeten Software unmittelbar ein arbeitsmarktrelevantes Qualifikationspotential für die Teilnehmer, welches eine starke Lernmotivation begünstigt.

Marktführer[4] im Bereich integrierter betriebswirtschaftlicher Standardsoftware ist die Unternehmung SAP AG mit ihrer Software R/3®. Die starke Durchdringung dieser Software in vielen Unternehmen und Branchen legt die Vermutung nahe, daß sich die hier angebotene betriebswirtschaftliche Funktionalität in großem Maße mit den Bedürfnissen der Kunden deckt. Somit repräsentiert diese Software einen betriebswirtschaftlichen Wissensumfang, der die aktuelle kaufmännische und informations-technische Realität vieler Unternehmen widerspiegelt und von daher die Beschäftigung mit diesem Medium innerhalb kaufmännischer Ausbildungen legitimiert. Integrierte betriebswirtschaftliche Standardsoftware ist nicht nur ein praxiserprobtes Werkzeug, sondern kann im Rahmen der Anwendung zu Lehr- und Trainingszwecken ein ideales Lernobjekt und Lernmittel zur Repräsentation betriebswirtschaftlichen Know hows sein. Durch den Einsatz der Software kann sich die Chance ergeben, lernerorientierte und authentische Lernsituationen zu schaffen. Ebenso kann ein effizienter Lerntransfer zwischen Lern- und Anwendungsumgebung geschaffen werden. Insofern liegt ein Einsatz betriebswirtschaftlicher Standardsoftware in Lernumgebungen von Ausbildungsstätten wie Kolleg- und Berufsschulen, Fachhochschulen, Berufsakademien, Universitäten aber auch privater Bildungsinstitute nahe. Während bei anderen Formen der computerunterstützten Simulation kaufmännischer Arbeit wie etwa Unternehmensplanspielen oder CBT-Programmen[5] die betriebliche Realität lediglich in groben Zügen bzw. didaktisch stark reduziert nachzuahmen versucht wird, besteht hier ein in der Praxis eingeführtes und bewährtes Werkzeug, das die Wirklichkeit detailgenau beschreibt. Die Motivation der Lernenden sich mit der Software zu

---

[4] Weltweit existieren bereits über 19.000 Installationen dieser Software mit ca. 2 Mio. Anwendern. Quelle: www.sap-ag.de
[5] Siehe hierzu auch Punkt 2.2.2.9

befassen wird, wie bereits angedeutet, durch die Tatsache erhöht, daß Bedienungs-, Anwendungs- und Anpassungswissen bzgl. komplexer, betriebswirtschaftlicher Standardsoftware derzeit von hohem Arbeitsmarktwert sind. Die steigende Anzahl der Implementierungen und laufenden Anpassungen der Systeme in Unternehmen ist in der Regel nicht nur innerbetrieblich mit einem sehr großen zeitlichen, personellen und finanziellen Aufwand verbunden, sondern ist auch ohne externe Hilfe in Form von spezialisierten Unternehmensberatern meist kaum durchführbar. Deshalb ist die Nachfrage an Fachkräften mit entsprechender Kompetenz derzeit größer als das Angebot. Zudem wird eine ständig steigende Anzahl von Fachkräften mit entsprechendem Spezialwissen in den Unternehmen benötigt[6]. Dieser Umstand hat sicherlich auch dazu geführt, daß die Anzahl der Qualifizierungsangebote privater und öffentlicher Bildungsinstitutionen in Form von Seminaren, Workshops, Lehrgängen und Aus-, Um- und Fortbildungen ständig steigt.

Gerade im Hochschul- und Fachhochschulbereich findet die SAP®R/3® Software als Ausbildungsbestandteil zunehmende Beachtung. Viele deutsche und österreichische Hochschulen besitzen eine SAP®-Installation. Auch ein SAP-Arbeitskreis Hochschulen e.V. wurde bereits gegründet, um den Erfahrungs- und Gedankenaustausch zwischen SAP-Anwendern im Hochschulbereich untereinander (insbesondere Lehrstühle der Fachrichtung allgemeine und spezielle Betriebswirtschaftslehre sowie Wirtschaftsinformatik) und der Herstellerfirma SAP AG zu fördern.

Bei der Implementierung von SAP®R/3® Systemen zum Zweck der Ausbildung von Studierenden werden allerdings sehr schnell personelle und finanzielle Grenzen erreicht. Zwar wurde bislang den Hochschulen die Software mehr oder weniger kostenlos zur Verfügung gestellt[7], doch für die notwendige zeit- und kostenintensive Ausbildung der Lehrkräfte sowie Administrations- und Wartungsarbeiten fehlen oft die entsprechenden Mittel. Den vergleichsweise hohen Kosten steht ein schwer zu quantifizierender Nutzen gegenüber[8].

Zudem fehlen zielgruppenadäquate und wirtschaftspädagogisch fundierte Seminare bzw. Unterrichtskonzepte. Dies mag auch daran liegen, daß die Schulung von betriebswirtschaftlicher Standardsoftware im Hochschulbereich bislang wenig interdisziplinär, allenfalls im Überlappungsbereich von allgemeiner Betriebswirtschaftslehre und (Wirtschafts-)Informatik stattfindet. Spezifische Unterrichtsanalysen und Gestaltungsempfehlungen aus der Sicht der Wirtschaftspädagogik zur Planung, Durchführung und Bewertung von Lehr-

---

[6] Vgl. Dekra SAP-Arbeitsmarktstudie, Ausgabe 08/1999, S. 1-20
[7] Eine Kurzbeschreibung der aktuellen SAP- Hochschulstrategie unter Einbeziehung sogenannter Hochschulkompetenzzentren findet sich im Punkt 2.2.2.8.2..Nach Erkundigungen des Autors dieser Arbeit bei SAP-Experten haben bereits 140 Bildungsinstitutionen weltweit eine SAP-Schulungslizenz erhalten.
[8] siehe hierzu auch Punkt 3.1.4

Lernarrangements mit integrierter betriebswirtschaftlicher Standardsoftware liegen in geschlossener Form bisher nicht vor.

Hier knüpft die vorliegende Arbeit an. Untersuchungsgegenstand ist der Einsatz integrierter betriebswirtschaftlicher Standardsoftware im kaufmännischen Unterricht innerhalb des Hochschul- bzw. des Berufs-, Fach- und Kollegschulbereiches[9] und die damit verbundenen Aspekte der Gestaltung, Durchführung und Qualitätssicherung wirtschaftspädagogisch, d.h. didaktisch und methodisch fundierter Lehrangebote. Den theoretischen Rahmen bildet hierbei die lernerzentrierte, kritisch-handlungsorientierte ökonomische Fachdidaktik nach Aff. Dieser Ansatz umschließt weitere relevante kritisch-kommunikative und kritisch-konstruktive, lerntheoretische sowie handlungsorientierte Konzepte, die zur Begründung und theoretischen Fundierung von Lehr-/Lernarrangements unter Einsatz integrierter betriebswirtschaftlicher Standardsoftware herangezogen werden können.

Neben der theoretischen Fundierung dieser Arbeit wird im empirischen Teil ein bereits erprobtes und erfolgreich im Einsatz befindliches Seminar dokumentiert. Dieses Seminar beinhaltet die Darstellung integrierter Geschäftsabläufe vom Kundenauftrag bis zum Rechungsausgleich in einem SAP®R/3®-System in Form von zwölf aufeinander aufbauenden Lerneinheiten. Die überwiegende Handlungsorientierung des komplexen Seminarinhalts wird durch die Verwendung einer eigens konzipierten Fallstudienreihe unterstrichen, in der die Anwendungshandlungen der Lernenden im Mittelpunkt stehen. Speziell entwickelte multimediale Hilfen sollen die Möglichkeit der Selbststeuerung des Lernprozesses unterstützen.

Ziel dieser Arbeit ist es, einen Beitrag zu leisten, den Einsatz integrierter betriebswirtschaftlicher Standardsoftware in der kaufmännischen Ausbildung wirtschaftspädagogisch zu begründen und gleichzeitig zu fördern , um die Effizienz der diesbezüglichen Lehrangebote zu steigern. Den interessierten Ausbildungsstätten kann mit Hilfe des empirischen Teils dieser Arbeit ein komplett ausgearbeitetes, aktuelles und bereits bewährtes Seminar zur Verfügung gestellt werden. Das hier entwickelte SAP®R/3® basierte Seminar wurde mehrfach überarbeitet und an den aktuellen Releasestand angepaßt (Release 4.0b IDES®). Es soll nicht als lineares Rezeptwissen verstanden werden, sondern inkludiert die Empfehlung, die hier vorgestellte Seminarkonzeption aufzugreifen und als hilfreichen Heuristikimpuls bei der Erstellung neuer, interessanter Seminare zu verwenden.

---

[9] Der Begriff Hochschulbereich steht hier stellvertretend für Universitäten und Fachhochschulen. Die im Rahmen dieser Arbeit entstandene Seminarkonzeption wurde auch in einem 12-monatigen Kurs angehender SAP- Fachkräfte (Fachrichtung Logistik) eines privaten Bildungsinstitutes und in einer staatl. anerkannten Berufskollegschule im Rahmen der 2-jährigen Ausbildung zum staatl. gepr. Informatikassistenten -Fachrichtung Wirtschaft- erfolgreich eingesetzt. Ebenso ist eine Eignung für den Bereich der Berufsakademien denkbar.

1.2 Aufbau und Vorgehensweise

Die hier vorliegende Arbeit beinhaltet einen theoretischen und einen empirischen Teil. Nach der Einleitung in Kapitel 1 wird zunächst in Kapitel 2 untersucht, inwieweit kritisch-konstruktive, kritisch-kommunikative, lerntheoretische und handlungsorientierte Ansätze Hilfestellung zur Gestaltung komplexer Lehr-Lernarrangements mit integrierter betriebswirtschaftlicher Standardsoftware geben können. Hierzu werden die jeweiligen Grundannahmen der Ansätze beschrieben und relevante Aussagen im Kontext der Gestaltung von Lehr-Lernarrangements bei Einsatz integrierter, betriebswirtschaftlicher Standardsoftware reflektiert. Zur Bearbeitung der Aufgabenstellung wurde eine kritisch-handlungsorientierte, ökonomische Fachdidaktik gewählt, welche einen sinnvollen Kompromiß zwischen der traditionellen Lehr-Lernphilosophie der Instruktion und der konstruktivistischen Auffassung darstellt. Dieses Konzept der kritisch-handlungsorientierten, ökonomischen Fachdidaktik versteht Lernen als einen handlungsorientierten, situativen und sozialen Prozeß, geht aber gleichzeitig davon aus, daß eine instruktive Anleitung und unterstützende Begleitung der Lernenden durch Lehrende gerade bei komplexen Sachverhalten sinnvoll und notwendig ist.

Der Ansatz umschließt weitere bildungs- und lerntheoretische sowie handlungsorientierte Ansätze, wie etwa den kritisch-konstruktiven Ansatz von Klafki, den kritisch-kommunikativen Ansatz nach Winkel, die kognitionspsychologische Handlungstheorie von Aebli und das didaktische Konzept des handlungsorientierten Unterrichts nach Meyer. Desweiteren werden in dieser Arbeit Ansätze speziell zur Gestaltung computerunterstützter Lernumgebungen, nämlich das Konzept des problemorientierten Lernens und Lehrens nach Mandl und der Cognitve apprenticeship Ansatz nach Collins, Brown & Newman, zur theoretischen Untermauerung und Reflexion herangezogen.

Anschließend wird ein methodisch-didaktisches Strukturierungskonzept zur effizienten Gestaltung von Lehr-Lernarrangements mit komplexer, betriebswirtschaftlicher Standardsoftware entwickelt, welches sich in die Phasen Planung, Durchführung und Analyse differenziert. Die in den einzelnen Phasen relevanten Faktoren (z.B. Lehrinhalte und -ziele, Methoden, Medien in der Planungsphase) werden detailliert erläutert und begründet. Besonderes Augenmerk wird auf die Darstellung der Vorzüge und Risiken multimedialer Lernhilfen (Einsatz des Internets; Darbietung multimedialer Lösungsvideos etc.) im Zusammenhang mit dem Einsatz integrierter, betriebswirtschaftlicher Standardsoftware gelegt.

Im Kapitel 3 wird der Aufbau und die Funktionalität der im empirischen Teil verwendeten Software SAP®R/3® erläutert und eine Analyse potentieller

Themenfelder beim Einsatz dieser kaufmännischen Standardsoftware durchgeführt. Abschließend werden Grenzen und Risiken dieses Softwareeinsatzes aufgezeigt.

Im empirischen Teil 4 wird die Entwicklung, Durchführung und Auswertung einer Seminarkonzeption, welche auf der Basis der Ergebnisse des Theorieteils entstand und unter Verwendung der Software SAP®R/3® organisiert wurde, beschrieben. Der Seminarinhalt bezieht sich auf die Abbildung einer Wertschöpfungskette vom Kundenauftrag bis zum Rechnungsausgleich in Form von 12 fallstudienbasierten Lerneinheiten. Dabei werden fächerübergreifend die betriebswirtschaftlichen Bereiche Material- und Produktionswirtschaft, Vertrieb und Finanzbuchhaltung prozeßorientiert integriert. Innerhalb jeder Lerneinheit erfolgt ein multipler Zugang zum Lerninhalt durch einen iterativen, 4-phasigen Aufbau (Phase 1: Darstellung des betriebswirtschaftlichen Hintergrundes, Phase 2: Erläuterung des SAP®R/3® Hintergrundes zum vertieften Verständnis und zur Vorbereitung der nachfolgenden Fallstudie, Phase 3: Abbildung einer Fallstudie im SAP®R/3® System durch die Teilnehmer, Phase 4: Abruf multimedialer Fallstudienlösungen zu jeder Lerneinheit). Das Seminar wurde erstmalig im SS 1999 an der Fachhochschule Köln mit Studenten im Hauptstudium der Fachrichtungen Produktionswirtschaft, Wirtschaftsinformatik und Wirtschaftspädagogik der Kölner Fachhochschule und der Universität Köln durchgeführt[10]. Aufgrund des großen Zuspruches seitens der Studierenden wird das Seminar seitdem kontinuierlich jedes Semester angeboten. Die während der Durchführung des Seminar gemachten praktischen Einsatzerfahrungen wurden in Abschnitt 4.3 verarbeitet. Zudem werden die Ergebnisse der Auswertung der Veranstaltung detailliert in Abschnitt 4.2 dargestellt. In Kapitel 5 findet eine die Ergebnisse dieser Arbeit zusammenfassende Schlußbetrachtung statt. Eine Übersicht über den Aufbau und die Vorgehensweise innerhalb dieser Arbeit geben die folgenden Abbildungen 1 und 2:

---

[10] Vgl. entspr. Veranstaltungshinweis im Vorlesungsverzeichnis im Anhang V

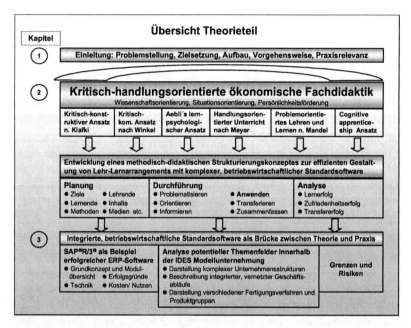

Abb. 1

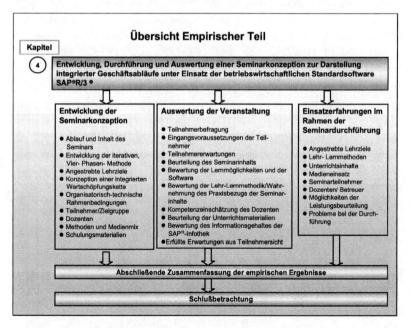

Abb. 2

1.3 Zur Praxisrelevanz der Arbeit

Die informationstechnische Abbildung und Verarbeitung betriebswirtschaftlich relevanter Daten erfolgt in Wirtschaftsunternehmen überwiegend unter Verwendung geeigneter betriebswirtschaftlicher Standardsoftware. Praktische Erfahrungen im Umgang mit solcher Software in Verbindung mit der Vermittlung softwarespezifischen sowie wissenschaftsorientierten, betriebswirtschaftlichen Hintergrundwissens ist demzufolge schon in der kaufmännischen Ausbildung von großer Bedeutung. Die Integration entsprechender Wissens- und Anwendungsinhalte in Ausbildungsangebote von Universitäten, Fachhochschulen, Berufsakademien und Kollegschulen sowie auch rein privatwirtschaftlich organisierten Aus- und Weiterbildungseinrichtungen ist bereits sehr stark vorangeschritten. Dabei wird in der Hochschullandschaft aufgrund einer monopolähnlichen Marktführerschaft und einer entsprechend hohen Arbeitsmarktrelevanz überwiegend das Softwareprodukt SAP®R/3® eingesetzt[11]. Einem 1994 gegründeten SAP-Hochschularbeitskreis gehören bereits 120 Mitglieder an. Auch österreichische und schweizer Hochschulen setzen SAP®R/3® Systeme in Forschung und Lehre sowie im Rahmen von Ausbildungskooperationen mit Unternehmen[12] ein. Dabei ist der Einsatz dieser Software nicht unumstritten, denn die Verwendung wirft eine Reihe von Problemen auf und stellt aufgrund ihres Umfangs und ihrer Komplexität insbesondere eine methodisch-didaktische Herausforderung dar. Zudem werden die hohen Kosten für Lehrkraftaus- und -fortbildungen, Administration und Systeminvestitionen kritisiert, sowie die Gefahr einer spezifischen Produkt- bzw. Firmenabhängigkeit beanstandet[13]. Trotzdem finden SAP®R/3® Systeme zunehmend Verbreitung. Dabei wird mehrheitlich die Meinung vertreten, daß grundlegende und allgemeine Konzepte, Methoden und Modelle betriebswirtschaftlichen und wirtschaftsinformatorischen Inhalts und nicht die Vermittlung von spezifischen Produktkenntnissen Gegenstand von Vorlesungen sein sollen[14]. Allerdings erlaubt der Einsatz von SAP®R/3® Systemen die exemplarische Demonstration und handlungsorientierte Einübung eines Großteils der theoretisch vermittelten

---

[11] In einer empirischen Studie konnte festgestellt werden, daß in dem Fall der Verwendung einer betriebswirtschaftlichen Standardsoftware die Software SAP®R/3® eine Verbreitungsquote von 82% aufwies.
Vgl. Uhr, W., Lander, K.: Empirische Studie zum Einsatz integrierter, betriebswirtschaftlicher Standardsoftware in der Lehre an Universitäten und Fachhochschulen, in: Wirtschaftsinformatik, 1998, S. 352-355

[12] S. Anhang VI: Angebot eines SAP Master Programmes in Kooperation mit der Universität Innsbruck. In: SAP AG (Hrsg.): Das SAP Magazin sapinfo.net. Nr. 70, Mai 2000, S. 4

[13] Vgl. Stucky, W.: Universität muß mehr sein als SAP-Praxis – und ist es auch! in: Wirtschaftsinformatik, 1995, S. 624-625

[14] Vgl.: Ferstl, O. K.: Leserbrief zu SAP®R/3® in der WI-Lehre und –Forschung an Hochschulen. Der Nutzen rechtfertigt die hohen Kosten, in: Wirtschaftsinformatik, 1996, S. 242

Lehrinhalte. Deshalb wird die Software im Hochschulbereich zum überwiegenden Teil in speziellen Übungen, Praktika und Seminaren verwendet[15].

2. Didaktisch-methodische Ansatzpunkte zur Entwicklung von Lehr- Lernarrangements mit integrierter, betriebswirtschaftlicher Standardsoftware

2.1 Theoretische Reflexion komplexer Lehr- Lernarrangements mit betriebswirtschaftlicher Standardsoftware

2.1.1 Bildungs- und lerntheoretische, kommunikative und handlungsorientierte Ansätze

2.1.1.1 Das Konzept der kritisch-handlungsorientierten ökonomischen Fachdidaktik als genereller Bezugsrahmen

Zur Entwicklung und Analyse methodisch-didaktischer Aspekte und theoretischer Reflexionen bezüglich des Einsatzes integrierter, betriebswirtschaftlicher Standardsoftware im kaufmännischen Unterricht soll im Rahmen dieser Arbeit die ökonomische Fachdidaktik einer kritischen Handlungsorientierung Verwendung finden. Dieses Konzept inkludiert ein breites Spektrum soziologischer und handlungspsychologischer Theorien im Rahmen kritisch-konstruktiver, lehrtheoretischer und kommunikativer Didaktikmodelle[16].
Im folgenden soll untersucht und begründet werden, wie bzw. an welchen Stellen der Einsatz integrierter, betriebswirtschaftlicher Standardsoftware die Zielsetzungen und Unterrichtseffizienz innerhalb dieses Konzeptes verstärken kann und wo seine Grenzen liegen. Aus diesem Grunde werden nachfolgend die wesentlichen Merkmale des Konzeptes erläutert und deren Relevanz bezüglich der Begründung des Einsatzes von integrierter, betriebswirtschaftlicher Standardsoftware reflektiert. Das Konzept der kritisch-handlungsorientierten Wirtschaftsdidaktik von Aff befürwortet auf der methodisch-curricularen Ebene eine Verstärkung des

---

[15] Grauer, M.: SAP R/3® in einer Übung oder einem Praktikum ja, R/3-Vorlesung oder Forschung mit R/3 nein, in: Wirtschaftsinformatik, 1995, S. 242-243
[16] Ausführliche Erläuterungen der erwähnten Didaktikmodelle von Klafki (kritisch-konstruktiv), Schulz (lehrtheoretisch) und Winkel (kritisch-kommunikativ) finden sich in:
Klafki, W.: Neue Studien zur Bildungstheorie und Didaktik – Zeitgemäße Allgemeinbildung und kritisch-konstruktive Didaktik, 1991
Winkel, R.: Der gestörte Unterricht, 1993
Winkel, R.: Antinomische Pädagogik und Kommunikative Didaktik – Studien zu den Widersprüchen und Spannungen in Erziehung und Schule, 1988
Schulz, W.: Didaktische Einblicke – Das Gesicht der Schule gestalten, in: Otto, G., Luscher-Schulz, G. (Hrsg.), 1995

handlungsorientierten Unterrichtes. Es steht inhaltlich für vielfältige, auch antinomische Prinzipien wie Wissenschaftsorientierung, Situations(-praxis)bezug und Persönlichkeitsorientierung[17]. Eine sinnvolle Beschäftigung mit einer integrierten, betriebswirtschaftlichen Standardsoftware ist ohne fachwissenschaftliches, d.h. betriebswirtschaftliches und informationstechnisches Hintergrundwissen nicht vorstellbar. Nur mit Hilfe dieser Wissensbasis kann die Funktionalität der Standardsoftware verstanden werden. Ein Gesamtverständnis für die Software selber läßt sich schließlich nur dadurch erzielen, daß die Lernenden überwiegend am System arbeiten, d.h. sich die jeweiligen Lerninhalte nach notwendigen Phasen dozentenzentrierter Instruktion handlungsorientiert aneignen. Die geforderte Situations- und Praxisorientierung ergibt sich zu großen Teilen aus der Tatsache, daß es sich bei betriebswirtschaftlicher Standardsoftware nicht um ein didaktisch reduziertes Simulationsprogramm, sondern um ein informationstechnisches Werkzeug handelt, welches aus den Anforderungen der Wirtschaft heraus entwickelt wurde. Aff tritt in seinem Konzept zudem für eine breite Methodenvielfalt (z.B. Planspiele, Fallstudien) innerhalb komplexer Unterrichtsformen ein, in denen Fach-, Sozial- und Persönlichkeitskompetenz vermittelt werden soll[18]. Eine (Über-) bewertung der Handlungsorientierung etwa als eigenständiges didaktisches Modell, als erkenntnistheoretische Kategorie oder als alleiniges curriculares Prinzip wird abgelehnt[19]. Handlungsorientierung wird vielmehr als eine methodisch-didaktische Konzeption gesehen, die als Unterrichtsprinzip verstärkt die Nutzung teilnehmerorientierter Handlungsmuster fordert. Der kritisch reflektierende, Orientierungs- und Systematisierungswissen vermittelnde Fachunterricht mit lehrerzentrierten Anteilen bleibt ein wichtiger Bestandteil dieses Konzeptes. Die diesem Ansatz zugrundeliegende Unterrichtsphilosophie strebt ein effektives Verhältnis von möglichst häufigem handlungsorientiertem Unterricht auf der einen, und einem notwendigen, „klassischen" Frontalunterricht auf der anderen Seite an. Handlungsorientierung bedeutet in Anlehnung an H. Meyer (s. hierzu Abschnitt 2.1.1.7) auch die Herstellung von sogenannten Handlungsprodukten. Diese stellen veröffentlichungsfähige, geistige und materielle Arbeitsergebnisse des Unterrichtes dar.

Wenngleich der Autor dieser Arbeit die Hypothese vertritt, daß die Verwendung integrierter, betriebswirtschaftlicher Standardsoftware eine vielfältige und wertvolle Bereicherung des kaufmännischen Unterrichtes darstellt, so ersetzt dies keineswegs

---

Gudjons, H., Teske, R., Winkel, R. (Hrsg.): Didaktische Theorien, 1999
Jank, W., Meyer, H.: Didaktische Modelle, 1994
[17] vgl. Aff, J.: Wissenschaftsorientierung und Praxisbezug (Situationsorientierung) als curriculare und fachdidaktische Herausforderungen für kaufmännische Sekundarschulen, S. 359ff.
[18] Aff, J.: Handlungsorientierung – Mythos oder (wirtschafts)didaktische Innovation? In: Schneider, W. (Hrsg.):Komplexe Methoden im betriebswirtschaftlichen Unterricht, S. 216 und S. 230
[19] ebenda, S.195ff.

einen wissenschaftsorientierten Fachunterricht, der auf dem heuristischen Rahmen der Bezugsdisziplinen Betriebswirtschaftslehre/Wirtschaftsinformatik aufsetzt und die Aufgabe verfolgt, wichtiges Bezugs- und Orientierungswissen zu transferieren[20]. Im Fach Betriebswirtschaftslehre sollte insbesondere an öffentlichen bzw. staatlich anerkannten Bildungsträgern neben der Vermittlung notwendigen kaufmännischen Wissens und entsprechender instrumenteller und praxisorientierter Fertigkeiten auch Raum für normative Themenstellungen kaufmännischen Handels bestehen[21]. Diese lassen sich über eine betriebswirtschaftliche Standardsoftware nur begrenzt vermitteln. Der Ansatz, betriebswirtschaftliches Wissen nur noch über kfm. Standardsoftware darzustellen und damit zum curricularen Mittelpunkt zu machen, wie dies einige Wirtschaftspädagogen für das Lernbürokonzept postulieren, ist nach Meinung des Autors dieser Arbeit nicht sinnvoll. Eine kaufmännische Standardsoftware kann, obwohl ein reichhaltiger Funktionsumfang vorhanden ist, kaum das große Potential der Methoden- und Wissensvielfalt, welches durch verschiedene BWL-Ansätze bereitgestellt wird, widerspiegeln. Es existiert nicht nur der Ansatz einer EDV-orientierten Betriebswirtschaftslehre, die durch eine integrierte, betriebswirtschaftliche Standardsoftware am ehesten repräsentiert werden kann, sondern ein vielfältiger betriebswirtschaftlicher Paradigmenpluralismus[22], der eine ebenso vielfältige inhaltliche Themenbreite für den kaufmännischen Unterricht eröffnet. Der Einsatz betriebswirtschaftlicher Standardsoftware sollte auch nicht zu einer Auflösung des bekannten und i.d.R. funktionsorientierten Fächerkanons führen. Die Effizienz der Software liegt neben der Vermittlung überwiegend praxis- und situationsorientierter, instrumenteller Qualifikationen, wie Bedienungs-, Anwendungs-, Programmierungs- und Customizingwissen[23] im integrativen Charakter dieses Werkzeuges begründet. Diese Eigenschaft ermöglicht eine vernetzte, fächerübergreifende und damit ganzheitliche Abbildung von Geschäftsprozessen, die ansonsten in den untereinander relativ isoliert unterrichteten kfm. Fächern nur schwerlich möglich ist.

---

[20] Wirtschaftspädagogen wie Dubs fordern und begründen nachvollziehbar eine „Renaissance" der Fachdidaktik, mit deren Hilfe grundlegendes, typisches und repräsentatives Wissen vermittelt wird. Dubs sieht in Übereinstimmung mit Aff Fachkompetenz als eine unabdingbare Voraussetzung für Handlungs- und Methodenkompetenz, s. hierzu auch: Dubs, R.: Fachwissenschaftliche Orientierung als Beitrag zur Didaktik der Wirtschaftswissenschaften. In: Fortmüller, R. und Aff, J. (Hrsg.): Wissenschaftsorientierung und Praxisbezug in der Didaktik der Ökonomie. Festschrift Wilfried Schneider. Wien 1996, S. 43-58

[21] Gemeint sind beispielsweise ethische und ökologische Aspekte der Ökonomie, normative Aspekte der Werbung und des Konsumentenschutzes, der Arbeitsmarktsituation oder der Globalisierung, wenngleich nicht verschwiegen werden kann, daß die hier untersuchte SAP- Software durchaus als ein informationstechnisches Hilfsmittel zur Rationalisierung und Globalisierung eingesetzt werden kann.

[22] Eine Übersicht über weitere BWL Ansätze (z.B. klassische, entscheidungsorientierte, verhaltenswissenschaftliche, marketingorientierte, ökologische BWL) aus wirtschaftsdidaktischer Sicht findet sich in: Aff, J.: Die Wirtschaftsdidaktik im Spiegel unterschiedlicher betriebswirtschaftlicher Ansätze, 1997, S. 11-49

[23] Customizing bedeutet das kundenindividuelle Anpassen der Software ohne Programmierung

2.1.1.2 Der kritisch-konstruktive Ansatz nach Klafki

Im folgenden soll insbesondere der Aspekt „kritisch" innerhalb des Ansatzes von Aff im Kontext der Verwendung integrierter, betriebswirtschaftlicher Standardsoftware im kfm. Unterricht beleuchtet werden. Die „kritische" Perspektive umschließt hier sowohl didaktische als auch wirtschaftswissenschaftliche Gesichtspunkte. Aff vertritt die Ansicht, daß „...zwischen dem Konzept einer kritischen (Fach-)wissenschaftsorientierung durch Bezugnahme auf unterschiedliche BWL-Ansätze und einer Orientierung an der kritisch-konstruktiven Didaktik hohe „Synergiepotentiale" bestehen"[24]. Bezüglich der kritisch-konstruktiven Didaktik soll in den folgenden Ausführungen insbesondere deren Elemente „Wissenschaftsorientierung" sowie „Exemplarisches Lehren und Lernen" thematisiert werden. Zudem betont Aff die Bedeutung des Interaktionsaspektes in Verbindung mit dem Handlungsbegriff und dementsprechend die Bezugnahme auf die kritisch-kommunikative Didaktik (s. Punkt 2.1.1.3). Kritische Wissenschaftsorientierung des Unterrichtes meint in diesem Zusammenhang die kritische Bezugnahme auf die Fachwissenschaften, d.h. eine grundsätzliche Orientierung an deren Inhalten, ohne allerdings zu einer Abbilddidaktik[25] (im Sinne der linearen Übertragung der Inhalte der Fachdisziplin auf den kaufmännischen Unterricht) zu verkommen. Klafki bestimmt den Begriff Wissenschaftsorientierung[26] im Rahmen allgemeindidaktischer Überlegungen als Heranführung „...an die Erkenntnisse, Denk- und Arbeitsweisen moderner Wissenschaften"[27]. Wissenschaften lassen sich, basierend auf dem aktuellen Stand ihrer Entwicklung, allgemein charakterisieren durch (kritisch zu beurteilende) Frageperspektiven, Methoden, Grundbegriffe, -kategorien, -konzepte und Theorien. Im wissenschaftsorientierten Unterricht sollen grundlegende, wissenschaftliche Verfahrens- und Erkenntnisweisen systematisch und problem- und teilnehmerorientiert unter Berücksichtigung des Leistungsstandes der Lernenden vermittelt werden. Klafki hebt hervor, daß Wissenschaftsorientierung des Unterrichtes nicht bedeuten soll, primär auf wissenschaftliche Tätigkeiten oder Berufe vorzubereiten. Außerdem sollten wissenschaftliche Ergebnisse und Methoden nicht direkt, d.h. didaktisch „ungefiltert" in den Unterricht übernommen werden[28]. Hieraus erwächst die Forderung an die Lehrenden, die Fachwissenschaften nicht

---

[24] Aff, J.: Die Wirtschaftsdidaktik im Spiegel unterschiedlicher betriebswirtschaftlicher Ansätze, 1997, S. 42
[25] Aff, J.: Handlungsorientierung – Mythos oder (wirtschafts)didaktische Innovation? In: Schneider, W. (Hrsg.):Komplexe Methoden im betriebswirtschaftlichen Unterricht, 1993, S. 211
[26] Insbesondere für den Bereich der gymnasialen Oberstufe wird auch die Bezeichnung Wissenschaftspropädeutik verwendet
[27] Klafki, W.: Neue Studien zur Bildungstheorie und Didaktik – Zeitgemäße Allgemeinbildung und kritisch-konstruktive Didaktik, 1991, S. 165
[28] Klafki, W.: Neue Studien zur Bildungstheorie und Didaktik – Zeitgemäße Allgemeinbildung und kritisch-konstruktive Didaktik, 1991, S. 163-164

vollständig und unakzentuiert auf den Unterricht zu übertragen, sondern „...Wissenschaft unter didaktischen Fragestellungen nach ihrem Lösungspotential für „Lebensprobleme" und nach ihren Grenzen zu befragen"[29]. Wissenschaftliche Erkenntnisse sollten insbesondere in den Unterricht einfließen, wenn sie Orientierungswissen vermitteln können und zudem hilfreich sind, die soziale Lebenswelt bzw. die Alltagswirklichkeit der Lernenden durchschaubar und verständlich zu machen. Darüber hinaus sollten sie einen positiven Beitrag zur Urteils-, Kritik- und Handlungsfähigkeit leisten. Klafki zeigt in diesem Kontext auf, daß Wissenschaftsorientierung als „Korrektiv" zur oftmals geforderten Schülerorientierung verstanden werden kann, wenn die Sichtweisen, Interessen und Bedürfnisse der Lernenden durch massenmediale und familiäre Sozialisation verengt worden sind. Wissenschaftsorientierung ziele dann darauf ab, „...die lebensgeschichtlich und damit immer auch gesellschaftlich bedingten, subjektiven Horizontbegrenzungen aufzuklären und aufzulockern und Anregungen zur Horizonterweiterung zu geben"[30]. Wissenschaftsorientierung soll somit die aktuelle Lebenswirklichkeit der Lernenden („Schülerorientierung" i.e.S.) berücksichtigen, aber gleichzeitig auch über die zukünftigen, individuellen und gesellschaftlichen Perspektiven und Probleme aufklären. In diesem Sinne kann eine kompatible, synergetische Wechselwirkung zwischen Wissenschaftsorientierung und Schülerorientierung entstehen. Klafki stellt diesbezüglich die folgende These auf: „Wissenschaftsorientiertes Lernen wird vom Schüler im allgemeinen nur dann produktiv, verstehend, interesseweckend, weiterwirkend vollzogen werden, wenn es von ihm als sinnvoll, als bedeutsam für die Entwicklung seines Selbst- und Wirklichkeitsverständnisses, seiner Urteils- und Handlungsfähigkeiten erfahren werden kann"[31]. Klafki verweist allerdings auf die Gefahr, daß Wissenschaften oftmals zweck- und interessengeleitet betrieben und entsprechend interpretiert bzw. vermittelt werden: „Verschiedene Interessenten im ökonomisch-gesellschaftlichen, kulturellen, politischen Feld bedienen sich selektiv bestimmter Elemente der Wissenschaften bzw. ihrer Umsetzungen in technische Geräte und Verfahren, „Sozialtechnologien" oder handlungsleitende Deutungsmuster"[32]. Eine wichtige Aufgabe innerhalb des wissenschaftsorientierten Unterrichtes muß es deshalb auch sein, diese interessengebundenen Interpretationen exemplarisch darzulegen, um der Gefahr einer naiven Wissenschafts- und Fortschrittsgläubigkeit bei den Lernenden entgegenzuwirken und einen unkritischen Glauben in „Expertenaussagen" zu vermeiden. Auch aus diesem Grund ist nach Meinung des Autors dieser Arbeit ein differenzierender Zugriff auf die verschiedenen betriebswirtschaftlichen Paradigmen sinnvoll und notwendig, um die

---
[29] ebenda, S. 168
[30] ebenda, S. 167
[31] ebenda, S. 166
[32] ebenda, S. 171

Multiperspektivität ökonomischen Denkens aufzuzeigen. Hierdurch entsteht auch eine Grundlage, die Vor- und Nachteile des Einsatzes integrierter, betriebswirtschaftlicher Standardsoftware kompetent und kritisch zu reflektieren. Die Ableitung ökonomischer, ausschließlich auf der Substanz *eines* betriebswirtschaftlichen Paradigmas beruhender Inhalte wird dem Sinngehalt der Kritischen Wissenschaftsorientierung nicht gerecht. Vielmehr soll, wie bereits angedeutet, kaufmännischer Unterricht im Rahmen verschiedener betriebswirtschaftlicher Paradigmen, deren Inhalte ständig kritisch zu hinterfragen sind, stattfinden. Während die klassische, faktorentheoretische Betriebswirtschaftslehre, wie sie Gutenberg[33] und (teilweise) Wöhe[34] vertreten, auf den Annahmen zum homo oeconomicus beruht und sich als eine wertfreie Wissenschaft versteht, basieren insbesondere Ansätze aus der angelsächsischen Managementlehre bzw. ökologieorientierte Ansätze auf abweichenden, normativen Fragestellungen und Annahmen. Diese zentralen Fragestellungen können sich z.B. auf die Stellung des Individuums in den Betrieben, die ethisch-moralische Verantwortung unternehmerischer Tätigkeit, die Fragen im Zusammenhang mit der Globalisierung, die Rolle der Konsumenten oder die Gestaltung der Unternehmensziele (renditeorientiert, shareholder value, gemeinwohlorientiert etc.) beziehen. Kritische Wissenschaftsorientierung bedeutet in diesem Zusammenhang, den Lernenden nicht nur instrumentelle Fertigkeiten und Fachwissen zu vermitteln, sondern sie auch für unterschiedliche Normen und damit verbundene differierende betriebswirtschaftliche Themen und Schwerpunkte zu sensibilisieren.

Im folgenden soll nun der Frage nachgegangen werden, welchen Beitrag integrierte, betriebswirtschaftliche Standardsoftware im Zusammenhang mit der erläuterten Wissenschaftsorientierung im Rahmen der kritisch-konstruktiven Didaktik leisten kann. Dies soll durch die Aufstellung und Begründung folgender Annahme erfolgen:

Der Einsatz integrierter betriebswirtschaftlicher Standardsoftware unterstützt die handlungsorientierte, bzw. problem- und praxisorientierte Darstellung und *kritische* Erprobung wissenschaftsorientierter, betriebswirtschaftlicher Verfahrens- und Erkenntnisweisen (Methoden, Grundbegriffe, -kategorien, -konzepte etc.).

---

[33] vgl.: Gutenberg, E.: Grundlagen der Betriebswirtschaftslehre, 1. Band – Die Produktion, 1966
Gutenberg, E.: Grundlagen der Betriebswirtschaftslehre, 2. Band – Der Absatz, 1966
[34] Wöhe, G.: Einführung in die Allgemeine Betriebswirtschaftslehre, 16. Auflage, Saarbrücken und München 1986; Wöhe verwendet in seinem Standardwerk sowohl einen faktortheoretischen (z.B. bei der Darstellung der betrieblichen Produktionsfaktoren), als auch einen entscheidungstheoretischen Ansatz (z.B. bei der Rechtsformwahl und dem Zusammenschluß von Unternehmungen)

Die Bedeutung integrierter betriebswirtschaftlicher Standardsoftware in Lehr-Lernarrangements liegt zum einen in deren Funktion als Lernobjekt, wenn das Lernziel die Erlangung rein instrumenteller Fertigkeiten und softwarespezifischer Kenntnisse ist. Darüber hinaus kann ein in der Tendenz wissenschaftsorientierter Einsatz in einer Funktion als Lernmittel erfolgen, wenn das Lernziel die Erlangung bzw. Reflexion softwareunabhängigen, betriebswirtschaftlichen Wissens beinhaltet. Die Fachdisziplin Betriebswirtschaft bietet in der Theorie eine umfangreiche Palette wissenschaftlich entwickelter Methoden und Verfahren an. Ein Teil dieser Vorgehensweisen hat Einzug in die Praxis gefunden und wurde bei der Entwicklung kaufmännischer Softwarepakete berücksichtigt. Der hohe Abdeckungsgrad betrieblicher Funktionserfüllung dieser Pakete führt zu breiten Überlappungen mit Themen, die wissenschaftsorientiert an Universitäten, Fachhochschulen, Fach- und Kollegschulen gelehrt werden.

Die in dieser Arbeit exemplarisch betrachtete SAP®R/3® Software beinhaltet in umfassender Weise vielfältiges prozedurales und deklaratives Wissen aus den verschiedensten betriebswirtschaftlichen Fachdisziplinen. So werden beispielsweise im Modul Materialwirtschaft wissenschaftlich fundierte und in entsprechenden Standardlehrwerken aufgeführte Dispositions- und Losgrößenverfahren sowie Berechnungsmodelle zur Materialprognose bereitgestellt[35]. Im Modul Produktion sind Methoden zur Planung und Steuerung verschiedener Fertigungsarten[36] und im Modul Controlling diverse Verfahrensweisen der Kostenrechnung bzw. -kalkulation[37] verfügbar. Gebräuchliche Analysemethoden wie die ABC-Analyse sind sogar in mehreren Modulen zugleich verfügbar. Zum Zweck der Bilanzerstellung oder der Lohnabrechnung ist umfangreiches deklarativen Wissen in Form von Kontenrahmen, Steuertabellen etc. hinterlegt.

Mit Hilfe betriebswirtschaftlicher Standardsoftware können die Lernenden kritisch, im Umfeld konkreter Fragestellungen aus der betrieblichen Praxis, die Relevanz oder die Nebensächlichkeit (bzw. die Irrelevanz) einzelner Themen überprüfen und erkennen[38]. Die Software besitzt also als Mittler zwischen praktischer Handhabung und theoretischen Wissens das Potential, wissenschaftsorientierte Inhalte zu hinterfragen und zu diskutieren. Aus dieser Wechselseitigkeit von Theorie und Praxis ergeben sich vielfältige Anknüpfungspunkte zum bestehendem Wissen der Lernenden. Betriebswirtschaftliche Standardsoftware integriert i.d.R. die wesentlichen kaufmännischen Bereiche (u.a. externes und internes

---

[35] SAP AG (Hrsg.): System R/3® Materialwirtschaft - Funktionen im Detail,1998, S. 4/1-4/8
[36] SAP AG (Hrsg.): System R/3® Integrierte Produktionsplanung und -steuerung - Funktionen im Detail – PP,1997
[37] SAP AG (Hrsg.): System R/3® Controlling I (Gemeinkostencontrolling) - Funktionen im Detail – CO, 1996
[38] Dies soll allerdings keineswegs bedeuten, daß wissenschaftliche Erkenntnisse, wenn sie nicht in einer Standardsoftware verarbeitet wurden, grundsätzlich unbedeutend sind.

Rechnungswesen, Materialwirtschaft, Produktionsplanung und -steuerung, Vertrieb und Personalwirtschaft), so daß eine fächerübergreifende Wissensvernetzung erleichtert wird. Kritisch muß allerdings angemerkt werden, daß ein hoher integrativer Abdeckungsgrad noch keine Aussagen über die Stärken und Schwächen innerhalb der einzelnen Komponenten bzw. zwischen konkurrierenden Softwarepaketen zuläßt. Dies zu hinterfragen kann aber ein weiterer interessanter und erkenntnisreicher Grund sein, sich mit einer kfm. Standardsoftware im Unterricht zu befassen. Fischer betont im Zusammenhang mit dem Einsatz von SAP®R/3® im Hochschulbereich, daß das System zudem einen geeigneten Evaluierungsrahmen für methodische Forschungsergebnisse bietet[39]. Oetinger sieht, durch die Breite und Komplexität des Programms begründet, Potentiale für selbstgesteuertes und entdeckendes Lernen: „Den Studenten bietet sich ein großes Experimentierfeld, auf dem auch neue Erfahrungen in verschiedensten Bereichen gesammelt werden können"[40]. Kruczynski sieht die Möglichkeit, mit Hilfe der Software auch die branchenübergreifende betriebswirtschaftliche Kompetenz der Lernenden zu steigern: „In diesem Kontext erscheint R/3® in der Breite seiner inhaltlichen Komponenten und seiner wachsenden Systemausprägung (z.B. Handelsunternehmen, Krankenhäuser) als modernes Kompendium der Betriebswirtschaft auf dem studentischen Prüfstand[41]". Darüber hinaus ergibt sich durch die mögliche Verwendung von Modellunternehmen[42] die Möglichkeit komplexe Organisationstrukturen funktionsvernetzt zu erfassen und zu verstehen. Allerdings ist hierbei zu beachten, daß einige Softwarepakete eigene erklärungsbedürftige Begrifflichkeiten verwenden, die von der jeweilig dahinterstehenden Organisationsphilosophie determiniert werden und vom allgemeinen betriebswirtschaftlichen Sprachgebrauch abweichen können.

Wie bereits dargelegt wurde, muß Wissenschaftsorientierung keineswegs konträr zur Berücksichtigung der aktuellen und zukünftigen Lebenswirklichkeit der Lernenden („Schülerorientierung" i.e.S.) und die Stärkung ihrer Urteils- und Handlungsfähigkeiten stehen. Geht man davon aus, daß bei Lernenden aus dem kaufmännischen Bereich Kenntnisse über „Lebenswirklichkeiten" aus dem unternehmerischen Umfeld von hoher aktueller und zukünftiger Bedeutung sind, so kann durch den Einsatz integrierter, betriebswirtschaftlicher Standardsoftware eine größtmögliche Authentizität der Unternehmensrealität schon im Unterricht hergestellt werden. Eine vollständige Abbildung der betrieblichen Realitäten ist allerdings auch

---

[39] vgl.: Fischer, J.: Die betriebswirtschaftliche Standardsoftware SAP®R/3® – vom attraktiven Kürzel zum praktischen Erlebnis, in: Wirtschaftsinformatik, 1995, S. 623-624
[40] vgl.: Oetinger, R.: SAP soll die Lehre als Anwendungsbeispiel begleiten, in: Wirtschaftsinformatik, 1995, S.623
[41] Kruczynski, K.: Moderne Ausbildung erfordert moderne Technologien, in: Wirtschaftsinformatik, 1995, S.622-623

in solchen komplexen Systemen nicht möglich. Anders aber als bei einfacheren Möglichkeiten der Unternehmenssimulation (z.b. Unternehmensplanspielen) erfolgt keine Einschränkung auf wenige Variablen. Ein unzulängliches, weil reduziertes und in getrennten Fächern erworbenes Verständnis der Wissensinhalte wird verhindert. Die Kompliziertheit der Programme[43] schafft eine Lernumgebung, in der die Teilnehmer den Umgang mit komplexen Sachverhalten, das „Filtern" problemrelevanter Informationen aus einem großen Informationsangebot und den Transfer des bereits Gelernten üben können. Dies sind nach Meinung des Autors dieser Arbeit grundsätzliche Anforderungen, die eine Kompatibilität mit den Anforderungen an wissenschaftsorientierten Unterricht aufweisen.

Im weiteren soll nun die Frage untersucht werden, welchen Beitrag integrierte, betriebswirtschaftliche Standardsoftware im Zusammenhang mit dem Element „Exemplarisches Lehren und Lernen" im Rahmen der kritisch-konstruktiven Didaktik leisten kann. Dies soll durch die Aufstellung und Begründung folgender Annahme erfolgen:

Der Einsatz integrierter betriebswirtschaftlicher Standardsoftware ermöglicht ein exemplarisches, selbständiges und entdeckendes Lernen sowie ein orientierendes Lernen im Sinne der kritisch-konstruktiven Didaktik

Klafki beschreibt Exemplarisches Lernen in folgender Aussage: „Bildendes Lernen, das die Selbständigkeit des Lernenden fördert, also zu weiterwirkenden Erkenntnissen, Fähigkeiten, Einstellungen führt, wird nicht durch reproduktive Übernahme möglichst vieler Einzelkenntnisse, -fähigkeiten und -fertigkeiten gewonnen, sondern dadurch, daß der Lernende an einer begrenzten Zahl von Beispielen (Exempeln) aktiv allgemeine, genauer: mehr oder minder weitreichend verallgemeinerbare Kenntnisse, Fähigkeiten, Einstellungen erarbeitet, m.a.W.: Wesentliches, Strukturelles, Prinzipielles, Typisches, Gesetzmäßigkeiten, übergreifende Zusammenhänge."[44]
Integrierte betriebswirtschaftliche Standardsoftware unterstützt in dieser Weise definiertes exemplarisches Lernen in der Form, daß fachbereichsübergreifende Zusammenhänge sowie als typisch zu bezeichnende Geschäftsprozesse innerhalb der Fachbereiche praxisorientiert abgebildet werden können. Dies sollen die beiden folgenden Abbildungen beispielhaft aufzeigen. Abbildung 3 zeigt die Übersicht über eine typische fachbereichsübergreifende Wertschöpfungskette für einen

---

[42] s. hierzu vertiefend Punkt 3.2: Lernthemenpotential von Modellunternehmen am Beispiel des SAP®R/3® IDES-Trainingsmandanten
[43] Die Kompliziertheit der Programme ist allerdings nicht unproblematisch und kann unter bestimmten Bedingungen zu Lernbehinderungen führen, s. hierzu Punkt 3.3
[44] Klafki, W.: Neue Studien zur Bildungstheorie und Didaktik – Zeitgemäße Allgemeinbildung und kritisch-konstruktive Didaktik, 1991, S. 143-144

produzierenden Betrieb von der Auftragserteilung bis zur Bezahlung des Kunden, Abbildung 4 zeigt exemplarisch den typischen Ablauf der Auftragsbearbeitung innerhalb des Fachbereichs Vertrieb.

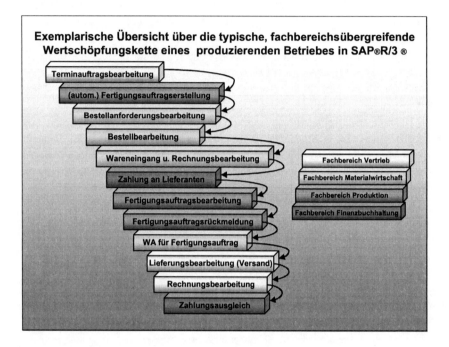

Abb. 3

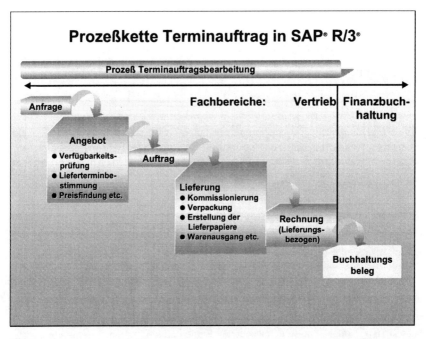

Abb. 4

Exemplarisches Lernen kann insbesondere auch durch die Verwendung von unter didaktischen Gesichtspunkten entwickelten Modellunternehmen realisiert werden. Diese Modellunternehmen stellen vollständige und realitätskonform eingerichtete Schulungssysteme dar. Das SAP®R/3® IDES (International Demonstration und Education System) Modellunternehmen[45] beispielsweise beinhaltet einen global agierenden Gesamtkonzern, welcher wiederum aus einzelnen Tochtergesellschaften besteht, denen fest definierte und exemplarische betriebswirtschaftliche Aufgaben zugeordnet sind. Typische Geschäftsprozesse können somit innerhalb einer Tochterfirma aber auch im Zusammenspiel der weltweit agierenden Unternehmensteile aufgezeigt und analysiert werden. Detaillierte Struktur- und Ablaufbeschreibungen und die Vorgabe von betriebswirtschaftlich sinnvollen Daten für typische (optimierte) Geschäftsabläufe („best practices") erleichtern die Einarbeitung der Lernenden. Die benötigten Stamm- und Bewegungsdaten sind bereits gebrauchsfertig hinterlegt. Sowohl die internationale Ausrichtung der Modellfirma als auch die abgebildete typische Produktpalette erleichtert ein praxisorientiertes und exemplarisches Lernen. Durch die Auswahl exemplarischer Produkte bzw. Produktgruppen wird gleichzeitig die Darstellung entsprechender,

---

[45] SAP AG (Hrsg.): System R/3® IDES - Funktionen im Detail, Walldorf 1998; S1/1-1/6

typischer Fertigungsverfahren determiniert[46]. Auch im Vertriebsbereich werden typische Absatzwege realisiert (z.B. Endkundenverkauf, Vertrieb über den Groß- und Einzelhandel, Großabnehmer Industrie). Durch das Einspielen bestimmter Datenbestände können in der Praxis nur einmalig vorkommende betriebswirtschaftliche Situationen (z.B. Jahresabschlüsse in der Finanzbuchhaltung) erzeugt bzw. beliebig oft wiederholt werden. Durch eine ständige Pflege und Weiterentwicklung der Modellunternehmung können auch aktuelle technisch-betriebswirtschaftliche Entwicklungen exemplarisch abgebildet werden (z.B. die Einrichtung eines Internetshop mit Anbindung an das R/3® System mit der Möglichkeit der Darstellung internettypischer Geschäftsabläufe[47] (Auftragsbearbeitung, Bestellbearbeitung etc.). Durch individuelle Einstellungsmöglichkeiten (Customizing) können auch selbstentwickelte Unterrichtskonzepte realisiert werden.[48]

Durch die Verwendung von Modellunternehmen im Zusammenhang mit integrierter, betriebswirtschaftlicher Standardsoftware läßt sich grundsätzlich auch das von Klafki geforderte selbständige, orientierende und entdeckende Lernen[49] realisieren.

Klafki bemerkt zum selbständigen Lernen: „ Den meisten Konzeptionen des exemplarischen Ansatzes liegt die Zielvorstellung zugrunde, daß Lernen in schulischen oder außerschulischen Einrichtungen dem Lernenden zur Selbständigkeit, zu kritischer Erkenntnis-, Urteils- und Handlungsfähigkeit verhelfen soll und damit auch zur Fähigkeit, aus eigener Initiative weiterzulernen."[50] Selbständiges Lernen setzt zum einen die Berücksichtigung des Lern- und Interessenstandes der Lernenden (im Sinne der bereits erwähnten Schülerorientierung) voraus, zum anderen, daß „...der Unterricht die Gesetzmäßigkeiten, die Prinzipien, die Strukturen, die Zusammenhänge, die gelernt, besser: erarbeitet, produktiv angeeignet und dann anwendend erprobt und gefestigt werden sollen, nicht in geschlossener, fertiger Gestalt darbietet, als Formel, Resultat, Modell, Schema, Faktum usw., sondern daß er dem Schüler dazu verhilft die „sachlogischen" Stufen der Entwicklung solcher Gesetzmäßigkeiten, Strukturen, Zusammenhänge entweder schrittweise aufbauend nachzuvollziehen bzw. zu entdecken oder aber analytisch, vom „fertigen" Ergebnis aus rückschreitend, zu

---

[46] So werden z.B. Glühlampen per Massenfertigung, PC´s per Serienfertigung, Farben und Medikamente per Prozeßfertigung produziert.
[47] SAP AG (Hrsg.): System R/3® IDES - Funktionen im Detail, Walldorf 1998; S. A20
Hantusch, Th., Matzke, B., Pérez, M.: SAP R/3® im Internet – Globale Plattform für Handel, Vertrieb und Informationsmanagement, 1997, S. 11-96
[48] Das im empirischen Teil dargestellte, vom Autor dieser Arbeit selbst entwickelte Seminar, wurde innerhalb einer IDES Modellunternehmung realisiert.
[49] Klafki, W.: Neue Studien zur Bildungstheorie und Didaktik – Zeitgemäße Allgemeinbildung und kritisch-konstruktive Didaktik, 1991, S. 155-156
[50] Klafki, W.: Neue Studien zur Bildungstheorie und Didaktik – Zeitgemäße Allgemeinbildung und kritisch-konstruktive Didaktik, 1991, S. 145

rekonstruieren[51]. Erstere Form wird auch als „genetisches" Lernen, letztere als „rekonstruktiv-entdeckendes" Lernen bezeichnet. Durch den Einsatz integrierter, betriebswirtschaftlicher Standardsoftware können beide Lernformen arrangiert werden. So können beispielsweise die Lernenden, nach einer Phase der Einweisung und Instruktion, typische Geschäftsprozesse schrittweise anhand detailliert beschriebener Fallstudien „anwendend erproben" und damit nachvollziehen. Sofern ein fundiertes Grundverständnis für die Software vorhanden ist, ist ein selbständiges, entdeckendes Lernen mit Unterstützung der Online-Dokumentation und geeigneten Unterrichtsmaterialien möglich. Insbesondere die in den Modellunternehmen schon eingerichteten Organisationsstrukturen und Stammdaten (z.B. Kunden oder Materialien) lassen sich durch Einsichtnahme in die bereits vorhandenen Stammsätze und Customizingtabellen analytisch, d.h. rekonstruktiv entdecken. Diese Vorgehensweise wiederum liefert wichtige Erkenntnisse für ein mögliches, nachfolgendes „genetisches" Lernen, bei dem die Lernenden selbst schrittweise eigene Stamm-, Bewegungs- und Organisationsdaten anlegen können. Kritisch sei an dieser Stelle angemerkt, daß trotz der Lernpotentiale, die integrierte, betriebswirtschaftliche Standardsoftware schaffen kann, dem selbständigen und entdeckenden Lernen eine fundierte, meist instruktional orientierte, intensive Phase der Erläuterung der Grundstrukturen und der Bedienungsmöglichkeiten vorangestellt werden muß. Fehlt den Lernenden der softwareindividuelle theoretische Hintergrund, findet ein zu frühes, selbständiges und entdeckendes Lernen am System schnell seine Grenzen. Bei Nichtbeachtung bzw. Nichtwissen der softwarespezifischen Bedienungs-, Aufbau- und Ablaufstrukturen reagiert das System mit entsprechenden Fehlermeldungen[52] und eine weitere Bearbeitung wird gänzlich verhindert. Diese Situation wirkt bei häufigem Auftreten demotivierend und lernzielbezogen kontraproduktiv. Die starke Abhängigkeit von der softwareeigenen Syntax bedingt, auch in Phasen weitgehend selbständigen und entdeckenden Lernens, die unterstützende Präsenz von Lehrenden. Lernen und Lehren unter Verwendung integrierter betriebswirtschaftlicher Standardsoftware bedingt eine adaptive Vorgehensweise, d.h., in erforderlichen, i.d.R. dozentenzentrierten Einführungsphasen, welche auch zeitlich großzügig zu planen sind, muß ein notwendiges softwarespezifisches Grundwissen vermittelt werden, welches die Voraussetzung für anschließende, selbständige und entdeckende Lernphasen bildet. Auch die derzeit auf dem Markt befindlichen, multimedial

---

[51] Klafki, W.: Neue Studien zur Bildungstheorie und Didaktik – Zeitgemäße Allgemeinbildung und kritisch-konstruktive Didaktik, 1991, S. 146-147
[52] Erschwerend kommt hinzu, daß Fehlermeldungen aus dem SAP®R/3® System häufig nur eine Weiterarbeit verhindern, ohne detaillierte Hinweise auf die Ursachen der Fehleingabe zu geben

aufbereiteten Selbstlernprogramme[53] können diese wichtigen Erklärungsphasen nicht ersetzen.

Bezüglich der hier exemplarisch betrachteten Modellunternehmung IDES der Software SAP®R/3® läßt sich feststellen, daß diese überwiegend für den Schulungsbedarf von Mitarbeitern SAP®R/3® einführender Unternehmen konzipiert wurde und aus diesem Grunde häufig punktuelle bzw. „rollenbasierte" Themen, abgestimmt auf spezifische Mitarbeiterprofile (Einkäufer, Verkäufer, Personalabrechnung), behandelt werden. Selbstlernmedien, die notwendiges und strukturiertes Überblickswissen mit paralleler Darstellung wissenschaftsorientierter Inhalte, die die Darstellung komplexer, durch den Lernenden variierbarer Planungs- und Dispositionsprozesse beinhalten, sind momentan nicht erhältlich. Entsprechende Medien zur Thematik der kundenspezifischen Einstellung der Software (Customizing) sind derzeit ebenfalls nicht verfügbar. Dies ist in sofern verständlich, als eine adäquate Entwicklung solcher mit äußerst komplexen Inhalten versehenen Medien hohe finanzielle und personelle Investitionen voraussetzt. Wenngleich ein partieller, begleitender und unterstützender Einsatz des Unterrichtes mit diesen Programmen durchaus denkbar ist, ist kritisch anzumerken, daß auch die aktuell auf dem Markt befindlichen Lernprogramme die Budgets der meisten öffentlichen Bildungsinstitutionen zu sehr belasten würden[54].

Klafki fordert im Rahmen seiner allgemeindidaktischen Überlegungen zum Exemplarischen Lernen die unterrichtliche Bereitstellung ausgewählter und didaktisch aufbereiteter Beispiele, welche ein „kategoriales" Lernen in dem Sinne ermöglichen, daß die Lernenden über das am Einzelfall Erarbeitete eine allgemeine Einsicht in einen Zusammenhang oder einen Aspekt erhalten. Hierzu gehört aber auch die Erlangung einer bisher nicht verfügbaren Strukturierungsmöglichkeit, einer spezifischen Zugangsweise einer Lösungsstrategie und einer Handlungsperspektive[55].

Integrierte betriebswirtschaftliche Standardsoftware bietet in diesem Zusammenhang i.d.R. multiple Sichtweisen auf die implementierten technischen und betriebswirtschaftlichen Inhalte an, nicht zuletzt, um die beträchtliche Komplexität der Programme überschaubar zu halten. In SAP®R/3® Systemen beispielsweise können diese Inhalte über drei aufeinander abgestimmte, komplementäre Quellen abgerufen werden. Je nach Fragestellung ist somit ein Sichtwechsel auf Bedienungs-, Anwendungs- oder technische Inhalte möglich. Die Online-Hilfe, welche hypermediaorientiert angelegt ist, leistet die Erläuterung betriebswirtschaftlicher Grundtatbestände und ermöglicht die Einsicht in detailgenaue Ablaufbeschreibungen

---

[53] Siehe hierzu die Beispiele im Anhang IX-XI
[54] Durch Releasezyklen von circa 10-12 Monaten (z.B. bei der Software SAP®R/3®) verlieren sie zudem sehr schnell an Aktualität.

(inklusive der entsprechenden Menüpfadangaben) aller im System abgebildeten, d.h. möglichen Geschäftsabläufe. Der Präsentationsdienst, über den die graphische Benutzeroberfläche bzw. die Eingabemasken des Systems bereitgestellt werden, ermöglicht die Bedienung, die Dateneingabe und –verarbeitung. Über den Präsentationsdienst ist auch die Online-Dokumentation und die R/3 Bibliothek, welche die wichtigsten Fachbegriffe stichwortartig erläutert, verfügbar. Mit Hilfe des sogenannten Business Navigators erfolgt die Darstellung der implementierten Geschäftsprozesse, Organisationsstrukturen und Datenstrukturen in entsprechenden Übersichten.

Kritisch muß allerdings in diesem Zusammenhang angemerkt werden, daß die Handhabung der hier skizzierten Möglichkeiten multipler Sichtweisen den Lernenden explizit und didaktisch aufbereitet aufgezeigt und am System eingeübt werden sollte. Ansonsten besteht durch die mögliche, grundsätzlich sinnvolle Perspektivenvielfalt innerhalb der Software die Gefahr einer Überforderung der Lernenden, welche sich kontraproduktiv auf den Lernerfolg auswirken kann.

Abschließend soll in Form einer tabellarischen Darstellung aufgezeigt werden, inwieweit der Einsatz integrierter betriebswirtschaftlicher Standardsoftware im kfm. Unterricht geeignet sein kann, einer didaktischen Analyse im Sinne Klafki´s durch die Prüfung von fünf Leitfragen[56] zu entsprechen. Die folgenden Abbildungen 5 und 6 repräsentieren eine didaktische Reduktionstrategie[57], welche eine Hilfestellung bei Auswahl von Inhalten und Problemstellungen geben soll, die im Sinne einer exemplarischen Fundierung handlungsorientiert behandelt werden können und welche sowohl die Wissenschaftorientierung als auch die Schüler-(bzw. Teilnehmer-)orientierung zu verbinden versucht.

---

[55] Klafki, W.: Neue Studien zur Bildungstheorie und Didaktik – Zeitgemäße Allgemeinbildung und kritisch-konstruktive Didaktik, 1991, S. 144
[56] ebenda, S. 270-278, und: Jank, W., Meyer, H.: Didaktische Modelle, 1994, S. 133-136
[57] vgl: Aff, J.: Handlungsorientierung – Mythos oder (wirtschafts)didaktische Innovation? In: Schneider, W. (Hrsg.):Komplexe Methoden im betriebswirtschaftlichen Unterricht, 1993, S. 238-240

**Didaktische Reduktionsstrategie für die Thematik
e-commerce i.V.m. integrierter, betriebswirtschaftlicher Standardsoftware**

Wissenschaftsorientierung	Kriterien (didaktische Analysefragen)	Schülerorientierung
Welche *aktuelle* Bedeutung haben die verschiedenen Inhalte des e-commerce (z.B. business to business; business to consumer) in der Fachdisziplin?	Gegenwartsbedeutung	Worin liegt die *aktuelle* Bedeutung der Inhalte für die Teilnehmer? (z.B. Information über die Möglichkeiten und Grenzen des Internetverkaufs)
Welche Themen werden in der fachwissenschaftlichen Diskussion als *zukunftsrelevant* angesehen? (z.B. „one step business")	Zukunftsbedeutung	Worin liegt die Bedeutung der Inhalte für die *Zukunft* der Teilnehmer? (z.B. Auswirkungen des Internethandels auf das private und geschäftliche Kaufverhalten; Möglichkeit der Qualifizierung für einen zukünftigen Arbeitsplatz)
Welche Beispiele aus den diversen Themenfeldern sind besonders *relevant* bzw. *repräsentativ*? (Welches Beispiel eignet sich besonders zur Veranschaulichung der Thematik des Internetverkaufs?)	Zugänglichkeit	Wie kann ein besonders *anschauliches* und *interessantes* Beispiel abgebildet werden, welches auch die Kritikfähigkeit fördert? Welche Medien sind hierzu notwendig? (z.B. durch Abbildung eines Auftrages im Demo Internetshop des Modellunternehmen SAP®R/3® IDES; Darstellung der Möglichkeiten und Grenzen der Datensicherheit im Internet)

Abb. 5

Wissenschaftsorientierung	Kriterien (didaktische Analysefragen)	Schülerorientierung
In welchem Ausmaß wird der *Struktur* der Disziplin Betriebswirtschaftslehre entsprochen? (z.B. soll die Thematik des e-commerce nach funktionalen oder prozessorientierten Gesichtspunkten gegliedert werden?) Welche Inhalte entsprechen welchem BWL-Paradigma (z.B. EDV-orientierte oder marketingorientierte BWL) Welche (Teil-)Lernziele sind zu definieren (thematische Strukturierung)?	Sachstruktur	Werden Qualifikationen vermittelt, welche als *Schlüsselqualifikationen* (z.B. Abstraktionsfähigkeit, Problemlösungsfähigkeit, Teamfähigkeit, Konfliktfähigkeit) als bedeutend für die Berufs-/Lebenssituation der Teilnehmer anzusehen sind? (z.B. Online-Präsentation des Auftragsbearbeitungsprozesses durch den Vertriebsweg Internet im Team vor einem Plenum mit anschließender Diskussion)
Welcher *allgemeine, elementare Sachverhalt*, welche *allgemeine Problematik* kann mit Hilfe des Unterrichtsinhaltes erschlossen werden? (z.B. Ist die Thematik geeignet in marketingorientiertes oder prozessorientiertes Denken einzuführen?)	Exemplarisches Prinzip	Ist die *Verständlichkeit* der Inhalte gesichert? (z.B. Berücksichtigung der Eingangsvoraussetzungen der Lerngruppe, des Lehrenden sowie der unterrichtsrelevanten (kurzfristig änderbaren oder nicht änderbaren) institutionell-technischen Bedingungen, inklusive möglicher Schwierigkeiten und Störungen (Bedingungsanalyse))

Abb. 6

2.1.1.3 Der kritisch-kommunikative Ansatz nach Winkel

Die kritisch-handlungsorienterte ökonomische Fachdidaktik nach Aff betont, wie bereits erläutert wurde, die Bedeutung handlungsorientierten Lernens. Der Einsatz integrierter betriebswirtschaftlicher Standardsoftware im kfm. Unterricht läßt der Anwendung handlungsorientierter Methoden breiten Raum. In diesem Zusammenhang ist es sinnvoll, die hierbei ablaufenden sozialen Lern- und Austauschprozesse zu betrachten, bei welchen stets ein hohes Maß an *Kommunikation* erforderlich ist. Diese kommunikative Sichtweise des Unterrichtes, deren Bestimmungsfaktoren und insbesondere auch das Problem von Kommunikationsstörungen, greift die kritisch-kommunikative Didaktik auf, welche maßgeblich von Winkel vertreten wird. Im folgenden soll im Rahmen dieses Ansatzes reflektiert werden, welchen Einfluß die Verwendung betriebswirtschaftlicher Standardsoftware auf die Kommunikation bzw. Beziehungskultur der Lerngruppen haben kann und an welchen Stellen Kommunikations- bzw. Unterrichtsstörungen entstehen können.

Als kritisch ist die hier betrachtete Didaktik insofern zu verstehen, weil Lehren und Lernen als kommunikative Prozesse mit dem Ziel gesehen werden, vorhandene Zustände kritisch zu reflektieren, in Frage zu stellen und sie permanent zu verbessern. Winkel definiert die „kommunikative" Ausrichtung seiner Didaktik deshalb auf zwei Bedeutungsebenen[58]: Auf der ersten Ebene werden die „analytischen Grundlagen" beschrieben. Hiernach konstituiert sich Unterricht als kommunikativer Prozeß durch zwölf Grundsätze[59]. Permanenz, Beziehung, Festlegung, Ökonomie, Institution, Erwartbarkeit, Regeln und Rollen, Inhalte (Botschaften), Kontrolle, Störung und Mittel und Selbstzweck werden als wichtigste Axiome bzw. Analysekriterien der Kommunikation aufgeführt. Die zweite Bedeutungsebene bezieht sich auf die Zielsetzungen der kommunikativen Didaktik. Lehren und Lernen sollen ständig optimiert und „kommunikativer" werden, "...d.h. schülerorientierter, kooperativer, transparenter, mit- und selbstbestimmender, störungsarmer usw."[60].

Wenngleich die kritisch-kommunikative Didaktik im Rahmen dieser Arbeit nicht in jeder Einzelheit dargestellt werden kann, sollen im folgenden wichtige Aspekte der Grundstruktur aufgezeigt und auf das Thema dieser Arbeit bezogen reflektiert werden. Der Schwerpunkt liegt hierbei in der Darstellung der prinzipiellen Störanfälligkeit des Unterrichtes, welche die kritisch-kommunikative Didaktik von der lehr- bzw. bildungstheoretischen Didaktik unterscheidet und welche als zentraler Punkt der unterrichtlichen Analyse und Planung gesehen wird.

---

[58] Gudjons, H., Teske, R., Winkel, R. (Hrsg.): Didaktische Theorien, 1999, S.94-95
[59] Diese Axiome basieren auf Vorarbeiten von P. Watzlawick (Menschliche Kommunikation, 1990, S. 50ff.), der fünf Axiome nennt und D. Baake (Kommunikation und Kompetenz, 1973), welcher elf Grundeigenschaften menschlicher Kommunikation herleitet.

Zur deskriptiv-empirischen Analyse der Komplexität des Unterrichtes lassen sich die Unterrichtsprozesse unter vier Aspekten, nämlich ihren Vermittlungen, den Inhalten, den Beziehungen und der Störfaktizität, fokussieren[61]. Zu den *Vermittlungsaspekten* zählt Winkel Lernbegriffe und Lernakte (z.B. präsentieren, fragen bzw. antworten), Medien (Lehr- und Übungsmittel), Unterrichtsmethoden, Unterrichtsgliederung und – organisation. Der *inhaltliche Aspekt* wird unter curricularen Rahmenbedingungen (Winkel spricht von zu berücksichtigenden „idealen, offiziellen und geheimen Curriculumstrategien"[62]) in drei Stufen der Sacherfahrung (die Bezugnahme, die Erschließung und die Integration) beleuchtet. Der *Beziehungsaspekt* berücksichtigt die sozialen Interaktionen im Unterricht. Auf drei Ebenen lassen sich hier die Elemente der sozialen Interaktion (z.B. personale Stellungnahmen, handlungsbestimmende Anweisungen, Hilfestellungen), die Richtungen der sozialen Interaktion (z.B. schüler- und lehrergerichtete Interaktionen, Interaktionen in Lernergruppen) und die Formen der Interaktion (ungebundene, einseitig dirigierte oder kommunikative) analysieren. Der vierte Aspekt, die *Störfaktizität*, soll durch folgende Abbildung unter Bezugnahme des Einsatzes integrierter betriebswirtschaftlicher Standardsoftware dargestellt werden:

---

[60] Gudjons, H., Teske, R., Winkel, R. (Hrsg.): Didaktische Theorien, 1999, S. 95
[61] vgl: Winkel, R.: Der gestörte Unterricht, 1980, S. 38ff,
   Gudjons, H., Teske, R., Winkel, R. (Hrsg.): Didaktische Theorien, 1999, S. 98ff
   Winkel, R.: Antinomische Pädagogik und Kommunikative Didaktik, 1986, S. 87ff.
[62] Gudjons, H., Teske, R., Winkel, R. (Hrsg.): Didaktische Theorien, 1999, S. 102

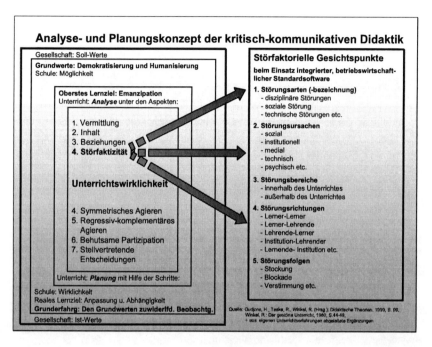

Abb. 7

Der Einsatz entsprechender Standardprogramme wie die SAP®R/3® Software bedeutet stets auch eine starke „Technisierung" des Unterrichtes mit dem Nachteil einer vergleichsweise zum „klassischen" Betriebswirtschaftslehreunterricht erhöhten Störanfälligkeit, welche sich auch auf die Beziehungsebene von Lehrenden und Lernenden auswirken kann. Dies kann soweit gehen, daß wichtige Lehr- bzw. Lernziele nicht oder nur teilweise erreicht werden können. Aufgrund der erforderlichen, aufwendigen technischen Präsentation und der Komplexität bzw. des Umfanges der Software besteht ein gewisses Störungsrisiko und es ist dem Lehrenden oft nicht möglich, soft- bzw. hardwaredeterminierte, technische Störungen[63] sofort zu beheben. Insbesondere Systemausfälle oder zu lange Zugriffszeiten können sich nachhaltig negativ auf die Konzentration und Motivation und somit auf den Lernerfolg der Teilnehmer auswirken (Störungsfolgen). Zur Beseitigung dieser Störungen bedarf es oftmals der Unterstützung von Fachleuten aus dem Bereich der Softwareadministration oder -beratung und/oder kostspieliger

---

[63] Nach den Erfahrungen des Autor dieser Arbeit können folgende typische, technische bzw. softwaredeterminierte Störungen auftreten, die vom Dozenten nur in (oft zeitaufwendiger) Zusammenarbeit mit Spezialisten behoben werden können: Ausfall von Beamern und LCD-Auflagen, Betriebsystemen und Netzwerken, Datenbankfehler; fehlende Berechtigungen und Releaseumstellungen.

Erweiterungsinvestitionen. Eine übertriebene Erwartungshaltung seitens der Lernenden, der Lehrende könne stets und kurzfristig alle technischen Probleme beseitigen, kann der Grund für eine nachhaltige Verärgerung über den Dozenten bzw. die Ausbildungsinstitution sein und somit die Beziehungsebene nachhaltig stören. Es ist deshalb von besonderer Bedeutung, daß der Lehrende zu Seminar- bzw. Unterrichtsbeginn auch auf das technische Störungspotential hinweist und sich auf eventuelle Unterbrechungen methodisch-didaktisch vorbereitet[64]. Eine weitere mögliche Kommunikationsstörung kann innerhalb der Lernergruppe aufgrund der integrierten Datenbestände, welche typisch für betriebswirtschaftliche Standardsoftware sind, entstehen. Aus didaktischen Gründen ist es wenig sinnvoll die Berechtigungen der Teilnehmer einzuschränken. So hat prinzipiell jeder Lernende auch Zugriff auf die Datenbestände der übrigen Teilnehmer mit der Möglichkeit einer Datenveränderung bzw. -löschung. Sofern auch im Customizing gearbeitet wird, ist aufgrund der Tabellensperrlogik der Programme nur ein zwischen den Bearbeitern abgestimmtes, sequenzielles Arbeiten möglich. Jedem Lernenden ist es dann grundsätzlich möglich, durch eine unbewußte (oder bewußte) Transaktion das gesamte oder zumindest Teile des Systems funktionsuntüchtig zu machen. Hier bedarf es einer hohen Kooperationsfähigkeit und einem entsprechenden Verantwortungsbewußtsein innerhalb der Lernergruppe. Aufgrund der üblichen quantitativ begrenzten Hardwareausstattung wird in den Praxisphasen in Zweiergruppen an einem Terminal gearbeitet. Dies kann in wünschenswerter Weise den kommunikativen Austausch zwischen den Teilnehmern steigern. Von einer weiteren Erhöhung der Anzahl der Gruppenmitglieder ist allerdings abzuraten, da erfahrungsgemäß eine gleichverteilte Konzentration und symmetrische Kommunikation zwischen den einzelnen Gruppenmitgliedern nicht mehr gewährleistet ist. Sofern der Unterricht unmittelbar auf die Qualifizierung für konkrete, mit produktspezifischen Softwarekenntnissen verknüpfte Berufsfelder ausgerichtet ist (z.B. SAP R/3® Berater), lassen sich bei den Lernenden entsprechende Bewerberaktivitäten feststellen. Hier kann sehr schnell ein externer Störungsbereich entstehen. Denn im Rahmen dieser Bewerbungsengagements kann sich unter den Lernenden ein starkes Konkurrenzdenken um zukünftige, konkrete Arbeitsplatzangebote entwickeln und ein gewisses Mißtrauen einstellen, welches bis in den Unterricht hineinreicht und die Beziehungen einzelner Teilnehmer untereinander belastet. Ein Störungspotential mit der Richtung Lehrender-Institution kann sich über die Art und den Umfang notwendiger, unterrichtsvorbereitender (und i.d.R. kostspieliger) Schulungen der Lehrenden ergeben. Eine gänzliche autodidaktische Vor- bzw. Einarbeitung in die Thematik integrierter

---

[64] So wurde im Rahmen der im empirischen Teil beschriebenen Seminarkonzeption auch mit sogenannten ScreenCam Videos gearbeitet, welche alternativ bei einem Systemausfall oder unzureichenden Zugriffszeiten eingesetzt werden können

betriebswirtschaftlicher Standardsoftware ist aufgrund der Komplexität und des Umfangs derartiger Softwarepakete i.d.R. nicht möglich und bedarf zudem einer ausreichenden Einarbeitungszeit[65]. Den für die Schulungsbudgets der Lehrkräfte verantwortlichen Entscheidern ist oftmals, insbesondere in der Einführungsphase der Software, der Umfang des notwendigen finanziellen Engagements nicht bewußt. Eine unzureichende softwarespezifische Schulung kann sich jedoch nachteilig auf die Motivation der Lehrenden ebenso wie auf die inhaltliche Qualität des Unterrichtes auswirken. Dies wiederum beeinträchtigt auch die Beziehungsebene bzw. die Kommunikation mit den Lernenden. Eine ähnliche Störwirkung mit der entgegengesetzten Richtung Institution-Lehrender kann sich dann ergeben, wenn Lehrkräfte trotz des Angebotes ausreichender Schulung und Vorbereitungszeit aus unterschiedlichen Gründen[66] nicht motiviert werden können, sich in genügendem Maße mit der Thematik integrierter betriebswirtschaftlicher Standardsoftware auseinanderzusetzen, obwohl deren entsprechender Unterrichtseinsatz bereits feststeht.

2.1.1.4 Normative und organisatorisch-soziale Aspekte des Einsatzes integrierter, betriebswirtschaftlicher Standardsoftware im kfm. Unterricht

Im Zusammenhang mit der Nutzung und insbesondere der Einführung von betriebswirtschaftlicher Standardsoftware in der Praxis, d.h. in den Unternehmen, ergeben sich auch für den kfm. Unterricht interessante Aspekte mit vorwiegend normativem Charakter im organisatorisch-sozialen Umfeld. Die grundlegenden Fragestellungen, die sich hier eröffnen, liegen nicht mehr nur in der (weitgehend isolierten) Darstellung der informationstechnisch-betriebswirtschaftlichen Funktionalität und Leistung, sondern beziehen explizit personelle, arbeitsorientierte und gesamtwirtschaftliche Problemstellungen mit ein. Die Einbeziehung dieser „sozio-ökonomischen Umfeldaspekte" im Kontext des Einsatzes betriebswirtschaftlicher Standardsoftware in den kfm. Unterricht ist von Bedeutung, um den Betrachtungshorizont der Lernenden (und auch der Lehrenden) zu erweitern, und somit auch die themen- bzw. objektbezogene Urteils- und Kritikfähigkeit zu erhöhen. Die hier aufzugreifenden unterrichtlichen Themen liegen beispielsweise in der Behandlung von Fragestellungen derart, welche Konsequenzen die Einführung integrierter betriebswirtschaftlicher Standardsoftware auf die Arbeitsbelastungen und Qualifikationsanforderungen der Mitarbeiter haben kann, wo die

---
[65] Darüber hinaus fordern z.B. Softwarehersteller wie die SAP AG im Rahmen der Lizenzvergabe für SGB III geförderte Schulungsmaßnahmen eine Zertifizierung der Trainer, welche mit einer arbeitsaufwendigen und kostspieligen Prüfung verbunden ist.

softwarebegründeten Rationalisierungspotentiale liegen, ob diese zu einem Arbeitsplatzabbau führen oder ob Verbesserungen in den Arbeitsbedingungen der betroffenen Mitarbeiter zu erwarten sind[67]. Auch Probleme aus dem Bereich des betrieblichen Datenschutzes können thematisiert werden. So sind z.B. SAP®-Systeme durchaus geeignet, Verhaltens- bzw. Leistungskontrollen der Mitarbeiter im Sinne des Betriebsverfassungsgesetzes durchzuführen[68]. In einfacher Weise lassen sich z.B. über eine Protokolldatenbank sämtliche Transaktionen eines bestimmten Anwenders zu einem bestimmen Zeitpunkt bzw. innerhalb eines bestimmten Zeitraumes selektieren und einsehen. Mit der Einführung eines integrierten Softwarepaketes wie SAP®R/3® ergeben sich i.d.R. auch weitreichende organisationale Veränderungen. Häufig erfolgt eine Anpassung der Unternehmensorganisation an die implementierten Organisationsstrukturen des Standardsystems. An die Softwareeinführung werden häufig auch zeitlich parallel verlaufende, einschneidende Reorganisationsprojekte, wie beispielsweise die Einführung von „lean production" oder Projekte zum „business process engineering" gekoppelt. Hieraus resultieren veränderte Arbeitsplatzprofile und die Notwendigkeit einer integrierten Organisations- und Personalentwicklung. Die Einführung und Nutzung einer integrierten Software setzt eine abteilungs- und bereichsübergreifende Abstimmung und Zusammenarbeit voraus, welche sich aufgrund unterschiedlicher Interessenlagen und Sichtweisen schwierig gestalten kann. Sowohl Sachbearbeiter als auch Führungskräfte wünschen sich Möglichkeiten zur Effizienzsteigerung ihrer Arbeit, nicht jedoch Einschränkungen ihrer „Informationsmonopole", Handlungsspielräume oder ihrer Verantwortung. Gesamtwirtschaftliche Fragestellungen umschließen beispielsweise Aspekte des Beitrages integrierter, betriebswirtschaftlicher Standardsoftware zur Globalisierung und den damit verbundenen Chancen und Risiken. Um die hier beschriebenen Themen unterrichtlich kompetent zu erschließen, ist z.B. die Einladung eines erfahrenen Praktikers und/oder eine Unternehmensexkursion nach der Erfahrung des Autors dieser Arbeit sehr anregend und nützlich.

2.1.1.5 Die Kognitionspsychologische Handlungstheorie von Aebli

Nachfolgend soll der Einsatz integrierter, betriebswirtschaftlicher Standardsoftware in komplexen Lehr-Lernarrangements aus lernpsychologischer Sicht begründet werden. Zu diesem Zwecke soll der handlungstheoretische, lernpsychologische Ansatz von

---

[66] Diese ablehnende Haltung ist zuweilen altersbedingt und/oder basiert auf dem Wissen um den hohen Einarbeitungsaufwand
[67] AFOS (Arbeitsgemeinschaft arbeitsorientierte Forschung und Schulung GbR): SAP, Arbeit, Management – Durch systematische Arbeitsgestaltung zum Projekterfolg, 1996, S. 7

Aebli [69] dargestellt und kontextbezogen reflektiert werden. Aebli geht von der erkenntnistheoretischen Annahme aus, daß im Mittelpunkt effizienter Lehr-Lernprozesse insbesondere eine Handlung bzw. aktives, praktisches Tun steht. Er thematisiert den Aufbau kognitiver Strukturen innerhalb des Lernprozesses durch Handlungen und definiert diese als „...zielgerichtete, in ihrem inneren Aufbau verstandene Vollzüge, die ein faßbares Ergebnis erzeugen"[70]. Um den Begriff Handlung im Kontext vieler möglicher Verhaltensweisen zu präzisieren, spezifiziert er Handlungen weiter „...als Verhaltensweisen, die Maßnahmen und Sachen bewußt einsetzen, um ein Ergebnis zu erreichen"[71]. Demnach ist z.B. das Anlegen eines Kundenstammsatzes in einer betriebswirtschaftlichen Standardsoftware eine bewußte und zielgerichtete Handlung, nicht jedoch das Auslösen eines Programmabbruches durch den Anwender. Die geforderte Handlungsorientierung läßt sich mit einer betriebswirtschaftlichen Standardsoftware sehr gut realisieren, vorausgesetzt, die Lernenden arbeiten in der überwiegenden Zeit des Unterrichtes selbst am System. Im Rahmen seiner theoretischen Überlegungen kritisiert Aebli die vorherrschende, rein begriffsorientierte und kontemplative Wissensvermittlung als wenig geeignet, um Handlungskompetenz bei den Lernenden zu bewirken. Aebli beanstandet die überwiegende Lernstoffvermittlung über rein geistige Vorstellungen und Begriffswissen. Diese hat seiner Meinung nach nur dann einen Wert, wenn sie durch Handeln nachkonstruiert und nachvollzogen werden kann. („Dem Begriff geht das Begreifen, der Einsicht das Einsehen voraus"[72]). Gerade beim Unterricht mit betriebswirtschaftlicher Standardsoftware ist es nach einer notwendigen, informierenden und orientierenden Phase durch den Dozenten von großer Bedeutung, daß das Gezeigte von den Lernenden selbst am System nachvollzogen werden kann. Aebli unterscheidet verschiedene Arten des Handelns. Soziale Handlungen richten sich an Personen (z.B. Kommunikation zwischen Gruppenmitgliedern im Rahmen einer Partnerarbeit), während physische Handlungen an einer Sache (z.B. Eingabe einer Lieferantennummer im Rahmen der Bestelleröffnung) durchgeführt werden. Handlungen können an einem Objekt (z.B. PC mit SAP®R/3® Anbindung) mit Hilfe von geeigneten Instrumenten (z.B. einer Tastatur oder einer Maus) vollzogen werden. Der Vollzug der Handlung hat das Entstehen eines Handlungsergebnisses zum Ziel. Ein Handlungsergebnis wiederum kann durch Bewegungshandlungen im Sinne einer Standortveränderung des Handelnden selbst oder von Sachen (z.B. Weiterleitung eines Auftragsbeleges zum Zweck der Kreditprüfung an einen Sachbearbeiter) entstehen. Durch Handlungen wird insbesondere die Intension erfolgt, ein „Werk" zu erstellen (z.B. die Abbildung

---

[68] ebenda S. 120-122
[69] Aebli, Hans: Zwölf Grundformen des Lehrens, Stuttgart 1983, S. 181ff
[70] Aebli, Hans: Zwölf Grundformen des Lehrens, Stuttgart 1983, S.182
[71] Aebli, Hans: Zwölf Grundformen des Lehrens, Stuttgart 1983, S.185

bzw. Lösung einer Fallstudienaufgabe am System oder das Erstellen eines entsprechenden Lösungsvideos am Computer). Bestimmte Handlungen lösen zuweilen Prozesse aus, die dann selbständig bzw. automatisch beim Handelnden selbst oder innerhalb der involvierten Objekte (Software) ablaufen (z.B. die Eingabe einer Kundennummer während der Auftragserstellung; das System referiert dann im Hintergrund kundenspezifische Daten (etwa Adresse, Zahlungs- und Lieferbedingungen)). Die didaktische Bedeutung liegt nun darin, den Lernenden Wissen zu vermitteln, das ihnen Einsichten in die mit dem Handlungsablauf verbundenen (Teil-) vorgänge erlaubt. Diese Einsicht bzw. Einbettung von Handlungen in einen Handlungskontext läßt sich durch das Aufzeigen eines umfassenden Bezugs- und Ordnungssystems erreichen und steigert nach Ansicht Aeblis die Sinnhaftigkeit und die Motivation bei den Lernenden. Handlungen lassen sich grundsätzlich in zwei sogenannte Handlungsgruppen differenzieren, die Handlungsfolgen und die Handlungsschemata. Handlungsfolgen stellen für den Handelnden neuartiges Tun dar, das sich wiederum aus bereits im Handlungswissen oder Handlungsgedächtnis gespeicherten Handlungselementen zusammensetzt. Diese bereits gespeicherten Handlungselemente repräsentieren Handlungsschemata, d.h. einen Bestand an fertigen Handlungsabläufen. Handlungsschemata werden als Ganze gespeichert, sind reproduzierbar und auf neue Sachverhalte (Situationen; Individuen; Dinge) transferierbar. Der Ablauf der Handlungselemente (= Handlungsteilschritte) innerhalb der Handlungsschemata ist erlernt und erfolgt ganzheitlich. Um etwa einen Kunden im SAP®R/3®System anzulegen (= Handlungsschemata) müssen bestimmte Datenfelder (Adresse, Verkaufs-, Versand- und Fakturierungsdaten) in entsprechenden Masken in einer definierten Reihenfolge eingegeben werden (= Handlungselemente) damit absichtsgemäß ein Kundenstammsatz erstellt werden kann. Ohne das Durchlaufen dieser Masken ist das Sichern des Stammsatzes als Ganzes nicht möglich; die Abfolge der Teilschritte der Stammsatzanlage muß dem Anwender einsichtig sein, um das Handlungsergebnis herzustellen. Bevor die Lernenden am System entsprechend arbeiten, bedarf es einer instruktionalen Unterrichtung durch den Dozenten, in der die ablauftechnischen Hintergründe der Software erläutert werden. Sinnvoll ist an dieser Stelle auch, daß der Dozent grundlegende Lerninhalte am System demonstriert.
Handlungsschemata repräsentieren „Handlungsskripten"; sie stellen „Handlungsdrehbücher" dar, die wiederum aus einzelnen Szenen (= Handlungs- elementen bestehen). Die Abfolge der Teilschritte sollte dem Handelnden einsichtig sein. Sie können auch ganz oder teilweise automatisiert ablaufen, indem auf der

---

[72] Aebli, Hans: Zwölf Grundformen des Lehrens, Stuttgart 1983, S.183

Ebene der kleinsten Einheiten automatisierte gewohnheitsmäßige Handlungselemente integriert sind (z.b. das Bedienen einer PC Tastatur oder die Programmnavigation per Mausklick). Handlungsschemata sind zudem auf neue Gegebenheiten übertragbar, da sie keinen starren Ablauf beinhalten, sondern bei ähnlichen, geänderten Situationen angepaßt werden können (so erfolgt z.b. die Lieferantenstammanlage im SAP R/3 System in analoger Weise zur Kundenstammanlage (etwa die Eingabe von Organisationsdaten, Adressdaten, Liefer- und Zahlungsbedingungen). Je ähnlicher die Handlungssituation ist, desto erfolgreicher können bereits gespeicherte Handlungsschemata auf neue Situationen transferiert werden und umgekehrt. Von zentraler didaktischer Relevanz ist deshalb das Aufzeigen und Verstehen der zugrundeliegenden Handlungsstrukturen (= Handlungsaufbau) auf der Basis einer bestimmten Zielsetzung. Bei der Lektionsplanung sollte der Lehrende auf der Grundlage des Vorwissens und der Interessen der Lernenden diese Handlungsstrukturen zielgerecht planen und vermitteln. Somit wird den Lernenden ein „Wissensgerüst" bereitgestellt, welches in ihren konkreten Handlungen angewendet wird und dadurch ein erfolgreiches Handlungsergebnis ermöglicht. Handlungschemata lassen sich entweder durch aktives Tun oder als Handlungsvorstellung realisieren. Durch eine Handlungsvorstellung wird jeder Schritt eines Handlungsschemata zumindest gedanklich nachvollzogen und der gesamte Ablauf innerlich reflektiert. In der folgenden Abbildung soll beispielhaft eine Umsetzung der Aussagen Aebli´s auf eine Handlungsstruktur für das „Handlungsschemata Kundenstammanlage im SAP®R/3" dargestellt werden.

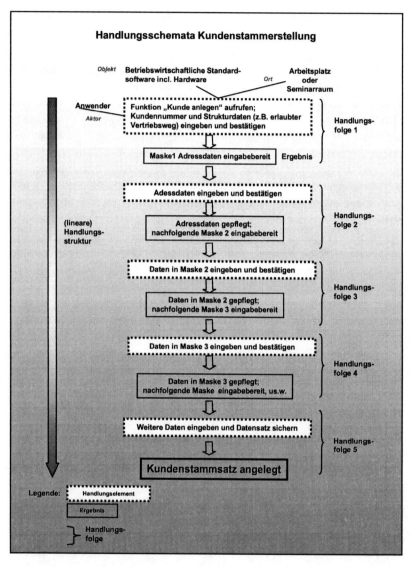

Abb. 8

Die gewünschten Zielsetzungen determinieren den Aufbau von neuen Handlungsschemata. Hierbei kann vom Handlungsergebnis ausgehend „rückwärts konstruiert"[73] werden, d.h. eine an den zur Verfügung stehenden Möglichkeiten und Voraussetzungen orientierte Planung der vorgelagerten Teilschritte soll zur

Realisierung des angestrebten Zieles führen. (Beispiel: Um einen Auftrag eines Stammkunden zu erfassen, müssen vorher notwendige Kunden- Material- und Preisstammdaten im System hinterlegt worden sein). Aebli spricht in diesem Zusammenhang von der regessiven Handlungsplanung. Diese findet insbesondere bei Handlungen mit zeitlichen Restriktionen Verwendung (z.B. Rückwärtsterminierung eines Seminars ausgehend vom Seminarendzeitpunkt). Ebenso ist eine vorwärtsgerichtete, progressive Handlungsplanung möglich (siehe hierzu Abb.9 Handlungsschemata Kundenstammanlage). Im Zusammenhang mit der Entwicklung neuer Verhaltensweisen differenziert Aebli die zwei grundlegenden Formen der Differenzierung und der Integration. Differenzierung wird als ein Prozeß betrachtet, in dessen Verlauf Handlungsabläufe durch aktives Probieren und/oder gedankliche Vorstellung zunehmend präzisiert werden. Aus einem „globalen" Handlungsentwurf entsteht, immer das Ziel vor Augen, ein genauer, präziser Handlungsplan. Hierbei werden auch bereits gespeicherte Handlungselemente bzw. bekannte Handlungsschemata miteinbezogen (Integration). Für die Anwendung in Lehr-Lernsituationen bedeutet dies, daß ein globaler Handlungsplan zur Verfügung gestellt werden sollte, der die Integration bestehenden Handlungswissens bzw. bekannter Handlungsschemata erlaubt und sich darüber hinaus im weiteren Verlauf durch aktives Probieren oder gedankliche Vorstellung der Lernenden zum genauen und zielerreichenden Handlungsplan differenziert.

Handlungsschemata konstituieren sich entweder durch effektive, d.h. in der Praxis erprobte Handlungen oder durch innere, „theoretische" Handlungsvorstellungen. Aebli sieht zwischen beiden eine enge Beziehung. Effektive Handlungen lassen sich in zwei Komponenten differenzieren, nämlich den rein mentalen, zentralen Steuerungsprozeß und seinen körperlichen Vollzug durch „Effektoren"[74] (Muskeln, Körperorgane). Eine Verinnerlichung (Interiorisation) einer Handlung erfolgt durch die Trennung dieser beiden Komponenten, indem der ausführende Teil gehemmt wird; aus einer ehemals effektiven Handlung entsteht eine reine Handlungsvorstellung[75]. Auf den Unterricht bezogen bedeutet dies, daß die Lernenden eine Handlung nicht unbedingt und jederzeit ausführen müssen (bzw. können), sondern sich lediglich vorstellen sollten. Allerdings sieht Aebli hier die Gefahr der Entkoppelung der Handlungen von einem konkreten Gegenstand (Objekt). Deshalb fordert Aebli zum

---

[73] Aebli, Hans: Zwölf Grundformen des Lehrens, Stuttgart 1983, 191ff
[74] Aebli, Hans: Zwölf Grundformen des Lehrens, Stuttgart 1983, S. 193
[75] Dieser Umbildungsprozeß äußerer in innere, geistige Handlungen wird unter gleicher Bezeichnung schon von den Vertretern der kulturhistorischen Schule (Leontjew; Galperin, Rubinstein etc.) verwandt. Diese sehen Tätigkeiten (Handlungen) als alleinigen Ausgangspunkt von Lernprozessen und der (phasenweisen) Bewußtseinsbildung („Etappenmodel") ausgehend von einem tendenziell mechanistisch- deterministischem Menschenbild. Aebli dagegen sieht im Lernen einen entwicklungs-psychologisch determinierten, konstruktivistischen Prozeß, der sich aus einer Wechselwirkung von Handeln und geistiger Wahrnehmung bzw. Verarbeitung ergibt. In der kognitionspyschologischen Handlungstheorie von Aebli wird dem Individuum durchaus die Fähigkeit zur Reflexivität und Intentionalität zugestanden.

Zwecke der Kontrolle und Absicherung solcher innerer, gedachter Handlungen immer wieder die Ausführung einer effektiven Handlung am konkreten Objekt, um damit das „Gedankenexperiment" zu validieren. Die Umsetzung einer Handlungsvorstellung in eine effektive Handlung erfolgt umso effizienter, je mehr die Vorstellung mit Hilfe effektiver Handlungen aufgebaut wurde. Bei Handlungsvorstellungen, die lediglich auf der Basis von Beobachtungen oder reiner verbaler Beschreibungen entstanden sind, wird der Transfer in eine effektive Handlung erschwert. Bezüglich der Anwendungsreichweite seiner Erkenntnisse ist Aebli der Meinung, daß sie für alle Schulstufen und auch für die Erwachsenenbildung Gültigkeit haben. Aebli geht von der Annahme aus, daß zwar die Lerninhalte variieren können, die Lernprozesse selbst aber weitgehend altersunabhängig sind. Aebli bemerkt hierzu, daß "...auch der Erwachsene besser lernt, wenn ihm der Gegenstand des Unterrichtes anschaulich vorgegeben wird, und auch er versteht eine komplexe Gegebenheit besser, wenn er sie bei ihrer Entstehung verfolgen oder sie sogar selbst aufbauen kann"[76].

2.1.1.6 Methodisch- didaktische Schlußfolgerungen der Theorieaussagen Aeblis für Gestaltung von Lehr-Lernprozessen mit integrierter, betriebswirtschaftlicher Standardsoftware

Im folgenden soll nun auf den Aussagen Aeblis basierend untersucht werden, inwieweit diese auf die Gestaltung komplexer Lehr-Lernprozesse unter Einsatz betriebswirtschaftlicher Standardsoftware angewendet werden können[77]. Als Ergebnis dieser Reflektionen (und unter Einbeziehung weiterer, noch darzustellender Konzepte) werden in Kapitel 2.2 methodisch-didaktische Gestaltungsempfehlungen entwickelt, die als Leitfaden (Heuristik) für die Konzeption entsprechender Unterrichts- bzw. Seminarveranstaltungen genutzt werden können. Die im empirischen Teil beschriebene Seminarkonzeption wurde unter teilweiser Berücksichtigung der hier herausgestellten Aussagen entwickelt und durchgeführt. Institutionell-organisatorische Rahmenbedingungen bzw. Restriktionen und Merkmale der Lernerzielgruppe werden bei den folgenden Erläuterungen zunächst nicht inkludiert. Diese werden in einem separaten Punkt behandelt (s. Punkt 2.2.2.1 bzw. 2.2.2.8).

Den Ausgangspunkt der Planung stellt die Findung einer geeigneten Problemstellung dar. Diese ist von großer Bedeutung, da sie auf eine Zielsetzung fokussiert und in hohem Maße die Motivation der Lernenden beeinflußt. Aus handlungstheoretischer

---
[76] Aebli, Hans: Zwölf Grundformen des Lehrens, Stuttgart 1983, S. 16-17

Sicht ist es wichtig, schon frühzeitig mit den Lernenden ein mögliches Handlungsergebnis zu erarbeiten, damit thematisches Interesse aufgebaut bzw. gesteigert werden kann und der Wunsch entsteht, aktiv an der Lösung der Problemstellung mitzuwirken. Welche grundsätzlichen (Teil-) Handlungen und Prozesse zur Problemlösung (= Herstellung des Handlungsergebnisses) nötig sind, soll von den Lernenden unter der Rahmenbedingung des Handlungsergebnisses in einer späteren Phase selbst erarbeitet werden. Die grundlegende Problemstellung des im empirischen Teil dieser Arbeit beschriebenen Seminars lag z.b. darin, die notwendigen betriebswirtschaftlichen Geschäftsabläufe eines Unternehmens, welches nach einem Kundenauftrag Komponenten zur Herstellung von Personal Computern beschafft, montiert und ausliefert, mit Hilfe der betriebswirtschaftlichen Standardsoftware SAP®R/3® darzustellen. Aebli fordert, daß die Phase der Problemstellung und Zielfindung durch ein umfangreiches und zeitlich intensives Suchen und Forschen seitens der Lernenden geprägt sein sollte. Der Lehrende sollte keine Zielvorgaben an den Anfang einer Lektion stellen. Die Erstellung des Handlungsergebnisses (= z.B. die Abbildung der eben beschriebenen Geschäftsabläufe mit Hilfe entsprechender Stammdaten und Belegdateien) steht in unserem Fall allerdings unter der Restriktion der softwaretechnischen Rahmenbedingungen und Bedienungs- bzw. Anwendungskenntnisse. Daher muß beim Einsatz betriebswirtschaftlicher Standardsoftware die Eruierung der Problemstellung und der Zielfindung „instruktionaler" und mit mehr Hilfestellung durch den Lehrenden erfolgen, als dies Aebli empfiehlt, in dem Sinne, daß der Lehrende aufgrund seiner Sachkenntnis einzuschätzen weiß, welche von den Lernenden vorgeschlagene (Teil-)lösung auch softwaretechnisch realisierbar ist. Einer weiteren Forderung Aeblis, nämlich die Konfrontation der Lernenden mit der konkreten Wirklichkeit bzw. die Gelegenheit, ein Lernprojekt möglichst realitätsnah durchzuführen, wird durch die Verwendung einer in der Praxis eingesetzten kaufmännischen Standardsoftware nach Ansicht des Autors dieser Arbeit sehr weit nachgekommen. Ein wesentlicher Vorteil bei der Verwendung integrierter betriebswirtschaftlicher Standardsoftware in komplexen Lehr-Lernsituationen liegt u.a. darin, daß die Authentizität der Lerninhalte in einem hohen Maße gewährleistet werden kann. Bei komplexen Problemstellungen sollte allerdings das betriebswirtschaftliche und informationstechnische Vorwissen der Lernenden unbedingt berücksichtigt werden. Dies kann z.B. durch eine entsprechende Befragung, Beobachtung oder Tests vor Seminarbeginn eruiert werden[78].

---

[77] Aebli, Hans: ebenda, S. 195ff.
[78] Vgl.: Reinmann-Rothmeier, G., Mandl, H.: Computerunterstützte Lernumgebungen: Planung, Gestaltung und Bewertung, Erlangen 1994, S. 96-110, siehe hierzu auch Abschnitt 2.2.2.1.1 Einschätzung der Eingangsvoraussetzungen der Teilnehmer

An die Phase der Problemstellung- und Zielformulierung schließen sich die Phasen der Handlungsplanung und der Handlungsdurchführung an. Diese wiederum differenzieren sich in weitere Teilphasen. Die innerhalb dieser Teilphasen zu klärenden Fragestellungen werden in der folgenden Abbildung dargestellt.

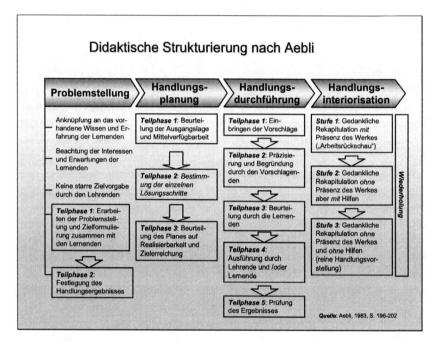

Abb. 9

2.1.1.7 Das didaktische Konzept des handlungsorientierten Unterrichts nach Meyer

Ähnlich wie im Konzept des problemorienterten Lernens sieht Meyer[79] eine zentrale und wichtige didaktische Kategorie im eigenständigen und kritikfähigen Handeln der Lernenden. Er kritisiert ebenso wie Aebli die zunehmende „Verkopfung" und die methodische Monostrukturierung des Unterrichts mit einer starken Dominanz des Frontalunterrichts[80]. Zur Lösung dieses Zustandes bietet er sein didaktisches Konzept des handlungsorientierten Unterrichts an. Eine Handlungsorientierung liegt nach Meyer dann vor „...wenn sich die Schüler mit den Unterrichtsabläufen und

---
[79] Meyer, H.: Unterrichtsmethoden, II: Praxisband, 1989, S. 402ff.
[80] Meyer, H.: Unterrichtsmethoden, II: Praxisband, 1989, S. 63

-ergebnissen identifizieren können, wenn die im Unterricht erarbeiteten Handlungsprodukte für diese Schüler einen sinnvollen Gebrauchswert haben"[81]. Den Begriff Handlungsorientierung benutzt er in einem inhaltlich-normativen Sinn. Meyer stellt ein detailliertes Planungsraster[82] zur konstruktiven Umsetzung bzw. Vorbereitung handlungsorientierten Unterrichts zur Verfügung. Zu Beginn der Planungsarbeit wird ausgehend von dem gewünschten Unterrichtsthema besonderer Wert auf eine genaue Bedingungsanalyse gelegt. Hierzu werden möglichst alle Umstände oder Behinderungen ermittelt, die für die Lehr-Lernsituation von Bedeutung sind. Zentraler Inhalt der Analyse ist sowohl die Eruierung der Lernvoraussetzungen und der Interessen der Teilnehmer, als auch die Prüfung der institutionellen, organisatorischen und technischen Voraussetzungen und die Prüfung bzw. Aneignung der fachwissenschaftlichen Kompetenz durch den Lehrenden. Die Bedingungsanalyse soll im Ergebnis die Handlungsspielräume des Lehrenden erkennen lassen. Im Rahmen der didaktischen Strukturierung sind dann Ziel-, Inhalts- und Methodenentscheidungen zu treffen und zu begründen.

Auf der Zielebene werden sowohl die Ziele des Lehrenden[83] als auch Hypothesen über die vermuteten Handlungsziele[84] der Lernenden formuliert und der Versuch unternommen, diese in Übereinstimmung zu bringen. Diese Lehr- und Handlungsziele wiederum stehen in einer Wechselwirkung mit den möglichen Handlungsprodukten, die unter der aktiven Beteiligung der Lernenden festgelegt werden sollen. Der Lehrende plant im Rahmen seiner Unterrichtsvorbereitung mögliche und geeignete Handlungsprodukte und die hierzu führenden Handlungsprozesse (Lösungswege). In der Lehr-Lernsituation verschafft er den Lernenden in offenen Handlungssituationen durch „Schlüsselszenen" einen ersten Einblick in die Thematik. Ist eine Einigung über ein mögliches Handlungsprodukt gegeben, schlägt der Lehrende mögliche Lösungswege (= Handlungsprozesse) vor bzw. erarbeitet sie mit den Lernenden. Der Lehrende sollte schon in der Vorbereitungsphase Überlegungen zur Art der Auswertung und Ergebnissicherung seines Unterrichts bzw. zur Veröffentlichung der gemeinsamen Unterrichtserfahrungen machen.

Nachdem die Vorbereitungen abgeschlossen sind, schlägt Meyer für den weiteren Verlauf des Unterrichts die Phasen Einstieg, Erarbeitung und Auswertung vor. Die Einstiegsphase soll insbesondere der Organisation des handlungsorientierten Unterrichts dienen. Am Ende dieses Abschnittes steht die konkrete Vereinbarung mit den Lernenden über ein bestimmtes Handlungsergebnis (Handlungsprodukt).

---

[81] Meyer, H.: Leitfaden zur Unterrichtsvorbereitung, 1991, S. 344
[82] Meyer, H.: Unterrichtsmethoden, II: Praxisband, 1989, S. 404ff., Meyer, H.: Leitfaden zur Unterrichtsvorbereitung, 1991, S. 221ff
[83] Lehrziele beinhalten die Bildungsintensionen des Lehrenden. Sie beschreiben, welche Sach-, Sozial- und Handlungskompetenzen die Teilnehmer erwerben sollen
[84] Handlungsziele beinhalten die Erwartungen und Interessen aus der Sicht der Teilnehmer

Danach schließt sich die Erarbeitungsphase an. Hier werden alle notwendigen Arbeitsschritte geplant und durchgeführt. Sofern dies sinnvoll ist, werden Phasen „lehrgangsmäßig geordneten Unterrichtes"[85] in Form von Lehrer- oder Schülerreferaten zur Vermittlung fehlender (Teil-)kompetenzen eingeschoben. Ebenso können hier verschiedene, im Vorfeld mit den Lernenden abgestimmte Leistungsbeurteilungen stattfinden. Sämtliche Arbeitsprozesse werden dokumentiert bzw. protokolliert. An die Erarbeitungsphase schließt sich die Auswertungsphase an, in der die Handlungsergebnisse im Plenum präsentiert, erprobt und ggf. auch kritisiert werden. Die wichtigsten Eckpunkte bei der Unterrichtsgestaltung unter Anwendung des Konzeptes des handlungsorientierten Unterrichts nach Meyer sollen anhand folgender Abbildung nochmals verdeutlicht werden:

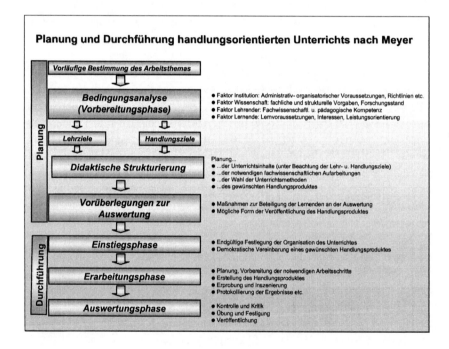

Abb. 10

Meyer führt vier, für ihn zentrale didaktische Kriterien auf, die den Maßstab für die Gestaltung handlungsorientierten Unterrichts bilden[86]. Der Bestimmung der subjektiven Teilnehmerinteressen mißt er höchste Bedeutung zu, da sie eine motivierende Wirkung haben und handlungsleitend sind. Subjektive

---
[85] Meyer, H.: Unterrichtsmethoden, II: Praxisband, 1989, S. 407
[86] Meyer, H.: Unterrichtsmethoden, II: Praxisband, 1989, S.412 ff.

Teilnehmerinteressen determiniert Meyer als die situationsspezifischen und persönlichen Bedürfnisse, Vorstellungen und Erwartungen der Teilnehmer. Hierunter fällt auch die Berücksichtigung bestimmter Einstellungen, Abneigungen, Desinteressen und Vorurteile. Die Erhebung der subjektiven Teilnehmerinteressen gestaltet sich aufgrund der impliziten Subjektivität und der oft unvollständigen bzw. gehemmten Artikulation als schwierig und basiert vielfach auf den hypothetischen Annahmen des Lehrenden. In den objektiven Teilnehmerinteressen sieht Meyer die situationsunspezifischen, über-individuell geltenden Handlungsmotive und Bedürfnisstrukturen. Sie sind abhängig von der sozialen Lage und den Berufsperspektiven der Teilnehmer. Ein weiteres zentrales didaktisches Kriterium sieht Meyer in der Förderung des selbständigen Handelns der Teilnehmer. Um diese Selbständigkeit zu erreichen, hält es Meyer für besonders bedeutsam, den Teilnehmern eine vielfältige Methodenkompetenz zum selbständigen Lernen zu vermitteln. Nur durch Selbständigkeit, so die Aussage Meyers, werde der Teilnehmer zum „handelnden Subjekt" und zum „Täter seiner Taten". Dem Lehrer fällt hierbei die Funktion desjenigen zu, "...der die zur Selbständigkeit provozierenden Handlungssituationen zu schaffen und die dazu geeigneten Sach-, Sinn- und Problemzusammenhänge vorzubereiten hat"[87]. Bei der Beachtung des bereits beschriebenen Planungs- und Durchführungsrasters zur Gestaltung handlungsorientierten Unterrichts sieht Meyer in jeder Unterrichtsphase die Möglichkeit, die Selbständigkeit der Teilnehmer zu fördern (z.B. durch die Partizipation bei der Festlegung der gewünschten Handlungsprodukte; durch mögliche Gruppen- und Partnerarbeit; durch die Notwendigkeit, Arbeitsprozesse zu dokumentieren und im Plenum zu präsentieren und zu diskutieren). Unter der „Öffnung der Schule" als weiteres didaktisches Kriterium versteht Meyer dreierlei: 1. Öffnung des Unterrichts mit starker Betonung der Selbsttätigkeit und Selbständigkeit der Teilnehmer. 2. Öffnung des (Fach-)unterrichts im Sinne einer fächerübergreifenden und projektförmig organisierten Gestaltung. 3. Öffnung gegenüber dem schulischen Umfeld. Durch Praktika, Exkursionen und die Integration externer Personen, insbesondere Fachleute, in laufende Vorhaben soll der Unterricht motivierender und praxisorientierter gestaltet werden. Die letzte didaktische Kategorie beinhaltet die Integration von Denken und Handeln. Meyer fordert hier ein ausgewogenes Verhältnis von „Kopf- und Handarbeit". Handarbeit i.S. Meyers umfaßt alle durch körperliche Tätigkeit ausgeführten materiellen Handlungen, während durch Kopfarbeit alle geistigen bzw. sprachlich artikulierten Denkhandlungen beschrieben werden. Zwischen beiden Komponenten soll während des gesamten Unterrichtsprozesses eine dynamische, effektive Wechselwirkung entstehen. Abschließend bleibt festzuhalten, daß Meyer explizit nicht dafür plädiert,

---

[87] Meyer, H.: Unterrichtsmethoden, II: Praxisband, 1989, S. 418

nur noch ausschließlich handlungsorientierten Unterricht durchzuführen, in dem handelnd gelernt wird. Er weist darauf hin, daß nach wie vor ein „lehrgangsmäßig" organisierter Unterricht auch mit lehrerzentrierten Methoden und Sozialformen einen wichtigen Stellenwert im Rahmen der Unterrichtsgestaltung haben soll[88]. Die folgende Abbildung[89] gibt einen Überblick über mögliche Handlungsmuster und Interaktionsformen, welche beim Einsatz integrierter betriebswirtschaftlicher Standardsoftware im Rahmen eines handlungsorientierten Unterrichts eingesetzt werden können.

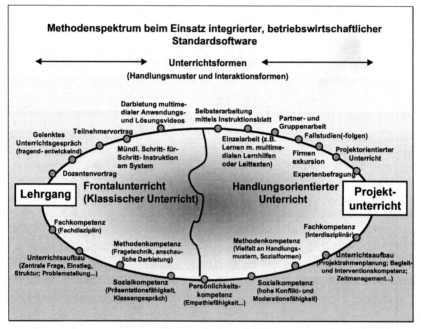

Abb. 11

Wie bereits dargelegt wurde, ist die Feststellung der subjektiven Teilnehmerinteressenten im Konzept des handlungsorientierten Unterrichts von großer Bedeutung. Im Zuge des Einsatzes integrierter betriebswirtschaftlicher Standardsoftware hat es sich als sinnvoll erwiesen zu Beginn des Unterrichts diese Interessen und Erwartungen etwa in Form einer schriftlichen Befragung zu eruieren und in die weitere Unterrichtsgestaltung einfließen zu lassen. Prinzipiell herrscht bei den Lernenden ein großes Interesse, sich mit betriebswirtschaftlichen Themen

---

[88] Meyer, H.: Unterrichtsmethoden, II: Theorieband, 1989, S. 215
[89] Die Graphik wurde in Anlehnung einer Darstellung bei Aff, J.: Handlungsorientierung – Mythos oder (wirtschafts-)didaktische Innovation? In: Schneider, W. (Hrsg.):Komplexe Methoden im betriebswirtschaftlichen Unterricht, 1993, S. 240 erstellt.

anhand einer entsprechenden Standardsoftware auseinanderzusetzen. Dieses basiert nicht selten auf der Erwartung, daß durch die Beschäftigung mit der Software theoretisch vermitteltes Wissen in einer authentischen Lernumgebung besser zu verstehen ist und sich interessanter darstellt. In Rahmen der *Bedingungsanalyse* ist es aus diesem Grund wichtig, den betriebswirtschaftlichen und informationstechnischen Wissensstand der Lernenden zu erfassen, um somit den Unterricht an bestehende Wissensstrukturen und Interessen anzupassen. Speziell beim Einsatz von SAP®R/3® Software ist zudem ein ausgeprägter Wunsch an dem Erlangen spezifischer Produkt- und Anwendungskenntnisse und dem Erhalt entsprechender Teilnahmebescheinigungen und Zertifikate zu verzeichnen. Dies erfolgt i.d.R. vor dem Hintergrund des Wissens über die Bedeutung und die Verbreitung der Software in Verbindung mit der hohen Arbeitsmarktrelevanz entsprechender Kenntnisse[90]. So kann nach der Erfahrung des Autors dieser Arbeit das Sammeln und Analysieren aktueller Stellenanzeigen durch die Teilnehmer eine stark motivierende Wirkung auf den gesamten weiteren Unterrichts- bzw. Seminarverlauf haben. Einen Überblick über mögliche Berufsfelder im SAP®R/3® Umfeld zeigt die nachfolgende Abbildung:

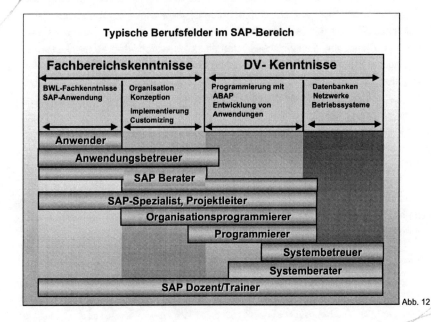

Abb. 12

---

[90] s. hierzu auch die Ergebnisanalyse der Teilnehmerbefragung im empirischen Teil dieser Arbeit

Ein zentrales didaktisches Anliegen (Kriterium) des handlungsorientierten Unterrichtskonzeptes nach Meyer besteht in der Förderung des selbständigen Handelns der Teilnehmer. Hierbei müssen neben didaktischen Voraussetzungen auch technische und rechtliche Rahmenbedingungen berücksichtigt werden. Die Vermittlung der erwähnten softwarespezifischen Bedienungs-, Anwendungs- und Produktkenntnisse kann sinnvollerweise nur mit Hilfe der Software, d.h. am System selbst erfolgen. Die Lizensierungsbestimmungen des Softwareherstellers und die vergleichsweise hohen hard- und softwarespezifischen Anforderungen schließen eine Installation bzw. Online-Verbindung im privaten Bereich der Lernenden i.d.R. aus. Grundsätzlich ist aber ein starkes Interesse bei den Lernenden feststellbar, auch außerhalb der Unterrichtszeiten selbständig am System arbeiten zu können. Dies kann aus den beschriebenen Gründen „online" nur in den Räumlichkeiten des Bildungsträgers erfolgen[91]. Das Angebot ausbildungsbegleitender, „freier" Rechenzeiten wird deshalb von den Teilnehmern besonders zum Zweck des selbständigen Lernens geschätzt. Aufgrund der Komplexität und den vorwiegend in der Anfangsphase auftretenden Orientierungs- und Bedienungsschwierigkeiten sollte aber hier eine qualifizierte Betreuung sichergestellt sein. Da integrierte betriebswirtschaftliche Standardsoftware originär nicht zu Lernzwecken entwickelt wird, gestaltet es sich als äußerst schwierig, geeignete methodisch-didaktisch Voraussetzungen für ein selbständiges bzw. autonomes[92] Lernen zu schaffen. Vielfach besteht ein antinomisches Verhältnis zwischen der Möglichkeit des selbständigen Lernens und der Beherrschung der Systemkomplexität. Vor allem die Verwendung von virtuellen Unternehmen wie die IDES-Modellunternehmung bieten aufgrund der „gebrauchsfertigen" Datenbasis in Verbindung mit einer entsprechenden Dokumentation eine geeignete Basis, den Teilnehmern selbständiges Lernen zu ermöglichen. Dennoch läßt es sich häufig feststellen, daß für ein sinnvolles Lernen die Präsenz bzw. die Instruktionen und Hilfestellungen eines erfahrenen Betreuers notwendig sind. Die Lernenden erhalten vom System selbst lediglich eine Rückmeldung in Form einer erfolgreichen Datensicherung oder Verbuchung. Alternative technische und betriebswirtschaftliche Lösungswege werden systemseitig häufig nicht beschrieben. Die Arbeit der Teilnehmer mit der integrierten Standardsoftware verändert laufend die gespeicherte Datenbasis. Damit

---

[91] Bei der Gestaltung von Unterrichtsmaterialien kann zu einem gewissen Grad eine Systemunabhängigkeit bzw. eine autonome Lernumgebung hergestellt werden, indem den Teilnehmern in multimedialer Form (auf CD-ROM) Videos (SreenCams), welche die zur Lösung der Aufgabenstellungen benötigten Bildschirmmasken und –aktivitäten zeigen, zur Verfügung gestellt werden. Diese „Offline"- Aufzeichnungen lassen sich im privaten Bereich zur Vor- bzw. Nachbearbeitung verschiedenster Lerninhalte nutzen und auch sinnvoll während des Unterrichtes beispielsweise bei Störungen der Systemverfügbarkeit einsetzen.

[92] Eine Voraussetzung für autonomes Lernen im Zusammenhang mit integrierter, betriebswirtschaftlicher Standardsoftware besteht in der Möglichkeit, zeit- und ortsunabhängig auf ein System zugreifen zu können sowie die Fähigkeit zur Selbstbeurteilung der erzielten Lernergebnisse und -leistungen.

verändern sich auch stetig die Arbeitsvoraussetzungen für nachfolgende Lernaktivitäten bzw. Lerngruppen. Häufig nutzen mehrere Lerngruppen in Unkenntnis voneinander und damit ohne gegenseitige Abstimmung untereinander das System. Dies kann der Grund für unerwartete oder fehlerhafte Systemreaktionen sein, deren Berücksichtigung und/oder Behebung durch den Dozenten kurzfristig nicht möglich ist. Insbesondere bei Arbeiten im Customizing besteht eine erhöhte Gefahr, daß durch unsachgemäße Einstellungen das gesamte System oder zumindest wesentliche Teile nicht mehr funktionstüchtig sind. Bestimmte Transaktionen lassen sich nur einmal und nur von einem Anwender durchführen (z.B. Jahresabschluß), ohne daß ein korrigierender Systemeingriff seitens einer Fachkraft nötig wäre. Eine häufige Datensicherung durch den Systemadministrator bringt hier nur bedingt Abhilfe. Hinderlich vor dem Hintergrund der Möglichkeit des selbständigen Lernens ist auch die Tatsache, daß die Anwender aufgrund fehlender Berechtigungen nicht in die Lage versetzt werden, benötigte Funktionen und Prozesse zu nutzen. Fehlen in den beschriebenen Situationen erfahrene Fachkräfte zur Problem- bzw. Fehlerbehebung, können sich leicht negative Auswirkungen in Bezug auf die Motivation und den Lernerfolg ergeben. Auch einem erfahrenen Dozenten ist es i.d.R. unmöglich, alle Fehler- und Problemeventualitäten bei einer integrierten betriebswirtschaftlichen Standardsoftware zu antizipieren. Er sollte allerdings so kompetent sein, erste Hilfestellungen zu geben und über geeignete Problem- und Fehlerlösungsstrategien verfügen.

Ein weiteres wichtiges Element innerhalb des Konzeptes des handlungsorientierten Unterrichts besteht neben der Forderung nach der Möglichkeit zum selbständigen Lernen im Erstellen von sogenannten Handlungsprodukten. Diese kommen durch eine einvernehmliche Vereinbarung mit den Lernenden zustande und legen ein bestimmtes „veröffentlichungsfähiges" Handlungsergebnis fest. Meyer betont in diesem Zusammenhang die „...organisierende Kraft für die gesamte Unterrichtsgestaltung[93]", denn durch die Wahl bzw. die Art des Handlungsproduktes werden die zur Erledigung der Aufgabe benötigten Handlungsprozesse iniziiert. Die Handlungsprodukte sollten prinzipiell durch einen unmittelbaren Gebrauchswert den Realitätsgehalt des Lernens erhöhen. Einige mögliche Handlungsprodukte im Rahmen des Einsatzes integrierter, betriebswirtschaftlicher Standardsoftware sollen im folgenden beispielhaft aufgeführt werden:

- Erstellung und Demonstration einer Fallstudie zu einem selbstgewählten Thema
- Präsentation eines Referates vor einem Plenum
- Erstellung eines Videos zur Darstellung von Bildschirmmasken und –aktivitäten

---

[93] Meyer, H.: Leitfaden zur Unterrichtsvorbereitung, 1991, S. 354ff.

- Entwicklung von graphischen Übersichten zu diversen Themen (z.B. Organisationsstrukturen, typische Prozeßabläufe innerhalb der Software, Darstellung der Schritte zur Lösung einer Aufgabenstellung)
- Organisation und Durchführung von Firmenexkursionen und Expertenbefragungen

2.1.1.8 Curriculare Überlegungen

Innerhalb der Fächer Betriebswirtschaftslehre und Rechnungswesen[94] kann ein partieller, sinnvoller Softwareeinsatz gegeben sein, um etwa exemplarisch typische operative Tätigkeiten in verschiedenen betriebswirtschaftlichen Funktionsbereichen zu zeigen. So kann es z.B. durchaus empfehlenswert sein, im Rahmen der „theoretischen" Behandlung des Funktionsbereiches Materialwirtschaft entsprechende klassische Tätigkeiten eines Einkäufers mit Hilfe der Software darzustellen (Lieferantendaten anlegen und auswerten; Bestellungen ausführen und überwachen, ABC-Analysen durchführen, Wareneingänge buchen, Materialzugänge planen und disponieren usw.). Für alle Funktionsbereiche (Material-, Produktions-, Absatz- und Personalwirtschaft, Finanzbuchhaltung und Kostenrechnung) lassen sich diese typischen ausführenden, mitunter auch dispositiven und planenden Handlungen mit Hilfe der Software zeigen. Diese wiederum lassen sich auch partiell miteinander verknüpfen, ohne komplette Geschäftsprozesse abbilden zu müssen (etwa die Bestellung eines Einkäufers aufgrund des Verkaufs nichtlagerhaltiger Handelsware durch einen Mitarbeiter aus dem Vertriebsbereich). Grundsätzlich sollte zum Zeitpunkt des Softwareeinsatzes ein fundiertes betriebswirtschaftliches Grundwissen bei den Teilnehmern vorhanden sein; wegen der hohen Komplexität der Software empfiehlt sich ein verstärkter Einsatz vorzugsweise in höheren Semestern bzw. Ausbildungsabschnitten. Der enorme Fundus an betriebswirtschaftlichem Wissen, Methoden und Verfahren, die in betriebswirtschaftlicher Standardsoftware verarbeitet wurden, rechtfertigt nach Meinung des Autors auch einen kontinuierlichen, fächerbegleitenden Einsatz der Software. In welcher Art bzw. in welchem Umfang ein Einsatz erfolgt (und welches Softwareprodukt letztendlich eingesetzt wird), sollte aber in den Entscheidungsbereich der Lehrenden bzw. des Bildungsträgers fallen und curricular nicht fixiert werden. Denkbar wäre eine den „theoretischen" Unterricht begleitende, abschnittsweise oder blockweise Verwendung der Software innerhalb der verschiedenen kaufmännischen Fächer. Die Darstellung umfangreicher, modulübergreifender Geschäftsprozesse bzw. die intensive Veranschaulichung

---

[94] Einschließlich spezialisierter Fächer wie Marketing, Controlling etc..

spezieller Modulfunktionalitäten sollte im Rahmen eines eigenständigen Faches[95] oder innerhalb betriebswirtschaftlicher Übungen, Wahlfächer und Workshops erfolgen, die mit einer ausreichenden Wochenstundenzahl[96] ausgestattet sind. Die folgende Abbildung soll die generellen Möglichkeiten der curricularen Einbettung in ein notwendiges betriebswirtschaftliches Gesamtkonzept verdeutlichen:

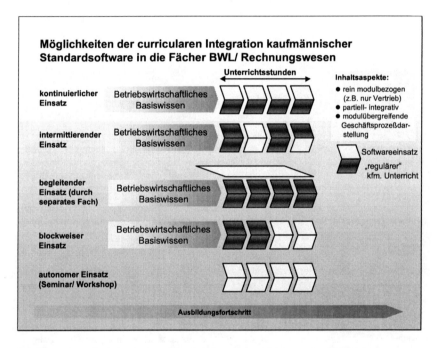

Abb. 13

Abschließend sei festgehalten, daß integrierte betriebswirtschaftliche Standardsoftware einen großen Fundus an betriebswirtschaftlichem Wissen beinhaltet und hierdurch ihren Betrag leisten kann, das curriculare Prinzip der Wissenschaftsorientierung zu unterstützen. Die besondere Stärke liegt allerdings in der Förderung der Prinzipien Situationsorientierung mit dem Schwerpunkt

---

[95] Im Rahmen der 2-jährigen Ausbildung zum staatl. gepr. Informatikassistenten Fachrichtung Wirtschaft am Bildungszentrum für informationsverarbeitende Berufe e.V., Bergisch Gladbach, existiert beispielsweise neben dem Fach Betriebswirtschaftslehre (BWL) das Fach Betriebswirtschaftliche (Standard-)Anwendungen (BWA), in welchem die Software SAP®R/3® zum Einsatz kommt.

[96] In österreichischen Handelsakademien wurde das Fach Betriebswirtschaftliche Übungen (6 Wochenstunden über 4 Jahrgänge) eingeführt. Siehe hierzu vertiefend: Aff, J.: Handlungsorientierung – Mythos oder (wirtschafts-)didaktische Innovation? In: Schneider, W. (Hrsg.):Komplexe Methoden im betriebswirtschaftlichen Unterricht, S. 218-229

Berufspraxis(-orientierung), da sie ein informationstechnisches Werkzeug darstellt, mit dessen Hilfe grundlegende und vielfältige instrumentelle kaufmännische Fertigkeiten mit hoher Arbeitsmarktrelevanz und vernetzte Wissensstrukturen mit authentischem Praxisbezug vermittelt werden können. Innerhalb der Situationsorientierung steht die Vermittlung von Einsichten in die Berufspraxis bzw. die Betonung des Qualifikationsaspektes im Mittelpunkt, während der Beitrag integrierter, betriebswirtschaftlicher Standardsoftware zu allgemeinbildenden Themen aus den Bereichen „Gesellschaftliche Praxis" und „Lebenspraxis"[97] gering ist.

2.1.2 Ansätze zur Gestaltung computerunterstützter Lernumgebungen

2.1.2.1 Das Konzept problemorientierten Lernens und Lehrens

Das Konzept des problemorientierten Lernen und Lehrens sieht im Lernen insbesondere einen aktiv-konstruktiven, selbstgesteuerten, situativen und sozialen Prozeß[98]. Es handelt sich um einen gemäßigt-konstruktivistischen Ansatz, der eine Balance zwischen Instruktion und Konstruktion[99] anstrebt. Die gemäßigt konstruktive Ausrichtung bedeutet, daß zwar die Lernenden als handelnde Subjekte im Mittelpunkt der Betrachtungen stehen, eine Unterstützung beim Wissenserwerb durch Lehrende aber als sinnvoll und notwendig betrachtet wird. Dies gilt umso mehr,

---

[97] Gesellschaftliche Praxis (z.B. Förderung von demokratischem Denken und Handeln, Aufklärung über gesamtgesellschaftliche, ökonomisch- politische Zusammenhänge) und Lebenspraxis (z.B. Berücksichtigung der Lebenswelt und der Probleme der Lernenden) stellen ebenfalls wichtige Elemente der Situationsorientierung dar. Vgl.: Aff, J.: Wissenschaftsorientierung und Praxisbezug (Situationsorientierung) als curriculare und fachdidaktische Herausforderungen für kaufmännische Sekundarschulen. S. 356

[98] Mandl, H.; Reinmann-Rothmeier, G., Gräsel, C.: Gutachten zur Vorbereitung des Programms „Systematische Einbeziehung von Medien, Informations- und Kommunikationstechnologien in Lehr- und Lernprozesse", Heft 66, Bund-Länder-Kommission für Bildungsplanung und Forschungsförderung, 1994, S. 15,
Reinmann-Rothmeier, G., Mandl, H.: Problemorientiertes Lernen mit Multimedia. In: Geißler, Loos (Hrsg.): Handbuch Personalentwicklung, Beraten, Trainieren Qualifizieren, Konzepte, Methoden und Strategien, Deutscher Wirtschaftsdienst, Köln, 1997, S. 1-19

[99] Konstruktivistisch orientierte Ansätze gehen von der grundsätzlichen Überlegung aus, daß die Realität, in der Menschen leben und lernen, nicht ein objektiv bzw. kollektiv erfahrbares und darstellbares Abbild der Welt ist, sondern ein höchst individuell konstruiertes Gefüge, welches in Abhängigkeit individueller Erfahrungen, Sozialisation und sozialer Situation vom Individuum ständig neu konstruiert wird. Aus dieser Annahme wird abgeleitet, daß Lernen einen aktiven Konstruktionsprozeß darstellt, bei dem Wissen nicht einfach transportiert wird, sondern sich in individuell gebildeten und an persönliches Vorwissen gebundenen kognitiven Strukturen und Modellen manifestiert. Dies erfolgt weitgehend unabhängig von Inhalt und der Didaktik der Wissensinhalte. Lernen wird hier stets als „situierter" Prozeß aufgefaßt, in welchem personeninterne Faktoren mit personenexternen, situativen Faktoren in einer wechselseitigen Korrelation stehen,
vgl. Mandl, H., Gruber, H., Renkl, A.: Situiertes Lernen in multimedialen Lernumgebungen. In: Issing, J., Klimsa, P. (Hrsg.): Information und Lernen mit Multimedia, 1997, S. 168

je geringer das Grund- und Erfahrungswissen der Lernenden ausgeprägt ist. Dieser moderate Konstruktivismus markiert also eine pragmatische Synthese zwischen dem radikalen Konstruktivismus[100] und traditionellen Unterrichtsdurchführungen. Er adaptiert vom Konstruktivismus die Erkenntnis von der Wichtigkeit des teilnehmerorientierten, handelnden Lernens in komplexen und problemorientierten Lernumgebungen. Parallel hierzu sollen die Lernenden die zum tieferen Verständnis notwendigen mentalen Modelle und kognitiven Strukturen erwerben, deren Aneignung durch die instruktionale Darstellung und Organisation des benötigten Wissens gefördert wird[101]. Durch den problemorientierten Ansatz soll insbesondere die Entstehung von „trägem" Wissen[102] verhindert werden. Trägem Wissen fehlt die notwendige Problem- und Anwendungsrelevanz[103]. Ein problemorientiertes Vorgehen dagegen soll einen anwendungsbezogenen Einstieg in neue Inhalte ermöglichen und Behaltens- und Transferleistungen steigern. Problemorientiert Lehrende sollen die unterschiedlichen und komplexen Funktionen der Wissenspräsentation, -erklärung und -strukturierung wahrnehmen. Zudem sollen sie laufend Anregungen geben, unterstützen und beraten, ohne rigide zu kontrollieren oder die Lernenden gänzlich sich selbst zu überlassen. Renkl[104] zählt zu diesem gewünschten instruktionalen Teil explizit nicht nur kognitive, sondern auch emotional-motivationale Maßnahmen. Während instruktionale Elemente in problemorientierten Lernumgebungen also ausdrücklich integriert werden, wird ein radikaler Konstruktivismus abgelehnt. Diese extreme Position der Zurückweisung jeglicher äußerer Anleitung birgt verschiedene Risiken in sich. Lernen wird dann nur noch

---

[100] Die radikale konstruktivistische Position dispensiert die Lernenden von jedweden Vorgaben und jeglicher Anleitung
[101] vgl.: Strittmatter, P., Mauel, D.: Einzelmedium, Medienverbund und Multimedia. In: Issing, J., Klimsa, P. (Hrsg.): Information und Lernen mit Mulimedia, 1997, S. 55
[102] s. hierzu Renkl, A.: Träges Wissen: Wenn Erlerntes nicht genutzt wird, Psychologische Rundschau, 47, S. 78-92, 1996
[103] Die Problematik des trägen Wissens greift insbesondere der Anchored Instruction Ansatz (vgl. Cognition and Technology Group at Vanderbilt: Anchored instruction and its relationship to situated cognition. Educational Reseacher, 19, S. 2-10, 1990 und Mandl, H., Gruber, H., Renkl, A.: Situiertes Lernen in multimedialen Lernumgebungen, 1997, S. 170-174) auf. Im Mittelpunkt der Überlegungen steht hier das Bestreben, eine Verbindung zwischen neu zu vermittelnden Wissensinhalten und dem bestehenden Vorwissen der Lernenden herzustellen. Eine zentrale Aussage des Anchored Instruction Ansatzes beruht auf der Annahme, daß es primär von der Art des Wissenserwerbs abhängt, ob Wissen „träge" bleibt (inert knowledge) oder angewendet werden kann (useful knowledge). Über einen sogenannten „narrativen" Anker (= ein bedeutungsvoller Kontext im Sinne der Zweckmäßigkeit der zu erlernenden Fertigkeiten und der Verknüpfung mit der Vorwissensbasis, z.B. ein Videofilm) soll das Interesse und die Identifikation mit der Lernsituation erzeugt werden. Diese sollte so gestaltet sein, daß die zu vermittelnden Wissensinhalte problemorientiert im Kontext eines realistischen Hintergrundes präsentiert werden. Desweiteren muß stets die Bedeutung der Wissensinhalte für die alltägliche Problembewältigung der Lernenden erkennbar sein; zudem wird durch die Wahl relativ komplexer Anwendungshintergründe das Verstehen von Zusammenhängen und das Begreifen komplexer Strukturen ermöglicht. Die Präsentation der Wissensinhalte anhand verschiedener Problemstellungen bzw. aus multiplen Sichtweisen erleichtert die „Flexibilisierung" des Wissens den Wissenstransfer und somit die Vermeidung trägen Wissens.

einseitig auf selbstgesteuertes und exploratives Lernen fokussiert. Gerade in Situationen geringen Vorwissens der Lernenden und ohne Orientierungshilfen seitens der Lehrenden besteht das Risiko geringer Lerneffizienz; die Lernprozesse laufen Gefahr, richtungslose und viel zu zeitaufwendige „Try and Error" Handlungen ohne Ergebnis und Verwertungsmöglichkeit zu sein. Insbesondere wenn es um die Vermittlung von Anwendungs- und Gestaltungskompetenz bzgl. komplexer betriebswirtschaftlicher Standardsoftware geht, wird schnell deutlich, daß Unterrichtskonzepte auf der Basis eines radikalen Konstruktivismus gänzlich ungeeignet sind.

In problemorientierten Lernumgebungen soll die Wissensaneignung überwiegend durch aktive Handlungen der Lernenden und, soweit dies sinnvoll ist, selbstgesteuert erfolgen, ohne an geeigneten Stellen auf eine notwendige äußere Anleitung und individuelle Interaktivität mit dem Lehrenden zu verzichten. Das erworbene Wissen sollte einen direkten Problem- und Anwendungsbezug haben und auf neue Situationen transferierbar sein. Die Kernaussagen des Leitkonzeptes des problemorientierten Lernens und Lehrens sollen in folgender Abbildung nochmals zusammenfassend dargestellt werden:

Kernaussagen des Konzeptes Problemorientiertes Lernen und Lehren

- **Lernen ist ein aktiv-konstruktiver, selbstgesteuerter, situativer und sozialer Prozeß**

- **Gemäßigter Konstruktivismus als zugrundeliegende Lehr-Lernphilosophie, d.h.:**

- **Instruktionen seitens der Lehrenden sind sinnvoll und notwendig, z.B.:**
  - Wissenspräsentation, -erläuterung und -strukturierung
  - Unterstützung, Anleitung, Beratung
  - Ergreifung emotional-motivationaler Maßnahmen

- **Vermeidung „trägen" Wissens; hoher Problem- und Anwendungsbezug der Lerninhalte; Transferpotential auf neue Situationen**

- **Vorteilhaft bei geringem Grund- und Erfahrungswissen der Lernenden**

- **Eignung zur Vermittlung von handlungsrelevanten Wissensinhalten und Fertigkeiten**

Abb. 14

---

[104] Renkl, A.: Träges Wissen: Wenn Erlerntes nicht genutzt wird, Psychologische Rundschau, 47, S. 78-92, 1996

Der Einsatz integrierter betriebswirtschaftlicher Standardsoftware erleichtert die Genese problemorientierter Lernumgebungen. Insbesondere in der Einführungsphase sind erläuternde und notwendiges Hintergrundwissen vermittelnde Präsentationen mit dozentenzentrierten und instruktional geprägtem Charakter unverzichtbar. Auch in den Unterrichtsphasen, in denen die Lernenden nach einer entsprechenden Instruktion selbst aktiv und handlungsorientiert mit dem System arbeiten, bedarf es häufig der Hilfestellung durch Experten. In späteren Phasen, wenn die Lernenden über ein solides Grundwissen im Umgang mit dem System verfügen, können diese Hilfestellungen langsam zurückgefahren werden („Fading"). Die Lernumgebung kann dann umso „konstruktiver" gestaltet werden, je mehr die Teilnehmer in die Lage versetzt werden, selbständig die Software zu bedienen und die programmseitig bereitgestellten Hilfetools (z.b. die Online-Dokumentation) zu nutzen. Auf der methodischen Ebene kann diese Entwicklung durch einen schrittweisen Wechsel von dozentenzentrierten Methoden (Vortrag, gelenktes Unterrichtsgespräch) zu handlungsorientierten Mehoden (z.B. Fallstudien, Projektarbeit in Kleingruppen) sinnvoll unterstützt werden. Die Tatsache, daß es sich bei der Software um ein realitätskonformes Praxiswerkzeug handelt, impliziert den Vorteil eines potentiell starken Anwendung- und Problembezugs der Lerninhalte und damit auch die Vermeidung trägen Wissens.

2.1.2.2 Gestaltungsprinzipien problemorientierter, computerunterstützter Lernumgebungen

Im folgenden werden ansatzadäquate Leit- bzw. Entwicklungsprinzipien, welche den Aspekt der Problemorientierung in den Mittelpunkt der Gestaltung von Lernumgebungen stellen, näher erläutert und aufgabenbezogen reflektiert. Unter Problemorientierung wird in diesem Zusammenhang verstanden, daß nur solche Problemstellungen oder –situationen den Ausgangs- bzw. Bezugspunkt des Lernens bilden, die insbesondere die Merkmale „Authentität" und „situative Kontexte" aufweisen. Mit Hilfe des Einsatzes betriebswirtschaftlicher Standardsoftware lassen sich diese Merkmale fast implizit herstellen: Die Software repräsentiert typische Funktionen aus dem kaufmännischen Arbeitsleben und schafft somit für die Lernenden einen hochgradig authentischen Lebens- und Arbeitskontext. Aus der Praxis heraus entwickelte Problemstellungen können hier, in relevante (Anwendungs-)situationen eingebettet, realitätsgleich simuliert werden. Die über die Software simulierbaren Problemstellungen liefern somit auch einen Anker für selbstgesteuertes Arbeiten und Lernen und für das Einbringen persönlicher Erfahrungen und konstruktiver Leistungen. Damit die Lernumgebung insgesamt den Anforderungen der Problemorientierung gerecht wird, bedarf es der Berücksichtigung der nachfolgend erläuterten Gestaltungsprinzipien. So fordern Duffy[105] und Mandel[106] authentische Lernumgebungen, d.h. sie sollen so gestaltet sein, daß eine reale, problemhaltige Situation in ihrer gesamten Komplexität reflektiert werden kann. Eine inszenierte, authentische Anwendungssituation sollte insbesondere die ihr zugrunde liegenden Anwendungsbedingungen erkennen lassen und so den Transfer des Gelernten auf entsprechende Praxisprobleme erleichtern. Wissen sollte nicht vereinfacht dargestellt und realitätsfern systematisiert werden, sondern „... den Lernenden die Möglichkeit geben, wie Experten auf dem entsprechenden Gebiet zu handeln und zu denken"[107]. Allerdings ist eine sinnvolle didaktische Reduzierung erlaubt und notwendig, um den Komplexitäts- und Authentizitätsgrad an das Vorwissen der Lernenden anzupassen.

Während in authentischen Kontexten der Schwerpunkt auf der Darstellung der komplexen Realität liegt, erlauben situierte Anwendungskontexte eine didaktische Reduktion. Hier sollen Probleme und Aufgaben in einen größeren Bezugsrahmen eingebettet werden innerhalb dessen das zu erwerbende Wissen verdeutlicht wird.

---

[105] Duffy, Th. M., Jonassen, D. H.: Constructivism and the Technology of Instruktion – A Conversation, Hillsdale, New Jersey 1992, S. 26ff.
[106] Mandl, H.; Reinmann-Rothmeier, G., Gräsel, C.: Gutachten zur Vorbereitung des Programms „Systematische Einbeziehung von Medien, Informations- und Kommunikationstechnologien in Lehr- und Lernprozesse", Heft 66, Bund-Länder-Kommission für Bildungsplanung und Forschungsförderung, 1998, S.16ff.
[107] Reinmann-Rothmeier, G., Mandl, H.: Computerunterstützte Lernumgebungen,1994, S. 46ff.

Für die Veranschaulichung eines situierten Kontextes bietet sich z.B. eine interessante, multimediale Darbietung per Video oder Bildplatte an. Problemorientierte Lernumgebungen verlangen desweiteren nach multiplen Kontexten und Betrachtungsperspektiven. Diese sollen den Transfer des Gelernten unterstützen und somit Wissen flexibilisieren. Situativ erworbenes Wissen soll nicht nur auf einen Kontext fixiert bleiben, sondern die Lernenden sollen erkennen können, daß es für das Gelernte verschiedene Anwendungsmöglichkeiten, relevante Theorien, Fragestellungen, Sichtweisen und Meinungen geben kann. Folglich wird der Lernstoff in mehr als einer spezifischen Situation unter Berücksichtigung mehrerer möglicher Perspektiven eingeübt bzw. angewendet. Hierdurch lassen sich zudem spezifische Stärken und Mängel verschiedener Sichtweisen erkennen und bewerten. Dies soll insbesondere auch im sozialen Kontext, etwa in Gruppen- oder Partnerarbeit, erfolgen. Im Rahmen der Entwicklung des Seminars, welches im empirischen Teil dieser Arbeit detailliert beschrieben wird, wurde ein multipler Kontext dadurch erzeugt, daß jede Lerneinheit in vier Sichten (1. Sicht: Allgemeiner betriebswirtschaftlicher Hintergrund, 2. Sicht: SAP®R/3® spezifischer Hintergrund, 3. Sicht: SAP®R/3® Fallstudie, 4. Sicht: Lösungsvideo) differenziert wurde.

Prinzipiell kann das Lernobjekt integrierte betriebswirtschaftliche Standardsoftware auch unter verschiedenen Perspektivendimensionen, welche in einer komplementären Beziehung zueinander stehen können, betrachtet werden. Diese Dimensionen können z.B. funktionaler, hierarchischer, normativer, zeitlicher und technischer Art sein. Die folgende Abbildung gibt einen Einblick in das Perspektivenpotential betriebswirtschaftlicher Standardsoftware:

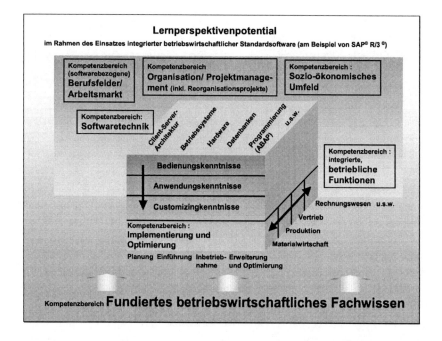

Abb. 15

Problemorientierte Lernumgebungen erfordern zudem ein ausgewogenes Verhältnis von Instruktion und Konstruktion. Die instruktionale Hilfestellung durch Präsentieren, Strukturieren, Anleiten, Unterstützen und Beraten ist ebenso wichtig wie authentische, situierte, multiple und soziale Lernarrangements. Insbesondere bei geringem Vorwissen und komplexen, neuen Wissensinhalten ist eine Orientierungshilfe durch Experten nicht nur sinnvoll, sondern auch unabdingbar. Lehrende sollten in der Lage sein, den aktuellen Leistungsstand der Lernenden zu perzipieren und entsprechend *adaptiv* zu instruieren, d.h. so viel wie nötig, aber sowenig wie möglich Unterstützung zu geben. Neben den genannten Gestaltungsprinzipien fordern problemorientierte Lernumgebungen auch die Förderung kommunikativer und kooperativer Fertigkeiten durch Einbeziehung sozialer Kontexte. Durch Kooperation zwischen Lernenden bzw. zwischen Experten und Lernenden kann neben inhaltlichem auch soziales Wissen vermittelt werden. Um teamorientiertes Wissen aufzubauen, ist ein gemeinschaftliches Erarbeiten, Erkunden, Bewerten, Problemlösen und Anwenden von großer Bedeutung. Soziale Lernarrangements sollten so häufig wie möglich in Form von Gruppen- und Partnerarbeit, teamorientiertem Handlungsunterricht oder etwa externen Expertenkontakten in die Gestaltung der Lernumgebung integriert werden. Die typischen Gestaltungsprinzipien problemorientierter, computerunterstützter Lernumgebungen sollen mit Hilfe der nachfolgenden Abbildung nochmals zusammengefaßt werden:

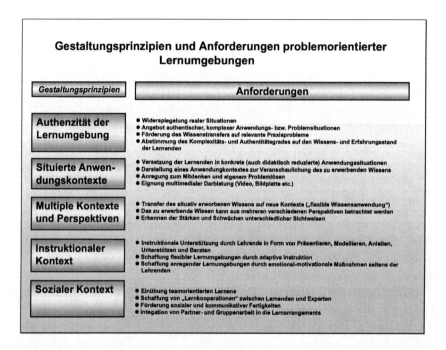

Abb. 16

2.1.2.3 Cognitive Apprenticeship – ein handlungsorientiertes Konzept für problemorientiertes Lernen in computerunterstützten Lernumgebungen

Mit dem Cognitive Apprenticeship-Ansatz[108] wird die Intension verfolgt, anwendungsrelevantes Handlungswissen zu vermitteln. Dieser besitzt zwar eine konstruktivistische Basis, präferiert jedoch ein Methodenrepertoire, welches Platz läßt für Anleitung und Hilfestellung durch Lehrende. Trotz dieser instruktionalen Komponenten sollen die Lernenden eine aktive Rolle einnehmen. Es sollen Lernumgebungen geschaffen werden, in welchen Wissensinhalte problemorientiert und situativ aufgebaut und aus verschiedenen (multiplen) Sichtweisen dargestellt werden können. Zudem wird die Forderung erhoben, daß die vermittelten Lerninhalte transferfähig sind, d.h. flexibel angewandt werden können. Im Rahmen des Cognitive Apprenticeship-Ansatzes werden die unter Punkt 2.1.2.2 erläuterten Gestaltungsprinzipien problemorientierter Lernumgebungen realisiert. Nach Mandel et al. eignet sich dieser Ansatz insbesondere zur Gestaltung computerunterstützter Seminarkonzepte[109]. Wesentlich für diesen gemäßigt-konstruktivistischen Ansatz ist, daß der Lernende in authentischen Lernumgebungen aktiv Lernerfahrungen machen kann, und sowohl die Anwendungsbedingungen des Wissens als auch die Kompetenz zur flexiblen Nutzung und Übertragbarkeit auf reale Situationen gefördert werden. Selbständiges und teamorientiertes Lernen sind weitere Charakteristika des Cognitive Apprenticeship-Ansatzes, welcher in Anlehnung an die traditionelle Handwerkslehre (apprenticeship ≈ Lehre) durch authentische Aktivitäten und soziale Interaktionen in eine Expertenkultur einführen möchte[110]. Das Lernen beginnt an allgemeingültigen Problemstellungen, damit die Teilnehmer einen konzeptuellen Überblick über die zu vermittelnden Lerninhalte erhalten und entsprechende kognitive Strukturen aufbauen können. Die Lernumgebung wird dann zunehmend komplexer und differenzierter gestaltet. Zu diesem Zweck soll nicht nur „inhaltliches" Wissen in Form von faktischem, begrifflichem (deklarativen) und prozeduralem

---

[108] Der Ansatz geht von den Erkenntnissen der Urheber Collins, Brown und Newman aus, vgl.: Collins, A., Brown, J.S., Newman, S.E.: Cognitive apprenticeship: Teaching the craft of reading, writing and mathematics. In Resnick, L.B.: Knowing, learning and instruction, Hillsdale, New Jersey 1989, S. 453-494,
s. hierzu auch: Mandl, H.; Reinmann-Rothmeier, G.,: Selbststeuerung des Lernprozesses mit Multimedia. In: Geißler, Loos (Hrsg.): Handbuch Personalentwicklung, Beraten, Trainieren Qualifizieren, Konzepte, Methoden und Strategien, Deutscher Wirtschaftsdienst, Köln, 1997, Abschnitt 9.1.1.1, S. 10-13
Weber, M.: Evaluation von multimedialen Lernprogrammen als Beitrag zur Qualitätssicherung von Weiterbildungsmaßnahmen, Europäische Hochschulschriften, Reihe 11, Pädagogik; Bd. 753, Frankfurt am Main, 1998, S. 63-69
[109] Reinmann-Rothmeier, G., Mandl, H.: Computerunterstützte Lernumgebungen: Planung, Gestaltung und Bewertung, Erlangen 1994, S. 49ff.
[110] Reinmann-Rothmeier, G., Mandl, H.: Selbststeuerung des Lernprozesses mit Multimedia. In: Geißler, Loos (Hrsg.): Handbuch Personalentwicklung, Beraten, Trainieren Qualifizieren, Konzepte, Methoden und Strategien, Deutscher Wirtschaftsdienst, Köln, 1997, Abschnitt 9.1.1.1, S. 12ff.

Wissen, sondern insbesondere „strategisches Handlungswissen" vermittelt werden. Dem Cognitive Apprenticeship-Ansatz zufolge verfügen Experten i.d.R. über implizites strategisches Wissen, welches eng mit Erfahrungswissen verbunden ist und auf das sie bei der Lösung von Problemen bewußt oder unbewußt zurückgreifen. Strategisches Wissen umfaßt schwer verbalisierbare Strategien wie Heurismen, Kontroll- und Lernstrategien, welche die Anwendung des inhaltlichen Wissens fördern. Am Anfang der Wissensvermittlung steht eine instruktionale Phase, in der der Experte eine Aufgabenstellung löst und dabei seine kognitiven Problemlösungsprozesse möglichst genau artikuliert und auf mögliche Fragen der Lernenden eingeht. Nach dieser Phase der „externalisierten Wissensvermittlung" werden die Lernenden selber tätig und lösen ein gleichartiges Problem unter der Kontrolle des Experten, welcher bei Bedarf Hilfestellung verschiedenen Grades gibt, bzw. das Vorgehen der Lernenden ggf. korrigiert. Zur Realisierung der problemorientierten Gestaltungsprinzipien *Authentische Lernumgebung* und *situierte Anwendungskontexte* finden die Methoden *kognitives Modellieren, Anleiten* und *Hilfestellung geben* Verwendung. Während dieser Phasen ist eine (adaptive) Instruktion seitens der Lehrenden (Experten) sinnvoll und notwendig. Die Methoden der *Artikulation, Reflexion* und *Exploration* dienen dagegen der Verallgemeinerung bzw. Abstraktion des durch situative und komplexe Lernerfahrung aufgebauten Wissens. Die aufgeführten Lernmethoden im Rahmen des Cognitive Apprenticeship-Ansatzes sollen im folgenden näher erläutert werden[111].

Kognitives Modellieren (*Modelling*) inkludiert das Präsentieren und Demonstrieren von Expertenleistungen und Prozessen. Innere, d.h. in der Regel nicht beobachtbare Prozesse und Aktivitäten werden hier durch die Aktivitäten des Lehrenden transparent. Mit Hilfe des Modellierens von Expertenleistungen demonstriert bzw. verbalisiert der Lehrende vor den beobachtenden Lernenden sein Denken und Handeln an einem authentischen Problem im Rahmen einer konkreten Aufgabenstellung aus der Praxis. Geeignete Denk- und Problemlösungsprozesse und -strategien kann der Lernende hierdurch unmittelbar erfahren und verstehen. Auch beim Modellieren von Prozessen erhält der Lernende die Möglichkeit der schrittweisen Einsicht in den Verlauf eines äußerlich meist unsichtbar ablaufenden Prozesses. Die Methodik des kognitiven Modellierens ist daher besonders in Lernsituationen angebracht, in denen von den Lernenden nicht ohne weiteres erwartet werden kann, daß sie die Lösung bzw. den Lösungsweg zu einer Aufgabe ohne fremde Hilfe finden.

Nach dem kognitiven Modellieren arbeiten die Lernenden selbst an einer entsprechenden Aufgabenstellung und werden hierbei bei Bedarf mit Ratschlägen oder aktiven Hilfestellungen unterstützt. Bei der Methode des Anleitens (*Coaching*)

---
[111] Alle Lernmethoden können nicht nur personal, sondern auch ganz oder teilweise durch interaktive,

erhält der Lernende an denjenigen Punkten während der Aufgabenbearbeitung konkrete Hinweise, Vorschläge, Erinnerungshilfen und Rückmeldungen, an denen er nicht weiter vorankommt und Hilfestellung braucht. Bei einem fortgeschrittenen Wissens- und Erfahrungshorizont sind diese unterstützenden Aktionen des Lehrenden immer mehr zurückzunehmen[112]. Dies setzt allerdings die intensive, kontinuierliche Beobachtung der Lernenden voraus.

Im Rahmen der Methodik Hilfestellung (*Scaffolding*) erfolgt eine noch weitergehende, aktivere Unterstützung des Lernenden, die bis zur Übernahme von Teilfunktionen durch den Experten gehen kann. Hierdurch wird eine Überforderung der Teilnehmer vermieden, die oftmals das Gefühl der Hilflosigkeit zur Folge hat und demotivierend wirkt. Die (stellenweise) Entlastung ermöglicht den Fortgang des Lernprozesses und die ungehinderte Konzentration auf weitere wichtige Teile und Aspekte einer Aufgabenstellung.

Die Methodik Artikulation fordert die vom Lernenden verwendeten Denk- und Problemlösungsprozesse wiederholend und eigenständig zu artikulieren und zu begründen (durch Verbalisieren oder bildhaftes Darstellen). Der Vorteil dieser Umwandlung von impliziten zu explizitem Wissen liegt in der damit verbundenen leichteren Generalisierung des Wissens und der Kontrollmöglichkeit, ob tatsächlich der optimale Lösungsweg gefunden wurde[113]. Zudem kann die Behaltensleistung gesteigert und durch die Externalisierung des Wissens eine dezidierte Strukturierung gefestigt werden.

Im Rahmen der Reflexion soll der Lernende seine eigenen Lernprozesse beim Lösen der Problem- und Aufgabenstellungen analysieren und mit denen des Experten vergleichen. So können Lösungsalternativen bewertet werden und sich eventuell Veränderungen bzw. Optimierungen im Lernhandeln konstituieren. Über die Methode Reflexion soll zudem die Möglichkeit bestehen, situativ erworbenes Wissen zu übergeordneten Konzepten in Beziehung zu setzen und in Anlehnung hieran zu strukturieren. Außerdem soll diese Methode die Entwicklung metakognitiver Strategien, wie z.B. effektiveres Lesen, Aufnehmen, Bedienen, Anwenden oder Behalten, fördern.

Durch Exploration soll der Lernende die Möglichkeit erhalten, weitgehend eigenständig, d.h. selbstgesteuert verschiedene Methoden und Strategien zur Problemlösung auszuprobieren. Die Unterstützung durch den Experten wird ausgeblendet. Die explorativen Aktivitäten werden lediglich durch grobe Rahmenziele eingeschränkt. Hierdurch können verschiedene situative Erfahrungen gesammelt werden und eine Verbindung zu den bestehenden kognitiven Konzepten und Strukturen hergestellt werden. Bisher neue Arbeitsschritte sollen experimentell

---

multimediale Computer- Lehrsysteme vermittelt werden
[112] Diese Vorgehensweise wird auch als Fading bezeichnet
[113] s. hierzu auch die Erläuterungen zur Methodik Reflexion

ausprobiert werden. Die Lernumgebung muß hierzu so gestaltet sein, daß durch Simulationen, Planspiele oder Testsysteme eine freie explorative Tätigkeit ohne die in der Praxis gegebene Gefahr ernsthafter, negativer Folgen möglich ist. Die erläuterten charakteristischen Lernmethoden nach dem Cognitive Apprenticeship-Ansatz sollen durch folgende Abbildung zusammenfassend dargestellt werden.

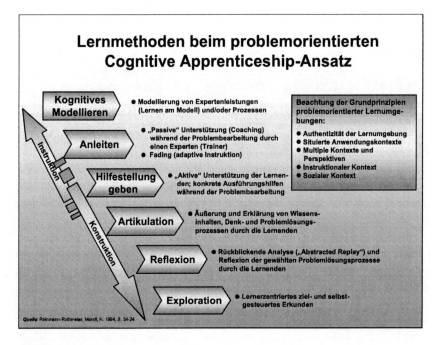

Abb. 17

Für den Einsatz integrierter betriebswirtschaftlicher Standardsoftware bietet der Cognitive Apprenticeship-Ansatz zweckmäßige und sinnvolle Anreize zur inhaltlich-methodischen Gestaltung des Unterrichts. Gerade in der Anfangsphase, in der die Darstellung der grundlegenden Funktionen und des organisatorischen Aufbaus der Software erfolgen sollte, ist eine instruktionale Präsentation der Wissensinhalte durch den Lehrenden unverzichtbar. Die Inhalte und Themen (s. Punkt 2.2.2.4.) sollten einen exemplarischen Charakter aufweisen und so oft wie möglich direkt am System beispielhaft gezeigt und erläutert werden[114]. Wird mit komplexen Fallstudien gearbeitet, deren Inhalte den Teilnehmern noch nicht vertraut sind, so empfiehlt sich

---

[114] Als besonders effektiv erwies sich während der Durchführung des vom Autor entwickelten SAP-Seminars die parallele Verwendung eines Beamers zur Maskendarstellung der Software

eine vorherige Darstellung der Durchführung am System durch den Dozenten. Hierbei sollte der Dozent so oft wie möglich sein Vorgehen verbalisieren und angesichts der enormen Komplexität der Software nicht nur Anwendungswissen, sondern auch Hintergrund- bzw. Überblicksinformationen vermitteln. Die Rolle des „kognitiv Modellierenden" kann zu späteren Zeitpunkten temporär auch von den Lernenden selber im Rahmen der Präsentation selbständig gelöster Fallstudien oder Projektergebnisse übernommen werden.

Nach dieser Phase sollten die Lernenden eine entsprechende Aufgabenstellung erhalten und diese selbständig im System abbilden. Dabei bedarf es aufgrund der mitunter schwierigen Bedienung der Software und/oder komplizierter Aufgabenstellungen der ständigen Möglichkeit, den Lehrenden um Hilfestellung und Hinweise zu bitten oder sogar aktiv in die Bearbeitung einzugreifen. Permanent sollten die Lernenden ermuntert werden, ihre Handlungen und Lösungsstrategien in unterschiedlichen Formen zu artikulieren[115] und die im System abgebildeten Prozesse mit anderen zu diskutieren bzw. zu reflektieren.

Sofern die Teilnehmer ein solides Basiswissen besitzen, d.h. Wissen über die wesentlichen Strukturen und Prozesse der integrierten betriebswirtschaftlichen Standardsoftware verfügen, kann die Hilfestellung des Lehrenden schrittweise zurückgefahren werden (Fading) bzw. nur bei Bedarf gegeben werden (Adaptive Instruktion). Die Teilnehmer können nun auch für sie interessante Themenstellungen (welche im Rahmen der Lehrgangsziele liegen) vorschlagen und ohne wesentliche Hilfestellung (idealerweise in Gruppen und/oder in Projektform) bearbeiten. Eine sinnvolle Erweiterung dieser explorativen Tätigkeiten kann darin liegen, sich zielgerichtet neben der Software als (Kern-)Lernmedium und Lernobjekt mit ergänzenden Informationsquellen[116] zu beschäftigen. Ein Schwerpunkt kann hierbei in der Nutzung der neuen Medien insbesondere des Internets liegen. Eine Anregung über derartige, das explorative Lernen fördernde Informationsquellen, soll beispielhaft[117] in der folgenden Abbildung aufgeführt werden.

---

zusammen mit einem Overheadprojektor, auf welchen Folien mit strukturierten Überblicks- oder Hintergrundwissen aufgelegt wurden.

[115] Dies kann beispielsweise mündlich oder durch das Anfertigen von übersichtlichen Struktogrammen, welche die Problemlösungsschritte zusammenfassend und übersichtlich darstellen, erfolgen.

[116] Hierzu kann es auch gehören externe Experten in den Unterricht einzuladen und Unternehmensexkursionen zu planen und durchzuführen.

[117] Diese Darstellung explorationsgeeigneter Informationsquellen erfolgt im Kontext der in dieser Arbeit beispielhaft untersuchten Software SAP®R/3®.

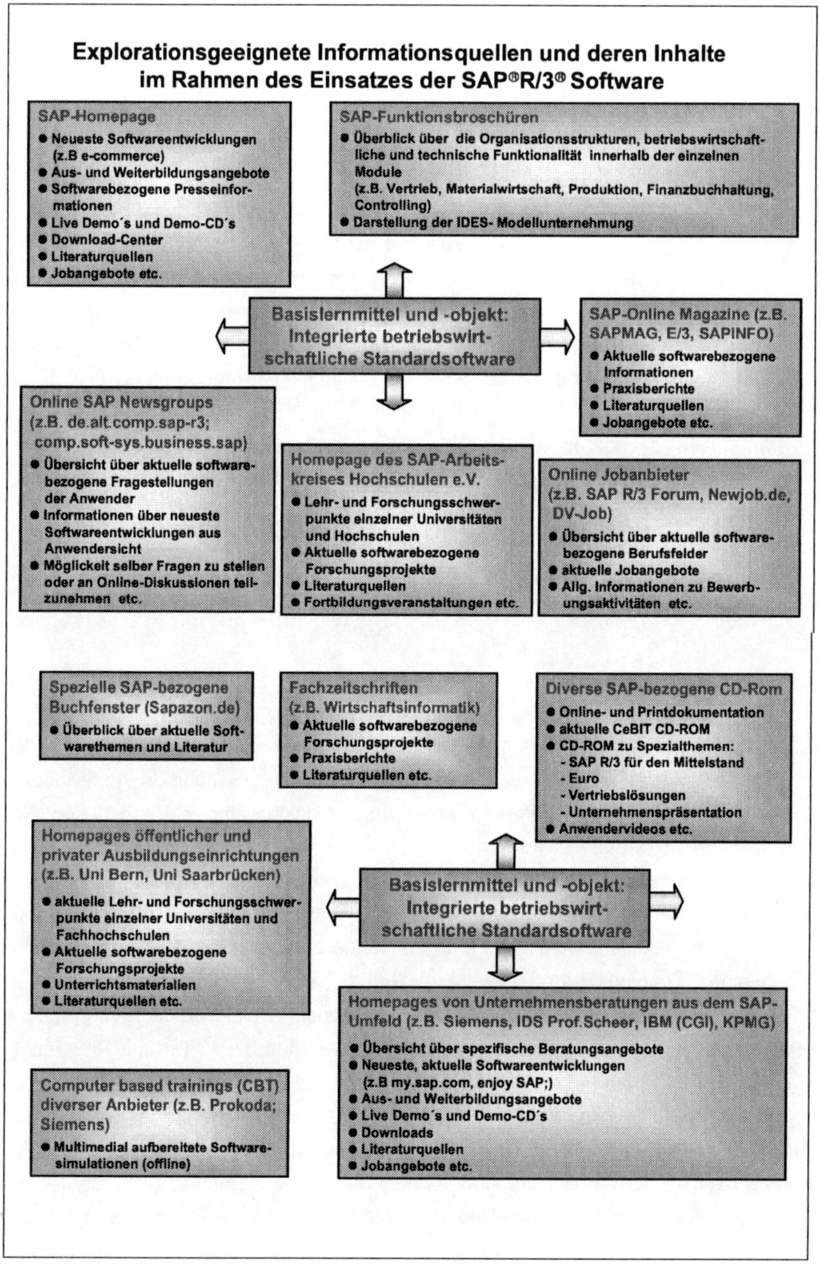

Explorationsgeeignete Informationsquellen und deren Inhalte im Rahmen des Einsatzes der SAP®R/3® Software

SAP-Homepage
- Neueste Softwareentwicklungen (z.B e-commerce)
- Aus- und Weiterbildungsangebote
- Softwarebezogene Presseinformationen
- Live Demo's und Demo-CD's
- Download-Center
- Literaturquellen
- Jobangebote etc.

SAP-Funktionsbroschüren
- Überblick über die Organisationsstrukturen, betriebswirtschaftliche und technische Funktionalität innerhalb der einzelnen Module (z.B. Vertrieb, Materialwirtschaft, Produktion, Finanzbuchhaltung, Controlling)
- Darstellung der IDES- Modellunternehmung

Basislernmittel und -objekt: Integrierte betriebswirtschaftliche Standardsoftware

SAP-Online Magazine (z.B. SAPMAG, E/3, SAPINFO)
- Aktuelle softwarebezogene Informationen
- Praxisberichte
- Literaturquellen
- Jobangebote etc.

Online SAP Newsgroups (z.B. de.alt.comp.sap-r3; comp.soft-sys.business.sap)
- Übersicht über aktuelle softwarebezogene Fragestellungen der Anwender
- Informationen über neueste Softwareentwicklungen aus Anwendersicht
- Möglickeit selber Fragen zu stellen oder an Online-Diskussionen teilzunehmen etc.

Homepage des SAP-Arbeitskreises Hochschulen e.V.
- Lehr- und Forschungsschwerpunkte einzelner Universitäten und Hochschulen
- Aktuelle softwarebezogene Forschungsprojekte
- Literaturquellen
- Fortbildungsveranstaltungen etc.

Online Jobanbieter (z.B. SAP R/3 Forum, Newjob.de, DV-Job)
- Übersicht über aktuelle softwarebezogene Berufsfelder
- aktuelle Jobangebote
- Allg. Informationen zu Bewerbungsaktivitäten etc.

Spezielle SAP-bezogene Buchfenster (Sapazon.de)
- Überblick über aktuelle Softwarethemen und Literatur

Fachzeitschriften (z.B. Wirtschaftsinformatik)
- Aktuelle softwarebezogene Forschungsprojekte
- Praxisberichte
- Literaturquellen etc.

Diverse SAP-bezogene CD-Rom
- Online- und Printdokumentation
- aktuelle CeBIT CD-ROM
- CD-ROM zu Spezialthemen:
  - SAP R/3 für den Mittelstand
  - Euro
  - Vertriebslösungen
  - Unternehmenspräsentation
- Anwendervideos etc.

Homepages öffentlicher und privater Ausbildungseinrichtungen (z.B. Uni Bern, Uni Saarbrücken)
- aktuelle Lehr- und Forschungsschwerpunkte einzelner Universitäten und Fachhochschulen
- Aktuelle softwarebezogene Forschungsprojekte
- Unterrichtsmaterialien
- Literaturquellen etc.

Basislernmittel und -objekt: Integrierte betriebswirtschaftliche Standardsoftware

Homepages von Unternehmensberatungen aus dem SAP-Umfeld (z.B. Siemens, IDS Prof.Scheer, IBM (CGI), KPMG)
- Übersicht über spezifische Beratungsangebote
- Neueste, aktuelle Softwareentwicklungen (z.B my.sap.com, enjoy SAP;)
- Aus- und Weiterbildungsangebote
- Live Demo's und Demo-CD's
- Downloads
- Literaturquellen
- Jobangebote etc.

Computer based trainings (CBT) diverser Anbieter (z.B. Prokoda; Siemens)
- Multimedial aufbereitete Softwaresimulationen (offline)

Abb. 18

2.2 Entwicklung eines methodisch-didaktischen Strukturierungskonzeptes zur effizienten Gestaltung von Lehr-Lernarrangements mit komplexer, betriebswirtschaftlicher Standardsoftware

Im folgenden soll ein Konzept dargestellt werden, welches Empfehlungen für die Gestaltung ökonomischen Fachunterrichtes mit integrierter betriebswirtschaftlicher Standardsoftware bietet. Es wurde unter Berücksichtigung der Empfehlungen einer kritisch-handlungsorientierten ökonomischen Fachdidaktik nach Aff entwickelt. Auch die mit diesem Ansatz kompatiblen Aussagen der bereits erläuterten Ansätze von Klafki, Winkel, Aebli, Meyer, Mandel und Collins u.a. flossen bei der Entwicklung dieses Gestaltungskonzeptes mit ein. Das Konzept wurde vom Verfasser dieser Arbeit zur Konzeption eines Seminars zur Thematik Anwendung der SAP®R/3® Software im Hochschul- und Fachhochschulbereich verwendet und getestet. Außerdem wird es seit mehreren Semestern in einer privaten kaufmännischen Kollegschule mit Erfolg eingesetzt. Es verfolgt grundsätzlich den Zweck, wertvolle Hilfen bei der Planung, bei der Durchführung und der Evaluation von Lehr-Lernarrangements unter Einsatz betriebswirtschaftlicher Standardsoftware zu geben. Im folgenden soll das Konzept im Überblick vorgestellt und dann die einzelnen Phasen und Bestandteile detailliert erläutert werden.

2.2.1 Überblick über das Gestaltungskonzept

Lehr-Lernarrangements repräsentieren bestimmte gewünschte Lernsituationen, die zunächst determiniert werden von den teilnehmenden Personen und den Lehrenden, aber auch von den gewünschten Unterrichtszielen. Unterrichtsziele sollen hier, im Sinne Meyers[118], zu einem als Lehrziele der Lehrenden bzw. der Bildungsinstitution und zum anderen als Handlungsziele, die die Absichten, Motive und Erwartungen der Lernenden widerspiegeln, verstanden werden. Informationen zur letztgenannten Zielart können beispielsweise über entsprechende Befragungen der Lernenden zu Beginn eines Trainings erhoben werden. Beide Zielarten sollten einen möglichst hohen Deckungsgrad aufweisen. Die Unterrichtsziele wiederum stehen in einer Wechselwirkung zu den Lerninhalten und den Lernmethoden[119]. Die mit Hilfe einer betriebswirtschaftlichen Standardsoftware vermittelbaren potentiellen Lerninhalte können sehr vielfältig sein und sich auf betriebswirtschaftliche Inhalte ebenso wie auf informationstechnische Inhalte (z.B. Betriebssysteme, Hardware, Programmierung, Datenbanken) beziehen. Die konkreten Lerninhalte bzw. potentialen Themenfelder einer integrierten betriebswirtschaftlichen Standardsoftware werden im Punkt 2.2.2.4

---

[118] vgl. Meyer, H.: Unterrichtsmethoden, I: Theorieband, 1987, S. 90
[119] vgl. Meyer, H.: Unterrichtsmethoden, I: Theorieband, 1987, S. 77ff.

genauer dargestellt. Die Themen können und sollten durch ein ebenso vielfäliges Methodenspektrum vermittelt werden. Die hier sinnvoll einzusetzenden Methoden werden im Punkt 2.2.2.6 näher erläutert.

Eine Besonderheit des Unterrichts mit integrierter betriebswirtschaftlicher Standardsoftware im Vergleich zum „klassischen" Betriebswirtschaftslehreunterricht liegt in der verstärkten und risikovollen technischen Abhängigkeit von den einzusetzenden Medien. Diese bezieht sich zum einen auf die erforderliche sichere Systemverfügbarkeit und die Schnelligkeit der Systemreaktion. Es bedarf hier i.d.R. großer personeller und finanzieller Anstrengungen, um beides sicherzustellen. Zum anderen ist hardwarebezogen eine ausreichende Anzahl geeigneter PC-Arbeitsplätze und Arbeitsgeräte zur visuellen bzw. akustischen Lernstoffvermittlung (LCD-Overheaddisplays, Beamer, Master-Slave-Schaltungen etc.) bereitzustellen. Die hiermit verbundenen Investitionen müssen einer intensiven Kosten- Nutzen-Analyse unterzogen werden. Im Punkt 2.2.2.7 wird die Thematik der ergänzenden Medien beim Einsatz integrierter, betriebswirtschaftlicher Standardsoftware genauer beleuchtet.

Ein weiterer wichtiger Faktor bei der Unterrichtsgestaltung mit betriebswirtschaftlicher Standardsoftware liegt in der fachlichen, methodisch- didaktischen und sozialen Kompetenz des Dozenten begründet. Im Punkt 2.2.2.2 werden entsprechend notwendige, spezifische Dozentenmerkmale erläutert und in Anlehnung an Aff[120] und Ziep[121] kategorisiert und begründet.

Bei jeder Unterrichtsplanung, die den Einsatz integrierter betriebswirtschaftlicher Standardsoftware vorsieht, sind organisatorisch-institutionelle Rahmenbedingungen zu beachten. Hierdurch werden grundsätzlich die Handlungsspielräume des Planenden abgesteckt. Diese sind zum einen durch die Bildungsinstitution selbst (Verfügbarkeit geeigneter Räumlichkeiten, technische Ausstattung, verfügbares personelles Know how etc.), zum anderen durch den konkreten Ausbildungsgang (Stundentafeln, Curricula, Teilnehmeranzahl etc.) determiniert. Im Rahmen der Detailplanung gehört hierzu aber auch die Festlegung von Unterrichts- und Pausenzeiten. Desweiteren sollte in der Planungsphase geprüft werden, inwiefern multimediale Lernhilfen in den Unterricht eingebaut werden können. Diese sollen insbesondere ein selbstgesteuertes und exploratives Lernen fördern. Multimediale Lernhilfen umfassen z.B. die Verwendung eines CBT-Programmes, die Darbietung von Kursunterlagen in Form einer CD-ROM, das Anbieten von Anwendungs- und Lösungsvideos oder Internetlinks zur Job- oder Literaturrecherche. Im Punkt 2.2.2.9 werden die Möglichkeiten des Einsatzes multimedialer Lernhilfen im Zusammenhang

---

[120] Aff, J.: Materialien zur Vorlesung Einführung in die Wirtschaftspädagogik – Wirtschaftsdidaktische Grundüberlegungen – Einführung in Fragestellungen der betrieblichen Aus- und Weiterbildung, WS 1999/2000, Einheit 13/14, S. 6

mit dem Einsatz integrierter, betriebswirtschaftlicher Standardsoftware detailliert aufgezeigt und begründet.

Für die Unterrichtsdurchführung empfiehlt sich eine spezifische Strukturierung, die die Besonderheiten des Einsatzes integrierter, betriebswirtschaftlicher Standardsoftware berücksichtigt. Deshalb wurde vom Verfasser dieser Arbeit ein spezielles Schema[122] entwickelt, welches in folgender Abbildung dargestellt wird:

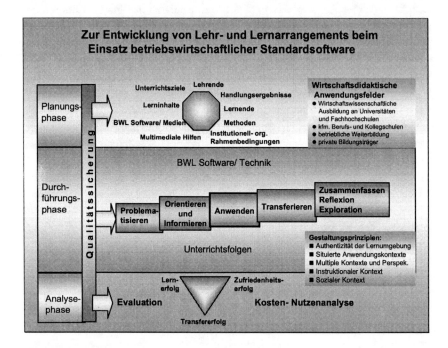

Abb. 19

Betriebswirtschaftliche Standardsoftware zeichnet sich durch eine enorme Komplexität aus. Es bedarf somit im Vorfeld der Softwareanwendung einer schrittweisen und detaillierten Erläuterung der betriebswirtschaftlichen und

---

[121] Ziep, K.D.: Der Dozent in der Weiterbildung. Professionalisierung und Handlungskompetenzen, Weinheim 1990, S. 172-228
[122] In der Literatur existieren vielfältige Vorschläge zur Phasierung des Unterrichts, vgl. hierzu:
Meyer, H.: Unterrichtsmethoden, II: Praxisband, 1989, S. 157-207, Meyer stellt sehr ausführlich und chronologisch geordnet Stufen- und Phasenschemata etwa von Comenius, Herbart, dem Reformpädagogen Gaudig, Roth, Galperin (Kulturhistorische Schule) und anderen dar. Diese Ansätze sind allerdings recht undifferenziert für den allgemeinen Schulunterricht ohne konkreten Fächerbezug konzipiert worden; ein EDV-Bezug ist nicht vorhanden.
Ruschel, A.: Die Arbeitsplatzunterweisung. In: Geißler, Loos (Hrsg.): Handbuch Personalentwicklung, Konzepte, Methoden und Strategien, 1997, S. 3ff.

informationstechnischen Hintergründe. Der Unterricht sollte deshalb generell sowohl dozentenzentrierte als auch lernerzentrierte Phasen in einem ausgewogenen Verhältnis aufweisen. Unterricht mit integrierter betriebswirtschaftlicher Standardsoftware kann dementsprechend in deutlich voneinander abgehobenen Phasen ablaufen, die jeweils spezifische Funktionen im Prozeß der Vermittlung des Lehrstoffes aufweisen. Im darzustellenden Phasenschema geht es im Rahmen der Unterrichtsdurchführung um die Anforderung, wie der komplexe Unterrichtsgegenstand in überschaubare Teile gegliedert und in welcher Reihenfolge und Form diese Teile den Lernenden angeboten werden sollen. Der Vermittlungsprozeß erfolgt in Anlehnung an lernpsychologische Grundsätze, nach denen die einzelnen Unterrichtsphasen den jeweiligen Lernphasen entsprechen, die im Prozeß der Informationsaufnahme und Informationsverarbeitung des Lehrstoffes durchlaufen werden. Damit der Lern- und Behaltensprozeß begünstigt wird, empfiehlt es sich, bei der Vermittlung neuer und komplexer Sachverhalte den Inhalt und die Reihenfolge der einzelnen Unterrichtsabschnitte an einem lernpsychologisch bzw. handlungsorientiert begründeten Schema von Unterrichtsphasen zu orientieren. Allerdings sei an dieser Stelle besonders betont, daß die hier aufgezeigte Phasierung eine Anregung darstellt; eine absolutistisch schablonenhafte Verwendung ohne Rücksicht auf den aktuellen Unterrichtsinhalt und die jeweilige Unterrichtssituation ist nicht zu empfehlen. Die spezifischen Phasen Problematisieren, Orientieren, Informieren, Anwenden, Transferieren und Zusammenfassen/Reflektieren werden im Abschnitt 2.2.3 explizit erläutert und begründet.

Die Analysephase stellt einen abschließend kontrollierenden und bewertenden Rückblick auf das Unterrichtsgeschehen dar. Eine diesbezügliche Bewertung sollte auch zu jedem Zeitpunkt in der Phase der Unterrichtsdurchführung in Form eines mündlichen oder schriftlichen Feed Back durch die Teilnehmer möglich sein. Nur so ist gewährleistet, daß Mißverständnisse und Fehlentwicklungen frühzeitig erkannt und noch während der Unterrichtsdurchführung behoben werden. Schon in der Planungsphase ist festzulegen, wer was in welcher Form bewerten soll. In allen Phasen der Unterrichtsgestaltung (Planung, Durchführung und Analyse) sollten qualitätssichernde Maßnahmen stattfinden. Der Verfasser dieser Arbeit schlägt in Anlehnung an Ruschel[123], Götz und Häfner[124], sowie Mandl/Reinmann-Rothmeier[125] vor, die abschließende Erfolgsanalyse auf drei Ebenen (Lernerfolg, Transfererfolg und Zufriedenheit mit dem Lernprozeß) durchzuführen und zusätzlich eine

---

Lehnert, U.: Der EDV-Trainer: EDV-Lehrveranstaltungen planen – EDV-Handlungswissen vermitteln, Oldenburg 1997, S. 71-90

[123] Ruschel, A.: Die Arbeitsplatzunterweisung. In: Geißler, Loos (Hrsg.): Handbuch Personalentwicklung, Konzepte, Methoden und Strategien, Abschnitt 8.1.5.0, 1997, S. 3ff.

[124] Götz, K., Häfner, P.: Didaktische Organisation von Lehr- und Lernprozessen, 1991, S. 161-178

[125] Mandl, H., Reinmann- Rothmeier, G., in: Arzberger, H., Brehm, K.-H. (Hrsg.): Computerunterstützte Lernumgebungen - Planung, Gestaltung und Bewertung, 1994, S. 63-109

abschließende Kosten-Nutzenanalyse zu erstellen. Eine detaillierte Darstellung und Begründung der Analysephase erfolgt im Abschnitt 2.2.4..

2.2.2 Die Planungsphase

Die didaktischen Überlegungen der im Teil 2.1 beschriebenen bildungs- und lerntheoretischen, kommunikativen und handlungsorientierten Ansätze implizieren Forderungen an einen effizienten und für Lehrende sowie Lernende gleichermaßen attraktiven Unterricht. Im folgenden soll aufgezeigt werden, wie diese theoretischen Ansprüche praktisch, d.h. in eine konkrete Unterrichtsplanung, -durchführung und – evaluation mit integrierter betriebswirtschaftlicher Standardsoftware, umgesetzt werden können.

Lernprozesse als planbare Vorgänge zu betrachten, wird nicht unbedingt von allen Didaktikern als selbstverständlich erachtet. Die Planung von Unterricht unterliegt mitunter grundsätzlicher Kritik. Extreme Vertreter „offener" Unterrichtskonzepte plädieren lediglich für eine eingeschränkte oder gar keine Planung[126]. Bei „offenem" Unterricht" beispielsweise ist jedoch nur ein methodisch offener Unterricht sinnvoll, nicht aber ein thematisch (inhaltlich) offener Unterricht. Dies widerspräche auch einer vom Autor dieser Arbeit präferierten Definition von Unterricht, in der Unterrichten als organisiertes, planvolles Handeln betrachtet wird, welches zwangsläufig an einem Inhalt orientiertes Lernen bedeutet. Dennoch kann es durchaus bereichernd sein, Elemente des (methodisch) offenen Unterrichts in Lernsequenzen einfließen zu lassen. Die Teilnehmer können dann in Abhängigkeit von der jeweiligen Situation über Lernwege ad hoc entscheiden (im Sinne situativen Lernens). Deshalb hat die Konzeption des „Offenen Lernens" mitunter den Vorteil, den Wünschen der Lernenden entgegenzukommen[127]. Bezogen auf den Einsatz integrierter betriebswirtschaftlicher Standardsoftware im kfm. Unterricht präferiert der Autor dieser Arbeit eine Konzeption, welche am Anfang einer Unterrichtsmaßnahme mit hohen instruktionalen Anteilen und festgelegter Methodik operiert[128]. Vielfach erfolgt hier eine erste Berührung der Lernenden mit einem solchen EDV-Werkzeug, in welcher eine recht umfangreiche Hilfestellung durch den Lehrenden erforderlich ist und von den Teilnehmern auch gewünscht wird. In späteren Maßnahmenabschnitten können Formen des offenen, selbständigen, explorativen und situativen Unterrichts durchaus sehr motivierend und effizient sein; die Hilfestellung des Lehrenden sollte dann einen adaptiven Charakter bekommen. Oftmals wird argumentiert, daß eine detaillierte Planung den Lehrenden daran hindert, in spontaner Weise auf das

---

[126] Vgl.: Götz, K., Häfner, P.: Didaktische Organisation von Lehr- und Lernprozessen, 1991, S. 95ff.
[127] Vgl.: ebenda, S. 112ff.
[128] Siehe hierzu die Ausführungen zum Cognitive apprenticeship Ansatz im Punkt 2.1.2.3

Unterrichtsgeschehen bzw. auf die auftretenden Wünsche und Bedürfnisse zu reagieren. Die Erfahrung über unvorhersehbare bzw. schwierige Unterrichtssituationen sollte allerdings nicht unvorbereitete Bildungsmaßnahmen zur Folge haben, deren Resultat dem Zufall überlassen bleibt. Die in dieser Arbeit betrachteten Didaktiken fordern alle ein planvolles Vorgehen sowohl bezüglich der zu vermittelnden Inhalte als auch bei der Auswahl geeigneter Lehr- und Lernmethoden und -medien, erheben dabei aber nicht das Postulat eines perfekten Planungsanspruches. Versteht man Unterrichtsplanung als gedankliche Antizipation machbarer zukünftiger Handlungen und als Vorbereitung auf mit einer bestimmten Gewißheit auftretenden Unterrichtskonstellationen, so wird man immer auch die Verhaltensweisen der Lernenden und denkmögliche Unterrichtsschwierigkeiten bzw. -störungen einkalkulieren müssen und hierfür konvergente Handlungsalternativen einplanen. Im Falle der Verwendung integrierter betriebswirtschaftlicher Standardsoftware muß der Lehrende insbesondere mit möglichen soft- und hardwaretechnischen Schwierigkeiten und Behinderungen rechnen. Dabei begünstigt die Unterrichtserfahrung des Planers sowie die Leistungsfähigkeit der Planungssystematik eine realistische, und trotz möglicher Störungen effiziente Unterrichtsdurchführung[129]. Durch eine notwendige und insbesondere im Fall der Verwendung integrierter betriebswirtschaftlicher Standardsoftware auch sehr gründliche Unterrichtsvorbereitung sollte jene Flexibilität erreicht werden, welche den Lehrenden befähigt auf verschiedenartige Probleme adäquat zu reagieren, indem antizipierte und bereitgehaltene Handlungsalternativen zur Verfügung stehen. Hierzu gehören z.B. auf Bedarf abrufbare Hilfen technischer und personeller Art, die Planung alternativer Lernwege und zusätzliche Informationsangebote. Grundsätzlich sollte das Bewußtsein vorhanden sein, daß der notwendige zeitlich-technische Aufwand der Unterrichtsplanung und -vorbereitung beim Einsatz integrierter betriebswirtschaftlicher Standardsoftware i.d.R. wesentlich höher ist, als derjenige Aufwand für kaufmännischen Unterricht, welcher auf jegliche Hilfen von EDV-Werkzeugen verzichtet. Dies resultiert auch aus der Tatsache, daß die „klassischen" kaufmännischen Inhalte eine vergleichsweise hohe Änderungsresistenz aufweisen, während beim Einsatz betriebswirtschaftlicher Software bedingt durch Versions- bzw. Releasewechsel ein permanenter (und auch kostspieliger) Fortbildungsbedarf zu berücksichtigen ist. Durch den hohen Integrationsgrad muß der Lehrende schon zu Beginn einer Maßnahme über weitreichendes und modulübergreifendes Wissen verfügen, welches sich i.d.R. nicht kurzfristig aneignen läßt. Eine ebenso kurzfristige Unterrichtsvorbereitung, bei der der Lehrende über einen „Wissensvorsprung" weniger Unterrichtsstunden verfügt, führt sicherlich nicht zum Erfolg. Ein theoretisch

---

[129] Vgl.: Lehnert, U.: Der EDV-Trainer: EDV-Lehrveranstaltungen planen – EDV-Handlungswissen vermitteln, 1997, S.230

fundiertes und vor allem praxisfähiges Planungssystem (Schema) sollte alle denkbaren erfolgsdeterminierenden Kriterien darstellen. Gerade bei der Planung des Einsatzes einer integrierten betriebswirtschaftlichen Standardsoftware sind bei intensiver Vorbereitung eine Vielzahl von Vorbereitungsschritten nötig und eine Fülle von Aspekten zu berücksichtigen. Der Nutzen eines effektiven Planungssystems liegt darin, insbesondere den am Anfang seiner Maßnahmeplanung stehenden Dozenten auf relevante Kriterien, welche Erfolg oder Mißerfolg seiner Bildungsmaßnahme determinieren können, aufmerksam zu machen und Vorschläge bereitzustellen, welche einen lernpsychologisch fundierten Unterrichtsablauf unter Berücksichtigung eines adäquaten Methodenspektrums erleichtern. Ein solches Planungsschema sollte ebenfals detaillierte Anregungen zur Evaluation bereitstellen. Im Rahmen der späteren Unterrichtsdurchführung kann ein Abgleich des Planungssystems mit der praktischen, unterrichtlichen Erfahrung erfolgen und der Lehrende kann sich auf diejenigen Aspekte und Prozesse konzentrieren, die er in seiner spezifischen Unterrichtssituation für maßgeblich hält. Insofern ergibt sich dann auch eine Verkürzung der Vorbereitungszeit.

Klafki schlägt im Rahmen seiner bildungstheoretischen Überlegungen ein Unterrichtsplanungskonzept im Sinne kritisch-konstruktiver Didaktik vor, welches vier Perspektivenblöcke beinhaltet, die in einer interdependenten Wirkung zueinander stehen[130]. Die folgende Abbildung beschreibt die wesentlichen Inhalte dieses Perspektivenschemas[131]:

---

[130] Vgl.: Klafki, W.: Neue Studien zur Bildungstheorie und Didaktik, 1991, S. 272; Gudjons, H., Teske, R., Winkel, R. (Hrsg.): Didaktische Theorien, 1999, S. 18

[131] Ein konkretes Anwendungsbeispiel im Rahmen der Verwendung integrierter, betriebswirtschaftlicher Standardsoftware wurde bereits im Punkt 2.1.1.2 Der kritisch-konstruktive Ansatz nach Klafki (siehe Abbildung 5 und 6) aufgeführt.

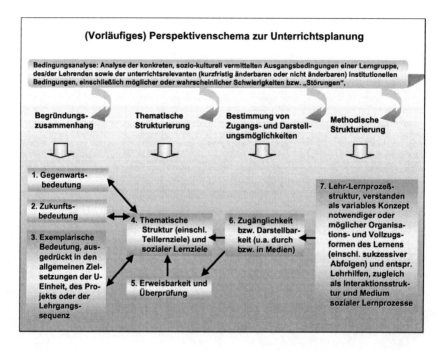

Abb. 20

Der Planungsumfang ergibt sich auch unter dem Aspekt der Notwendigkeit der möglichen Planungsebenen. Schulz unterscheidet beispielsweise im Rahmen seiner lehrtheoretischen Didaktik vier Planungsebenen[132]:

- Die *Perspektivplanung*, welche über einzelne Unterrichtseinheiten und –folgen hinausgeht und im Rahmen derer ein Handlungsrahmen für ein Fach, eine Fächergruppe oder das Lehrplangefüge im Ganzen geschaffen wird. Aus ihr resultieren relativ offene Vorgaben in Form von Rahmenplänen für Semesterpläne, Jahrespläne oder Schulstufen.
- Die *Umrißplanung* für einzelne oder mehrere Unterrichtseinheiten, im Rahmen derer Betrachtungen zur Bestimmung unterrichtlicher Ausgangslagen, grober Unterrichtsziele und möglicher Erfolgskontrollen sowie institutioneller Bedingungen stattfinden sollten.
- Die *Prozeßplanung*, welche eine kurzfristige, in sich geschlossene und idealerweise gemeinsam mit den Teilnehmern durchzuführende Teilplanung darstellt (z.B. die Durchführung einer Projektphase oder die Planung einer Unternehmensexkursion). Der Planungsumfang bezieht sich hier auf die

---

[132] Schulz, W.: Unterrichtsplanung – Praxis und Theorie des Unterrichtens, 1981, S. 3ff.
Vgl. auch: Gudjons, H., Teske, R., Winkel, R. (Hrsg.): Didaktische Theorien, 1999, S. 44ff.

benötigte Zeit, die Festlegung der gewünschten Lehr-/Lernziele, die Absprache über bereitzustellende Hilfen und Kontrollen mit der Skizzierung möglicher Varianten didaktischen Handelns. Innerhalb der Prozeßplanung wird die Abfolge der Unterrichtsschritte sowie die gewünschten Kommunikations- und Arbeitsformen festgelegt.

- Die (laufende) *Planungskorrektur*, welche während des Unterrichtsprozesses notwendig sein kann, wenn unvorhersehbare Schwierigkeiten und/oder Störungen zu einer Planungskorrektur zwingen.

Götz und Häfner[133] differenzieren die Planungsumfänge in *(Gesamt)curricula* (z.B. Ausbildung zum staatl. geprüften Wirtschaftsinformatiker), *Ausbildungsabschnitte* (z.B. nach Semestern, Schul(halb-)jahre), *größere Lerneinheiten* (z.B. Einführung in die Absatzwirtschaft), und *Einzelmaßnahmen* (z.B. Grundlagen der Absatzmarktforschung).

Im den folgenden Abschnitten werden nun ebenenübergreifend relevante Planungsparameter zur Vorbereitung kfm. Unterrichts verbunden mit dem Einsatz von integrierter, betriebswirtschaftlicher Standardsoftware aufgeführt und begründet.

2.2.2.1 Teilnehmeranalyse

2.2.2.1.1 Einschätzung der Eingangsvoraussetzungen

Eine Orientierung an den Eingangs- bzw. Lernvoraussetzungen der Teilnehmer zeichnet jede qualifizierte Unterrichtstätigkeit aus. Aus der Sicht der Teilnehmer könnte man sogar argumentieren, daß ein Anspruch auf die Berücksichtigung der vorhandenen (bzw. fehlenden) individuellen Lerndispositionen besteht. Die fehlerhafte oder ungenaue Eruierung dieser Dispositionen führt zwangsweise zur Demotivierung der Teilnehmer bis hin zu verschiedensten Formen der Lernunlust oder sogar zu Kritik und Aggressionen seitens der Teilnehmer. Deshalb muß die Feststellung der Lernvoraussetzungen als eine Planungskomponente mit einem hohen Stellenwert betrachtet und möglichst differenziert analysiert werden. Die Erhebung der Lerner-Eigenschaften kann beispielsweise mit Hilfe von diagnostischen Vortests, (Eingans-)Leistungstest sowie allgemein über mündliche und schriftliche Befragungen erfolgen. Eine grobe, allgemeindidaktische Differenzierung der Lernereigenschaften, etwa die Unterteilung in sozial-kulturelle und anthropogene Voraussetzungen, wie sie beispielsweise bei Heimann, Otto und Schulz[134] zu finden ist, erscheint hier unzureichend, um fehlende

---

[133] Götz, K., Häfner, P.: Didaktische Organisation von Lehr- und Lernprozessen, 1991, S. 97
[134] Heimann, P., Otto, G., Schulz, W.: Unterricht - Analyse und Planung, 1972, S. 25
Schulz, W.: Didaktische Einblicke, Hrsg: Otto, G., Luscher-Schulz, G., 1995, S. 19

Lernvoraussetzungen festzustellen. Bodendorf[135] empfiehlt unter Berücksichtigung computerunterstützter Lernumgebungen folgende Kriterien:
- Allgemeine Merkmale: Alter, Bildungsgrad, Lernmotivation
- Stoffbezogene Merkmale: Vorkenntnisse, Erfahrungen, Fertigkeiten, fachliche Interessen etc.
- Medienbezogene Merkmale: Soft- und Hardwarekenntnisse, mediale Darstellungspräferenzen

In den folgenden Abbildungen wird ein auf den Erfahrungen des Autors dieser Arbeit basierendes, spezifisches Spektrum „konstituierender" Lernvoraussetzungsfaktoren dargestellt, welches als relevant im Kontext des Einsatzes integrierter betriebswirtschaftlicher Standardsoftware anzusehen ist.

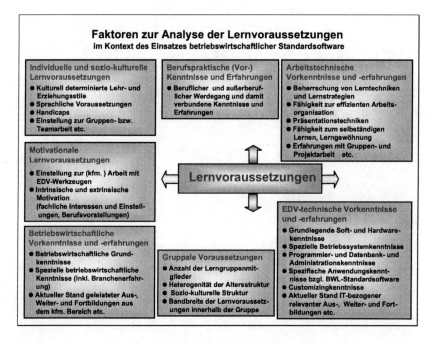

Abb. 21

---

[135] Bodendorf, F.: Computer in der fachlichen und universitären Ausbildung, in Endres, A., Krallmann, H., Schnupp, P. (Hrsg.): Handbuch der Informatik, 1990, S. 75

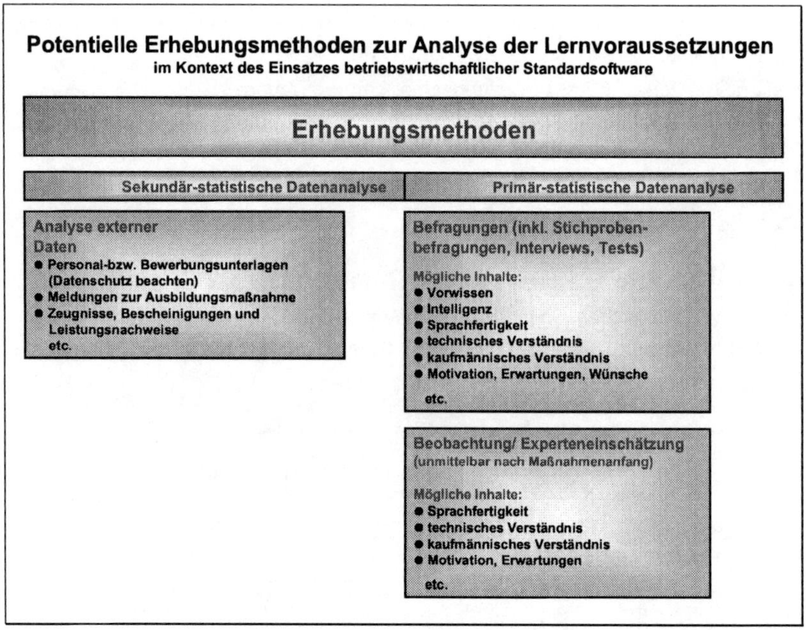

Potentielle Erhebungsmethoden zur Analyse der Lernvoraussetzungen
im Kontext des Einsatzes betriebswirtschaftlicher Standardsoftware

Erhebungsmethoden

Sekundär-statistische Datenanalyse	Primär-statistische Datenanalyse
Analyse externer Daten • Personal- bzw. Bewerbungsunterlagen (Datenschutz beachten) • Meldungen zur Ausbildungsmaßnahme • Zeugnisse, Bescheinigungen und Leistungsnachweise etc.	**Befragungen (inkl. Stichprobenbefragungen, Interviews, Tests)** Mögliche Inhalte: • Vorwissen • Intelligenz • Sprachfertigkeit • technisches Verständnis • kaufmännisches Verständnis • Motivation, Erwartungen, Wünsche etc.
	Beobachtung/ Experteneinschätzung (unmittelbar nach Maßnahmenanfang) Mögliche Inhalte: • Sprachfertigkeit • technisches Verständnis • kaufmännisches Verständnis • Motivation, Erwartungen etc.

Abb. 22

2.2.2.1.2 Einschätzung der Erwartungen und Einstellungen

Neben der genauen Eruierung der Lernervoraussetzungen ist die möglichst hohe Kongruenz des Erwartungs- und Einstellungsprofils der Teilnehmer mit den geplanten Inhalten und der gewählten Methodik von Bedeutung. Äußerst hilfreich ist eine kurze Vorstellungsrunde der Teilnehmer zu Beginn einer Maßnahme, bei der auch die Erwartungen und Wünsche expliziert geäußert werden sollen. Zu diesem Zeitpunkt sollte auch eine Stoffgliederung mit mündlichen und/oder schriftlichen Anmerkungen zu den geplanten Unterrichtszielen, der Methodik und zu Art und Umfang (eventueller) Leistungsüberprüfungen vorliegen. Hierbei läßt sich oftmals feststellen, daß Teilnehmer, welche im Berufsleben stehen, relativ genaue Erwartungen und Wünsche äußern, während von Teilnehmern mit geringer oder ohne Berufserfahrung relativ vage Äußerungen[136] kommen.

Der entscheidende Aspekt für eine positive Einstellung und aktive Mitarbeit seitens der Teilnehmer liegt in deren Motivationsstruktur. Diese kann grundsätzlich intrinsisch oder extrinsisch determiniert sein. Ein (Lern-)Verhalten wird als intrinsisch motiviert bezeichnet, wenn es um seiner selbst willen durchgeführt wird (z.B. weil es angenehm oder interessant ist), extrinsische Handlungsweisen basieren auf externen Anreizen (z.B. um Belohnungen oder Anerkennung zu erhalten)[137]. Beide Motivationsvarianten wirken positiv auf das Lerngeschehen, wobei die intrinsischen Handlungen i.d.R. extinktionsresistenter sind, da diese weniger äußerer Anreize bedürfen und aus Selbstzweck betrieben werden. Vor allem intrinsisch motivierte Teilnehmer neigen eher dazu sich intensiver mit den Lerninhalten auseinanderzusetzen, deren Hintergründe und Strukturen zu erkunden und zu verstehen und nicht nur für die nächste Leistungsüberprüfung zu lernen. Derartige Konstruktionsprozesse der Teilnehmer unterstützen den Lerntransfer auch außerhalb der Lernsituation und lassen den Zugriff auf das motiviert erlangte Wissen auch in neuen Situationen wahrscheinlicher werden. Dieses *tiefenorientierte Lernen*[138] ist somit der Grundstein für eine hohe Konzentration und Lernqualität. Oftmals werden Lernhandlungen sowohl durch eine intrinsische als auch durch eine extrinsische Motivation determiniert. Sofern das Lernen mit dem Ziel verfolgt wird Prüfungsleistungen zu erbringen bzw. einen Abschluß zu erlangen und sich die damit verbundenen Berufschancen zu sichern, liegt eine extrinsische Motivation vor. Dennoch können auch hier intrinsisch motivierte Lernhandlungen erfolgen. Im Rahmen empirischer Analysen konnte festgestellt werden, daß bei der Studienfachwahl extrinsisch-materielle Intensionen weniger wichtig waren, als das

---

[136] Diese Äußerungen stehen in einem starken Zusammenhang mit der angebotenen BWL-Software; vgl. Punkt 4.2.3 Teilnehmererwartungen
[137] Herkner, W.: Einführung in die Sozialpsychologie, 1983, S. 387ff.
[138] Vgl.: Schieferle, U., Schreyer, I.: Intrinsische Lernmotivation und Lernen, 1992, S. 47

Interesse am gewählten Fach[139]. Allerdings war diese Tatsache bei den Fachrichtungen Jura und Wirtschaftswissenschaften nicht festzustellen. Hier überwog die Denkhaltung, sich eher an den mit diesen Studiengängen verbundenen Berufschancen zu orientieren.[140] Die strikte Trennung von in- und extrinsischer Motivation gestaltet sich im Einzelfall als recht schwierig. So können sich auch innerhalb generell extrinsisch ausgerichtete Handlungsstrategien intrinsisch motivierte Lernhandlungen ergeben, welche durch die positive Erlebnisqualität des Lernprozesses selbst (*tätigkeitszentrierte*, intrinsische Motivation) und/oder den Lerngegenstand (*gegenstandszentrierte*, intrinsische Motivation) initiiert werden. Das starke Interesse an einem Gegenstand stellt die Basis der gegenstandszentrierten, intrinsischen Motivation dar. Persönliches Interesse und Neugierde stellen erfahrungsgemäß auch die zentralen Gründe dar, sich erstmals mit einer integrierten betriebswirtschaftlichen Standardsoftware zu beschäftigen[141]. Sehr stark wird i.d.R. der Wunsch geäußert vorhandenes betriebswirtschaftliches Wissen mit Hilfe von entsprechenden EDV-Werkzeugen abzubilden und zu bearbeiten. Im Falle der Verwendung der SAP®R/3® Software motivieren nach den Erfahrungen des Autors dieser Arbeit aber ebenso die antizipierten guten Berufsperspektiven. Die folgende Darstellung zeigt einen Einblick in charakteristische Erwartungen und Wünsche (und somit auch Motivationen), welche im Rahmen des Einsatzes integrierter, betriebswirtschaftlicher Standardsoftware geäußert werden und die schon in der Planungsphase handlungsleitende Orientierungen in Bezug auf den Inhalt und die Methodik einer Maßnahme geben können.

---

[139] Vgl.: Krapp, A.: Interesse und Studium, in: Gruber, H., Renkl, A. (Hrsg.): Wege zum Können, 1997, S. 47ff.

[140] Vgl.: Krapp, A.: Interesse und Studium. Forschungsansätze, Befunde und Konsequenzen, 1993, S. 4

[141] Das im empirischen Teil näher erläuterte SAP®R/3® Seminar wurde erstmalig vor Studenten der Universität Köln und Studierenden der Fachhochschule Köln gehalten, welche sich freiwillig bzw. interessehalber gemeldet hatten. Mit dem Seminar war keine Möglichkeit eines Scheinerwerbs verbunden. Aufgrund der großen Nachfrage wurde das Seminar jeweils zweimal (zeitlich unmittelbar nacheinander, nämlich durch den Autor dieser Arbeit und Herrn Prof. Dr. Amon von der Fachhochschule Köln) angeboten. Da dennoch die Nachfrage größer als das Platzangebot war, mußte die Teilnehmerzahl begrenzt werden.

Abb. 23

2.2.2.2 Dozentenmerkmale

Der Erfolg des Einsatzes integrierter betriebswirtschaftlicher Standardsoftware hängt ganz entscheidend vom unterrichtenden Dozenten ab. Lehnert[142] konnte aufgrund einer Befragung von ca. 500 Teilnehmern von DV-Schulungskursen eine repräsentative Mängelliste typischer Unterrichtsfehlleistungen, welche zum größten Teil auf das Dozentenverhalten zurückzuführen sind, erheben. Folgende Kritikpunkte an der Art der Durchführung von DV- Schulungskursen wurden geäußert[143]:

- Zu viel Stoff, keine Stoffreduktion, zu hohes Lehrtempo (25%)[144]

---

[142] Lehnert, U.: Der EDV-Trainer: EDV-Lehrveranstaltungen planen – EDV-Handlungswissen vermitteln, 1997, S. 23
[143] Zu weiteren empirischen Befunden zum unterrichtlichen Handeln von Dozenten vgl.: Ziep, K.D.: Der Dozent in der Weiterbildung. Professionalisierung und Handlungskompetenzen, 1990, S. 11-28
[144] Die ganzzahligen Prozentwerte wurden durch den Autor dieser Arbeit aufbereitet, in der Literaturquelle 144 ist lediglich die absolute Häufigkeit der Nennung zu einem Kriterium aufgeführt.

- Kritik am Trainerverhalten: monoton, nicht-motivierend, desinteressiert, humorlos (18%)
- Fehlender Praxisbezug, zu viel Theorie, keine oder zu wenig (Übungs-)Beispiele (18%)
- Mangelhafte Strukturierung des Unterrichts, kein Konzept, »der rote Faden fehlt« (17%)
- Fehlende Rückkopplung zu den Teilnehmern, kein Eingehen auf Fragen, Wünsche, Bedürfnisse der Teilnehmer, Orientierung nur an den besten Teilnehmern (17%)
- Kritik am Sprachverhalten: »Fachchinesisch«, Fachbegriffe werden nicht erklärt, komplizierte Ausdrucksweise (14%)
- Keine Berücksichtigung der (unterschiedlichen) Vorkenntnisse, Interessen, Qualifikationsbedürfnisse (13%)
- Mißachtung des Biorhythmus, zu wenig Pausen, zu wenig Bewegung (12%)
- Zu viel Frontalunterricht, kein Wechsel in den Vermittlungsmethoden, zu wenig Aktivierung der Teilnehmer (10%)
- Fehlender oder mangelhafter Einsatz von Medien (8%)
- Fehlende oder nicht erkennbare Zielorientierung (6%)
- Keine oder ungeeignete Schulungsunterlagen (5%).

Unterrichtliche Kompetenz bedeutet nach Meinung des Autors dieser Arbeit, daß eine Lehrkraft über ein möglichst breites und tiefes fachtheoretisches bzw. fachpraktisches sowie (fach-)pädagogisches Wissen und Erfahrung verfügt und dieses verbunden mit einer professionellen Einstellung praktisch vermitteln kann. Hierzu gehört auch eine notwendige paidotrope Grundeinstellung gegenüber den Teilnehmern, wie sie beispielsweise Greimel[145] einfordert.
Zudem ist Dubs beizupflichten, wenn er bemerkt: „Wer fachwissenschaftlich nicht kompetent ist, wird nie variantenreich unterrichten können, denn erst wenn man sein Fachgebiet beherrscht, weiß man, wo die Probleme liegen, was wesentlich ist und vor allem, wo Verständnisprobleme entstehen"[146]. Dubs[147] negiert jedoch eine Auffassung, welche kfm. Unterricht als bloßes Abbild der Wirtschaftswissenschaften betrachtet, und fordert von einer guten Lehrkraft ein fundiertes und umfangreiches „Pädagogisches Inhaltswissen". Zu diesem Pädagogischen Inhaltswissen zählt Dubs, neben fachwissenschaftlichem und pädagogischem Wissen, auch Wissen über die Lernenden (vgl. Punkt 2.2.2.1 Teilnehmeranalyse) und die Interdependenzen des

---

[145] Greimel, B.: Ein Anforderungsprofil an Lehrer. In: Fortmüller, R. und Aff, J. (Hrsg.): Wissenschaftsorientierung und Praxisbezug in der Didaktik der Ökonomie, 1996, S. 236ff.
[146] Dubs, R.: Lehrerverhalten. Ein Beitrag zur Interaktion von Lehrenden und Lernenden im Unterricht, 1995, S. 19

Bildungsträgers mit der (beruflichen) Umwelt[148]. Aus diesem Wissen lassen sich typische Kompetenzbereiche ableiten, welche sich nach einer Empfehlung des deutschen Bildungsrates in folgende Kompetenzbereiche differenzieren lassen (siehe folgende Abbildung):

Abb. 24

Hurrelman definiert Handlungskompetenz als fach-, methoden, sozial- und persönlichkeitsübergreifende Kompetenz. Hierunter kann „...der Zustand der individuellen Verfügbarkeit von Verhaltens-, Interaktions- und Kommunikationsstrategien verstanden werden, die ein angemessenes Agieren in konkreten Handlungssituationen und eine Koordination der Anforderungen verschiedener Handlungssituationen gestattet, die für die Person oder die Umwelt

---

[147] Dubs, R.: Fachwissenschaftliche Orientierung als Beitrag zur Didaktik der Wirtschaftswissenschaften. In: Fortmüller, R. und Aff, J. (Hrsg.): Wissenschaftsorientierung und Praxisbezug in der Didaktik der Ökonomie, 1996, S. 43-51
[148] Ebenda, S. 44-45.

von Bedeutung sind"[149]. Dubs[150] verweist in diesem Zusammen jedoch auf die Schwierigkeit der Operationalität der einzelnen Kompetenzkriterien.

Posch, Schneider und Mann[151] fordern bezüglich der fachdidaktischen Kompetenz einer Lehrkraft, daß diese in der Lage sein sollte, für die Erfüllung der drei folgenden zentralen Funktionen zu sorgen:
1. Die Bereitstellung von verständlichen Inhalten
2. Die Bereitstellung von Problemen und Aufgaben
3. Die Rückmeldung über die Qualität der Verarbeitung

Döring[152] verweist in diesem Kontext auf den notwendigen, hohen Grad der Professionalisierung der Lehrkräfte und definiert fünf verschiedene „didaktische Repertoires", welche Dozenten besitzen sollten, um qualifiziert unterrichten zu können:
1. Das didaktische Verhaltens- und Handlungsrepertoire
2. Das Methodenrepertoire
3. Das Lerntätigkeitsrepertoire
4. Das Repertoire der Lernerfolgskontrollen
5. Das Medienrepertoire

Döring fordert vom „professionellen" Dozenten die beruflich motivierte und sozial fundierte Fähigkeit, die genannten Repertoires zur Organisation relevanter Lern- und Bildungsprozesse zu nutzen. Dörings Ansatz zeichnet sich durch eine ganzheitliche Perspektive auf die Dozentenkompetenzen und auf die Lerner aus. Die Dozentenkompetenzen beziehen sich explizit auf kognitive, affektive und konative Fähigkeitsprofile. Ein professioneller Dozent sollte in der Lage sein, die genannten drei Ebenen im Rahmen der betreuten Lernprozesse zu organisieren, d.h. Lehr-Lernprozesse zu analysieren, zu planen, aktiv zu gestalten, zu reflektieren und zu bewerten. Die Lernenden sollten im Mittelpunkt des Lehrgeschehens stehen, in dem ein ganzheitliches Eingehen auf die Subjektivität und Individualität jedes einzelnen Teilnehmers gewährleistet wird. Vor diesem Hintergrund differenziert Döring vier grundlegende Kompetenzbereiche, welche im folgenden stichwortartig beschrieben werden:

---

[149] Hurrelmann, K.: Einführung in die Sozialisationstheorie, 1989, S. 161,
vgl. auch Becker, G.E.: Planung von Unterricht. Handlungsorientierte Didaktik –Teil1-, 1987; S. 131 und S. 181ff.
[150] Dubs, R.: Fachwissenschaftliche Orientierung als Beitrag zur Didaktik der Wirtschaftswissenschaften, S. 45
[151] Posch, P., Schneider, W., Mann, W.: Unterrichtsplanung mit Beispielen für den betriebswirtschaftlichen Unterricht, Wien 1989, S. 47ff.
[152] Döring, K. W.: System Weiterbildung, 1987, S. 72
Döring, K. W.: Medien in Lernprozessen der beruflichen Bildung. In: Döring, K.W., Ziep, K.-D.: Medien in der Weiterbildung, 1989, S. 94ff.

1. Die soziale Kompetenz:
   - Die Ausgestaltung des sozialen Klimas (Lern-/Unterrichtsklima)
   - Verständnis- und Verständigungsorientiertes soziales Modellverhalten
   - Motivierender Teilnehmerumgang und Körpersprache

2. Die fachliche Kompetenz
   - Themenauswahl gemäß exemplarischen Gesichtspunkten
   - Thematische Reduktion gemäß exemplarischen Gesichtspunkten
   - Fachlogische Ausarbeitung
   - Praxis- und Handlungsbezüge

3. Die didaktische Kompetenz:
   - Strukturierung von Lernprozessen und Lernverläufen
   - Die Anwendung und Umsetzung der didaktischen Repertoires
   - Techniken der Informationsvermittlung

4. Die organisatorische Kompetenz:
   - Lernorganisation (Planung, Realisation, Evaluation von Lernprozessen)
   - Rahmenorganisation (Räumlicher, technischer, bürokratischer Hintergrund von Lernprozessen)
   - Soziale Organisation (Gruppierung, Konfliktregulierung, Interaktion)

Gerade hinsichtlich der sozialen Kompetenz ist schwer abzuschätzen, wie groß der Anteil persönlicher Dispositionen des Dozenten am Lernerfolg ist. Andererseits kann man in der Unterrichtspraxis oft feststellen, daß ein fachlich und methodisch kompetent durchgeführter Unterricht vergleichsweise schlecht bewertet wird, wenn es dem Dozenten nicht gelungen ist, eine vertrauensvolle, persönliche Beziehung und ein motivierendes Unterrichtsklima herzustellen.
Die folgende Abbildung[153] zeigt eine Übersicht des Funktions- und Tätigkeitsspektrums einer Lehrkraft unter Berücksichtigung des Lernmediums integrierte betriebswirtschaftliche Standardsoftware:

---

[153] Vgl.: Ziep, K.D.: Der Dozent in der Weiterbildung. Professionalisierung und Handlungskompetenzen, 1990, beiliegendes Faltblatt, vom Autor dieser Arbeit um weitere Aspekte ergänzt

Primäre Funktionen und Tätigkeiten von Lehrkräften
im Rahmen des Einsatzes integrierter, betriebswirtschaftlicher Standardsoftware

Lehrfunktion i.e.S.	Qualifikationsfunktion	Lernhilfe und Lernberatung
Vorbereitung • Didaktische Reduktion • Lernorganisation planen (Strukturierung) • Erstellen von Seminar-(begleit-)unterlagen • Lernraum und Technik (Soft- und Hardware) organisieren • Qualität sichern **Durchführung** • Informieren, Modellieren • Moderieren, Instruieren • Aktivieren, Motivieren • Betreuen, Unterstützen • Organisieren • Lernfortschritt verfolgen (Kontrolle) • Gesprächs- und Diskussionsleitung • Transfer ermöglichen • Qualität sichern **Nacharbeitg., Analyse** • Optimieren, Evaluieren • Qualität sichern	• Aufbau von Kenntnissen • Aufbau von Fähigkeiten und Fertigkeiten • Aufbau eines Verständnisses von Prozessen und Strategien • Verändern von Verhaltensformen **Kommunikative Fkt.** • Organisation berufsbezogenen Erfahrungsaustausches • Fachbezogene Beratung • Förderung von Fachdiskussionen • Vermittlung zwischen Erfahrungen, Ansprüchen und Meinungen der Teilnehmer	**Diagnostische Funktion** • Ermittlung von Lernschwierigkeiten/ Lernstörungen und deren Ursachen • Ermittlung von Bedürfnissen und Erwartungen • Ermittlung von Verständigungsproblemen und deren Ursachen **Konsultative Funktion** • individuelle Lernberatung • Aufgabenbezogene Beratung • Fachbezogene Beratung • Berufsbezogene Beratung • Transferberatung zur Unterstützung der Umsetzung des Gelernten in die Praxis **Therapeutische Funktion** • Lernschwierigkeiten beseitigen, z.B. durch Vermittlung und Einüben von Lern- und Arbeitstechniken • Konfliktregulation • Hilfestellung in teilnehmerzentrierten Arbeitsformen

Abb. 25

Ziep[154] legt ein sehr differenziertes und konkretes Modell zur Abbildung von gewünschten Dozentenqualifikationen vor. In starker Anlehnung an Döring unterscheidet er unterrichtliche Kompetenz auf vier Ebenen. Die folgende Darstellung faßt die wesentlichen Elemente dieses Vier-Ebenen-Modells zusammen.

---

[154] Ziep, K.D.: Der Dozent in der Weiterbildung. Professionalisierung und Handlungskompetenzen, Weinheim 1990, S. 200 ff.

Abb. 26

Auf der *Prozeßebene* wird berücksichtigt, daß der Lehrende grundsätzlich in der Lage sein muß zu differenzieren, welche Situationen oder Ereignisse innerhalb eines komplexen Lehr-Lerngeschehens einen handelnden Eingriff erfordern. Der Dozent sollte kompetent sein, diejenigen Ereignisse zu identifizieren, welche im Gesamtzusammenhang der erwachsenenpädagogischen und didaktischen Situation von Bedeutung sind. Hier benötigt er beispielsweise ein kognitives, didaktisch-prozedurales Ablaufschema, definierte Zielvorstellungen sowie Emphatie für die individuelle und subjektive Situation der Lernenden (=*professionelle Wahrnehmungs- und Selektionskompetenz*).

Im Rahmen der *Analyse-Urteilskompetenz* soll der Dozent in der Lage sein, die unterrichtlichen Situationen und Ereignisse zu analysieren und zu beurteilen. Außerdem sollte er potentielle Ursachen antizipieren und den Situations- und Ereignisfortgang prognostizieren können.

Durch eine vorhandene *Entscheidungskompetenz* besitzt die Lehrkraft die Fähigkeit, ein geeignetes Handlungsmuster aus einem Spektrum von Möglichkeiten begründet auswählen zu können.

Als *Bereitstellungskompetenz* wird jene Fähigkeit bezeichnet, im Rahmen derer der Dozent in der Lage ist, den Ablauf komplexer Handlungsmuster festzulegen und in

eine Strategie einzubetten. Hierzu gehört auch die Überprüfung der materielltechnischen Machbarkeit und eine entsprechende organisatorische Vorbereitung.
Unter der *Ausführungskompetenz* wird die allgemeine Fähigkeit verstanden, das gewählte Handlungsmuster auch tatsächlich effizient, d.h. situations- und adressatenadäquat einzusetzen.
Auf der *Modalebene* wird die kommunikative und interaktive Ausführungsart und die Fähigkeit des Dozenten zur Reflexion bzgl. einer unterrichtlichen Handlung betrachtet. Kommunikations- und Interaktionskompetenz umfaßt das Wissen und die praktische Fähigkeit, Kommunikation ziel- und adressatengerecht zwischen den am Lehr-Lerngeschehen Beteiligten zu konstituieren, sie aufrechtzuerhalten und auf den Lernprozeß zu konzentrieren. Sprachfertigkeiten und Körpersprache sind hier von großer Bedeutung (beispielsweise für die Verständlichkeit des Dozenten, seine Überzeugungskraft, die Lernmotivation und die Konzentration der Teilnehmer). *Reflexionskompetenz* bezeichnet die Fähigkeit zur (kritischen) Bewußtmachung des eigenen mikrodidaktischen Handelns - bzw. makrodidaktischer Überlegungen sowie das Nachdenken etwa über die eigene Identität, die Rolle als Dozent sowie normative Werthaltungen.
Während auf der Prozeß- bzw. Modalebene Basisqualifikationen abgebildet werden, konkretisieren sich auf der Strukturebene spezifische Qualifikationen des Dozenten. Die Strukturebene erfährt darüber hinaus durch die Funktionsebene eine weitere Spezifizierung. Die hier vorgenommene Einteilung entspricht dem Vorschlag Dörings[155], die Dozentenrolle auf der Strukturebene auf fünf Bereiche zu fokussieren. Diese werden nachfolgend im Kontext des Einsatzes integrierter betriebswirtschaftlicher Standardsoftware im kfm. Unterricht erläutert und reflektiert.

2.2.2.2.1 Fachkompetenz

Der Dozent, welcher das Medium integrierte betriebswirtschaftliche Standardsoftware im Unterricht einsetzt, sollte über ein breites fachtheoretisches sowie fachpraktisches Kenntnisprofil, und idealerweise bereits über Erfahrung mit der Durchführung von kfm. Unterricht mit seinem gesamten funktionalen Spektrum (Betriebswirtschaftslehre, Rechnungswesen) verfügen. Ebenso sind ein DV-technisches Interesse bzw. Erfahrung von großer Bedeutung. Die Besonderheit der Integrität der Softwaremodule des einzusetzenden Mediums verlangt ein frühzeitiges Wissen um betriebswirtschaftliche und DV-technische Zusammenhänge (s. Abbildung 14) und eine dementsprechende intensive Einarbeitung. Der mit der fachlichen Einarbeitung verbundene finanzielle, zeitliche und motivationale Aufwand

---
[155] Vgl: Döring, K. W.: System Weiterbildung, 1987, S. 72ff.

wird nach den Erfahrungen des Autors dieser Arbeit vielfach unterschätzt. Eine rein autodidaktische Einarbeitung ist i.d.R. weder zumutbar noch sinnvoll. Deshalb ist eine intensive und maßnahmenkonforme Fortbildungsplanung für den Dozenten unverzichtbar. Der konkrete Fortbildungsbedarf ist von der Art und dem Umfang des geplanten Unterrichtes abhängig. Der enorme Funktions- und Leistungsumfang etwa der SAP®R/3® Software bedingt häufig eine Spezialisierung auf einzelne Module (z.B. Materialwirtschaft, Vertrieb, Personalwirtschaft, Finanzwirtschaft) später auf bestimmte Modulgruppen (z.B. die Logistik- oder die Rechnungswesenmodule). In der folgenden Abbildung wurde vom Autor dieser Arbeit der Versuch unternommen ein generelles fachliches Anforderungsprofil[156] an Dozenten, welche integrierte betriebswirtschaftliche Standardsoftware unterrichten sollen, zu skizzieren. Dieses stellt lediglich eine grobe, idealtypische Empfehlung dar.

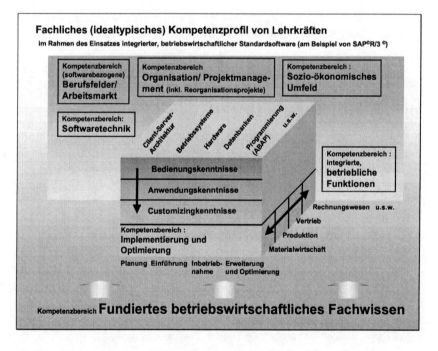

Abb. 27

Welche fachlichen Inhalte in welcher Tiefe bzw. Umfang vorhanden sein sollten, hängt sicherlich von dem Umstand ab, ob die verwendete integrierte

---

[156] Siehe hierzu vertiefend auch Punkt 2.2.2.4 Potentielle interdisziplinäreThemenfelder integrierter betriebswirtschaftlicher Standardsoftware.

betriebswirtschaftliche Standardsoftware im Betriebswirtschaftslehre- oder (Wirtschafts-) Informatikunetrricht eingesetzt wird. Es wird jedoch deutlich, daß beim Einsatz integrierter betriebswirtschaftlicher Standardsoftware die fachtheoretischen und fachpraktischen Anforderungen im Vergleich zum „konventionellen" betriebwirtschaftlichen Unterricht, welcher auf jegliche EDV-Unterstützung verzichtet, deutlich ansteigen. Dies bezieht sich sowohl auf betriebswirtschaftliche Inhalte, weil nun insbesondere integriertes funktionsbereichsübergreifendes Prozeßwissen benötigt wird, wie auch EDV-technisches Wissen auf unterschiedlichen Ebenen (Betriebs- und Datenbanksysteme, Bedienungs- Anwendungs-, Customizing und Programmierkenntnisse). Es sei an dieser Stelle nochmals explizit darauf hingewiesen, daß dieser Sachverhalt vergleichsweise höhere Einarbeitungszeiten und ein entsprechend höheres Fortbildungsbudget für die Lehrkräfte bedingt. Das Thema Lehrerfortbildung kann im Rahmen dieser Arbeit nur angeschnitten werden. Der Autor dieser Arbeit vertritt die Auffassung, daß es speziell abgestimmter Fortbildungskonzepte bedarf, die den Dozenten ausreichend auf seine Unterrichtstätigkeit mit einer integrierten betriebswirtschaftlichen Standardsoftware qualifizieren.

2.2.2.2.2 Methodisch- didaktische Kompetenz

Nach Döring[157] konstituiert sich die „Lehrbefähigung", also die didaktische Kompetenz einer Lehrkraft, auf den Ebenen:
1. *Theoretisches didaktisches Wissen*: Hierunter werden spezifische Kenntnisse über die Bedingungen des Unterrichts, die Analyse und Evaluation der Lehr-Lernprozesse und deren Bedingungen und Ergebnisse subsumiert.
2. *Praktische didaktische Lehrfertigkeiten*: Die professionelle Lehrkraft sollte nicht nur über umfangreiches didaktisches know-how verfügen, sondern dies auch instrumental anwenden können: z.B. ein umfangreiches und tiefgreifendes Methoden- und Lehrrepertoire, ein Repertoire der Lerntätigkeiten und -erfahrungen mit unterschiedlichen Teilnehmergruppen und Inhalten, ein Repertoire der Lernerfolgskontrollen und des Medieneinsatzes.

Die Qualität des kfm. Unterrichtes mit integrierter betriebswirtschaftlicher Standardsoftware wird neben der fachlichen Kompetenz wesentlich von dem aufgeführten methodisch-didaktischen Wissen und Fähigkeiten des Lehrenden determiniert. Dabei sind Methodik und Didaktik auf das hier betrachtete betriebswirtschaftliche Werkzeug abzustimmen. Die methodisch-didaktischen

---
[157] Döring, K. W.: Lehren in der Erwachsenenbildung, 1983, S. 95ff.

Qualitäten einer Lehrkraft sind nie isoliert, sondern immer im Zusammenhang mit den fachlichen Kompetenzen, Fachinhalten bzw. den verwendeten Medien zu betrachten[158]. Aufgrund der Komplexität, des Umfangs und der Integrität des Lernmediums hält der Autor dieser Arbeit grundsätzlich eine methodisch-didaktische Lernstrategie für sinnvoll, welche in der Anfangsphase des Unterrichts durch Instruktion bzw. dozentenorientierten Unterricht geprägt wird, während im weiteren Verlauf einer Maßnahme adaptiv auf handlungsorientierte Handlungsmuster und Interaktionsformen zurückgegriffen werden sollte.

Es empfiehlt sich in der Anfangsphase den grundlegenden Aufbau der Software und die wichtigsten organisationalen Strukturen zu vermitteln. Dies kann durch einen Dozenten- oder Teilnehmervortrag, oder etwa durch schrittweise Instruktionen, welche der Dozent zunächst am System darbietet und welche zu einem späteren Zeitpunkt von den Teilnehmern am System nachvollzogen werden können, erfolgen. Nachdem sich ein solides Überblickswissen über den Aufbau und die Organisation der Software bei den Teilnehmern konstituiert hat, sollten die grundlegenden Elemente der Softwarebedienung (An- und Abmelden, Navigation innerhalb des Programmes, benutzerspezifische Einstellungen etc.) vermittelt werden. Auch hier empfiehlt sich ein lebhafter Wechsel zwischen Dozentenpräsentationen vor dem Plenum und dem entsprechenden individuellen Nachvollziehen durch die Teilnehmer am System; Kenntnisse über Moderations- und Präsentationstechniken seitens der Lehrkraft sind hier sehr hilfreich. Eine fallstudienorientierte Übermittlung der Inhalte hat sich nach den Erfahrungen des Autors dieser Arbeit als sehr effizient erwiesen. Im weiteren Unterrichtsfortgang kann dann modulares und prozedurales Anwendungswissen (z.B. aus den Bereichen Materialwirtschaft, Produktion und Vertrieb) vermittelt werden. Customizingkenntnisse[159] sollten grundsätzlich erst dann behandelt werden, wenn die Teilnehmer über ein solides Anwendungswissen verfügen. Bei Customizingarbeiten am System ohne fundierte Anwendungserfahrungen entsteht das erhöhte Risiko fehlerhafter Einstellungen oder unbeabsichtigter Löschungen, welche das System ganz oder zumindest partiell zum Erliegen bringen können. Ausgewählte Themen aus dem Anwendungs- und Customizingbereich, welche vom Dozenten und/oder den Teilnehmern vorgeschlagen werden, können von fortgeschrittenen Lernenden in Gruppen- bzw. Projektarbeiten behandelt werden. Das Ergebnis dieser Arbeiten wiederum kann vor dem Plenum präsentiert und diskutiert werden, so daß neben fachlichen Wissenserweiterungen auch Schlüsselqualifikationen wie etwa Team- Präsentations- und Moderationsfähigkeit erworben werden können.

---

[158] Vgl.: Dubs, R.: Fachwissenschaftliche Orientierung als Beitrag zur Didaktik der Wirtschaftswissenschaften, 1996, S. 47ff.
[159] Customizing umfaßt die (kunden-)spezifische Einstellung der Software, ohne programmieren zu müssen.(z.B. die Einrichtung eines neuen Vertriebsweges)

2.2.2.2.3 Überfachliche Kompetenz

Überfachliche Kompetenzen betten das Fachwissen der Lehrkraft in einen breiteren, praxis- und anwendungsbezogenen Rahmen ein[160]. Sie konstituieren sich durch allgemeine Persönlichkeitsmerkmale, fachübergreifende Interessen, Kenntnisse und Fähigkeiten[161]. Dies kann sich auch auf spezifische Meinungen, Einstellungen bzw. Haltungen beziehen. Gerade in der Erwachsenenbildung wird gelegentlich von Lehrkräften erwartet, daß Einstellungen vertreten und Positionen markiert werden können. Ebenso bedingen vom Dozenten herzustellende Sinn- und Praxisbezüge bzw. Übertragungen und Fallkonstruktionen häufig Kenntnisse und Erfahrungen, die über das Fachliche hinausgehen. Überfachliche Kompetenzen lassen sich nach den Erfahrungen des Autors dieser Arbeit beispielsweise durch die Kommunikation mit Experten (z.B. einem SAP®R/3® Berater oder SAP®-Anwendern in Unternehmen) innerhalb oder außerhalb des Unterrichts erwerben. Eine Unternehmensexkursion zu einem integrierte betriebswirtschaftliche Standardsoftware einführenden oder produktiv nutzenden Unternehmen bietet ebenfalls eine interessante und reichhaltige Möglichkeit zur Erweiterung des fachlichen und überfachlichen Horizontes.

2.2.2.2.4 Soziale Kompetenz

Soziale Kompetenz umfaßt grundsätzlich die Fähigkeit der Lehrkraft, auf der psychosozialen Ebene auf Lernbedürfnisse, -schwierigkeiten und -störungen der Teilnehmer eingehen zu können. Der professionelle Dozent motiviert durch positiv verstärkendes Handeln die Lernbereitschaft und -fähigkeit der Lernenden. Hierzu gehört die Fähigkeit, die Teilnehmer aktiv in das Lehrgeschehen zu integrieren, ihnen zielorientiert individuelle Erfolgserlebnisse zu verschaffen und im Bedarfsfall auf geeignete Konfliktlösungsstrategien zurückgreifen zu können. Ein motivierendes Dozentenverhalten ist verbunden mit der Fähigkeit Lehr-Lernprozesse verständlich zu gestalten, zu führen, aber auch bei Bedarf sich zurückzunehmen und zu delegieren[162]. Döring[163] nennt spezifische Handlungsmuster, welche die soziale Kompetenzwahrnehmung determinieren, wie etwa *freigebend-kontrollierend*, *energievolles Verhalten*, *geistreiches Verhalten*, *Partnerschaftlichkeit*, *Wertschätzung*, *Bekräftigung*, *Humor* und angemessener *Umgang mit den Teilnehmern*.

---

[160] Vgl.: Ziep, K.D.: Der Dozent in der Weiterbildung. Professionalisierung und Handlungskompetenzen, 1990, S. 214
[161] Vgl.: Greimel, B.: Ein Anforderungsprofil an Lehrer, 1996, S. 236ff.
[162] Vgl. Hämmerle, M.: Das didaktische Konzept der Übungsfirma. In: Aff, J. (Hrsg.): Reader Wirtschaftsdidaktik, 1998, S. 426
[163] Döring, K. W.: Lehren in der Erwachsenenbildung. Ein Dozentenleitfaden, 1983, S. 73ff.

Gerade beim Einsatz von EDV-Werkzeugen und insbesondere bei der Verwendung integrierter betriebswirtschaftlicher Standardsoftware sollte der Dozent durch sein Verhalten um ein freundlich-partnerschaftliches Verhältnis bemüht sein. Gerade die in der Anwendung noch unerfahrenen Teilnehmer werden mit einem Tool konfrontiert, welches zunächst weitgehend unbekannt und sich ebenso komplex wie unübersichtlich darstellt. Deshalb ist hier die Sozialkompetenz des Dozenten besonders gefordert; durch sichtbares Bemühen um die Teilnehmer, Verständnis für deren Lernschwierigkeiten und motivierende Impulse bei auftauchenden Lernschwierigkeiten. Da die Einführung integrierter betriebswirtschaftlicher Standardsoftware stets mit der Vermittlung einer großen Anzahl von spezifischen Fachbegriffen und neuen, teilweise recht unübersichtlichen Strukturen einhergeht, ist es besonders wichtig, daß der Dozent immer wieder den Wissensstand der Teilnehmer reflektiert und Fachtermini nur dann anwendet, wenn Sie als bekannt vorausgesetzt werden können. Neben dem verständlichen Sprachgebrauch ist es ebenfalls bedeutsam, daß der Dozent auch kleine Lernfortschritte angemessen anerkennt bzw. durch seine Unterrichtsgestaltung den Teilnehmern die Möglichkeit von frühzeitigen Erfolgserlebnissen verschafft.

Die Sozialkompetenz ist sehr eng verbunden mit der Persönlichkeitskompetenz einer Lehrkraft. Hämmerle[164] zählt hierzu insbesondere die Visionsfähigkeit, die Selbstorganisation und die Lernfähigkeit. Hoberg[165] nennt fünf Charakteristika, die einen professionellen Trainer auszeichnen: *Echtheit im Verhalten, Freude an den Inhalten und deren Vermittlung*, eine *souveräne und tolerante Grundhaltung, Humor* und ein *einfühlendes Verstehen* für die Teilnehmer. Im Bezug auf den Einsatz integrierter betriebswirtschaftlicher Standardsoftware im kfm. Unterricht muß insbesondere die Fähigkeit zur Motivation hervorgehoben werden. Nach der Erfahrung des Autors dieser Arbeit sind die Teilnehmer bei Maßnahmen mit SAP®R/3® gerade in der Anfangsphase recht motiviert, sich mit der Software und den damit verbundenen Fragestellungen auseinanderzusetzen. Sehr bald erkennen sie allerdings die Komplexität der Materie, die teilweise unüberschaubare Funktionsvielfalt des Programms und die mitunter schwierige und wenig anwenderfreundliche Bedienung[166]. Mögliche technische Störungen (z.B. lange Zugriffszeiten, Systemausfall) können diese Entwicklung noch verstärken. Der Dozent muß gerade in dieser (möglichen) Phase durch verstärkte Hilfestellungen, zusätzliche Erläuterungen, inhaltlich präzise Unterrichtsmaterialien und die

---

[164] Hämmerle, M., S. 426
[165] Hoberg, G.: Profil: Der Trainer der 90er braucht Mut zum eigenen Typ. In: Wirtschaft und Weiterbildung, 1993, Heft 4
[166] Dies gilt insbesondere für die eingesetzte ERP-Software SAP®R/3®. In neuesten Releaseständen (ab Rel. 4.6) wird diese Problematik aufgegriffen und bedienerfreundlichere sowie individuell konfigurierbare Anwendermasken angeboten, die bei Bedarf auch über einen Internetbrowser verfügbar sind

Vorbereitung alternativen Unterrichts bei technischen Störungen den Motivationsabfall verhindern. Nach einer vertieften Erschließung der weitreichenden Möglichkeiten der Software steigt die Motivation der Teilnehmer erfahrungsgemäß jedoch wieder an.

2.2.2.2.5 Die organisatorische Kompetenz

Organisatorische Kompetenz knüpft an die methodisch-didaktischen Gestaltungsmöglichkeiten eines Dozenten an. Der Einsatz integrierter betriebswirtschaftlicher Standardsoftware bedingt ein hohes Maß an organisatorischer Kompetenz. Sie ist unentbehrlich, um einen reibungslosen Ablauf des Unterrichts zu gewährleisten. Hierzu zählen beispielsweise die Bereitstellung der räumlichen und medialen Ressourcen, die Verteilung von unterstützenden Lernmaterialien sowie die Einteilung von Arbeits- und Projektgruppen. Da die benötigten Medien nicht immer in den Rechnerräumlichkeiten vorhanden sind (sondern z.B. als einzelne Demo-Arbeitsplätze in separaten Schulungsräumen), bedarf es mitunter der Organisation mehrerer räumlicher Kapazitäten mit einer entsprechenden Terminierung.

2.2.2.2.6 Kompetenzen auf der Funktionsebene

Das vorgestellte Vier-Ebenen-Modell differenziert die Kompetenzanforderungen an „professionelle" Dozenten auf vier Abstraktionsebenen, denen jeweils Einzelkompetenzen zugeordnet werden. Die einzelnen Ebenen stehen in einer Wechselwirkung zueinander. Eine weitere Konkretisierung erfährt das Modell auf der vierten, der Funktionsebene. Am Beispiel des mediendidaktischen Handlungsbereiches soll nachfolgend aufgezeigt werden, welche Kompetenzen der Dozent beherrschen muß, um unterrichtliche Medien effektiv einzusetzen. Die Arbeit mit betriebswirtschaftlicher Standardsoftware führt zu einer hohen technisch-medialen Abhängigkeit. Dies bezieht sich zum einen auf die Software selber, zum anderen aber auch auf die benötigten „Präsentationshilfsmedien" (Beamer, Overhead-Displays, Master-Slave-Schaltungen[167] etc.), deren Bedienung der Dozent beherrschen sollte. Im Rahmen der medialen Auswahl-, Abstimmungs und Einsatzkompetenz geht es darum, die benötigten Medien (betriebswirtschaftliche Standardsoftware im Besonderen, Hilfsmedien wie das Internet, separate Lernprogramme oder Unterrichtsmaterialien auf CD-ROM) und die

Präsentationshilfsmedien auszuwählen und stimmig in die Unterrichtsplanung und – durchführung zu integrieren. Dabei sollte der Dozent durchaus in der Lage sein, kleinere Störungen und Verstellungen technischer Art zu erkennen und beheben zu können.

2.2.2.3 Lernziele

Zu den fundamentalen Prinzipien moderner Pädagogik zählt die Determinierung von Lern- und Lehrzielen. Diese sind im Kontext der Unterrichtsplanung unter Berücksichtigung curricularer Anforderungen eindeutig zu fixieren und den Teilnehmern spätestens zum Maßnahmen- bzw. Unterrichtsbeginn in verständlicher Form mitzuteilen. Der Dozent trägt somit stets die Verantwortung für die zielorientierte Gestaltung (Planung, Durchführung, Evaluation) seines Unterrichts. Nur so kann nach Ablauf des Unterrichts eine genaue Bestimmung der Zielerreichung gewährleistet und ggf. aufgrund einer sich abzeichnenden Zielinhibition notwendige Korrekturmaßnahmen eingeleitet werden. Zudem unterliegen Lehrveranstaltungen prinzipiell einer zeitlichen Limitierung und meist einem großen Zeitdruck und bedürfen von da her schon einer klar definierten Zielsetzung. Die Begriffe Lern- und Lehrziel werden im Rahmen dieser Arbeit so definiert, daß unter Lehrzielen diejenigen Ziele verstanden werden, die der Lehrende plant und vorgibt (bzw. in Partnerschaft mit den Teilnehmern entwickelt), während Lernziele die Ziele der Lernenden repräsentieren. Idealerweise sind diese Ziele identisch, wobei es die Aufgabe des Dozenten ist, die angestrebte Deckungsgleichheit durch einen ständigen Dialog mit den Lernenden her- bzw. sicherzustellen[168]. Lehrziele beinhalten dementsprechend die Bildungsintensionen des Lehrenden, indem sie beschreiben, welche Sach- Sozial- und Handlungskompetenzen die Teilnehmer erwerben sollen, Lernziele beinhalten die Erwartungen und Interessen aus der Sicht der Lernenden[169]. Beide Begriffe beziehen sich also auf den gleichen Sachverhalt von verschiedenen Perspektiven aus. Deshalb werden sie im folgenden synonym gebraucht, es sei denn, es wird explizit auf eine differenziertere Sicht hingewiesen. Das Lehr-Lernziel einer Veranstaltung liegt grundsätzlich darin, das Wissen über die Maßnahmenthematik zu vermitteln und die Lernenden in die Lage zu versetzen, mit diesem Wissen handelnd umzugehen,

---

[167] Master-slave-Schaltungen ermöglichen eine 1:1 Übertragung des Dozentenbildschirmes auf die Teilnehmerbildschirme
[168] Vgl.: Lehnert, U.: Der EDV-Trainer: EDV-Lehrveranstaltungen planen – EDV-Handlungswissen vermitteln, 1997, S. 36
[169] Meyer (vgl.: Jank, W., Meyer, H.: Didaktische Modelle, 1994, S. 363ff.) spricht im Rahmens seines didaktischen Konzeptes des handlungsorientierten Unterrichts von Lehr- bzw. Handlungszielen. Beide zusammen können als Unterrichtsziele betrachtet werden.

d.h. die Ziele inkludieren immer eine *Inhaltskomponente* und eine auf diesen Inhalt abgestimmte *Verhaltenskomponente*[170]. Die Inhaltskomponente zeigt auf, *was* die Lernenden können sollen, während die Verhaltenskomponente die gewünschten Fähigkeiten widerspiegelt. Indem genau beschrieben wird, *wie* diese Fähigkeiten auszuführen sind, läßt sich die Erfüllung des angestrebten Lehrziels kontrollieren. Lehrziele lassen sich nicht aussschließlich aus der zu behandelnden Thematik ableiten. Von großer Bedeutung ist die Berücksichtigung der Zielgruppe, des angestrebten Verwendungszusammenhangs bzw. die Transfer- bzw. Anwendungsorientierung. Diese Betrachtungen sind auch unter dem Aspekt der Notwendigkeit didaktischer Reduktionen vonnöten, weil heutige Softwareprodukte im Allgemeinen und integrierte, betriebswirtschaftliche Standardsoftware im Speziellen über einen enormen Funktions- und Komplexitätsumfang verfügen, der eine anwenderorientierte Fokussierung auf das Grundlegende, Beispielhafte und Exemplarische unumgänglich macht. Hierzu ist eine detaillierte Teilnehmeranalyse, d.h. die Einschätzung der Eingangsvoraussetzungen, Erwartungen und Einstellungen (vgl. Punkt 2.2.2.1) unverzichtbar. Aus dieser Analyse läßt sich dann ableiten, welcher Qualifikationsbedarf erforderlich ist bzw. gewünscht wird. Diese Informationen können anschließend in konkrete Unterrichtsziele transformiert werden.

Möller[171] vertritt einen lernzielorientierten, an behavioristischen Erkenntnissen orientierten Ansatz, welcher als präskriptiver Ansatz Handlungsanweisungen für die Planung, Durchführung und Analyse geben möchte. Im Rahmen der Lernzielorientierung soll eine zweckrationale Gestaltung des Unterrichts erfolgen, indem die nach dem Stand der Forschung optimalen Mittel (Inhalte, Methoden, Medien) den vorgegebenen Zwecken (=Lernzielen) zugeordnet werden. Im Rahmen dieses Modells, welches vor allen Dingen in den 70er Jahren populäre Beachtung fand[172] und welches auf Ergebnissen der empirischen Unterrichtsforschung Fakten der Unterrichtswirklichkeit und auch der normativen Didaktik aufbaut, werden Handlungsanweisungen für alle Teilprozesse der Curriculumentwicklung bzw. Curriculumkonstruktion und für den gesamten Prozeß der Unterrichtsablaufplanung (Lernplanung, Lernorganisation und Lernkontrolle) gegeben[173]. Das lernzielorientierte Unterrichtskonzept ist allerdings nicht unumstritten. Meyer kritisiert das behavioristische, auf beobachtbares Verhalten reduzierte Konzept als zu verplant und zu wenig teilnehmerorientiert, zudem sieht er die Gefahr „...einer Überschätzung der Voraussagbarkeit von Unterrichtsverläufen und Lernergebnissen", „...einer

---

[170] Vgl.: Lehnert, U.: Der EDV-Trainer: EDV-Lehrveranstaltungen planen – EDV-Handlungswissen vermitteln, 1997, S. 36
[171] Möller, Ch.: Die curriculare Didaktik – oder: Der lernzielorientierte Ansatz. In: Gudjons, H., Teske, R., Winkel, R. (Hrsg.): Didaktische Theorien, 1999, S. 75ff.
[172] Vgl.: Jank, W., Meyer, H.: Didaktische Modelle, 1994, S. 300
[173] Möller, Ch.: Die curriculare Didaktik, S. 77

Vernachlässigung fachdidaktischer Analysen" und „ einer Vernachlässigung der Unterrichtsmethodenprobleme"[174]. Die allzu penible Lernzielformulierung und die damit verbundenen Techniken der Lernzielanalyse (welche im folgenden noch beschrieben werden) basieren nach Meyer lediglich auf einem „...technischen Erkenntnisinteresse"[175]. Meyer weist zurecht darauf hin, daß es neben zähl- und meßbaren Lernergebnissen auch immer ungeplante bzw. unbeobachtete Lernergebnisse geben kann[176].

2.2.2.3.1 Lernzieloperationalisierung (Richt-, Grob- und Feinziele)

Die Unterrichts-(bzw. Maßnahmen)ziele repräsentieren den Ausgangspunkt des Unterrichtsplanungsprozesses, d.h. der didaktischen Überlegungen, der methodischen Maßnahmen und der Lernerfolgskontrolle. Sie müssen i.d.R. schrittweise konkretisiert werden, so daß der Schwerpunkt einer Maßnahme deutlich zum Ausdruck kommt.

Möller stellt mit dem lernzielorientierten Ansatz ein Instrumentarium für den Zielerstellungsprozeß mit einzelnen, sequenziellen Handlungsschritten zur Verfügung, welches dem Autor dieser Arbeit auch für die Zielgestaltung im Rahmen des Einsatzes integrierter betriebswirtschaftlicher Standardsoftware im kfm. Unterricht in Teilbereichen durchaus hilfreich erscheint, ohne das gesamte Konzept adaptieren zu wollen. Die Zielwirkung bezieht sich bei Möller auf den gesamten Unterrichtgestaltungsprozeß (Unterrichtsplanung (-vorbereitung), Lernorganisation (Unterrichtsdurchführung); Lernkontrolle) inklusive der Curriculumentwicklung. Die Betonung liegt in der präzisen Beschreibung der Ziele sowohl auf der Ebene des gewünschten *Lernerverhaltens*, als auch auf der *Inhaltsebene*, an der sich das Verhalten manifestieren soll. Beispielsweise könnte ein möglicher Inhalt im Kontext der Verwendung der integrierten betriebswirtschaftlichen Standardsoftware SAP®R/3® die Kenntnis des Aufbaus und der Funktionalität des Moduls Vertrieb sein. Dieser Inhalt könnte nun mit verschiedenen Verhaltensbeschreibungen verknüpft werden. Einige hiervon sollen im folgenden beispielhaft genannt werden:

- Aufrufen der Teilkomponenten des Modul Vertrieb (Stammdaten, Vertriebsinforationssystem, Verkauf, Versand, Fakturierung etc.)
- Identifikation der Organisationselemente im Vertrieb (Verkaufsorganisation, Vertriebsweg, Sparte, Verkaufsbüro, Verkäufergruppe) und deren mögliche Verknüpfungen kennen

---

[174] Vgl.: Jank, W., Meyer, H.: Didaktische Modelle, 1994, S. 309-310
[175] Ebenda, S. 308
[176] Meyer, H.: Leitfaden zur Unterrichtsvorbereitung, 1991, S. 151ff.

- Anlegen eines Kundenstammsatzes
- Speichern eines Materialstammsatzes und Zuordnung von Ein- und Verkaufspreisen, Buchung des Wareneingangs für den Erstbestand
- Sichern eines vollständigen Verkaufsauftrags
- Abwicklung der Versandtätigkeiten (Verpacken, Lieferpapiere erstellen, Transport organisieren)
- Aufruf einer Liste mit Kunden, deren Jahresumsatz kleiner 1000,-- DM beträgt
- Zuordnung eines Kunden zu einem bestimmten Vertriebsbereich etc.

Welche der Verhaltensbeschreibungen eine sinnvolle Zielangabe ergibt, hängt von der Intension bzw. inhaltlichen Tiefe der Ausbildungsmaßnahme und der Berücksichtigung der Zielgruppe ab.

Eine abgestimmte Zielformulierung kann schließlich die Basis für eine effektive Methodenauswahl und Ergebniskontrolle darstellen. Der Vorgang der Operationalisierung wird durch die Zuordnung eines bestimmten Meßverfahrens zu den bereits exakt formulierten Lernzielen abgeschlossen. Das Lernziel „Anlegen eines Kundenstammsatzes" kann z.B. durch das erfolgreiche Speichern des Datensatzes im System und eine entsprechende Rückmeldung über die Sicherung erreicht werden.

Möller schägt im Rahmen der Planungsphase eine vierstufige Vorgegensweise vor[177]. In der *ersten Phase* sollte eine *Lernzielsammlung* für die zu erstellende Unterrichtseinheit erfolgen. Die möglichen Informationsquellen hierfür können breit gestreut sein: Dokumente (Lehrpläne, fachdidaktische Literatur, fachwissenschaftliche Literatur), Experten, Fachkollegen und inbesondere die Teilnehmer selbst. In der *zweiten Phase* werden diese Ziele präzise danach *beschrieben*, welche *Verhaltensweisen* die Teilnehmer an welchem Inhalt ausführen sollen, um das gesteckte Ziel zu erreichen. Vielfach finden sich in einigen Quellen lediglich implizite, d.h. nicht ausdrücklich formulierte Zielvorstellungen. Im Kontext einer effizienten Planung und Realisierung von Unterrichtsvorhaben ist jedoch eine explizite, d.h. eine ausdrücklich und präzise formulierte sowie den Lernenden mitgeteilte (und/oder mit diesen erarbeitete) Lernzielbeschreibung unverzichtbar. Zur eindeutigen Formulierung der Lehr-Lernziele (als operationalisierbare Feinziele) ist die Berücksichtigung eines Inhalts- und eines Verhaltensteils notwendig. Derart fixierte Ziele sollten dann transparent Auskunft darüber geben, *was* der Lernende tun soll *(Verhaltensbeschreibung)*, *woran* und unter welchen *situativen Bedingungen* dies erfolgen soll und *woran* das richtige Verhalten oder Ergebnis erkannt, bzw. sichtbar gemacht und kontrolliert werden kann (Bereitstellung eines *Beurteilungsmaßstabes*). Zum Operationalisierungsrozeß der Lernzielpräzisierung mit dem Ergebnis der

---

[177] Möller, Ch.: Die curriculare Didaktik, 1999, S. 78 ff.

Eruierung von Feinzielen (und entsprechenden Beurteilungskriterien) gehört die schrittweise Formulierung über passende, abstraktere *Grob- und Richtziele*[178]. Diese von Möller eingeführten Zielbegriffe werden auf der Basis unterschiedlicher Abstraktionsniveaus formuliert. Glöckel[179] schlägt darüber hinaus vor, unterschiedliche *Zielaspekte* zu differenzieren. So können an der gleichen Thematik mehrere *Zielbereiche* festgemacht werden (Wissen, Erkenntnis, Fertigkeit, Einstellung etc.). Dabei ist stets der gewünschte Bereichsschwerpunkt zu nennen und das Ausmaß, in welchem die übrigen Bereiche berücksichtigt werden. Darüber hinaus ist die Festlegung des *Anforderungsniveaus* von großer Bedeutung, welches sich auf der Stufe der *Reproduktion* (Erwerb und Wiedergabe, Nachvollziehen, Übung etc.), der *Reorganisation* (Darstellung in alternativer Form, Zusammenfassung, Übersichtserstellung etc.) oder der Stufe der *Produktivfähigkeiten* (Selbständige Lösung und Anwendung, Suchen alternativer Lösungswege, kritische Auseinandersetzung) bewegen kann. Letztendlich kann die Zielformulierung auch eine Angabe über den gewollten *Intensitätsgrad* (z.B. einen groben Überblick erhalten, Erlerntes festigen, Verständnis vertiefen, sicher beherrschen, selbständig anwenden) beinhalten.

2.2.2.3.2 Lernzieldimensionierung und Lernzielhierarchisierung

Im Rahmen der Lernzieldimensionierung erfolgt eine Zuordnung der Lernziele nach formalen Kriterien zu bestimmten Bereichen bzw. Dimensionen. Hier wird der Zweck verfolgt, die Lernziele besser mit anderen Lernzielkatalogen zu vergleichen. Das gängigste Ordnungsschema wurde in den 50er und 60er Jahren von behavioristisch orientierten Lerntheoretikern wie Bloom, Krathwohl u.a[180] entwickelt. Es kategorisiert Lernziele in drei Dimensionen als *kognitive, affektive* und *psychomotorische*[181] Lernziele. Für die Kategorie der affektiven Ziele wurden die Stufen 1. Aufnahme, 2. Reagieren, 3. Werte bilden, 4. Organisation von Werten und 5. Charakterisierung von Werten gebildet. Affektive Lernziele beziehen sich grundsätzlich auf die Veränderung von Interessenlagen, Gefühlen und die Entwicklung dauerhafter Werthaltungen und Wertesysteme[182]. Eine grundsätzlich positive Einstellung zur Arbeit mit Computern und mit integrierter betriebswirtschaftlicher Standardsoftware zu entwickeln bzw. Spaß an dieser Arbeit zu haben erscheint als ein durchaus akzeptables, generelles

---
[178] Vgl. Möller, Ch.: Technik der Lernplanung, Weinheim 1973, S. 83
[179] Glöckel, H. (Hrsg.), Bauer, E. (Mitverf.): Vorbereitung des Unterrichtes, 1989, S. 28ff.
[180] Vgl.: Bloom, B.S. (Hrsg.): Taxonomie von Lernzielen im kognitiven Bereich, 1973, S. 217-223, zitiert in: Möller, Ch.: Die curriculare Didaktik, S.81-83 und Jank, W., Meyer, H.: Didaktische Modelle, 1994, S. 307
[181] Diese Kategorie wurde später hinzugefügt, vgl. Jank, W., Meyer, H.: Didaktische Modelle, 1994, S. 306.
[182] Vgl.: Meyer, H.: Leitfaden zur Unterrichtsvorbereitung, 1991, S. 143

Ziel im affektiven Bereich. Darüberhin kann es ein affektiv geprägtes Lernziel sein, die sozio-ökonomischen Veränderungen, die durch die Implementierung einer betriebswirtschaftlichern Standardsoftware in den Unternehmnungen eintreten können zu thematisieren (Rationalisierungseffekte, Veränderungen der Arbeitsweisen und -inhalte, datenschutzrechtliche Aspekte etc.)

Der psychomotorische Bereich umfaßt vom Verstand gesteuerte Bewegungsabläufe des Körpers. Psychomotorische Ziele differenzieren sich in die Stufen 1. Grobe Körpermotorik, 2. Koordinierte Feinmotorik, 3. Nichtverbale, kommunikative Haltungen und 4. Sprachverhalten.

Die grundsätzliche Trennung von psychomotorischen und kognitiven Anteilen bei der Bedienung bzw. Anwendung eines Computers und der entsprechenden Software ist nicht immer sinnvoll. Die Bedienung einer Tastatur bzw. das Navigieren auf der graphischen Oberfläche eines Computers (z.B. das Drücken eines bestimmten Buttons) setzen immer auch kognitive Anteile (im Beispiel die Kenntnis des Alphabets und der Systemreaktion durch einen bestimmten Tastendruck) voraus. Für die Zwecke der vorliegenden Arbeit, welche sich im Bereich der Erwachsenenbildung bewegt, ist der kognitive Bereich von größter Bedeutung. Er wird deshalb im folgenden detaillierter betrachtet. Kognitive Lernziele beziehen sich auf das Denken, Wissen, Problemlösen, auf Kenntnisse und intellektuelle Fähigkeiten. Die folgende Abbildung zeigt detailliert typische Inhalte bei der Ordnung kognitiver Lernziele:

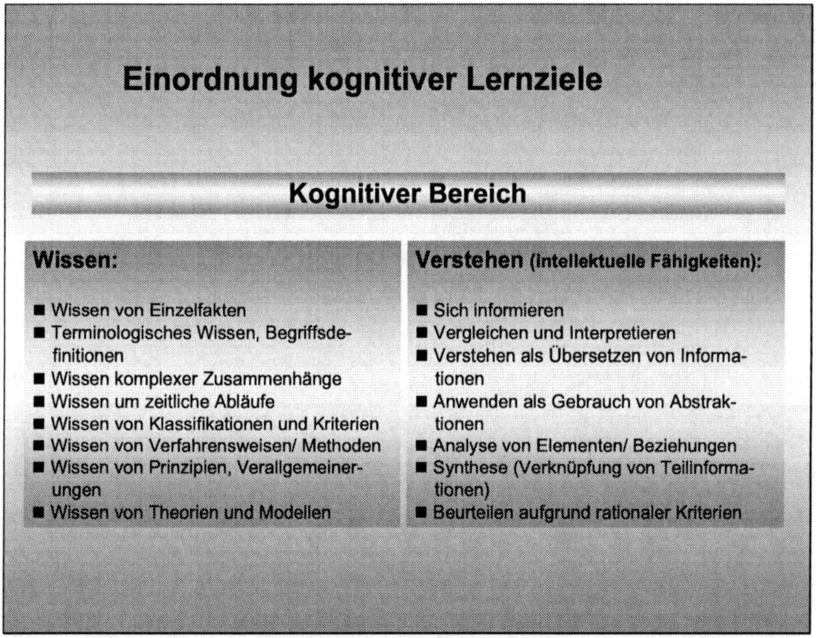

Einordnung kognitiver Lernziele

Kognitiver Bereich

Wissen:

- Wissen von Einzelfakten
- Terminologisches Wissen, Begriffsdefinitionen
- Wissen komplexer Zusammenhänge
- Wissen um zeitliche Abläufe
- Wissen von Klassifikationen und Kriterien
- Wissen von Verfahrensweisen/ Methoden
- Wissen von Prinzipien, Verallgemeinerungen
- Wissen von Theorien und Modellen

Verstehen (Intellektuelle Fähigkeiten):

- Sich informieren
- Vergleichen und Interpretieren
- Verstehen als Übersetzen von Informationen
- Anwenden als Gebrauch von Abstraktionen
- Analyse von Elementen/ Beziehungen
- Synthese (Verknüpfung von Teilinformationen)
- Beurteilen aufgrund rationaler Kriterien

Abb. 28

Der Kognitive Bereich wurde von Bloom so beschrieben, daß ein nach Komplexitäts- bzw. Schwierigkeitsgrad hierarchisch aufgebautes Ordnungsschema entwickelt wurde, welches unter der Bezeichnung *Kognitive Lernzieltaxonomie* Bekanntheit erlangte. Die Klassifikation ist hierarchisch gegliedert, d.h. es wird unterstellt, daß höhere komplexere Verhaltensweisen nur dann gezeigt werden können, wenn die zugrundeliegenden, einfacheren Verhaltensweisen erlernt worden sind. Die Fähigkeit zur Anwendung einer integrierten betriebswirtschaftlichen Standardsoftware bedingt beispielsweise die vorherige Auseinandersetzung mit dem entsprechenden Begriffswissen und dem betriebswirtschaftlichen und informationstechnischen Hintergrundwissen. Die kognitive Dimension besteht aus den in der folgenden Abbildung dargestellten Stufen[183]:

---

[183] Vgl.: Bloom, B.S. (Hrsg.): Taxonomie von Lernzielen im kognitiven Bereich, 1973, S. 217-223; Meyer, H.: Leitfaden zur Unterrichtsvorbereitung, 1991, S. 148

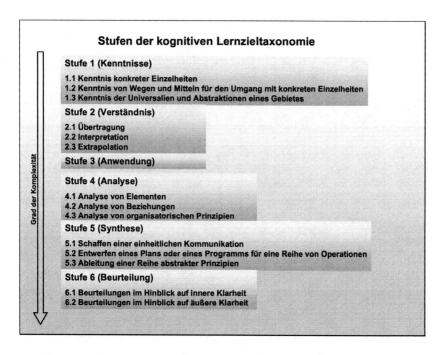

Abb. 29

Unter die Stufe 1 *Kenntnisse* werden Lernziele subsumiert, bei denen die Teilnehmer Wissen reproduzieren können. Hierzu gehört die Erinnerung an Faktenwissen, Kategorien, Methoden, Regeln, Theorien etc.[184]. Diese Inhalte repräsentieren die Wissensbasis für die nachfolgenden Stufen. Die beschriebene Stufe ist insbesondere beim Einsatz integrierter betriebswirtschaftlicher Standardsoftware von besonderer Bedeutung, da eine Arbeit der Teilnehmer am System ohne vorherige Erläuterung der betriebswirtschaftlichen und informationstechnischen Hintergründe nicht möglich ist[185].

Stufe 2 *Verstehen* umfaßt Lernziele, die voraussetzen, daß gegebene Informationen ohne Hinzunahme weiterer Informationen interpretiert, übersetzt oder extraploriert werden können.

Im Stufe 3 *Anwendung* sollen die Teilnehmer zeigen, daß sie in der Lage sind, bereits Gelerntes auf neue Situationen anzuwenden. Diese Transferkomponente bedeutet bzgl. des Einsatzes integrierter betriebswirtschaftlicher Standardsoftware,

---

[184] Vgl.: Ashauer, G.: Kleines Wirtschaftslexikon – Fachbegriffe der Berufs- und Wirtschaftspädagogik, 1990, S. 201ff.

[185] Bei der Gestaltung des vom Autor dieser Arbeit entwickelten SAP®R/3® Seminars (s. Teil 4) wurde jeder Unterrichtseinheit eine Phase der Begriffs- und Hintergrundwissensvermittlung vorangestellt

daß die Teilnehmer fähig werden nach vorheriger Unterweisung (weitgehend) selbständig am System arbeiten zu können.

In der Stufe 4 *Analyse* sollen Sachverhalte zergliedert und die einzelnen Elemente aufeinander bezogen werden. Dazu behört z.B. die richtige Einschätzung einer Systemfehlermeldung bzw. das Entdecken von logischen Fehlern bei der Dateneingabe oder im Rahmen von Programmieraufgaben.

Im Rahmen der Stufe 5 *Synthese* werden Informationen zu neuartigen Strukturen zusammengefaßt. Hierunter fällt beispielsweise die Erstellung eines Planes zur Lösung eines Problems, Neukonstruktionen oder die Überprüfung von Hypothesen. Ein Lernziel „synthetischen" Inhalts kann z.B. die benutzerspezifische Anpassung der Bedienungsoberfläche und der angebotenen Menüs einer integrierter betriebswirtschaftlicher Standardsoftware sein.

Lernziele der Stufe 6 *Beurteilung* befähigen die Teilnehmer, Informationen nach eigenen oder vorgegebenen Kriterien beurteilen zu können. So können beispielsweise betriebswirtschaftliche Standardsoftwareprodukte verschiedener Hersteller anhand von Verkaufsprospekten nach Umfang, Leistung und Kosten verglichen und bewertet werden.

Die hier aufgeführte, in der allgemeindidaktischen Literatur oftmals zitierte Bloomsche Lernzieltaxonomie ist nach Meinung des Autors dieser Arbeit zu aufwendig und themenbezogen wenig praktikabel. Zur konstruktiven Planung konkreter Unterrichtsschritte unter Einsatz integrierter betriebswirtschaftlicher Standardsoftware (und unter Berücksichtigung fachdidaktischer Aspekte) erscheint die Bloomsche Lernzieltaxonomie zu umfänglich und daher wenig geeignet. Die Reflexion, präzise Formulierung und Kontrolle von Zielen ist aber dennoch ein unverzichtbares Element jeder Unterrichtsvorbereitung. Im folgenden wird deshalb ein (fachdidaktisches) Vorgehensmodell entwickelt bzw. vorgeschlagen, welches als Empfehlung die praktikable Lernzielgenerierung und -analyse im Kontext der Verwendung betriebswirtschaftlicher Standardsoftware erleichtern soll.

2.2.2.3.3   Ableitung eines praktikablen fachdidaktischen Lernzielmodells

Die Lernzielgenerierung im Zusammenhang mit dem Einsatz integrierter betriebswirtschaftlicher Standardsoftware ist zunächst einmal abhängig von dem der Ausbildungsmaßnahme zugrundeliegenden Curriculum und der Teilnehmer- bzw. Bedarfsanalyse. Hieraus lassen sich abschnittsweise Richtziele und je Unterrichtseinheit Grobziele formulieren. Diese bilden die Grundlage zur Formulierung der unterrichtsleitenden Feinziele. Der Abstraktionsgrad der Zielformulierung nimmt dabei stetig ab. Richtziele umschreiben die generelle Zielsetzung eines Kurses oder einer Ausbildungsmaßnahme; sie können jedoch auch für größere Abschnitte aufgestellt werden. Die Feinziele beziehen sich auf ganz bestimmte, eng eingrenzbare und operationalisierbare Wissensbereiche und Fähigkeiten. Sie sollen in einzelnen Unterrichtsphasen sequentiell oder parallel realisiert werden. Während des gesamten Zielgenerierungsprozesses ist von vorn herein auf die Realisierbarkeit, die Widerspruchsfreiheit und Kontrollierbarkeit der Ziele zu achten. Die folgende Abbildung zeigt die beschriebene Vorgehensweise:

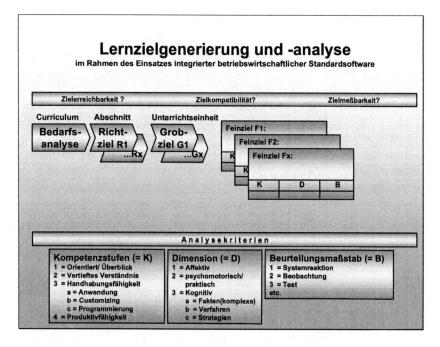

Abb. 30

Eine vertiefte Reflexion über die formulierten Ziele wird über die *Analysekriterien* erreicht. Der Autor dieser Arbeit schlägt vor, den einzelnen Feinzielen verschiedene Kompetenzstufen[186] zuzuordnen, welche unter dem Gesichtspunkt der Tiefe bzw. Gründlichkeit des zu vermittelnden Lernstoffes gebildet wurden. So kann bei der Zielsetzung zwischen der Vermittlung von Orientierungs- bzw. Übersichtswissen und der Vermittlung vertieften betriebswirtschaftlichen und informationstechnischen Hintergrund- und Theoriewissens unterschieden werden. Bezieht sich die Zielsetzung auf die Fähigkeit zur Systemhandhabung, lassen sich weitere Differenzierungen nach Anwender-, Customizing und ggf. Programmierkompetenzen

---

[186] Diese wurden auf Basis der von Lehnert vorgeschlagenen Vorgehensweise weiterentwickelt. Vgl.: Lehnert, U.: Der EDV-Trainer, 1997, S. 45ff.

vornehmen. Dieser Kompetenzgrad wird in den meisten Maßnahmen angestrebt. Produktivfähigkeit umschreibt die höchste Kompetenzstufe und somit die Fähigkeit, ein bestimmtes Sachgebiet sicher zu beherrschen, zu selbständigen Lösungen und Anwendungen zu kommen, bis hin zur Qualifikation, dieses Sachgebiet lehrend zu vertreten.

Die Dimensionierung der Feinziele wurde bereits erörtert. Es erscheint im Bereich der kognitiven Ziele eine Differenzierung nach reinen Wissensinhalten (Fakten), Verfahren (z.B. Inventurverfahren) und Strategien (z.B. Bestandsergänzungsstrategien in der Materialwirtschaft) sinnvoll.

Zu jedem Feinziel sollte abschließend durch Angabe eines Bewertungsmaßstabes hinreichend genau angegeben werden, wie die Zielerreichung kontrolliert bzw. gemessen werden soll. Ein konkretes Anwendungsbeispiel zur entwickelten Vorgehensweise zeigt die folgende Abbildung:

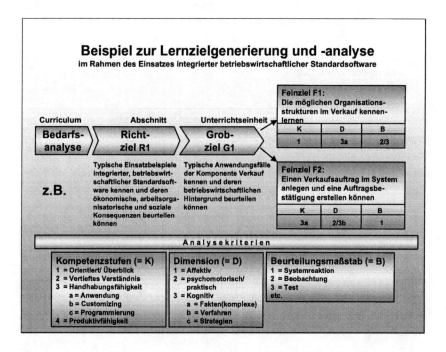

Abb. 31

Im Rahmen der Operationalisierung der Feinziele ist es sinnvoll, überwiegend beobachtbare Verhaltensweisen zu formulieren, welche die Teilnehmer beherrschen sollen; zudem sollten die (Rahmen-)Bedingungen genannt werden, unter welchen die Zielerreichung erfolgen soll (wie etwa die Lern- bzw. Bearbeitungszeit, die zugelassenen Medien und Hilfsmittel oder die erwünschte Sozialform (z.B. Einzel- oder Gruppenarbeit).

2.2.2.4 Potentielle interdisziplinäre Themenfelder im Rahmen des Einsatzes integrierter betriebswirtschaftlicher Standardsoftware

Der besondere Vorzug des Einsatzes integrierter betriebswirtschaftlicher Standardsoftware liegt u.a. in der perspektivenreichen und authentischen Vermittlung betriebswirtschaftlicher Fragestellungen. Die betriebswirtschaftlichen Softwaresysteme können als Lernmittel der Ausgangspunkt praxisorientierter Aufgabenstellungen, die an den Lehrstoff betriebswirtschaftlichen Unterrichts anschließen, in breitem Umfang eingesetzt werden. Steht die Vermittlung der softwarespezifischen Handhabung im Vordergrund der Wissensvermittlung, wird die Software selbst zum Lernobjekt. Die Handhabung kann auf verschiedenen Ebenen mit unterschiedlichen Zielrichtungen bzw. Schwierigkeitsgraden stattfinden. Sie erfordert sowohl kaufmännisches als auch informationstechnisches know how. Im folgenden sollen zunächst softwareunabhängig bzw. interdisziplinär potentielle Themenfelder aufgezeigt werden, welche sich durch den Einsatz integrierter betriebswirtschaftlicher Standardsoftware eröffnen[187]. Dabei sollen sowohl die betriebswirtschaftlichen als auch die informationstechnischen Inhalte dargestellt werden. Der Schwerpunkt der Erläuterung liegt dabei bei den betriebswirtschaftlichen Inhalten. Eine Übersicht über die potentiellen Themenfelder gibt die folgende Abbildung:

---

[187] Spezifische, mit dem Einsatz der Software SAP R/3® verbundene Themenfelder werden im Abschnitt 3.2 erläutert.

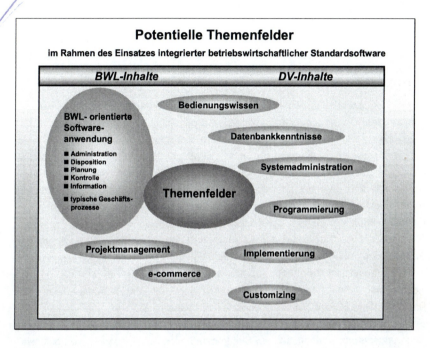

Abb. 32

2.2.2.4.1 Grundlegende Bedienungskenntnisse

Auf der Ebene der *Bedienungskenntnisse* geht es i.d.R. darum, sich mit dem Menüaufbau und der Oberfläche der Software vertraut zu machen und sich Kenntnisse über die Navigations- und Hilfemöglichkeiten innerhalb des Programms anzueignen[188]. Diese Grundkennnisse umfassen im speziellen das einfache An- und Abmelden, Kennwortänderungen, Programmbedienung mit Maus, Tastatur und Symbolen, Einfache Dateneingaben, Systemmeldungen erfassen, Eingabedaten mit Matchcodes und Wertelisten suchen, Kenntnisse der Druckfunktionen, Handling der Online-Hilfen und der Dokumentation. Desweiteren zählt zu den grundlegenden Bedienungkenntnissen auch die Fähigkeit, Berichte (Reports) anzufertigen.

---

[188] Vgl.: CDI (Hrsg.): SAP®R/3® Materialwirtschaft – Grundlagen, Anwendungen, Fallbeispiele, 1996, S. 13-58

2.2.2.4.2 Datenbankkenntnisse

Kenntnisse im Bereich der verwendeten *Datenbanken* sind den rein DV-technischen Lerninhalten zuzurechnen. Sie sollen im Rahmen dieser Arbeit nur marginal angesprochen werden. Dennoch ist es ratsam, auch reinen (betriebswirtschaftlichen) Anwendern integrierter betriebswirtschaftlicher Standardsoftware Grundkenntnisse aus dem Bereich Datenbanken zu vermitteln.

Innerhalb der klassischen betriebswirtschaftlichen Administrations- und Dispositionssysteme unterscheidet man zwischen Stammdaten, Bestandsdaten, Bewegungsdaten und Änderungsdaten[189]. Stammdaten betreffen Informationen über Objekte, welche sich nie oder selten ändern, wie z.b. Material- und Teiledaten, Kundenname, Anschrift und Branchenzugehörigkeit. Im Bereich der Finanzbuchhaltung gehören Kontennummern und -bezeichnungen ebenso zu den Stammdaten, wie Stücklisten, Arbeitspläne und Erzeugnisstrukturen im Bereich der Produktionsplanung und –steuerung. Bestandsdaten sind zeitpunktbezogen und werden ständig aktualisiert. Sie repräsentieren beispielsweise Lagerbestände oder Kontostände. Bewegungsdaten zeigen zeitraumbezogene Veränderungen der Bestandsdaten in Form von mengen- oder wertmäßigen Zu- und Abgängen an (z.B. Ein- und Auszahlungen, Abbuchungen, Warenlieferungen, Umsätze). Änderungsdaten beziehen sich auf Stammdaten, wenn bestehende Daten gelöscht, geändert oder neue Stammdaten hinzugefügt werden. Durch die heute übliche zentrale Datenhaltung wird vermieden, daß dieselben Daten mehrfach gespeichert werden (redundante Datenhaltung). Die einzelnen Programmteile innerhalb integrierter betriebswirtschaftlicher Standardsoftware greifen im Rahmen der dateiintegrierten Verarbeitung gemeinsam auf dieselben Daten zurück. Zur Strukturierung der Daten sind Modellierungsmethoden, wie das Entity-Relationship-Modell, mit denen Unternehmensdatenmodelle aufgestellt werden können, hilfreich[190]. Eine neuere Entwicklung im Bereich der Datenbanktechnik stellen verteilte Datenbanken dar, bei denen ein logisch zusammengehörender Datenbestand physisch auf mehrere Rechner verteilt werden kann[191].

2.2.2.4.3 Systemadministration

Im Bereich des Lerninhaltes *Systemadministration* geht es um die technische Betreuung und Verwaltung einer integrierten betriebswirtschaftlichen Standardsoftware. Typische Lerninhalte sind hier die Anlage und Pflege der

---

[189] Vgl.: Stahlknecht, P.: Einführung in die Wirtschaftsinformatik, 1995, S. 167ff.
[190] Vgl.: Mertens, P. (Hrsg.): Lexikon der Wirtschaftsinformatik, 1997, S. 114
[191] Vgl.: Stahlknecht, P.: Einführung in die Wirtschaftsinformatik, 1995, S. 163

Benutzerstammsätze, die Pflege der Berechtigungen und die Systemüberwachung (Monitoring) und –optimierung (Systemperformance). Desweiteren stellen die Druckereinrichtung und –verwaltung, die Datenbankverwaltung (Einrichtung, Datensicherung, Datenreorganisation, Update-Handling) und die Archivierung von nicht mehr im online-Betrieb benötigten Daten typische Aufgabenbereiche der Systemadministration dar[192].

2.2.2.4.4 Programmierung

Der Lerninhalt *Programmierung* bleibt sicherlich, zumindest wenn es um die Vermittlung vertiefter Kenntnisse geht, ebenso wie die Lerninhalte Datenbanken und Systemadministration dem (Wirtschafts-) Informatikunterricht vorbehalten. Döring vertritt ebenso wie der Autor dieser Arbeit die Auffassung, daß auch ein eher betriebswirtschaftlich orientierter Anwender in die Grundzüge der Programmierung Einblick genommen haben sollte[193]. Auf diese Weise erhalten die Teilnehmer einen realistischen Eindruck von den Möglichkeiten und Grenzen eines EDV-Systems. Anhand eines einfachen Beispiels - z.B. die Ausgabe eines bestimmten Textes oder einer Ergebnisrechnung - sollte der grundsätzliche Aufbau und die Funktionsweise eines Programms erfahren können. In den meisten Schulungen betriebswirtschaftlichen Inhalts findet eine solche „kleine Programmierschulung" aus Kosten- und Zeitgründen nicht statt. Der Autor dieser Arbeit möchte an dieser Stelle anregen, durch Bereitstellung von übersichtlichen Selbstlernmaterialien oder die Angabe entsprechender Literaturquellen die Teilnehmer zu motivieren, sich ggf. außerhalb des Unterrichts mit dieser zur „informationstechnischen Grundbildung" gehörenden Thematik zu befassen.

Im Rahmen der Programmierung wird einem DV-System eine detaillierte Arbeitsvorschrift vorgegeben. Es existieren hierbei verschiedenste Programmiersprachen, Generationen und Paradigmen[194]. Die heute gängigen Programmiersprachen für integrierte betriebswirtschaftliche Standardsoftware sind größtenteils zu den Sprachen der vierten Generation zu zählen (z.B. die Programmiersprache ABAP/4 der SAP®R/3® Software).

---

[192] Rebstock, M., Hildebrand, K. (Hrsg.): SAP®R/3® für Manager, 1998, S. 81-82
[193] Vgl.: Lehnert, U.: Der EDV-Trainer: EDV-Lehrveranstaltungen planen – EDV-Handlungswissen vermitteln, 1997, S. 42-43
[194] Vgl.: Mertens, P. (Hrsg.): Lexikon der Wirtschaftsinformatik, 1997, S. 326ff.

2.2.2.4.5 Customizing

Kundenspezifische Anpassungsmöglichkeiten und die Berücksichtigung individueller Benutzerwünsche (z.b. Bildschirm- und Menüanzeigen) werden unter dem Begriff Customizing subsumiert[195]. Im Rahmen dieses Themenfeldes geht es darum, die unternehmensneutral ausgelieferte Funktionalität im Bereich der Aufbau- und Ablauforganisation den spezifischen betriebswirtschaftlichen Anforderungen eines Unternehmens anzupassen. Dieses Themenfeld ist für Teilnehmer im Fortgeschrittenenstadium interessant. Die Anpassung wird i.d.R. dadurch erreicht, daß durch Transaktionen bestimmte Parameter in entsprechende Tabellen gesetzt werden. Die im Rahmen des Customizing festgelegten Parameter werden unter funktionalen und/oder prozeßorientierten Kriterien zu Customizing-Objekten zusammengefaßt. Durch diese Vorgehensweise ergibt sich der Vorteil, daß bei größeren Programmaktualisierungen (Releasewechsel) die Customizingeinstellungen weitgehend unverändert übernommen werden können. Dies gilt beispielweise für Maß- und Währungseinheiten, Kalender, Kontenrahmen und –pläne. Ein einfaches, d.h. schnell und kostengünstig durchzuführendes Customizing ist häufig ein wesentlicher Faktor für die Entscheidung einer Standardsoftware.

Görk[196] unterscheidet folgende Einstellungsbereiche des Customizing:
- *Organisatorische Parameter*: Diese legen die Aufbauorganisation eines Unternehmens fest (z.B. Selbständig bilanzierende Einheiten im Rechnungswesen (=Tochtergesellschaften), Festlegung von Produktionsstätten, Werken und Lagerstätten, Spezifizierung der Vertriebs- Beschaffungs- und Produktionsorganisation)
- *Verfahrens- oder Prozeßparameter*: Diese determinieren die Ablauforganisation bzw. Prozeßabläufe und Verfahren (z.B. Verfahren der Preisfindung und Kalkulation, Bearbeitungsfolgen bei Bar-, Termin- oder Internetverkäufen)
- *Deklarative Parameter*: Diese haben keinen Prozeßbezug (z.B Festlegungen zu Mengeneinheiten, Texten, Kalender, Maß- und Währungseinheiten).

Zum Customizing im weiteren Sinne wird die Anpassung von Menüstrukturen und Bildschirmmasken, die Gestaltung von Berichten und Formularen (z.B.

---

[195] Vgl: Mertens, P. (Hrsg.): Lexikon der Wirtschaftsinformatik, 1997, S. 101
Stahlknecht, P.: Einführung in die Wirtschaftsinformatik, 1995, S. 315
Scheer, A.-W.: EDV-orientierte Betriebswirtschaftslehre, Grundlagen für ein effizientes Informationsmanagement, 1990, S. 147
AFOS (Arbeitsgemeinschaft arbeitsorientierte Forschung und Schulung GbR):SAP, Arbeit, Management, 1996, S. 225
Möhrlen, R., Kokot, G.: SAP R/3® Kompendium - Betriebswirtschaftlicher Funktionsumfang und Erfolgspotentiale, 1998, S. 886-888
[196] Görk, M.: Customizing. In: Mertens, P. (Hrsg.): Lexikon der Wirtschaftsinformatik, 1997, S. 102

Auftragsbestätigungen und Lieferscheine), die Datenübernahme aus Altsystemen und die Vergabe von Softwarezugriffsberechtigungen gezählt. Desweiteren besteht die Möglichkeit einfacher Programmerweiterungen durch sogenannte „User exits"[197], durch welche in Standardprogramme individuelle Lösungsalgorithmen integriert werden können. Über user exits kann der Anwender eigene Berechnungsformeln (z.B. Bestellmengenformeln in der Einkaufsanwendung) transferieren. Änderungen am Quellcode der Software werden als *Modifikationen* bezeichnet und gehören nicht zum Customizing, sondern in den Bereich der Programmierung. Das Programmieren neuer Programme und Programmteile und weitreichende Veränderungen der Datenstrukturen bzw. der Datenbank werden ebenfalls nicht zum Customizing gezählt sondern gehören in den Bereich der Programmierung[198]. Modifikationen beinhalten allerdings das Risiko, bei Releasewechseln ihre Funktionsfähigkeit zu verlieren und angepaßt werden zu müssen. Das Customizing wird während der Softwareimplementierung durch authorisierte Projektgruppen im Unternehmen realisiert. Die Inhalte und Reihenfolge der Customizingaktivitäten wird häufig durch vom Softwarehersteller entwickelte Einführungsleitfäden (*Implementationsguides*) vorgegeben, welche in die Software integriert werden. Während des Produktivbetriebes werden Customizingeinstellungen i.d.R zunächst in einem separaten Testsystem durchgeführt und zu einem späteren Zeitpunkt in das Produktivsystem transportiert. Die Customizingaktivitäten sind meist in sogenannte Vorgehensmodelle zur gesamten Softwareeinführung integriert und schließen sich an die Konzeptionsphase an.

2.2.2.4.6   Implementierungswissen

Innerhalb des Themenfeldes *Implementierung* geht es um die transparente, optimale und möglichst kostengünstige Einführung der Standardsoftware. Den Teilnehmern kann hier vermittelt werden, welche umfangreichen und komplexen Überlegungen, Planungen und Tätigkeiten notwendig sind, um eine integrierte betriebswirtschaftliche Standardsoftware in einem Unternehmen zu installieren. Die notwendigen Implementierungstätigkeiten werden vom Softwarehersteller im Rahmen sogenannter *Vorgehnsmodelle* (s. Abb 33) empfohlen bzw. vorgegeben und sind i.d.R phasenweise aufgebaut. Die typischen Phasen, deren Ergebnisse und Inhalte zeigt die folgende Abbildung[199] am Beispiel des SAP®R/3® Vorgehensmodells:

---

[197] Vgl.: Scheer, A.-W.: EDV-orientierte Betriebswirtschaftslehre, Grundlagen für ein effizientes Informationsmanagement, 1990, S. 147
[198] Vgl.: Grigoleit, U., Stark, H.: SAP®R/3® 3.1 Einführung und Überblick – Ein Leitfaden für Entscheider, 1998, S. 507
[199] Vgl: CDI (Hrsg.): SAP®R/3® Materialwirtschaft – Grundlagen, Anwendungen, Fallbeispiele, 1996, S. 315-325

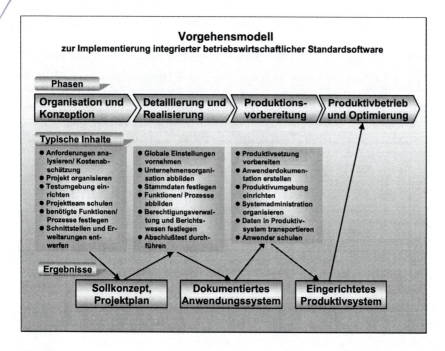

Abb. 33

2.2.2.4.7 Projektmanagement

Zur Durchführung der technischen und betriebswirtschaftlichen Implementierung integrierter betriebswirtschaftlicher Standardsoftware bedarf es Kenntnissen aus dem Bereich der Projektorganisation bzw. der Projektplanung, -durchführung und -kontrolle. Hieraus ergibt sich das Themenfeld *Projektmanagement*.
Zum Zweck der Softwareeinführung in den Unternehmen erfolgt i.d.R. die Bildung von Softwareeinführungsprojekten. Zur Durchführung eines entsprechenden Projektes ist zunächst einmal die Installation einer geeigneten Projektaufbauorganisation von großer Bedeutung[200]. Hierzu werden verschiedene Organisations- bzw. Entscheidungsebenen geschaffen. Oberstes und in letzter Instanz entscheidendes Organ eines Projektes zur Einführung integrierter betriebswirtschaftlicher Standardsoftware ist der sogenannte *Lenkungsausschuß*

AFOS (Arbeitsgemeinschaft arbeitsorientierte Forschung und Schulung GbR): SAP, Arbeit, 1996, S. 191-215
Zum Implementierungsmodell ASAP der SAP®R/3® Software siehe Punkt 3.1.2
[200] Vgl.: CDI (Hrsg.): SAP®R/3® Finanzwesen – Grundlagen, Anwendungen, Fallbeispiele, 1996, S. 313

(Projektausschuß, Leitungsgremium). Er setzt sich aus Mitgliedern der Geschäftsleitung sowie Entscheidungsträgern von Beratungsunternehmen zusammen. Die fachliche und technische Verantwortung der Projektdurchführung trägt die *Projektleitung*. Die Rahmenbedingungen und -vorgaben erhält die Projektleitung vom Lenkungsausschuß. Die Projektleitung entscheidet über die Aufgabenverteilung. Ihr obliegt die Koordination des Projektes, die Aufgabenverteilung, die Ressourcenüberwachung und das Projektcontrolling. Der Projektleitung gehören meist Mitglieder des Unternehmens und der Beratungshäuser an. Sie bestimmt auch über die personelle Zusammensetzung der zu bildenden *Projektteams*, welche aufgabenorientiert zusammengesetzt werden. Die Projektteams bestehen i.d.R. aus Mitarbeitern der Fachabteilungen, der IT-Abteilung und externen Beratern. Häufig erfolgt aufgrund der Größe des jeweiligen Unternehmens bzw. des Umfanges der Softwareeinführungsprojekte eine Aufteilung in Teilprojekte, welche für die Implementierung einzelner oder mehrerer Module zuständig sind (z.B. Vertrieb, Einkauf, Lagerverwaltung). Innerhalb dieser Teilprojekte werden wiederum *Prozeßverantwortliche* bestimmt, welche für die abzubildenden Geschäftsprozesse über Abteilungs- und Bereichsgrenzen hinweg verantwortlich sind. Zur Planung, Durchführung und Kontrolle der Einführungsprojekte werden zudem meist Projektmanagementwerkzeuge[201] eingesetzt. Mit diesen Werkzeugen lassen sich Projektpläne in unterschiedlicher Informationsdichte verwalten. Der Projekt(struktur)plan besteht aus den drei Teilplänen Arbeits- und Zeitplan, Ressourcenplan und Budgetplan. Im Rahmen der Arbeitsplanung (Vorgangsplanung) werden phasenweise Meilensteine festgelegt und Abhängigkeiten zwischen den Arbeitsvorgängen definiert. Sie sind Voraussetzung für die Zeitplanung, innerhalb welcher die Bestimmung der Anfangs- und Endtermine der einzelnen Vorgänge und des Gesamtprojektes stattfindet. Auf der Grundlage von Methoden des Operations Research[202] werden deterministische (z.B. Critical Path Method (CPM)) und stochastische Verfahren (z.B. Programm Evaluation and Review Technique (Pert)) ebenso verwandt wie Gantt-Diagramme (Balkendiagramme). Im Rahmen der Zeitplanung erfolgt die Bestimmung des *kritischen Pfades* und die Bestimmung der frühesten bzw. spätesten Anfangs- und Endtermine der einzelnen Arbeitsvorgänge und des Gesamtprojektes. Verzögern sich Vorgänge, die auf dem kritischen Pfad liegen, so wird sich auch die Gesamtprojektdauer verlängern. Im *Ressourcenplan* wird festgelegt, welche Ressourcen (unternehmensinterne oder - externe Mitarbeiter, technische und räumliche Ressourcen) in welchen

---

[201] Vgl.: Brand, H.: SAP®R/3®- Einführung mit ASAP. Technische Implementierungvon SAP®R/3® planen und realisieren, 1998, S. 112-114
Vgl.: Greunke, U.: Projektmanagement für neue Medien – Ein Praxisleitfaden, 2000, S. 104-107
Eines der verbreitetsten Werkzeuge dieser Art ist die Software MS-Project.
[202] Vgl.: Janko, W.: Projektplanungs- und -steuerungssystem. In: Mertens, P. (Hrsg.): Lexikon der Wirtschaftsinformatik, 1997, S. 330-331

Arbeitsvorgängen und in welchem Umfang benötigt werden. Im *Budgetplan* wird fixiert, mit welchen Kosten (Personalkosten, Kosten für Hard- und Software, Vernetzung, Schulungskosten etc.) für das Softwareeinführungsprojekt zu rechnen ist. Eine Budgetkontrolle kann über entsprechende Rückmeldungen bereits abgearbeiteter Arbeitsvorgänge durch einen permanenten Soll-Ist Vergleich der geplanten und erfolgten Kosten stattfinden.

2.2.2.4.8 Elektronic commerce

In Zukunft ist eine partielle Verlagerung bzw. Ausweitung des Waren- und Dienstleistungsaustausches in Richtung elektronischer Märkte zu erwarten[203]. Das Themenfeld *eCommerce (Elektronic Commerce)* umfaßt die Betrachtung und Analyse dieser Geschäftsabwicklungen auf elektronischem Wege. Den Gesamtprozeß des Waren-, Informations- und Dienstleistungstransfers, welcher überwiegend über das Medium Internet abgewickelt wird, kann man nach Stahlknecht[204] in drei typische Phasen differenzieren:

1. Die Informationsphase. Sie umfaßt die Informationsbeschaffung (z.B. über Produktkataloge verschiedener Anbieter).
2. Die Vereinbarungsphase. Hier werden in erster Linie rechtsrelevante Vertrags- und Lieferbedingungen fixiert.
3. Die Abwicklungsphase. In dieser Phase werden die eigentlichen (Web-) Transaktionen (z.B. Bestellungen, Versand, Abrechnung) durchgeführt.

Zur Realisierung dieser Geschäftsabwicklungen verfügen integrierte betriebswirtschaftliche Standardsysteme i.d.R. über spezielle Internetanwendungskomponenten, welche über entsprechende Server eine Verbindung zwischen einem Web-Browser und den betriebswirtschaftlichen Funktionen des Standardsystems herstellen[205]. Die Internetfunktionalität umfaßt typischerweise die Bereiche *Consumer-to-business* und *Business-to-business*[206].

---

[203] Vgl.: Möhrlen, R., Kokot, F.: SAP®R/3® Kompendium - Betriebswirtschaftlicher Funktionsumfang und Erfolgspotentiale, 1998, S. 811
[204] Vgl.: Stahlknecht, P.: Einführung in die Wirtschaftsinformatik, 1995, S. 403
[205] Vgl.: Vgl.: Lynx Consulting Group (Hrsg.), o.V.: eBusiness Terms –eBusiness Fachtage 2000-, S. 1-11
So ist es auf diesem Wege prinzipiell möglich, daß ein authorisierter Kunde über seinen Web-Browser bestimmte Informationen aus dem Bereich des betriebswirtschaftlichen Standardsystems seines Lieferanten abfragen kann (z.B. Lagerbestände, Preisabfragen, Auftragsabwicklungsstatus).
[206] Vgl: Hantusch, Th., Matzke, B., Pérez, M.: SAP®R/3® im Internet – Globale Plattform für Handel, Vertrieb und Informationsmanagement, 1997, S. 47
Zu den möglichen Konzepten und Nutzungsmöglichkeiten des e-commerce siehe auch:
Kollmann, T.: Wie der virtuelle Marktplatz funktionieren kann. In: Harward Business Manager, 4/99, 21. Jahrg. 1999, S. 27-34
Lukat, A.: Nutzung von EC-Anwendungen, Veröffentlichung des GMD – Forschungszentrum Informationstechnik GmbH (im Internet unter: http://www-ibe.gmd.de) Bonn 2000, S. 2-46

Im Bereich Consumer-to-business werden Geschäftsbeziehungen zwischen Unternehmen und Endverbrauchern abgewickelt. Hier werden per Internet Produktkataloge angeboten und Online-shops installiert, über welche der Kunde die Ware oder Dienstleistung sofort ordern kann bzw. ggf. bezahlen muß. Eine gewisse Automatisierung und damit Rationalisierung ergibt sich durch die Möglichkeit, daß der Kunde selbst die Auftragserfassung vornimmt. Die über einen Web-Browser eingegebenen Daten können dann unmittelbar in die angebundene integrierte betriebswirtschaftliche Standardsoftware portiert werden und dort bestimmte Transaktionen auslösen. So hat der Kunde die Möglichkeit, sich vor dem Kauf über die Verfügbarkeit und das Lieferdatum der Ware zu informieren und kann nach dem Kauf den Auftragsbearbeitungsstatus verfolgen. Im Rahmen des Business-to-business Bereiches werden über die eben beschriebenen Möglichkeiten hinaus, spezielle von der jeweiligen Kundenbeziehung abhängige Funktionen angeboten. So wäre es denkbar, daß ein Serviceanbieter seinen Kunden die Gelegenheit gibt, Servicemeldungen, Meßwerte, Zählerstände oder Störungen an Serviceobjekten (z.B. Kopierern) selbst zu erfassen und über das Internet weiterzuleiten. Desweiteren können über das Internet Reklamationsmeldungen weitergegeben werden. Einige Systeme sind zudem KANBAN-fähig[207], d.h. ein Lieferant kann via Internet in die integrierte betriebswirtschaftliche Standardsoftware des Kunden „sehen" und dort belieferungsfähige KANBAN-Behälter abrufen und eine Belieferung seinerseits avisieren[208].

2.2.2.4.9 Betriebswirtschaftliche Anwendungen

Im Bereich des Themenfeldes *BWL-Anwendungen* eröffnet sich ein betriebswirtschaftlich ergiebiges und sehr stark vernetztes Themenspektrum. Der Schwerpunkt des betriebswirtschaftlichen Lernpotentials liegt im enormen Funktionsumfang der Software, der integrierten Informationsverarbeitung und der damit verbundenen möglichen Ablaufoptimierungen. „Integration" bedeutet die „Wiederherstellung des Ganzen", d.h. die Verknüpfung betriebswirtschaftlicher Aufgaben und IT-Technik in einem Gesamtsystem[209]. Die aus der Perspektive des

---

Die SAP-Modellunternehmung IDES (s. hierzu auch Punkt 3.2 und Abb. 54, S. 194) verfügt über einen eigenen, fertig eingerichteten Web-Shop, an dem die verschiedenen Businessszenarien simuliert werden können.

[207] KANBAN ist ein aus Japan stammendes Organisationsprinzip der Produktion, durch das vor allen Dingen die Lagerhaltungskosten und die Durchlaufzeiten reduziert werden sollen. Auf allen Fertigungsstufen wird nach dem Just-in-Time-Prinzip verfahren, um die Lagerkosten auf den Zulieferer zu übertragen. Nach dem „Hol-Prinzip" wird das benötigte Material von der jeweils verbrauchenden Stelle über freie KANBAN Behältnisse angefordert.

[208] Vgl.: SAP AG (Hrsg.): System R/3® IDES - Funktionen im Detail, 1998, S. 5-3

[209] Vgl.: Heinrich, L. J., Roithmayr, F.: Wirtschaftsinformatik-Lexikon, 1992, S. XII-XIII

gesamten Unternehmensgeschehens mehr oder weniger künstlichen Grenzen zwischen Abteilungen, Funktionsbereichen und Prozessen werden zugunsten eines durchgängigen, transparenten Informationsflusses aufgehoben. Mertens[210] differenziert verschiedene Integrationgegenstände (-arten): Im Rahmen der *Datenintegration* werden die Daten der Anwendungsmodule einer integrierten betriebswirtschaftlichen Standardsoftware in einer gemeinsamen Datenbank abgelegt. Stammdaten werden nur einmal hinterlegt und stehen prinzipiell allen Anwendungen zur Verfügung[211]. Die Daten können ebenfalls von einem Modul an ein anderes übergeben werden (= *Modulintegration*, z.B. die Übergabe von Rechnungsdaten (Vertrieb) an die Finanzbuchhaltung oder die Übergabe von Lagerbestandsdaten (Materialwirtschaft) an die Auftragserfassung (Vertrieb)). *Prozeß-/Vorgangsintegration* bedeutet, daß betriebswirtschaftliche Prozesse oder Vorgänge aufeinander abgestimmt werden bzw. miteinander verbunden werden (z.B. eine integrierte automatische Kreditlimitprüfung während der Kundenauftragserfassung). Die *Methodenintegration* bedeutet, daß betriebswirtschaftliche Methoden kombiniert und abgestimmt werden können (z.B. Harmonisierung der Ergebnisse der Absatzprognose mit denen der Dimensionierung der Sicherheitsbestände und den Ergebnissen der Losgrößenbestimmung, um unnötig hohe Lagerkosten zu vermeiden.) Bezieht man den Integrationsgedanken auf die *Integrationsreichweite* so läßt sich die *Bereichsintegration* (Integration innerhalb eines betriebswirtschaftlichen Bereiches (z.B. Integration von Verkauf, Versand und Fakturierung im Rahmen des Auftragsbearbeitungsprozesses) und die *innerbetriebliche Integration* (Integration innerhalb eines Unternehmens (z.B. Integration von Materialwirtschaft und Vertrieb) differenzieren. Zudem existiert die Möglichkeit einer *zwischenbetrieblichen Integration*, im Rahmen derer Unternehmen über die Unternehmensgrenzen hinaus informationstechnisch vernetzt werden (z.B. Bestellung/ Verkauf per EDI/Internet bei Lieferanten/Kunden, Austausch von Angebotsaufforderungen, Angeboten, Aufträgen, Auftragsbestätigungen, Lieferscheinen, Rechnungen, Buchungsanzeigen).

Integrierte betriebswirtschaftliche Standardsoftware eröffnet im Themenfeld Anwendung den Teilnehmern grundsätzlich die Kenntnis über *Administrations-, Dispositions, Informations-, Kontroll-und Planungssysteme*. Die *Integrationsrichtung* kann *horizontal* verlaufen, wenn es darum geht, die gesamte Wertschöpfungskette bzw. den Informations- und Materialfluß in einem Unternehmen abzubilden oder

---

[210] Mertens, P., Integrierte Informationsverarbeitung 1, Administrations- und Dispositionssysteme in der Industrie, 1997, S. 2ff.
[211] Dies reduziert in erheblichem Maße die Gefahr von Erfassungsfehlern bzw. den Dateneingabe-, -pflege- und Dokumentationsaufwand. Inkorrekte Daten führen dann allerdings an mehreren Stellen zu Fehlern.

vertikal, wenn Informationen zur Analyse-, Planung und Entscheidung zunehmend verdichtet und benutzerspezifisch aufbereitet werden[212].

Administrations- und Dispositionssysteme (Operative Systeme) ermöglichen in erster Linie die rationelle Verarbeitung von Massendaten und somit die Beschleunigung von Bearbeitungsprozessen[213]. In ihnen sind die operativen Funktionen der wichtigsten betrieblichen Funktionsbereiche enthalten (Beschaffung, Produktion, Vertrieb, Personalwirtschaft etc.). Sie ermöglichen ein Potential zur Kostensenkung, Zeitersparnis und zur Entlastung der Mitarbeiter von Routineaufgaben. Administrationssysteme finden ihren Einsatz in allen Bereichen eines Industriebetriebes, insbesondere innerhalb der Prozesse Auftragsabwicklung und Materialbeschaffung.

Im Rahmen des Einsatzes von *Dispositionssystemen* werden Optimierungsrechnungen vorbereitet bzw. durchgeführt (z.B. Bestimmung der optimalen Bestellmenge mit Hilfe eines bestimmten Dispositionsmodells und Auswahl der günstigsten Lieferanten). Dispositionssysteme finden i.d.R im mittleren Management Verwendung.

Die mengenorientierten Prozesse der Administrations- und Dispositionssysteme werden im Rahmen vertikal integrierter, wertorientierter Abrechnungssysteme (Finanzbuchhaltung und Rechnungswesen) abgebildet. Eine weitere vertikale Datenverdichtung findet in *Berichts- und Kontrollsystemen* statt, welche dazu dienen, bestimmte Daten berichtsmäßig aufzuarbeiten (z.B. spezielle Umsatz- und Absatzberichte) und welche die Aufgabe übernehmen, die Einhaltung erwünschter betriebswirtschaftlicher Planungen[214] zu überwachen. Vielfach geben sie auch Informationen über notwendige korrektive Maßnahmen bzw. leiten diese selbständig ein (z.B. Automatische Materialbestellung bei Erreichen eines Bestellbestandes in der Materialwirtschaft).

Analyse- und Informationssysteme stellen eine weitere Verdichtungsstufe dar, auf der betriebswirtschaftlich relevante Analysetools zum Einsatz kommen (z.B. ABC-Analysen, Regressions- und Summenanalysen)[215]. Auch werden hier vielfach spezielle, auf einzelne Funktionalbereiche abgestimmte Informationsysteme (z.B. Einkaufsinformationssystem, Vertriebsinformationssystem) installiert, welche bereichsspezifische Daten für Entscheider des mittleren und oberen Managements aufzubereiten in der Lage sind (z.B. Monatsumsatz zu einem bestimmten Vertriebsweg oder Lieferantenumsätze zu einer bestimmten Einkaufsorganisation).

---

[212] Vgl.: Scheer, A.-W.: EDV-orientierte Betriebswirtschaftslehre, Grundlagen für ein effizientes Informationsmanagement, 1990, S. 27ff.
[213] Vgl.: Mertens, P., Integrierte Informationsverarbeitung 1, Administrations- und Dispositionssysteme in der Industrie, 1997, S. 11
[214] Ebenda, S. 13
[215] In SAP-Systemen kann beispielsweise im Rahmen der Exeptionsanalyse eine automatische Systemmeldung erzeugt werden, falls ein bestimmter Kunde in einem bestimmten Zeitraum unter einen geplanten Umsatz fällt.

Oftmals werden die funktionsbereichsspezifischen Informationssysteme nochmals zu einem übergeordneten, bereichsübergreifenden Informationssystem verdichtet (EIS-Executive Information System).

Planungs- und Entscheidungssysteme geben Hilfen bei relativ schlecht strukturierten, in größeren Zeitabständen oder unregelmäßig anfallenden Entscheidungen (z.B. Absatz- und Produktionsprogrammplanungen, Planungen von Investitionen)[216]. Sie werden insbesondere für die Unternehmensführung entwickelt. Die folgende Abbildung[217] zeigt zusammenfassend potentielle Lerninhalte aus dem Bereich BWL-Anwendung im Rahmen der betriebswirtschaftlichen Gesamtkonzeption integrierter betriebswirtschaftlicher Standardsoftware:

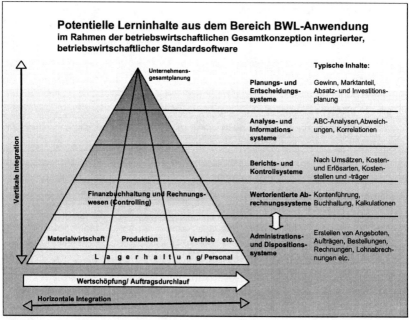

Abb. 34

2.2.2.4.10 Geschäftsprozeßwissen

Die Einführung integrierter betriebswirtschaftlicher Standardsoftware ist meist Anlaß zu Bestrebungen, die vormals stark arbeitsteilig (im Sinne des Taylorismus) geprägte Ablauforganisation des implementierenden Unternehmens in eine vernetzte,

---
[216] Vgl.: Mertens, P.: Administrations- und Dispositionssysteme in der Industrie, 1997, S. 13
Scheer, A.-W.: EDV-orientierte Betriebswirtschaftslehre, Grundlagen für ein effizientes Informationsmanagement, 1990, S. 27

abteilungsübergreifende Gruppenorganisation zu überführen, bei der auch unternehmensübergreifende Beziehungen (etwa zu Kunden oder Lieferanten) berücksichtigt werden.

Diese *Geschäftsprozeßorientierung* stellt ein weiteres interessantes Themenfeld für betriebswirtschaftlich orientierte Anwender dar.

Schumann[218] definiert Prozesse wie folgt: „Eng verwandt mit dem Begriff Funktion ist der Begriff Prozeß. Ein Prozeß entsteht aus einer Folge von einzelnen Funktionen (Funktionsablauf) und weist einen definierten Anfangspunkt (Auslöser des Prozesses) sowie Endpunkt (Endzustand) auf. Eine Prozeßbetrachtung untersucht nicht mehr die einzelnen Funktionen, sondern den *Zweck*, welchen sie innerhalb eines kompletten Prozesses erfüllen. Es werden dabei insbesondere die Reihenfolge, in der Funktionen auszuführen sind, die Übergänge (Schnittstellen) zwischen den Funktionen sowie eventuell die Instanzen, welche die Funktionen ausführen, betrachtet. Synonym für den Begriff Prozeß verwendet man häufig den Begriff „Vorgang".

Ein Geschäftsprozeß beschreibt in diesem Sinne alle Schritte, Schnittstellen und Instanzen einer zusammengehörenden kfm. Aktivität. Größere Geschäftsprozesse können aus Gründen der Überschaubarkeit in Teilgeschäftprozesse gegliedert werden. Nachfolgend werden einige typische Geschäftsprozesse[219] in Unternehmen aufgeführt:
- Auftragsabwicklung (s. die folgende Abbildung)
- Bestellabwicklung
- Produktentwicklung
- Kundenservice und –reklamation

Durch einen Geschäftsprozeß sind i.d.R. mehrere Bereiche (z.B. Vertrieb, Materialwirtschaft, Produktion, Buchhaltung, Controlling) und Abteilungen betroffen. Der Geschäftsprozeß „Auftragsabwicklung" z.B. berührt sowohl Vertriebsabteilungen (Verkauf, Versand, Rechnungserstellung) als auch andere Unternehmensbereiche (etwa den Einkauf (bei nicht lagerhaltiger Ware), die Lagerhaltung, die Produktion (z.B. bei kundenindividueller oder Konfigurationsfertigung), das Controlling (Auftragskalkulation), die Personalwirtschaft (z.B. Provisionsabrechnungen) und die Finanzbuchhaltung (Übergabe von Rechnungsdaten an die Finanzbuchhaltung, Fortschreibung der Offenen-Posten- Buchhaltung)). Der typische abteilungs- und bereichsübergreifende Geschäftsprozeß Auftragsabwicklung sei durch nachfolgende Abbildung nochmals verdeutlicht:

---

[217] Vgl.: Ebenda, S. 27 und Mertens, Integrierte Informationsverarbeitung 1, S. 6-7
[218] Schumann, M., Schüle, H., Schumann, U.: Entwicklung von Anwendungssystemen, Grundzüge eines werkzeuggestützten Vorgehens, 1994, S. 91

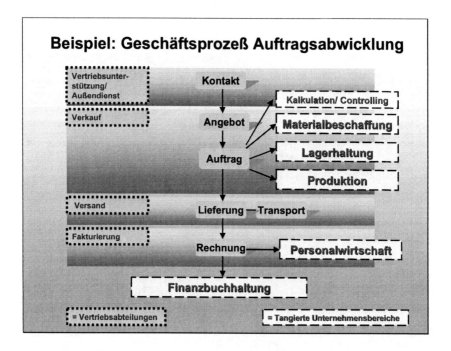

Abb. 35

Im Rahmen der *Geschäftsprozeßoptimierung* (GPO) liegt der Schwerpunkt auf der Verbesserung bestehender Abläufe. Werden organisatorische Abläufe nicht suboptimal verbessert, sondern völlig neu entworfen, spricht man von *Business Process Reengineering* (BPR)[220]. Dabei steht die marktorientierte Ausrichtung an die Kundenbedürfnisse im Vordergrund.

Eine integrierte betriebswirtschaftliche Standardsoftware wird für ein reorganisierendes bzw. geschäftsprozeßoptimierendes Unternehmen umso wertvoller, je höher der Deckungsgrad zwischen den von der Standardsoftware bereitgestellten Geschäftsprozessen und den vom Unternehmen geforderten Geschäftsprozessen ist und je flexibler sich diese Standardprozesse anpassen lassen. Die Gesamtheit aller in einer integrierten betriebswirtschaftlichen Standardsoftware enthaltenen Geschäftsprozesse und Funktionen werden in sogenannten *Referenzmodellen (Unternehmensdatenmodellen)* repräsentiert und

---

[219] Vgl.: CDI (Hrsg.): SAP®R/3® Materialwirtschaft – Grundlagen, Anwendungen, Fallbeispiele, 1996, S. 68
[220] Krallmann, H., Derszteler, G.: Business Process Reengineering. In: Mertens, P. (Hrsg.): Lexikon der Wirtschaftsinformatik, 1997, S. 70

können i.d.R. aus der Software heraus über spezielle Tools aufgerufen werden[221]. Ein Unternehmensdatenmodell enthält meist verschiedene Sichten (Prozeßsicht, Datensicht, Funktionssicht, Organisationssicht, Informationsflußsicht) und stellt ein integriertes Modell der Daten aller Bereiche eines Unternehmens dar.[222]
Die Geschäftprozeßbetrachtung hört meist nicht an den Unternehmensgrenzen auf, sondern schließt explizit die Marktpartner im Rahmen unternehmensübergreifender Prozeßoptimierungen mit ein.

Diese unternehmensübergreifenden Betrachtungen der integrierten Kunden- und Lieferantenbeziehungen werden auch unter dem Begriff *Supply Chain Management*[223] subsumiert. Innerhalb dieser Thematik geht es um die Planung, Durchführung, Kontrolle und Steuerung des Waren-, Finanz- und Informationsflusses, bei dem sämtliche Lieferanten und Kunden entlang einer gesamten Wertschöpfungskette miteinbezogen werden. Die Realisierung des Supply Chain Management setzt überbetrieblich integrierte Informationssysteme voraus, innerhalb derer Stamm- und Bewegungsdaten (z.B. Bestellungen, Aufträge oder Verfügbarkeits- und Lagerbestandsabfragen) mit Hilfe von EDI (Elektronic Data Interchange)[224] oder über das Internet ausgetauscht werden können.

---

[221] Vgl.: CDI (Hrsg.): SAP®R/3® Materialwirtschaft – Grundlagen, Anwendungen, Fallbeispiele, 1996, S. 80-82
[222] Vgl.: Scheer, A.-W.: Wirtschaftsinformatik – Informationssysteme im Industriebetrieb, 1990, S. 519ff.
Scheer, A.: Unternehmensdatenmodell. In: Mertens, P. (Hrsg.): Lexikon der Wirtschaftsinformatik, 1997, S. 417-419
Scheer, A.-W.: Wirtschaftsinformatik – Referenzmodelle für industrielle Geschäftsprozesse, 1995, S. 725ff.
[223] Vgl.: Schütte, R.: Supply Chain Management. In: Mertens, P. (Hrsg.): Lexikon der Wirtschaftsinformatik, 1997, S. 389-390
Vgl.: Lynx Consulting Group (Hrsg.), o.V.: eBusiness Terms -eBusiness Fachtage 2000-, S. 11
[224] EDI wird realisiert über das Protokoll EDIFACT (Electronic Data Interchange for Adminstration, Commerce and Transport). EDIFACT wird als internationaler Standard für den Austausch kommerzieller Daten in einheitlichen Formaten für gebräuchliche Geschäftsvorgänge (wie Bestellungen, Aufträge, Zollerklärungen, Zahlungsaufträge) eingesetzt und ermöglicht dadurch den reibungslosen Datenaustausch auch zwischen unterschiedlichen EDV-Systemen.

2.2.2.5 Gewünschte Handlungsergebnisse

Im Rahmen eines kritisch-handlungsorientierten Unterrichtes mit integrierter betriebswirtschaftlicher Standardsoftware eröffnet sich ein vielfältiges Potential möglicher Handlungsergebnisse[225], welche unmittelbar mit Hilfe der Software geplant und erstellt werden können. Hierbei kann auch ergänzende bzw. unterstützende Software[226] eingesetzt werden. So hat es sich nach Erfahrungen des Autors dieser Arbeit als sehr hilfreich und effizient erwiesen, insbesondere Überblicks-, Orientierungs- und Strukturierungsinhalte mit Hilfe einer geeigneten *Präsentationssoftware*[227] darzustellen (bzw. darstellen zu lassen). Das hierzu notwendige Bedienungs- und Anwendungswissen läßt sich in wenigen Stunden vermitteln oder auch autodidaktisch aneignen.

Mit Hilfe sogenannter *Screen Camcorder Software*[228] lassen sich multimediale Mitschnitte von Bildschirmaktivitäten erstellen. Die Teilnehmer können mit diesen Programmen ihre eigenen Aktivitäten am Computer in Form multimedialer Videos aufzeichnen und zu einem späteren Zeitpunkt abspielen.

Das vielfältigste Potential an möglichen Handlungsergebnissen ergibt sich aus dem Handling mit der integrierten betriebswirtschaftlichen Standardsoftware selbst. So meldet das System bei bestimmten Transaktionen (z.B. die Anlage der verschiedenen Stamm- und Beleg- (bzw. Bewegungsdaten)) die erfolgreiche Speicherung bzw. Buchung zurück. Angelegte und gepflegte Daten können sofort einer Funktionskontrolle im Anwendungsbereich unterzogen werden (z.B. Funktionsüberprüfung eines Kunden- oder Materialstammsatzes innerhalb der Auftragsbearbeitung). Dies gilt ebenso für Einstellungsarbeiten im Customizing. Als mögliches Handlungsergebnis kann auch die Ausgabe bestimmter Nachrichten und Dokumente (Auftragsbestätigungen, Lieferscheine, Rechnungen) vereinbart werden.

Die folgende Abbildung gibt über die beschriebenen Exempel hinaus weitere Beispiele für potentielle Handlungsergebnisse im Umfeld des Einsatzes integrierter, betriebswirtschaftlicher Standardsoftware:

---

[225] Vgl.: Punkt 2.1.1.7 Das didaktische Konzept des handlungsorientierten Unterrichts nach Meyer
[226] Siehe hierzu auch Punkt 2.2.2.7 Ergänzende Medien
[227] Gängige Präsentationswerkzeuge sind z.B. MS-Powerpoint, Harward Graphics oder Lotus Freelance Graphics
[228] Entsprechende Programme werden derzeit von Microsoft (MS-Camcorder für Windows) und Lotus (Lotus ScreenCam) bereitgestellt

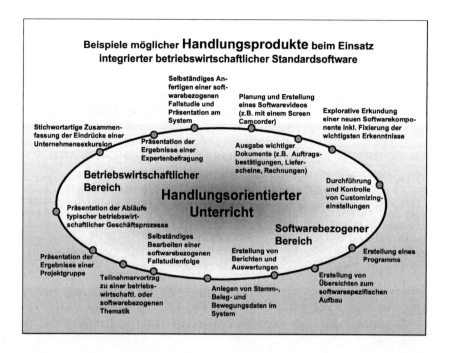

Abb. 36

2.2.2.6 Methoden

Fragen der Methodik betreffen „Wegfragen", d.h. die Art, wie Unterrichtsinhalte vermittelt werden bzw. die Formen und Verfahrensweisen der Unterrichtsdurchführung. Sie sind ein wichtiger Bestandteil der didaktischen Strukturierung des Unterrichts, innerhalb welcher ein begründeter Zusammenhang von Ziel-, Inhalts- und Methodenentscheidungen erfolgen sollte[229].

Meyer[230] sieht im *methodischen Handeln* die „...Inszenierung des Unterrichts durch die zielgerichtete Arbeitsorganisation" und verweist in diesem Zusammenhang explizit auf die notwendige soziale Interaktion und Teilnehmerorientierung. Das theoretische Konstrukt der *unterrichtsmethodischen Handlungskompetenz* der Lehrkräfte definiert er als „...Fähigkeit, in immer wieder neuen, nie genau vorhersehbaren Unterrichtssituationen Lernprozesse der Schüler zielorientiert,

---

[229] Vgl.: Meyer, H.: Leitfaden zur Unterrichtsvorbereitung, 1991, S. 312
[230] Meyer, H.: Unterrichtsmethoden, I: Theorieband, 1987, S. 21 und S. 47

selbständig und unter Beachtung der institutionellen Rahmenbedingungen zu organisieren".[231] Die Methodik determiniert also das Vorgehen, nach dem die Unterrichtsorganisation erfolgt und die Lehr- Lernprozesse gestaltet werden. Damit weist die Methodik prinzipiell zwei Sichtweisen auf, nämlich die des Lernweges der Lernenden und die des Lehrweges der Lehrkräfte. Beide Sichtweisen sind allerdings aufeinander bezogen, d.h. nicht voneinander unabhängig. Für Götz und Häfner[232] hat die Methodik für den Lehrenden „...eher den Charakter der Strategie, die Lernprozesse unter den jeweiligen Gegebenheiten organisieren soll". Schulz[233] sieht in Methoden „...eine Sammelbezeichnung für Umgangsformen und Organisationsformen". Zum Zweck der Übersichtlichkeit über die Vielzahl möglicher Methoden wurden entsprechende Ordnungsschemata entwickelt, welche Einzelmethoden in verschiedene Kategorien zusammenfassen[234]. Ein bekanntes Ordnungsschema stammt von Schulz[235], welcher fünf methodische Entscheidungsebenen der Lehrkraft differenziert:

- *Ebene umfassender Methodenkonzeptionen:* Hierzu zählen beispielsweise die Projektmethode sowie prozeß-, problem- und objektorientierte Verfahren, auf welche im folgenden näher eingegangen werden soll; induktive und deduktive Methoden
- *Ebene des Stufenaufbaus des Unterrichts[236]:* Gemeint ist die Phasierung des Unterrichts z.B. in Hinführung (Einstieg), Erarbeitungsphase, Anwendungsphase, Übung und Kontrolle des Erarbeiteten
- *Ebene der Sozialformen (Interaktions- bzw. Kommunikationsmöglichkeiten) des Unterrichts:* Frontalunterricht, Gruppenunterricht und Partner- und Einzelarbeit
- *Ebene der Aktionsformen der Lehrkraft und der Lernenden:* Lehrkraftpräsentation, Vortrag, Experiment, Formen der Unterstützung (scaffolding, fading), Fallstudienbearbeitung[237], Lernen mit/in Modellfirmen etc.
- *Ebene der Urteilsformen (Motivation, Bewertung):* Lob, Tadel, Ermunterung

---

[231] Ebenda, S. 21
[232] Götz, K., Häfner, P.: Didaktische Organisation von Lehr- und Lernprozessen. Neue Formen des Lernens im Betrieb, Band 3, Schriftenreihe des Arbeitskreises Pädagogische Hochschulen/Wirtschaft in Baden-Württemberg, 1991, S. 111
[233] Schulz, W.: Die lehrtheoretische Didaktik oder: Didaktisches Handeln im Schulfeld. In Gudjons, H., Teske, R., Winkel, R. (Hrsg.): Didaktische Theorien, 1999; S. 51
[234] Vgl.: Meyer, H.: Leitfaden zur Unterrichtsvorbereitung, 1991, S.333ff.
[235] Vgl.: Schulz, W.: Unterricht – Analyse und Planung, 1965, S.30. Zitiert in: Meyer, H.: Leitfaden zur Unterrichtsvorbereitung, 1991, S. 335-336, vom Autor dieser Arbeit erweitert um weitere Aspekte
[236] Eine spezifische, auf das Lernmedium integrierte, betriebswirtschaftliche Standardsoftware abgestimmte Unterrichtsphasierung wird im Punkt 2.2.3.1 erläutert
[237] Aspekte zur Fallstudienmethodik werden im empirischen Teil dieser Arbeit vertieft behandelt (siehe Punkt 4.1)

Meyer[238] wählt eine ähnliche Differenzierung in *Methodische Großformen, Unterrichtsschritte, Sozialformen, Handlungsmuster* und *Handlungssituationen*. Aus verschiedenen Handlungssituationen (z.B. eine Frage stellen, einen Arbeitsauftrag formulieren) ergeben sich komplexere Handlungsmuster (z.B. einführender Lehrervortrag, eine Fallstudienbearbeitung), und aus der zeitlichen Abfolge und Zielorientierung der Handlungsmuster entwickelt sich der methodische Gang des Unterrichtsprozesses. Der methodische Gang wiederum ist in verschiedene mögliche Sozialformen eingebettet (Frontalunterricht, Partner- und Gruppenarbeit etc.).
Unterrichtsmethodik determiniert aus der Perspektive der Lernenden stets die Organisation der Lernprozesse, welche in unterschiedlichem Ausmaß den Vorgaben der Lehrkraft unterliegen. In der Reihenfolge abnehmender Selbständigkeit der Lernenden unterscheiden Götz und Häfner folgende *methodische Verfahren*[239], deren Wesen und deren Einsatzmöglichkeiten im Rahmen der Verwendung integrierter, betriebswirtschaftlicher Standardsoftware nachfolgend erläutert und reflektiert werden sollen.

Im *methodisch offenen, situativen Unterricht* können die Lernenden in der jeweiligen Situation über Lernwege (bzw. Medien) ad hoc entscheiden.
Die Teilnehmer bekommen bei dieser handlungsorientierten Methodik z.B. die Aufgabenstellung, sich selbständig ein bestimmtes (von der Lehrkraft klar beschriebenes und abgegrenztes) Themengebiet integrierter betriebswirtschaftlicher Standardsoftware zu erschließen. Es bleibt ihnen überlassen, welche Lernwege und Medien (z.B. Arbeit unmittelbar mit der Software, Erschließung des Themas über die Dokumentation, über spezielle Lernsoftware und -materialien oder über Recherchen im Internet) und Sozialformen (Einzel-, Partner- bzw. Gruppenarbeit) gewählt werden.
Dieses mit hohen Freiheitsgraden versehene methodische Vorgehen kommt i.d.R. den Wünschen der Lernenden sehr entgegen, hat aber als Verfahren den Nachteil möglicher zeitintensiver Fehlwege und -entscheidungen, welche zu Mißerfolgserlebnissen und Demotivation führen können. Aufgrund der Unübersichtlichkeit und inhaltlichen sowie technischen Komplexität integrierter betriebswirtschaftlicher Standardsoftware empfiehlt sich diese Vorgehensweise nur bei fortgeschrittenen Teilnehmern. Von den Lernenden muß eine umfassende Erfahrung mit den zur Verfügung stehenden Medien und den damit verbundenen

---

[238] Meyer, H.: Unterrichtsmethoden, I: Theorieband, 1987, S. 115ff.
[239] Vgl.: Götz, K., Häfner, P.: Didaktische Organisation von Lehr- und Lernprozessen, S. 112ff.
Meyer spricht in diesem Kontext von *Unterrichtskonzepten*, und definert diese als Gesamtorientierungen methodischen Handelns, in denen „...explizit ausgewiesene oder implizit vorausgesetzte Unterrichtsprinzipien, allgemein- und fachdidaktische Theorieelemente und Annahmen über die organisatorisch-institutionellen Rahmenbedingungen und die Rollenerwartungen an Lehrer und Schüler integriert werden." (s. Meyer, H.: Unterrichtsmethoden, I: Theorieband, 1987, S. 208ff.)

Lerntechniken erwartet werden, damit auftretende Probleme und Schwierigkeiten zufriedenstellend bewältigt werden können. Eine zeitliche Determinierung solcher Vorgehensweisen gestaltet sich als außerordentlich schwierig.

Projektorientierte Verfahren gehören ebenfalls zur handlungsorientierten Methodik; sie verlangen einen detaillierteren Planungsprozeß und setzen eine fortgeschrittene Erfahrung der Teilnehmer mit integrierter betriebswirtschaftlicher Standardsoftware voraus. Nach den Erfahrungen des Autors dieser Arbeit erlauben projektorientierte Verfahren eine effiziente und teilnehmer- bzw. problemorientierte Beschäftigung mit dem Lernobjekt bzw. Lernmedium. Sie sollten stets mit der Sozialform der Partner- oder Gruppenarbeit verknüpft werden, um somit neben fachlichen Fähigkeiten auch die Schlüsselqualifikation *Teamfähigkeit* entwickeln zu können.

Grundsätzlich umfaßt ein Projekt:
- eine Aufgabenstellung im Kontext eines umfänglichen Arbeitsvorganges
- die Planung, Ausführung, Dokumentation und Präsentation in der weitgehenden und selbständigen Verantwortung der Lernenden
- ein konkretes Projektergebnis.

Aff u.a.[240] differenzieren die Projektmethodik in die Bereiche *Projektunterricht*, *Projektarbeit* und *projektorientierter Unterricht*. Projektunterricht erfolgt hiernach meist im Rahmen spezieller Projektwochen unter starker Betonung interdisziplinärer, fächerübergreifender Fragestellungen. Die Projektarbeit erfolgt überwiegend außerhalb der Bildungsinstitution bzw. des Unterrichts, z.B. in Unternehmen, und kann auch in Einzelarbeit durchgeführt werden. Im Rahmen des projektorientierten Unterrichts gibt die Lehrkraft eine Rahmenthemenstellung vor; die Lernenden können sich für entsprechende Unterthemen entscheiden. Die Themenstellung ist überwiegend in den Fachunterricht integriert, kann aber auch in begleitenden Übungen bearbeitet werden. Aff. u.a.[241] schlagen eine spezifische Planungsheuristik für projektorientierten Unterricht vor, welcher sich sowohl für kaufmännische Projektaktivitäten im allgemeinen, als auch für die projektmäßige Erschließung von Themen im Zusammenhang mit der Verwendung integrierter betriebswirtschaftlicher Standardsoftware eignet. Unter weitgehender Verwendung dieser Ablaufempfehlung zeigt die folgende Abbildung ein konkretes Planungs- bzw. Anwendungsbeispiel projektorientierten Unterrichts:

---

[240] Aff, J., Grohmann, S., Lindner, J.: Die Projektmethode im kaufmännischen Unterricht. In: Aff, J. (Hrsg.): Schriftenreihe für Wirtschaftspädagogik, Reader Wirtschaftsdidaktik, Köln Sofia Wien 1998, S. 382
[241] Ebenda, S. 386-389

Phasierung u. Beispiel projektorientierten Unterrichts
im Rahmen des Einsatzes integrierter betriebswirtschaftlicher Standardsoftware

Projektorientierte Phasierung

1 Startphase - Themenfindung

1.1 Eingangsvoraussetzungen prüfen
- Eruierung der Fach- und Methodenkompetenz der Teilnehmer

1.2 Erläuterungen zur Projektmethode
- Überblick über Zielsetzungen und Qualifikationen
- Bedeutung für die Arbeitswelt verdeutlichen

1.3 Planung - Themenfindung - Zielformulierung
- Zeitl. u. inhaltl. Rahmenplanung durch Lehrkraft
- Kooperative Planungsphase unter Berücksichtigung der Teilnehmerinteressen - Bildung von Projektgruppenthemen - Gruppenbildung zu den einzelnen Projektthemen

1.4 Determinierung von Verfahrensregeln
- Klärung Lehrerrolle, Informationsaustausch zw. den Gruppen, Problembehandlung, Berücksichtigung institutioneller Fixtermine

1.5 Klärung der Bewertungskriterien
- Anfertigung Arbeitsprozeßbericht
- Qualitätsbewertg. des Produktes
- Qualität der Produktpräsentation

Konkretes Beispiel

zu 1.1: Rekapitulation der bisherigen Lehrgangsinhalte, ggf. Erhebung durch Fragebogen

zu 1.2: Zielsetzungen der Projektmethodik erläutern (Erlangung von Fach- und Systemhandhabungswissen zu einer bestimmten Thematik, verbunden mit der Erlangung von Teamfähigkeit, Planungs- und Präsentationskompetenz), Praxisbezug zum Unternehmenseinsatz herstellen

zu 1.3: Vorgabe des *Rahmenthemas durch den Dozenten*: z.B. mögliche Verkaufsformen innerhalb des Moduls Vertrieb prozedural erläutern und im System in Form einer nachvollziehbaren Fallstudie abbilden können, bei Bedarf ScreenCam Video herstellen Vorgabe *arbeitsmethodischer und zeitlicher Rahmenbedingungen*: Festlegung der Arbeitsmittel z.B. einen bestimmten Mandanten (z.B. IDES) innerhalb der integrierten betriebswirtschaftlichen Standardsoftware, Festlegung sonstiger Software und Lernmittel (Dokumentation, Internet, Funktionsbroschüren, Demo-CD´s, Fallstudienmaterial etc.), Festlegung und Reservierung der Räumlichkeiten (Rechnerraum), Beschränkung der Projektgruppe auf 2-3 Teilnehmer, Festlegung Projektdauer etc. Bildung von *Projektgruppenthemen*: z.B. Terminverkauf, Barverkauf, Konsignationsverkauf, Internetverkauf etc. Klärung der gewünschen Vorgehensweise zusammen mit den Teilnehmern

2 Projektdurchführung

2.1 Planung der Arbeit in den Projektgruppen
2.2 Beratung/ Betreuung durch Dozenten
2.3 Management innerhalb des Bildungsträgers
2.4 Planung und Organisation der Dokumentation und Präsentation

Konkretes Beispiel

zu 2.1: Erarbeitung einer gruppen- bzw. themenspezifischen Zeitplanung, Materialaufbereitung und -auswertung, Produkterstellung, Aufteilung gruppeninterner Verantwortlichkeiten

zu 2.2: Bereitstellung benötigter Hintergrundinformationen (ggf. durch begleitende, dozentenorientierte Informationsinputs) und Materialpakete, Gewährleistung der technischen Funktionalität und zufriedenstellender Antwortzeiten des Systems, Bereitstellung eines geeigneten Mandanten (z.B. IDES) innerhalb der integrierten, betriebswirtschaftlichen Standardsoftware, Bereitstellung sonstiger Software (gff. kurze Einführungssschulung z.B. in PowerPoint und ScreenCam Software, Word etc.) und sonstiger Lernmittel (Dokumentation, Internet, Funktionsbroschüren, Demo-CD´s, Fallstudienmaterial etc.), Moderation bei Gruppenkonflikten

zu 2.3: Festlegung und Reservierung der Räumlichkeiten (Rechnerraum), Abstimmung mit Kollegen wg. Arbeitsüberlastung der Teilnehmer

zu 2.4. Endgültige Festlegung der Dokumentationstiefe bzw. des Dokumentationsumfanges, Bereitstellung der techn. Ausstattung zur Präsentation (BWL-Software, Beamer, Master-Slaveschaltungen, LCD-Auflage, Overheadprojektor etc.)

Fortsetzung auf nächster Seite

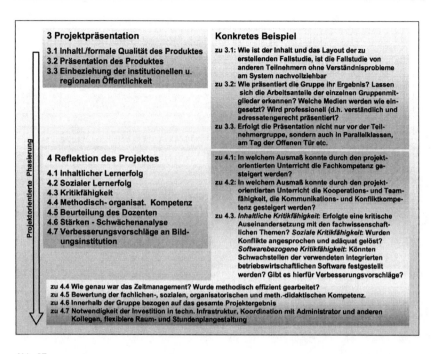

Abb. 37

Grundsätzlich können die zu Phase 4 gehörenden Fragen und Sachverhalte durch einen Fragebogen oder in einem projektgruppenübergreifenden Abschlußgespräch eruiert werden. In allen Phasen kann ein dozentenzentrierter Informationseinschub durch die betreuende Lehrkraft notwendig und sinnvoll sein.

Erlebnisorientierte Verfahren sprechen schwerpunktmäßig den affektiven Bereich der Lernenden an[242]. Häufig werden erlebnisorientierte Bereiche außerhalb des routinierten Ausbildungsalltags erschlossen. Hierzu können Exkursionen zu Unternehmen gezählt werden, die eine integrierte betriebswirtschaftliche Standardsoftware eingeführt haben oder noch einführen wollen, Expertengespräche, Besuche von Ausstellungen und Messen (z.B. CeBiT), Teilnahme an Unternehmenspräsentationen etc..

Im Rahmen des Einsatzes integrierter betriebswirtschaftlicher Standardsoftware eignen sich in besonderer Weise *prozeßorientierte Verfahren* der

---

[242] Die hier vorgestellten Verfahrensweisen können sich durchaus in ihren Aussagen und Forderungen überschneiden. So ist es durchaus wünschenswert, wenn projektorientierter Unterricht auch Elemente erlebnisorientierter, prozeß- und problemorientierter Verfahren enthält.

Unterrichtsdurchführung. Hier kann eine praktische Auseinandersetzung mit den vielfältigen, prozessualen Abläufen der Software erfolgen. Die operativ und planerisch orientierten Anwendungsbereiche beinhalten die Abbildung einer Vielzahl von integrierten bzw. abteilungsübergreifenden betriebswirtschaftlichen Prozeßszenarien, welche im Unterricht schrittweise beschrieben und dann von den Teilnehmern handlungsorientiert im System nachvollzogen werden können. Es bietet sich an, dieses methodische Verfahren durch eine Fallstudienmethodik (case studies) zu ergänzen. Prozeßorientiertes Vorgehen erleichtert schwerpunktmäßig das Gesamtverständnis für kaufmännisch-organisatorisches Geschäftsprozeßwissen[243] in Unternehmen. Nachfolgend werden beispielhaft einige typische prozeßdeterminierte Themenkomplexe aus unterschiedlichen betriebswirtschaftlichen Bereichen aufgeführt, die sich mit Hilfe integrierter, betriebswirtschaftlicher Standardsoftware besonders effizient vermitteln lassen[244]:

- Auftragsbearbeitung (Vertrieb)
- Kundenkontraktbearbeitung
- Lieferungsbearbeitung (Vertrieb)
- Absatzplanung (Vertrieb/ Produktion)
- Programmplanung (Vertrieb/ Produktion)
- Fertigungsauftragsbearbeitung (Produktion)
- Bestellanforderungs- und Bestellbearbeitung (Materialwirtschaft) etc.

Problemorientierte Verfahren stellen das Angebot authentischer, komplexer Anwendungs- bzw. Problemsituationen in den Vordergrund der Betrachtungen. Durch die Versetzung der Lernenden in konkrete (ggf. didaktisch reduzierte) Anwendungskontexte soll eine Motivation zum Mitdenken und zur möglichst selbständigen Problemlösung erfolgen. Es wurde bereits dargelegt, daß die erforderliche Authentizität der Lernumgebung und situierte Anwendungskontexte verbunden mit möglichst multiplen Perspektiven auf den Lerninhalt durch den Einsatz integrierter betriebswirtschaftlicher Standardsoftware erzielt werden können.
Im Kontext der Darstellung des Cognitive Apprenticeship Ansatzes wurde schon ausführlich ein Beispiel für Problemorientierte Verfahren und die damit verbundene Methodik dargestellt[245].

Objektorientierte Verfahren repräsentieren eine Methodenkonzeption, welche den Unterrichtsinhalt in den Vordergrund stellt. Diese ist häufig mit der Sozialform

---

[243] Siehe hierzu auch Punkt 2.2.2.4.10, S. 114 ff.
[244] Keller, G., Teufel, Th.: SAP®R/3® prozeßorientiert anwenden – Iteratives Prozeß-Prototyping zur Bildung von Wertschöpfungsketten, 1997, S. 293ff.
[245] Vgl.: Punkt 2.1.2.1 Das Konzept des problemorientierten Lernen und Lehrens

Frontalunterricht sowie der Vermittlung stark wissensorientierter Inhaltsstrukturen verbunden. Durch den Frontalunterricht übernimmt die Lehrkraft wesentliche Steuerungs-, Kontroll- und Bewertungsaufgaben. Reduziert sich der Frontalunterricht auf die monotone Faktendarstellung ohne Teilnehmerorientierung (z.B. Dozentenvortrag als „Folienschlacht") kann sich sehr schnell das Risiko unproduktiver Anpassung und Passivität bei den Teilnehmern einstellen[246].

Nach Meinung des Autors dieser Arbeit ist Frontalunterricht im Kontext der Verwendung integrierter betriebswirtschaftlicher Standardsoftware, wenn er dosiert angewandt und didaktisch-methodisch kreativ durchgeführt wird, ein unverzichtbarer Bestandteil konzeptioneller Betrachtungen. Denn Frontalunterricht eignet sich sehr gut bzw. ist erforderlich, um die mit dem Softwareeinsatz verbundenen komplexen Strukturen, Zusammenhänge, Probleme und Fragestellungen teilnehmerorientiert darzustellen. Frontalunterricht bewährt sich nach den Unterrichtserfahrungen des Autors dieser Arbeit immer dann, wenn es darum geht, allgemeine Orientierungsgrundlagen herzustellen, z.B. durch eine schrittweise Vermittlung betriebswirtschaftlichen und softwarespezifischen Hintergrundwissens als notwendige Vorbereitung für das praktische Tun der Teilnehmer am System. Es ist Meyer[247] zuzustimmen, wenn er zum Frontalunterricht feststellt: „Frontalunterricht ist besser als andere Sozialformen geeignet, einen Sach-, Sinn- und Problemzusammenhang aus der Sicht und mit den Mitteln des Lehrers darzustellen. Er ist kaum geeignet, die *Selbständigkeit des Denkens, Fühlens und Handelns* der Schüler zu entfalten." Meyer[248] führt noch eine Vielzahl weiterer Gesamtkonzepte methodischen Handelns auf, welche an anderen Stellen dieser Arbeit bereits themenbezogen dargestellt wurden (Handlungsorientierter Unterricht, exemplarisches Lehren und Lernen, lernzielorientierter Unterricht) bzw. nicht Gegenstand dieser Arbeit werden sollen (z.B. Genetischer Unterricht, programmierter Unterricht, Erfahrungsbezogener Unterricht).

Abschließend sei auf die Abb. 11 verwiesen, auf welcher bereits geeignete Handlungsmuster und Interaktionsformen im Zusammenhang mit der Verwendung integrierter betriebswirtschaftlicher Standardsoftware dargestellt wurden.

2.2.2.7 Ergänzende Medien

Medien bezeichnen Lernmittel und Lernobjekte, mit denen sich Botschaften speichern und kommunizieren lassen[249]. Unterrichtsmedien stellen (Hilfs-)instrumente dar, die den Lernenden das Aneignen von Wissen und Fertigkeiten

---

[246] Vgl: Meyer, H.: Unterrichtsmethoden, II: Praxisband, 1989, S. 181ff.
[247] Ebenda, S. 184
[248] Meyer, H.: Unterrichtsmethoden, I: Theorieband, 1987, S. 208ff.
[249] Vgl.: Issing, J., Klimsa, P. (Hrsg.): Information und Lernen mit Multimedia, 1997, S. 66

erleichtern bzw. ermöglichen. Die begründete Auswahl und der geübte Einsatz von Medien stellt eine wesentliche Voraussetzung für qualitativ hochwertigen kfm. Unterricht dar. Der Einsatz der Medien sollte die Selbständigkeit der Teilnehmer unterstützen, indem sie überwiegend eigenständig an und mit den Medien arbeiten. Ein großes Maß an Handlungsorientierung kann dadurch erzielt werden, daß Teilnehmer ihre eigenen Medien selbst herstellen können (z.B. mit Präsentations- oder Videosoftware). Medien werden häufig in Abhängigkeit des Wahrnehmungskanals, den sie ansprechen in *auditive*, *visuelle* und *audiovisuelle* Medien[250] differenziert.

Integrierte betriebswirtschaftliche Standardsoftware kann sowohl als Lernmittel (zur Darstellung betriebswirtschaftlicher sowie informationstechnischer Themen) und als Lernobjekt (z.B. zur Erlangung von Bedienungs-, Anwendungs- und Customizingfertigkeiten) zugleich betrachtet werden. Deren Einsatz führt zu einer verstärkten und kostenintensiven Technisierung des kfm. Unterrichts. Im Kontext der Verwendung kfm. Standardsoftware können eine Reihe weiterer soft- und hardwarebasierter technischer Medien sinnvoll und effizienzsteigernd eingesetzt werden. Davon sollen die Wichtigsten im folgenden anhand ihrer wesentlichen Funktionen erläutert bzw. innerhalb einer Übersicht dargestellt werden. *Unterstützende Software* läßt sich beispielsweise in Form von Präsentationssoftware (z.B. MS-PowerPoint) für die Erstellung von (ggf. multimedial aufbereiteten) Übersichten und komprimierten Wissensinhalten und zum Zweck der Vorführung dieser Inhalte vor einem Plenum einsetzen[251]. Die Handhabung entsprechender Programme kann mit vergleichsweise geringem Zeitaufwand durchgeführt werden. Bei Bedarf bzw. Zeitmangel kann auch eine (ganz oder teilweise) autodidaktische Aneignung erfolgen. Die Verwendung von Präsentationssoftware eignet sich z.B. besonders zur graphisch orientierten Unterstützung eines Lehrervortrages oder zur komprimierten Ergebnisdarstellung projektorientierten Unterrichts. Ebenso bewährt sich die Software bei der Erstellung von Übersichten und Abbildungen in Dokumentationen und Fallstudien. CBT (Computer based training) Software und Modellierungstools (z.B. Visio, ARIS) stellen weitere softwarebasierte, den Lernprozess mit integrierter betriebswirtschaftlicher Standardsoftware unterstützende Medien dar. CBT-Programme und Demonstrations- und Werbe CD's sind i.d.R. multimedial aufbereitet und erlauben ohne online-Anbindung die weitgehend selbstgesteuerte Beschäftigung mit der kfm. Standardsoftware. Allerdings sind CBT-Programme meist sehr kostspielig und thematisch stark begrenzt. Mit Hilfe

---

[250] Vgl.: Walter, P.: Medien. In Ashauer, G.: Kleines Wirtschaftslexikon – Fachbegriffe der Berufs- und Wirtschaftspädagogik,1990, S. 205-207

[251] Die Vermittlung von entsprechenden Anwendungskenntnissen läßt sich sinnvoll mit einer grundlegenden Einführung in Präsentationstechniken verknüpfen (siehe hierzu: Schneider, W.: Informieren und Motivieren. Eine Einführung in die Präsentationstechnik, 1995, S. 10-74)

sogenannter Modellierungstools wird es den Teilnehmern möglich, Übersichten zu wesentlichen Geschäftsprozeßszenarien einzusehen bzw. selbst zu gestalten. Hardwarebasierte technische Medien sorgen in erster Linie für die visuell und akustisch einwandfreie Darstellung von Bildschirminhalten und –masken. Über sogenannte Master-Slave-Schaltungen ist es beispielsweise möglich, Bildschirminhalte des Dozentencomputers (Masken, elektronische Folien, Internetseiten etc.) auf alle Teilnehmercomputer zu übertragen. Die folgende Abbildung zeigt eine Auswahl überwiegend technischer bzw. softwarebasierter, aber auch „klassischer" Medien, welche den Einsatz integrierter, betriebswirtschaftlicher Standardsoftware sinnvoll ergänzen können:

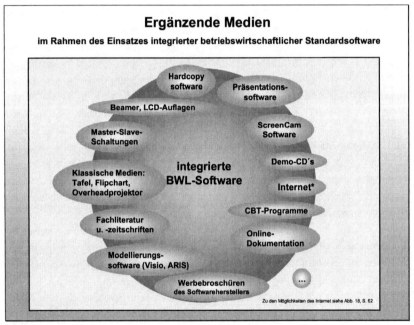

Abb. 38

2.2.2.8 Institutionell-organisatorische Aspekte der Einführung

2.2.2.8.1 Notwendige Rahmenbedingungen

Die Implementierung integrierter betriebswirtschaftlicher Standardsoftware in Bildungseinrichtungen ist i.d.R. mit einem hohen Ausmaß zeitlicher, finanzieller und personeller Investitionen[252] verbunden. Deshalb muß jeder Bildungsträger prüfen, ob die Mittel und die Bereitschaft, diese Investitionen zu tätigen, vorhanden sind. Im Rahmen dieser Arbeit wird ausführlich dargelegt, welche Vorteile und Risiken mit der Verwendung integrierter betriebswirtschaftlicher Standardsoftware verbunden sind. Sie sollte eine Hilfestellung bieten diese Vorteile und Risiken mit den Zielsetzungen des Bildungsträgers im allgemeinen und denen der aktuellen und geplanten Bildungsangebote (Curricula, Lehrpläne, Kursinhalte) im speziellen abzugleichen. Die Einführung und die laufende Unterhaltung der Standardsoftware ist nur lohnend im Rahmen eines dauerhaft angelegten Engagements und des Vorhandenseins eines gesamten langfristig orientierten didaktischen Konzeptes, innerhalb dessen die integrierte betriebswirtschaftliche Standardsoftware effizient eingebettet wird, indem klar definiert wird, welche Aufgaben und Zielsetzungen durch die Software übernommen werden sollen. Von größter Bedeutung für die Qualität des Unterrichts ist aus der Sicht des Autors dieser Arbeit ein ebenfalls notwendiges, langfristig angelegtes Qualifizierungs- und Weiterbildungskonzept für die involvierten Lehrkräfte. Neben der Prüfung der finanziellen Machbarkeit[253] verlangt der Einsatz der kfm. Standardsoftware einen erhöhten interdisziplinären Abstimmungsaufwand zwischen den Fachkollegen (z.B. Betriebswirtschaftslehre, Rechnungswesen, Informatik). Hierzu müssen strukturelle Freiräume (z.B. zum Zweck der Teilnahme an Lehrerfortbildungen, Koordinierungstreffen, Abstimmungsworkshops und speziellen Arbeitskreisen) seitens des Bildungsträgers geschaffen werden. Dies gilt insbesondere dann, wenn aus Kostengründen mehrere Ausbildungsstandorte auf *ein* zentrales System zugreifen.

2.2.2.8.2 Hochschulkompetenzzentren als Beispiel für ein kostensparendes Konzept der Vernetzung von Bildungsinstitutionen für den Bereich integrierter betriebswirtschaftlicher Standardsoftware

Die Eruierung möglicher Kostenreduzierungsstrategien stellt eine zentrale Aufgabenstellung dar. Im folgenden soll anhand nachstehender Tabelle an dem konkreten Beispiel der sogenannten *Hochschul Competence Center (HCC)*[254]

---

[252] Vgl.: Punkt 2.2.4.2 Kosten-Nutzenanalyse
[253] Insbesondere öffentliche Bildungseinrichtungen verfügen häufig nur über begrenzte, oft nicht ausreichende finanzielle Budgets. In einer solchen Situation kann beispielsweise das Finanzierungsinstrument Sponsoring eingesetzt werden. Einige Hersteller integrierter betriebswirtschaftlicher Standardsoftware sind durchaus bereit, ihre Programme unentgeltlich zur Verfügung zu stellen. Ebenso gibt es Hardwarehersteller, die Rechnerkapazitäten ohne wesentliche Vergütung bereitstellen.
[254] Quelle: Website des SAP Hochschulkompetenzzentrums der Universität Passau; Internetadresse: http://hcc.uni-passau.de, ergänzt um eigene Recherchen des Autors dieser Arbeit, s. hierzu auch den Anhang VII und VIII.

gezeigt werden, wie ein kostensparendes Konzept der Vernetzung unterschiedlicher Bildungsinstitutionen für den Bereich integrierter betriebswirtschaftlicher Standardsoftware gestaltet werden kann.

Ziele	Ziel des SAP-Hochschulkompetenzzentrums (HCC) ist es, durch zentral betriebene Hard- und Software die angeschlossenen Hochschulen von Systemadministrationsaufgaben und Investitionen in Hardware zu befreien. Über das DFN-Netz sind die Hochschulen mit dem HCC verbunden und können die SAP-Produkte jederzeit nutzen. Der erfolgreiche Einsatz von SAP-Produkten in Forschung und Lehre erfordert seitens der Hochschulen Investitionen in Hardware und Systemadministration. Fluktuation der Administratoren und notwendige Ergänzungsinvestitionen in Hardware sowie der erforderliche Systemadministrationsaufwand verursachen erfahrungsgemäß Reibungsverluste und erschweren die Konzentration auf die eigentliche Arbeit mit der Software. Es ist gewährleistet, daß jeweils das aktuelle Release der SAP-Software zur Verfügung steht. Die Firma SUN als Hardware-Partner der SAP garantiert, daß die zentrale Hardware-Plattform immer den Bedürfnissen der Hochschulen gerecht wird. Vorteile für die angeschlossenen Hochschulen: • Kundenstatus • Reduzierung von Kosten und Aufwand • Konzentration auf den Einsatz von SAP-Produkten • Know-How- und Kompetenztransfer • Mitgliedschaft in einer User-Group
Organisation	Das SAP-Hochschulkompetenzzentrum als Institution der Universität Passau (HCC) betreibt SAP-Systeme, die von anderen Hochschulen und Bildungsträgern in Forschung und Lehre genutzt werden. Die SAP-Lizenzen werden von der SAP AG für HCC-Mitglieder kostenfrei zur Verfügung gestellt. Die Server zum Betrieb der SAP-Systeme wurden von der Firma SUN Microsystems gespendet. USV, Software zur Online-Sicherung und Administrationssoftware sind Spenden der Firmen Best Power, Legato und Candie Software. Das HCC hat am 1.5.1999 den operativen Betrieb aufgenommen. Leiter des HCC ist Prof. Dr. Peter Kleinschmidt, Inhaber des Lehrstuhls für Wirtschaftsinformatik an der Universität Passau. Weitere HCC: Ab Juni 2000: Universität Münster, ab November 2000: Universität Magdeburg[255]

---

[255] O.V.: Hochschulen forschen mit mySAP.com –Kompetenz-Zentren gegründet-; in: sapinfo.net, Ausgabe Juli 2000, S. 55

Zielgruppe	Aktuell: 100 Hochschulen (Stand 07/2000). In Deutschland sollen weitere Kompetenzzentren für Hochschulen entstehen, an denen in der Endausbaustufe über 170 Universitäten, Fachhochschulen, Berufsakademien, Berufs- und Kollegschulen angeschlossen sind.
Leistungen	• Bereitstellung hochverfügbarer und performanter Hardware • Professionelle Systemadministration durch Mitarbeiter der Fa. SERKEM GmbH • Systemmonitoring • Online-Sicherungen • Abgestimmte Durchführung von Releasewechseln • Hotline für technische Probleme • Bereitstellung des Online Service Systems der SAP • Einführendes Training für Dozenten • Veranstaltung von zwei User-Treffen im Jahr
Ausstattung	• Die SAP AG stellt ihre Softwareprodukte, Upgrades, Service und Support für HCC-Mitglieder unentgeltlich zur Verfügung. • Die Serverausstattung des HCC wird ebenfalls unentgeltlich durch SUN Microsystems zur Verfügung gestellt. • Candle (Administrationssoftware)
Hardware	• 40 SUN Ultra Enterprise 250 Server davon 34 mit 1400 MHz-UkraSparc-II-Modul und 6 mit 2400 MHz-UltraSparc-II-Modulen • 1,5 GB Hauptspeicher pro Server • 108 GB Festplattenspeicher pro Server (entspricht einer Gesamtkapazität von ca. 3,8 TB) • StorEdge E3500 Tape Library (Kapazität: 100 DLT-Bänder) • USV S4000 (30kVA) der Fa. Best Power
Software	• SAP®R/3® Release 4.0B • Betriebssystem Solaris 2.6 • Legato Networker Sicherungssoftware • Candle Administrationstools
Vernetzung	• Anbindung an den B-Win-Knoten der Uni-Passau über eine 100 Mbit-TP-Leitung • Anschluß der Server über zwei 32-Port-Switches (100 MBit)
Kosten	Ca. DM 10.000,-- pro Semester

Tab. 1: Konzept der Hochschulkompetenzzentren

2.2.2.9 Möglichkeiten der Verknüpfung integrierter betriebswirtschaftlicher Standardsoftware mit multimedialer Lehr- und Informationssoftware

Im folgenden soll dargelegt werden, welche Potentiale und welcher Nutzen, aber auch welche Risiken entstehen können, wenn begleitend zum Unterricht mit integrierter betriebswirtschaftlicher Standardsoftware komplementäre computerunterstützte Lehr-bzw. Lernmedien eingesetzt werden.

2.2.2.9.1 Begriffsbestimmung Multimedia und Neue Medien

Multimediale Angebote sprechen schwerpunktmäßig die visuellen und auditiven Sinnesmodalitäten an und vermitteln verschiedenartige Zeichen- oder Symbolsysteme über differenzierte sprachliche, bildhafte oder piktorale Codierungen (z.B. Codierung von Sprache in Form von Text oder in gesprochener Ausdrucksweise, Codierung von Bildern in Form von Diagrammen, Analogiebildern, Standbildern, Graphiken oder bewegten Bildern)[256].
Weidenmann[257] unterscheidet in nachfolgender Tabelle dargestellte *Dimensionen von Multimedia*:

	mono-...	multi-...
Medium	monomedial: • Buch • Videorecorder • PC mit Bildschirm	multimedial: • PC+CD-ROM/ DVD • PC+ Videorecorder
Codierung	monocodal: • nur Text • nur Bilder • nur Zahlen	multicodal: • Text mit Bildern • Grafik mit Beschriftung
Sinnesmodalität	monomodal: • nur visuell (Text, Bilder) • nur auditiv (Rede, Musik)	multimodal: • audiovisuell (Video, CBT-Programm mit Ton)

Tab. 2

---

[256] Vgl.: Weidenmann, B.: Multimedia und Lernen, in: Geißler, Loos (Hrsg.): Handbuch Personalentwicklung, Beraten, Trainieren Qualifizieren, Konzepte, Methoden und Strategien, Deutscher Wirtschaftsdienst 1997, Abschnitt 9.1.1.0, S. 3ff.
[257] Ebenda, S. 6

Schneider[258] subsumiert unter computerunterstützten multimedialen Lehrprogrammen Lernsequenzen, die neben Text und Standbild auch animierte Graphiken, Ton, Trickbild und reale Videosequenzen beinhalten, innerhalb derer Möglichkeiten der Interaktion zur Bearbeitung bzw. Problemlösung seitens des Lernenden und entsprechende Feedbacks integriert sind. Die sogenannten *Neuen Medien* (Computer, Internet, digitaler Film, Funk, Fernsehen etc.) sind als „Transportmedien" in der Lage, Multimedialität zusammen mit vernetzter Multifunktionalität (i.S.v. Information, Entertainment, Lehr- und Lernfunktionen) in Form überwiegend digitalisierter Datenübermittlung an die Lernenden heranzutragen[259].

Hüther[260] betont in diesem Zusammenhang, daß Multimedia als Technik didaktisch geplanter Medienverzahnung insbesondere bei der Vermittlung strukturierbaren Faktenwissens sowie bei Inhalten, welche besonders auf eine visuelle-akustische Darbietung angewiesen sind, genutzt werden kann.

2.2.2.9.2 Typologie multimedialer Lehr- und Informationssoftware

Euler[261] differenziert verschiedene Arten von überwiegend multimedialer, als Lernprogramme konzipierter Software. Diese werden zusammenfassend in der nachfolgenden Abbildung dargestellt und anschließend erläutert[262].

---

[258] Vgl.: Schneider, W.: Computerbasierte Lehrprogramme als Lehrerersatz. Eine kritische Betrachtung multimedialer, computergestützter Lehrsysteme aus lernpsychologischer und ökonomischer Sicht. In Aff, J. (Hrsg.): Schriftenreihe für Wirtschaftspädagogik. Zukunft gestalten – Bilden für die Marktwirtschaft, 2000, S. 380

[259] Vgl.: Hüther, J.: Neue Medien. In: Geißler, Loos (Hrsg.): Handbuch Personalentwicklung, Beraten, Trainieren Qualifizieren, Konzepte, Methoden und Strategien, Deutscher Wirtschaftsdienst, Köln 1995, Abschnitt 9.1.2.0, S. 10-11

[260] Ebenda, S. 15

[261] Euler, D.: Neue Medien – alte Pädagogik? Multimediales und telekommunikatives Lernen zwischen Potenzialität und Aktualität. In: Wirtschaft und Erziehung, 7-8/2000, S. 251-257

[262] Das Verknüpfungspotential integrierter betriebswirtschaftlicher Standardsoftware mit *Telekommunikationsnetzen* (insbesondere dem Internet) wird im nachfolgenden, separaten Punkt 2.2.2.9.3 Möglichkeiten der Integration des Internet in den Unterricht mit integrierter betriebswirtschaftlicher Standardsoftware dargestellt.

Abb. 39

Hilfesysteme sind i.d.R. feste Bestandteile der zugehörigen Anwendungsprogramme und lassen sich aus ihnen heraus aufrufen. Durch die Hilfesysteme wird die Bedienung und Nutzung der Software dargestellt. Während passive Hilfesysteme lediglich über eine thematische Suchfunktion bzw. eine Ordnung nach Themenbereichen oder Indices verfügen, sind aktive Hilfesysteme darüber hinaus in der Lage, kontextbezogen, also in Abhängigkeit vom aktuellen Bearbeitungsschritt des Anwenders, Probleme und fehlerhafte Eingaben zu erkennen, zu diagnostizieren und Lösungshinweise bereitzustellen[263]. Oftmals existiert ein direkter Anschluß an eine hypermedial aufgebaute Programmdokumentation (z.B. bei SAP®R/3® Systemen).

Tutorielle Systeme arbeiten unabhängig von den Anwendungsprogrammen und erlauben den Zugriff auf spezielle, mitunter im Schwierigkeitsgrad abgestufte Lehreinheiten durch das System. Diese können Faktenwissen, Prozeßerläuterungen, Beispiele, Übungen, Videos und Tests etc. beinhalten[264]. Während bei den aktiven

---

[263] Bodendorf, F.: Computer in der fachlichen und universitären Ausbildung. In: Endres, A., Krallmann, H., Schnupp, P. (Hrsg.): Handbuch der Informatik, Band 15.1, 1990, S. 49

[264] Vgl.: Frey, K.: Computerunterstütztes Lernen und Informatik. In: Frey, K, Elling, A.: Allgemeine Didaktik, 6. Aufl., Zürich 1993, S.5

tutoriellen Systemen ein bestimmter Bearbeitungsablauf empfohlen wird, kann der Benutzer *passiver* tutorieller Systeme die Reihenfolge und den Umfang der Lehr-Lernschritte *autonom* bestimmen. Insofern ergibt sich prinzipiell die Möglichkeit zum entdeckenden, selbstgesteuerten Lernen. Die Delegation der Verantwortung für den Lernablauf an den Lernenden beinhaltet aber insbesondere bei komplexen und vielschichtigen Lernthemen das *Risiko einer Desorientierung*. Denn aktive wie passive tutorielle Systeme stellen vielfach *Hypermediasysteme* dar, die sich dadurch auszeichnen, daß die einzelnen Informationseinheiten nicht nur aus Texten bestehen, sondern auch in Form von Graphiken, Animationen, Video- und Audiosequenzen dargeboten werden und netzwerkartig miteinander verbunden sind. Wird vorwiegend nur Text dargeboten, spricht man von *Hypertextsystemen*. Oftmals wird integrierte betriebswirtschaftliche Standardsoftware zur umfänglichen Erläuterung der Programmfunktionalität mit einer hypertext/hypermedial aufbereiteten Online-Dokumentation[265] ausgeliefert.

Siemon[266] weist zurecht darauf hin, daß Hypertext/Hypermediasysteme insbesondere Vorteile bei der Informationssuche und beim Wissenserwerb (z.B. durch die Bereitstellung von Wissensschemata bzw. Wissensstrukturen in Form von Wissensknoten) haben können. Gleichzeitig können allerdings *Orientierungs- und Navigationsprobleme*, Probleme der *kognitiven Überlastung* und sogenannte *Browsing-Effekte* entstehen. Zur Verdeutlichung der Orientierungs- und Navigationsproblematik lassen sich folgende kritische Punkte festhalten[267]:

- Unsicherheit bzgl. des Standpunktes innerhalb eines gesamten Informationsnetzes
- Unsicherheit bzgl. des Weges zu bestimmten Punkten, von denen antizipiert wird, daß sie existieren
- Unsicherheit bzgl. des besten Einstiegs in ein Informationsnetz
- Schwierigkeiten, den optimalen Pfad bzw. den optimalen Lernweg durch das Informationsnetz zu finden
- Schwierigkeiten, Knoten wiederzufinden, die schon einmal gesehen wurden, um evtl. von dort aus andere Wege einzuschlagen
- Schwierigkeiten, aus einem nicht weiterführenden Bereich zu sinnvollen Stellen zurückzufinden
- Unsicherheit, ob wirklich alles Relevante zu einem Thema gesehen wurde
- Schwierigkeit abzuschätzen, wieviel Informationen im näheren Kontext eines aktuellen Knotens noch vorhanden ist

---

[265] Im Fall der SAP®R/3® Software besteht diese nach eigenen Recherchen des Autors aus 27 (Teil-) handbüchern mit ca. 16.000 Seiten Umfang (Releasestand 4.0b)
[266] Siemon, J.: Lernwege in Hypertext und Hypermedia, Seminararbeit im Rahmen der Veranstaltung „Einführung in die Instruktionstheorie" WS 94/95 bei Prof. Dr. Dr. Frank Achtenhagen/Peter Preiß, dargestellt im Internet unter: www.wiso.gwdg.de/~jsiemon/W3_Deckb.htm
[267] Ebenda, Internetseite: www.wiso.gwdg.de/~jsiemon/W3_322.htm

Inhaltsverzeichnisse, Register, graphische Übersichten, Lesezeichen (bookmarks) und Backtrackingfunktionen können allerdings zur Entschärfung der Orientierungs- und Navigationsproblematik beitragen.

Das Problem der kognitiven Überlastung entsteht durch die zwangsweise parallele Auseinandersetzung der Lernenden mit der inhaltlichen Ebene (Informationsdarbietung), der strukturellen Ebene (Ermittlung optimaler Orientierung und Navigation) und der Systemebene (Beschäftigung mit den angebotenen Hypertext/Hypermediafunktionen und mit den Hardwaregegebenheiten). Der Browsing-Effekt beschreibt die Gefahr, daß sich der Anwender bei geringer Ziel- bzw. Problemorientierung in der Fülle der angebotenen Informationen „verzettelt" und ständig vom gewünschten Lernweg abzweigt.

Aktive tutorielle Systeme stellen eine Erweiterung der passiven Systeme dar, indem sie versuchen, die dargestellten Schwierigkeiten und Risiken durch eine (weitgehend) feste Vorgabe der Abfolge der einzelnen Lerneinheiten zu vermindern. Diese Reihenfolge wird durch das Lernverhalten der Anwender determiniert. Zudem weisen solche Lernprogramme mehr Möglichkeiten der Interaktivität bzw. der Adaptivität an den Wissensstand der Lernenden auf. Die Qualität der Antworten wird durch entsprechende Feedbacks vom System zurückgemeldet und determiniert den weiteren Fortgang des Tutorials. Bodendorf[268] beschreibt die potentiellen Systemrückwirkungen aktiver Tutorials wie folgt: „ Derartige Reaktionen des Systems können z.B. eine Rückwärtsverzweigung und Wiederholung, ein Vorwärtssprung im Stoff, die Präsentation einer Zusatzlektion, das Anbieten eines weiteren Tests oder eine Änderung des Schwierigkeitsgrades sein".

Aktive tutorielle Systeme bzgl. integrierter, betriebswirtschaftlicher Standardsoftware sind in der Lage, Oberflächen und Programmabläufe ohne die Notwendigkeit der Anbindung an ein reales System („offline") zu simulieren[269]. Partiell ist eine Arbeit ähnlich dem Originalsystem möglich. Durch die Abbildung (begrenzter) realer Geschäftsvorfälle und die Bearbeitung konkreter Aufgaben soll der Anwender die Folgebearbeitungen sowie den integrierten Datenfluß kennenlernen. Differenzierte Hilfestellungen in Form von Rückmeldungen oder Handlungsanweisungen sollen die Lernenden in der schrittweisen Ausführung des Lernprogramms unterstützen[270].

Kritisch ist jedoch anzumerken, daß bei den vom Autor analysierten aktiven tutoriellen Systemen die bereits dargelegte Orientierungs- und Navigationssystematik existent war. Zudem richten sich diese Programme an spezielle Anwendergruppen (Einkäufer, Verkäufer, Buchhalter etc.) innerhalb von Unternehmen. Diese

---

[268] Bodendorf, F.: Computer in der fachlichen und universitären Ausbildung. In: Endres, A., Krallmann, H., Schnupp, P. (Hrsg.): Handbuch der Informatik, Band 15.1,1990, S. 64
[269] siehe hierzu auch im Anhang XI beispielhafte Maskendarstellungen für Tutorials aus dem SAP®R/3® Bereich
[270] Im Anhang IX finden sich zum Zweck der Veranschaulichung einige beispielhafte Masken des Lernprogrammes TutorWin R/3 der Firma Prokoda AG:

überwiegend *rollenbasierte* Sichtweise mag hinsichtlich der anvisierten kommerziell definierten Zielgruppe auch gerechtfertigt sein; im Rahmen einer umfänglichen betriebswirtschaftlichen Ausbildung wie sie Universitäten, Fach-(hoch)schulen etc. leisten sollen, erscheint sie weniger geeignet, um eine Einführung und einen Gesamtüberblick über die Software zu erhalten. Im Vordergrund steht hier eindeutig die Vermittlung von Softwarebedienungskompetenz. Betriebswirtschaftliches Hintergrundwissen wird kaum oder gar nicht vermittelt. Komplexe, abteilungsübergreifende Prozesse sind ebenfalls kaum zu finden. Außerdem sind diese mit großem technischen und finanziellen Aufwand erstellten tutoriellen Systeme insbesondere für öffentliche Bildungsträger kaum erschwinglich. Die Lehrkraft selber hat i.d.R. keine Möglichkeiten, die Funktionalität dieser Programme nachträglich zu verändern bzw. lernerspezifisch anzupassen. Durch übliche Softwareneu- und -weiterentwicklungen besitzen diese Programme lediglich eine kurzfristige Aktualität.

Trainingssysteme werden hauptsächlich zur Wissensüberprüfung bzw. zur Festigung und Erweiterung von Faktenwissen eingesetzt[271]. Diese auch *Drill und Practice*[272] genannte Lernsoftware dient überwiegend der Einübung bzw. Überprüfung bereits vorhandenen Wissens. Die falsche Beantwortung einer Frage aus einem umfangreichen Fragepool führt zur systemseitigen Präsentation einer Musterlösung; bei einer richtigen Beantwortung fährt das System mit der nächsten Frage fort. Die Auswahl der Fragen erfolgt häufig nach stochastischen Prinzipien.

Simulations- und Planspielsysteme repräsentieren i.d.R. ein virtuelles Modell eines realen Objekts (z.B. eine Produktionsunternehmung) oder eines Prozesses, welches von den Lernenden erschlossen, verändert und getestet werden kann[273]. Problemlösendes und entdeckendes Lernen steht hierbei im Vordergrund. Simulationsysteme lassen sich nach Euler[274] weiter in Entscheidungs-, Verhaltens-

---

[271] Mit Hilfe von Drill und Praktice Programmen können auch Tests und Zertifizierungen durchgeführt bzw. im Vorfeld simuliert werden. Im Rahmen der Zertifizierung einer von SAP®R/3® Beratern wird beispielsweise eine entsprechende Testsoftware eingesetzt. Einige beispielhafte Masken hierzu finden sich im Anhang X.
[272] Vgl.: Jungmann, H.: Programmierter Unterricht – Fossil oder neue Chance. Entwicklung und Implementation von computerisierten Lehr- und Lernprogrammen in der betrieblichen Aus- und Weiterbildung aus didaktischer Sicht. In Pongratz, G. (Hrsg.): Betriebspädagogik Band 3, 1997, S. 98
[273] Vgl.: Bodendorf, F.: Computer in der fachlichen und universitären Ausbildung,1990, S. 64ff.
[274] Vgl.: Euler, D.: Didaktik des computerunterstützten Lernens, Praktische Gestaltung und theoretische Grundlagen in: Holz, H., Zimmer, G. (Hrsg.) Multimediales Lernen in der Berufsbildung, Band 3, 1992, S. 22-29. Euler entwickelt einen umfangreichen Kriterienkatalog zur Auswahl und (Qualitäts-)bewertung von Lernsoftware, welcher nach folgenden Gesichtspunkten gegliedert ist:
(1) Zielgruppenbezogene Kriterien, (2) Lernzielbezogene Kriterien, (3) Methodische Kriterien, (3.1) Präsentationskomponente, (3.2) Interaktionskomponente, (3.3) Motivierungskomponente, (3.4) Ablaufsteuerungskomponente, (3.5) Einbettung in eine Lernumgebung, ebenda, S. 182-186

und Anwendungssimulationen differenzieren. Während Simulationssysteme[275] i.d.R. Einplatzsysteme sind, d.h. sich an einzelne Lerner wenden, werden bei Planspielsystemen zusätzliche Anreize durch eine Konkurrenz- bzw. Wettkampfsituation geschaffen, indem mehrere Teilnehmer(gruppen) gegeneinander spielen können. Das Planspiel wird von einem Planspielleiter parametrisiert. Im Rahmen sogenannter *Unternehmensplanspiele* werden die Teilnehmer verschiedenen konkurrierenden Unternehmen zugeordnet und müssen in einzelnen Perioden Entscheidungen über wichtige betriebswirtschaftliche Kenngrößen (z.B. Produktionsmenge, Ausgaben für Werbung und Marktforschung, Erhaltungs- und Erweiterungsinvestitionen bzgl. eines Maschinenparks usw.) treffen, welche dem Planspielleiter bzw. dem Computerprogramm mitgeteilt werden[276]. Diese Informationen werden nach einem bestimmten Algorythmus verarbeitet und determinieren wiederum die Ausgangsposition der nächsten Entscheidungsrunde. Zudem ist es möglich den Teilnehmern virtuelle Rollen als Einkäufer, Arbeitsvorbereiter oder Verkäufer zuzuordnen. Im Rahmen dieser Tätigkeiten läßt sich fundamentales betriebswirtschaftliches Fakten- und Handlungswissen erwerben. Simulations- und Planungssysteme werden i.d.R. unabhängig von bestimmten (kfm.) Anwendungsprogrammen entwickelt. Diese Programme stellen nach Ansicht des Autors eine sinnvolle Ergänzung zur Arbeit mit integrierter betriebswirtschaftlicher Standardsoftware dar (Enrichment), weil sie in der Lage sind, Mechanismen und Zusammenhänge auf einem (virtuellen) Markt mit mehreren Marktteilnehmern zu simulieren, während sonst nur die Sicht bzw. die Aktivitäten eines Unternehmens ohne Berücksichtigung der Konkurrenzaktivitäten abgebildet werden können. Die Realitätsgenauigkeit, Komplexität und Authentizität der Simulationssysteme ist allerdings aufgrund der limitierten Anzahl der variierbaren Parameter vergleichsweise niedrig. Achtenhagen[277] weist im Zusammenhang der Verwendung von Unternehmensplanspielen darauf hin, daß diese keine „didaktischen Selbstläufer"

---

[275] Ein typisches betriebswirtschaftliches Simulationssystem stellt der *BWL und Management Simulator* der Firma Cabs (www.cabs.de) dar. Die hierin enthaltenen Lerninhalte sollen im folgenden beispielhaft für betriebswirtschaftliche Simulationssysteme dargestellt werden: (1) *Grundlagen*: Aufbau und Struktur eines Unternehmens, Funktionen und Zusammenspiel der Unternehmensbereiche, Entscheidungsgrundlagen und –zusammenhänge, (2) *Betriebswirtschaftliche Modelle*: Produktlebenszyklus, Preis-Absatz-Funktion, Shareholder value, Portfolioanalyse, (3) *Betriebliches Rechnungswesen*: Gewinn- und Verlustrechnung, Bilanz und Bilanzanalyse, Jahresabschluß, Jahresstatistik, Kostenartenrechnung, Deckungsbeitragsrechnung, (4) *Sonstiges*: Unternehmens- und Kennzahlenanalyse, Marktanalyse, Unternehmensbewertung, Strategieentwicklung und –vergleich, Produktpolitik, Preispolitik, Marketing, Werbung, Krisen-, Produktions-, Absatz-, Entwicklungs-, Personal-, Liquiditäts-, Finanz- und Gebäudemanagement, strategische Unternehmensführung, Leverage-Effekt, Steuern etc., (5) *IT/Informationstechnologie*: Einsatz und Nutzung des Internet; Filetransfer, Online-Kommunikation per Email etc.
[276] Ein derartiges Planspiel wurde am Seminar für Wirtschaftspädagogik der Georg-August-Universität Göttingen für berufsbildende Schulen im Rahmen eines Forschungsprojektes entwickelt (Quelle: Preiß, P.: Handbuch zum Planspiel Jeansfabrik Betriebliche Leistungsprozesse, Version 2.4, 1994)

sind, sondern daß die Lerneffizienz nach wie vor hauptsächlich von der methodisch-didaktischen Kompetenz des Dozenten abhängt.

Nach Euler[278] werden durch *Informationssoftware* elektronisch gespeicherte Informationen zur Verfügung gestellt, „...die i.d.R. zwar nicht für das Lehren und Lernen generiert wurden, gleichwohl aber sinnvoll in Lehr-Lernprozesse integriert werden können. Hierzu zählen im Wesentlichen kommerziell betriebene oder frei zugängliche Hypermedia-Software bzw. Informationsbanken sowie elektronische Bücher und Zeitschriften. Lehr- bzw. Informationssoftware sollten den beiden Mindestkriterien einer multicodalen Präsentation und lernergesteuerten Interaktion genügen."[279] Der Zugriff auf Informationssoftware kann on- oder offline erfolgen. Informationssoftware ermöglicht die Beschaffung aktueller und authentischer Informationen und erleichtert ein problemorientiertes und entdeckendes Lernen.

Intelligente Dialogsysteme basieren auf den Ansätzen und Methoden der sogenannten künstlichen Intelligenz. Sie besitzen die Fähigkeit, einen auf den Lerner abgestimmten, flexiblen und adaptiven Dialog führen zu können. Mit ihrer Hilfe soll es möglich sein, die Fähigkeiten eines (fachlichen bzw. pädagogischen) Experten zu simulieren. Diese bislang noch unzureichend entwickelten Systeme sollen in der Lage sein, Wissen derart zu repräsentieren, daß „...neben Fakten auch deren Bedeutung in einem Kontext, inhaltliche Zusammenhänge, analytische, schlußfolgernde oder verallgemeinernde Verknüpfungsmöglichkeiten gegeben sind."[280]. Aus verschiedenen Quellen bzw. über verschiedene Modellebenen (Lehrmodell, Benutzermodell, Fachgebietsmodell, Dialogmodell) werden Informationen ohne rigide vorgegebene Ablaufstruktur über eine zentrale Steuerungskomponente miteinander verbunden. Zur Verdeutlichung der Dialogmöglichkeiten von Expertensystemen, soll nachfolgend ein denkbares, allgemeines Ablaufschema beschrieben werden[281]:
1. Der Lernende gibt an, zu welchem Themengebiet er einen Anwendungsfall studieren möchte
2. Das Expertensystem wählt nach definierten Verfahren eine geeignete Aufgabenstellung aus einer Fallbibliothek aus und präsentiert die Ausgangsdaten.

---

[277] Achtenhagen, F.: Implementierung und Evaluation komplexer Lehr-Lern-Arrangements als neue Formen des Lehrens und Lernens in beruflichen Schulen In: Schneider, W. (Hrsg.):Komplexe Methoden im betriebswirtschaftlichen Unterricht, 1993, S. 47
[278] Euler, D.: Neue Medien – alte Pädagogik? Multimediales und telekommunikatives Lernen zwischen Potenzialität und Aktualität. In: Wirtschaft und Erziehung, 7-8/2000, S. 251
[279] Im Rahmen der vom Autor entwickelten Seminarkonzeption hatten die Studierenden zudem die Möglichkeit, mittels eines Internetbrowsers auf diverse, frei verfügbare, elektronische Fachpublikationen zur SAP®R/3® Thematik zuzugreifen.
[280] Bodendorf, F.: Computer in der fachlichen und universitären Ausbildung,1990, S. 15
[281] Vgl.: Bodendorf, F.: Computer in der fachlichen und universitären Ausbildung,1990, S. 113

3. Der Lernende realisiert seinen Lösungsweg und kann dabei Fragen an das System stellen
4. Das System prüft anhand der Fragen und seiner Steuerungskomponente, welchen Lösungsweg der Lernende gerade verfolgt. Es meldet richtige Ansätze und Bedienungen aber auch Fehler zurück
5. Der Lernende kann zu jedem Lösungsschritt Hilfe anfordern, wenn er nicht weiterkommt.
6. Das System sucht über ein komplexes Regelwerk und anhand der aktuell vorliegenden Informationen über den Lerner nach einer optimalen Fortsetzung des Lösungsweges und gibt entsprechende Hinweise
7. Am Ende des Dialogs spezifiziert der Lernende die Lösung. Ist diese akzeptabel, so stellt das System passende Kontrollfragen, um sicherzustellen, daß der Lernenende sein Ergebnis auch begründen kann.

Somit sollen Expertensysteme letztendlich in der Lage sein, wesentliche fachliche und methodisch-didaktische Funktionen natürlicher Lehrkräfte zu simulieren. Die Forschung bzgl. solcher *wissensbasierter Lehrsysteme* steht erst am Entwicklungsanfang[282]. Obwohl die in Aussicht gestellte Funktionalität faszinierend erscheint, darf bezweifelt werden, ob in absehbarer Zeit entsprechende Expertensysteme als Lernerleichterung für integrierter betriebswirtschaftliche Standardsoftware angeboten werden. Die hierzu notwendige Komplexität würde die ohnehin schon unüberschaubare Komplexität der kfm. Anwendungssoftware übertreffen. Es darf zudem bezweifelt werden, ob die hierzu notwendigen finanziellen Mittel bereitgestellt werden können und ob sich ein positives Kosten-Nutzenverhältnis ergeben würde.

2.2.2.9.3 Möglichkeiten der Integration des Internet in den Unterricht mit integrierter, betriebswirtschaftlicher Standardsoftware

Telekommunikationsnetze wie das Internet repräsentieren die technische Plattform, mit deren Hilfe sich Lehrende und Lernende über E-mail, chat- und newsgroups austauschen können und bieten die Möglichkeit des Zugriffs auf standörtlich entfernt abgelegte Lehr- und Informatiuonssoftware.[283] Grundsätzlich sind Telekommunikationsnetze für alle Anwender offen zugänglich; die Möglichkeit des Datenzugriffs kann jedoch auch von bestimmten Autorisierungen (z.B. die Kenntnis

---

[282] Zum aktuellem Forschungsstand vgl.: Schulmeister, R.: Grundlagen hypermedialer Lernsysteme Theorie – Didaktik – Design, 2. Aufl., 1997, S. 203f.
[283] Vgl: Euler, D.: Neue Medien – alte Pädagogik? Multimediales und telekommunikatives Lernen zwischen Potenzialität und Aktualität. In: Wirtschaft und Erziehung, 7-8/2000, S. 251-254

eines Passwortes) abhängig sein. *Intranets* sind von vorn herein für einen begrenzten Benutzerkreis konzipiert (z.B. innerhalb der Mitarbeiter eines Unternehmens oder einer Bildungseinrichtung).

Mit Hilfe der Telekommunikationsnetze läßt sich das Konzept des *Teletutoring* realisieren, welches eine elektronische Weiterentwicklung des typischen Fernunterrichts darstellt. Der Lernende hat hierbei die Gelegenheit des Zugriffs auf eine bestimmte Lernsoftware[284] und kann sich mit dieser weitgehend selbstgesteuert beschäftigen; bei Bedarf kann per Telekommunikation die Hilfe eines *personalen Teletutors* oder anderer Lernender angefordert werden. So entsteht eine „virtuelle Lerngemeinschaft", welche durch zusätzliche Präsenzlehrgänge unterstützt und ergänzt werden kann.

Beim *Teleteaching* wird das Lehr-Lernarrangement sehr stark durch die Person des Lehrenden geprägt. Die Lehrkraft gestaltet den Ablauf des Unterrichts von einem Seminarraum oder vom Schreibtisch („desktop-teaching) aus und kommuniziert gleichzeitig mit den lokal nicht anwesenden Lernenden. Die Kommunikation in audiovisueller Form erfordert jedoch derzeit noch erhebliche technische bzw. finanzielle Investitionen.

Über *Teleangebote* können Lehrende und Lernende vielfältige Informationen für die Lernergruppe bzw. einen größeren Adressatenkreis bereitstellen. Hierunter fallen beispielsweise die Gestaltung einer Homepage mit lernrelevanten Informationen und weiterführenden Links und die „Freischaltung" elekronisch gespeicherter Unterrichtsmaterialien.[285]

Das Internet bietet vielfältige Anknüpfungspunkte, um den Unterricht mit integrierter, betriebswirtschaftlicher Standardsoftware zu bereichern und zu ergänzen. I.d.R. finden sich auf den Homepages der Softwarehersteller interessante ergänzende Informationen (z.B. Aktuelles, Pressemitteilungen, Arbeitsplatzangebote, spezielle Downloads, Internet-Demonstrations- und Evaluierungssysteme). Ebenso läßt sich auf diesem Weg neueste Fachliteratur eruieren oder in elekronischen Fachzeitschriften blättern[286]. Softwarebezogene *Newsgroups* beinhalten aktuelle Fragestellungen der Anwender und bieten die Möglichkeit, selber Fragen zu stellen bzw. an Online-Diskussionen teilzunehmen. Auf den Internetseiten öffentlicher und

---

[284] Der Zugriff etwa vom häuslichen Arbeitsbereich aus auf eine integrierte betriebswirtschaftliche Standardsoftware wie z.B. SAP®R/3® gestaltet sich jedoch aufgrund lizenzrechtlicher Restriktionen als äußerst problematisch.

[285] Im Rahmen der in dieser Arbeit entwickelten SAP®R/3® Seminarkonzeption wurde den Teilnehmern eine CD-ROM zur Verfügung gestellt, von der aus über eine zentrale HTML-Seite der Offline-Zugriff auf sämtliche Unterrichtsmaterialien in Form von WinWord-, PowerPoint- und Videodateien möglich war.

privater Bildungseinrichtungen finden sich oftmals Informationen über aktuelle Lehr- und Forschungsaktivitäten, Unterrichtsmaterialien und Literaturquellen. Obwohl das Internet grundsätzlich eine explorationsgeeignete Informationsquelle darstellt, ist zu beachten, daß die dargebotenen Informationen vielfach schwer zu finden und i.d.R. nicht methodisch-didaktisch aufbereitet sind.

Die Arbeit mit dem Medium Internet bedarf somit in besonderem Maße einer intensiven Vorbereitung und Strukturierung durch den Dozenten und der Ausarbeitung zielorientierter Aufgabenstellungen.

Es ist Euler[287] zuzustimmen, der feststellt, daß der Neuigkeitseffekt beim Technikeinsatz keine dauerhafte Motivation garantiert. Durch Lehrkräfte begleitete soziale Lernphasen bleiben trotz der vorhandenen didaktischen Potentiale der neuen Medien (siehe hierzu den folgenden Gliederungspunkt) wesentlich für den Lernerfolg und die Lerneffizienz.

2.2.2.9.4 Potentiale, Risiken und Grenzen des Einsatzes multimedialer Lernhilfen

Multimediale Lernhilfen bieten grundsätzlich die Möglichkeit zur strukturierten multimodalen und multicodalen Darstellung von Informationen und zum Angebot anwendungsorientierter Problemstellungen, zu denen Rückmeldungen und Lernhilfen in vielfältiger Form offeriert werden können[288]. Es eröffnen sich Potentiale, problemorientiertes[289], entdeckendes, autodidaktisches und selbstgesteuertes Lernen[290] aus verschiedensten Perspektiven zu fördern. Vorteile ergeben sich insbesondere in Situationen, wenn der Schulungsbedarf zeitlich stark streut und dezentral geschult werden soll[291]. König[292] betont die Vorteile von CBT-Programmen

---

[286] Man könnte hier auch von *Online-Informationssoftware* sprechen
[287] Euler, D.: Neue Medien – alte Pädagogik? Multimediales und telekommunikatives Lernen zwischen Potenzialität und Aktualität. In: Wirtschaft und Erziehung, 7-8/2000, S. 256
[288] Schneider, W.: Computerbasierte Lehrprogramme als Lehrerersatz. Eine kritische Betrachtung multimedialer, computergestützter Lehrsysteme aus lernpsychologischer und ökonomischer Sicht. In Aff, J. (Hrsg.): Schriftenreihe für Wirtschaftspädagogik. Zukunft gestalten – Bilden für die Marktwirtschaft, 2000, S. 380
[289] Siehe hierzu auch Reinmann-Rothmeier, G., Mandl, H.: Problemorientiertes Lernen mit Multimedia. In: Geißler, Loos (Hrsg.): Handbuch Personalentwicklung, Beraten, Trainieren Qualifizieren, Konzepte, Methoden und Strategien, Deutscher Wirtschaftsdienst, 1997, Abschnitt 9.1.1.1., S. 1-20
[290] Siehe hierzu auch Reinmann-Rothmeier, G., Mandl, H.: Selbststeuerung des Lernprozesses mit Multimedia. In: Geißler, Loos (Hrsg.): Handbuch Personalentwicklung, Beraten, Trainieren Qualifizieren, Konzepte, Methoden und Strategien, Deutscher Wirtschaftsdienst, 1997, Abschnitt 9.1.1.2., S. 1-22
[291] Schneider, W.: Computerbasierte Lehrprogramme als Lehrerersatz, S. 396
[292] König, A.R.: CBT als Medium der betrieblichen Weiterbildung. In: Geißler, Loos (Hrsg.): Handbuch Personalentwicklung, Beraten, Trainieren Qualifizieren, Konzepte, Methoden und Strategien, Deutscher Wirtschaftsdienst, 1996, Abschnitt 9.1.5.0., S. 1-14

speziell für die betriebliche Weiterbildung. Ross[293] differenziert die Potentiale computerunterstützten Lernens in die Bereiche Bildungsökonomie, Organisation und Pädagogik. Die hiermit verbundenen Aspekte sind in folgender Abbildung dargestellt:

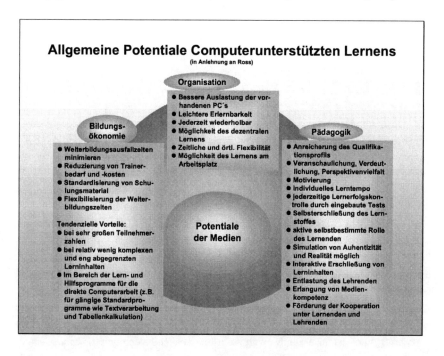

Abb. 40

Aufgrund der überwiegenden audio-visuellen Ausrichtung lohnt sich der mediale Aufwand insbesondere zur Erreichung affektiver Lernziele und bei Lernzielen im kommunikativen Bereich (Verkaufen, Verhandeln, Konfliktlösung etc.)[294].
Konkrete, wissenschaftlich abgesicherte Aussagen über die Wirksamkeit multimedial aufbereiteter Lernprogramme und –hilfen liegen allerdings kaum vor. Hasebrook kommt nach eingehenden Studienvergleichen unter dem Aspekt der Vermittlungsmöglichkeiten und des Selbststeuerungspotentials von Lernprozessen innerhalb multimedialer Lernprogramme zu dem Ergebnis: „Nach dem heutigen Erkenntnisstand ist es nicht möglich, prinzipielle Aussagen über die Lernwirkungen von Multimedia zu machen. Der Vergleich und eine kritische Bewertung der

---

[293] Ross, E.: Potentiale des Computer Unterstützten Lernens. In: Geißler, Loos (Hrsg.): Handbuch Personalentwicklung, Beraten, Trainieren Qualifizieren, Konzepte, Methoden und Strategien, Deutscher Wirtschaftsdienst, 1996, Abschnitt 9.1.5.1, S. 3ff.
[294] Schneider, W.: Computerbasierte Lehrprogramme, S. 385

existierenden Studien und Übersichtsarbeiten hat zwar gezeigt, daß Multimediasysteme über Potentiale zur Verbesserung der Lernleistung verfügen. Dennoch haben die überwiegende Mehrheit der heute im Einsatz befindlichen Multimediasysteme nur wenig oder gar keine positive Auswirkung auf die Lernleistung."[295]
Schneider[296] stellt ergänzend fest, daß es meist lerneffizienter und flexibler ist, Stoffinhalte in „unprogrammierter", konventioneller Form darzubieten (z.B. schriftliche Selbstlernmaterialien). Die Qualität der Informationsdarbietung, der Aufbereitung der Problemstellungen und die Möglichkeiten der Rückmeldung erfolgen oft nicht nach lernpychologischen bzw. lernzielorientierten Vorgaben. Hiervon hängt jedoch maßgeblich die Effizienz und Akzeptanz dieser Angebote ab. Vielfach läßt sich eine „multimediale Überfrachtung" feststellen, welche in keinem Zusammenhang mit den genannten Lernzielen steht. Schneider[297] weist darauf hin, daß bei der Vermittlung kaufmännisch-theoretischer Hintergründe (z.B. Unternehmensstrategien) und Konzepte (z.B. doppelte Buchführung, Kostenrechnung) Spielhandlungen und reale Bilder eher wirkungslos und störend, also wenig lernfördernd wirken.
Multimediale Lehrprogramme bzgl. integrierter betriebswirtschaftlicher Standardsoftware lassen sich nach Meinung des Autors dieser Arbeit für schulische Zwecke in größerem Umfang derzeit kaum sinnvoll einsetzen. Sicherlich lassen sich einfache Transaktionen simulieren, zu denen man vorteilhafterweise keinen Systemzugriff benötigt. Das betriebswirtschaftliche Potential und die integrierte Komplexität erschließt sich den Lernenden jedoch am effektivsten im Rahmen der durch einen Experten angeleiteten Arbeit mit der originären Software. Da die mit Hilfe komplexer Autorensoftware aufwendig erstellten multimedialen Lehrprogramme einer unveränderbaren Ablaufsteuerung bzw. einem Verbot der Programmcodeveränderung unterliegen, weisen sie in diesem Punkt keine ausreichende Änderungs- bzw. Anpassungsflexibilität auf. Zudem ist das Veralterungsrisiko aufgrund der schnellebigen Softwarereleasezyklen vergleichsweise hoch. Vielfach lassen sich mit einfacheren Mitteln effektive und interessante multimediale Lernumgebungen[298] schaffen, ohne diese recht kostspieligen Lernprogramme erwerben zu müssen. Beispielsweise wurde im Zuge der im empirischen Teil beschriebenen Seminarentwicklung eine CD-ROM erstellt, bei der über einen Internetbrowser ein zentraler Zugriff auf alle angebotenen Lernmaterialien möglich war. Diese Lernmaterialien wurden überwiegend mit EDV-

---

[295] Hasebrook, J.: Lernen mit Multimedia. In: Zeitschrift für Pädagogische Psychologie, 6 9, 1995, S. 101
[296] Schneider, W.: Computerbasierte Lehrprogramme, S. 382
[297] Ebenda, S. 385
[298] Vgl.: Punkt 4.1.9 Schulungsmaterialien

Werkzeugen[299] erstellt, die zur Standardausstattung eines multimediafähigen PC zu zählen sind. Der Umgang mit dieser Software ist mit einem zumutbaren Zeit- und Kostenaufwand zu erlernen; es werden weit weniger EDV-Kenntnisse als mit dem Umgang von Autorensoftware benötigt. Die hier erzeugten Lernmaterialien lassen sich von der Lehrkraft selbst erzeugen und flexibel anpassen.

2.2.2.10 Qualitätssicherung in der Planungsphase

Ein wichtiges Instrument zur Sicherstellung effizienter und professioneller Bildungsangebote mit integrierter, betriebswirtschaftlicher Standardsoftware stellt die *Qualitätssicherung* dar. Sie muß in allen Phasen (Planung, Durchführung, Analyse)[300] der Gestaltung von Lehr-Lernarrangements betrieben werden und dient allen an der Aus- und Weiterbildung Beteiligten; sowohl den Lernenden als auch den Lehrenden und den Bildungsinstitutionen selbst. Qualitätssicherung repräsentiert das Ziel und den Orientierungsrahmen für die Anwendung von Ansätzen und Methoden aus der Evaluationsforschung[301]. Die Maßnahmen zur Qualitätssicherung sollten grundsätzlich dazu dienen, die Effizenz der Bildungsmaßnahmen im Sinne der Erreichung der gesetzten Ziele zu bewerten bzw. sicherzustellen. Einige Autoren verwenden in diesem Zusammenhang den aus der Betriebswirtschaftslehre entlehnten Begriff *Bildungscontrolling*[302]. Teilweise sind die Bemühungen um eine Qualitätssicherung in den Aus- und Weiterbildung in normierte Qualitätssicherungssysteme eingebettet. So liegt der Schwerpunkt des Normenwerkes ISO 9000[303] nicht nur auf der Bewertung des „Endproduktes", sondern insbesondere auf den zur „Bildungsdienstleistung" hinführenden Phasen und Prozessen. Durch die Berücksichtigung von ca. 20 standardisierten Prüfsteinen werden Bildungsträger in ähnlicher Form wie Industrieunternehmen darin unterstützt, die dienstleistungsproduzierenden Abläufe zu optimieren und zu kontrollieren[304]. Sofern ein eingeführtes Qualitätssicherungssystem über *kontinuierliche Verbesserungsprozesse* erweitert wird, spricht man vom *Total Quality Management*. Qualitätssicherungssysteme nach ISO 9000 und Total Quality Management beziehen sich stets auf die gesamte Organisation des Bildungsträgers.

---

[299] Hierzu zählten die Programme Netscape Communicator (alternativ MS-Explorer), MS-WinWord, MS-Powerpoint; MS-Frontpage und Lotus ScreenCam
[300] Vgl.: Abbildung 19
[301] Vgl.: Reinmann-Rothmeier, G., Mandl, H.: Computerunterstützte Lernumgebungen: Planung, Gestaltung und Bewertung, in: Arzberger, H., Brehm, K.-H. (Hrsg.), 1994; S.64ff.
[302] Lehnert, U.: Der EDV-Trainer: EDV-Lehrveranstaltungen planen – EDV-Handlungswissen vermitteln, 1997, S. 141.
[303] Speziell für Bildungsträger sind die Normen ISO 9001 und ISO 9004 von Bedeutung
[304] Die ISO-Norm 9000 soll im folgenden nicht detaillierter betrachtet werden.

Die folgende Abbildung enthält konkrete Orientierungsfragen zur Sicherstellung der Unterrichtsqualität im Rahmen der Planungsphase des in dieser Arbeit entwickelten Gestaltungskonzeptes zur Verwendung von integrierter, betriebswirtschaftlicher Standardsoftware:

Planungsbereich	Fragestellungen zur Qualitätssicherung
Unterrichtsziele	Wurden die Unterrichtsziele hinreichend genau formuliert? Existieren Richt- und Grobziele? Läßt sich die Zielerreichung genau bestimmen? Wurden die Eingangsvoraussetzungen der Teilnehmer (z.B. Wissensstand, Leistungsniveau; antizipierte Erwartungen) bei der Lernzielfestlegung berücksichtigt? Sind die Lernziele in der vorgesehenen Zeit realisierbar? Ist eine Mitwirkung der Teilnehmer an den Stundenzielen vorgesehen? Geht von der Zielformulierung eine motivierende/ aktivierende Wirkung aus? Korrespondieren geplante Lernerfolgskontrollen mit den Zielformulierungen?
Lerninhalte	Ist der Lerninhalt adressatengerecht ausgewählt und aufbereitet? Ist der Lerninhalt exemplarisch, problemorientiert und gut strukturiert? Sind ausreichend viele Beispiele, Praxisbezüge, fach-übergreifende Verknüpfungen, Übersichten/Bilder/Videos zur Motivationserhaltung und Veranschaulichung vorhanden? Entspricht der Stoff den neuesten Erkenntnissen und dem aktuellsten (Release-)stand? Wurden ausreichend Zusammenfassungen, Wiederholungen, Übungsbeispiele und Lernerfolgskontrollen vorgenommen? Findet eine inhaltliche Abstimmung mit anderen Fächern/ Kollegen statt? Sind bei Ausfall oder Nichtverfügbarkeit der integrierten, betriebswirtschaftlichen Standardsoftware alternative Lernwege geplant?
Handlungsergebnisse	Wurden mögliche Handlungsergebnisse antizipiert? Wie sollen diese beurteilt werden? Bleibt Raum für Vorschläge der Teilnehmer?
Methoden	Plant die Lehrkraft möglichst viel handlungsorientierte Methodik (z.B. Projektorientierter Unterricht, Fallstudienmethodik, Partner- und Gruppenarbeit; Teilnehmerpräsentationen?)
Teilnehmer	Hat eine detaillierte Bedarfsanalyse stattgefunden? (z.B. Tiefe und Umfang betriebswirtschaftlicher Vorkenntnisse der Teilnehmer; Softwarekenntnisse)
Lehrende	Verfügt der Lehrende über ausreichende Fachkenntnisse und Erfahrungen?

Medien, insbesondere BWL-Standardsoftware	Ist eine reflektierte, vielseitige methodisch-didaktische Ausführungskompetenz vorhanden? Verfügt die Lehrkraft über Sozial-, Moderations- und Konfliktlösungskompetenz? Welches Potential an Organisations- und Technikkompetenz ist vorhanden? Ist personeller Ersatz bei Nichtverfügbarkeit des Dozenten greifbar? Wird der neueste Releasestand eingesetzt? Sind eine ausreichende Systembetreuung und schnelle Zugriffszeiten gewährleistet? In welchem Ausmaß ist unterstützende Soft- und Hardware/Ausstattung vorhanden? Existieren geeignete Unterrichtsmaterialien?
Inst. org. Rahmenbedingungen	(Falls eingeführt) Erfolgte die Planung ISO 9000 gemäß? Wurden ausreichend Mittel (Weiterbildung, Vorbereitungszeiten, technisch-räumliche Ausstattung) zur Vorbereitung bzw. zur Durchführung der Bildungsmaßnahme bereitgestellt? Ist eine Beurteilung der Maßnahme/des Schulungsträgers durch die Teilnehmer geplant?

Tab. 3: Planungsbereiche und Fragestellungen zur Qualitätssicherung

2.2.3 Die Durchführungsphase

2.2.3.1 Entwicklung eines Phasenschemas zur Unterrichtsdurchführung

Zum Zweck der effizienten Unterrichtsrealisierung mit integrierter betriebswirtschaftlicher Standardsoftware soll im folgenden eine auf dieses Medium abgestimmte Strukturierung vorgeschlagen werden. Es geht um die Fragestellung, wie der Unterricht in übersichtliche, nach lernpychologischen Gesichtspunken konzipierte Abschnitte gegliedert werden kann und in welcher Reihenfolge und mit welcher Methodik diese Abschnitte vermittelt werden. Diese Strukturierung soll eine empfohlene Lernhilfe darstellen und dazu beitragen, die Motivation der Lernenden zu sichern und gegenüber einem autodidaktischen Vorgehen einen deutlichen Lerneffizienz- und Zeitgewinn zu erzielen. Gerade in der Erwachsenenbildung sind dies wichtige Kriterien zur Wahrnehmung des Schulungserfolges seitens der Teilnehmer.

Einige Programme integrierter, betriebswirtschaftlicher Standardsoftware sind derart komplex und unübersichtlich, daß sie für Anfänger autodidaktisch gar nicht zu erschließen sind. Deshalb erscheint gerade bei diesem Lernmedium eine Lernerleichterung...

- (1) durch das Schaffen von *Orientierungsgrundlagen*
- (2) durch das *Anpassen des Lehrprozesses* an den Aufnahme- und Lernprozeß der Teilnehmer[305]
- (3) durch das Angebot von Anwendungsfällen, welche in übersichtlicher Weise den *Integrationsaspekt* und die *Interdisziplinarität* der Software in den Vordergrund stellen besonders notwendig.

Zu (1): Orientierungshilfen sollten in vielfältiger Form in allen Phasen und insbesondere in der Einstiegsphase des Unterrichts bereitstehen. Orientierungshilfen fördern einen verstehensunterstützenden Überblick und stellen den Lernenden Ordnungskategorien und Strukturen sowie generelle Handlungsmuster zur Verfügung, anhand derer sich spätere Detailinformationen einordnen und damit besser lernen lassen. Integrierte betriebswirtschaftliche Standardsoftware repräsentiert in diesem Zusammenhang ein aus der Praxis stammendes, authentisches Objekt, an dem und mit dem *modellorientiertes Lernen* möglich ist. Da sich die enthaltenen Softwareprogramme selber i.d.R. didaktisch nicht reduzieren lassen (etwa durch „abgespeckte" Schulungsversionen), ist die Verfügbarkeit möglichst perspektivenreicher Orientierungshilfen auch außerhalb der Software von großer Bedeutung, um eine insbesondere den Anfängern vereinfachende und damit verständlichere Darstellung des komplexen Originals zu gewährleisten. Gerade in diesem Fall, wo die Teilnehmer oft mit feld- bzw. informationsüberlastenden Masken und vielfältigen, teilweise verwirrenden und sich überlappenden Menü- und Funktionsbefehlen überfordert sind, bedarf es vereinfachender und auf das Wesentliche abstrahierender Orientierungshilfen. Konkret kann die Darbietung von Übersichten, Kurz- und Zusammenfassungen dieses wichtige Orientierungswissen erleichtern. Die folgende Abbildung zeigt in diesem Sinne eine vom Autor dieser Arbeit erstellte und im Unterricht eingesetzte Übersicht zur Darstellung und Vernetzung der im Modul Vertrieb der SAP®R/3® Software enthaltenen Komponenten:

---

[305] Vgl.: Lehnert, U.: Der EDV-Trainer: EDV-Lehrveranstaltungen planen – EDV-Handlungswissen vermitteln, 1997, S. 71ff.

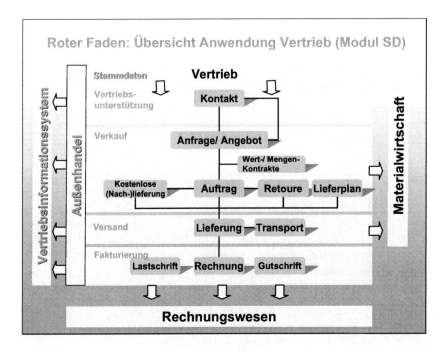

Abb. 41

Ebenso kann die Präsentation eines am System gezeigten einfachen und exemplarischen Anwendungsbeispiels dazu dienen, wesentliche Punkte und Zusammenhänge des zu vermittelnden Gegenstandes oder Verfahrens aufzuzeigen. Bei der Vermittlung von Anwendungs-, Programmierungs- und Customizingwissen ist es aufgrund des stark prozeßorientierten Charakters integrierter betriebswirtschaftlicher Standardsoftware nach Meinung des Autors dieser Arbeit fast zwingend notwendig, die Art und Reihenfolge von prinzipiell erforderlichen Handlungsschritten durch instruktionale Voraberläuterungen in Form allgemeiner Handlungsmuster oder Analogien aufzuzeigen. Durch die Beschreibung prinzipiell notwendiger Schritte (bzw. der Hinweis auf die Vermeidung möglicher Fehleingaben) und deren zeitlichen Abhängigkeiten kann bei den Teilnehmern ein Verfahrenswissen geschaffen werden, welches eine zwingende Voraussetzung für ein eher selbstgesteuertes und entdeckendes Lernen im Fortgeschrittenstadium ist. Selbst in diesem Stadium ist es nach der Erfahrung des Autors dieser Arbeit äußerst sinnvoll, daß eine kundige Lehrkraft anwesend ist.

Es ist Lehnert[306] zuzustimmen, wenn er im Zusammenhang mit der Beschäftigung komplexer Lernobjekte und -inhalte das Prinzip des *Top-Down-Teaching* bzw. *Zooming* vorschlägt. Hierbei wird das Lernobjekt ähnlich einem Stadtplan zunächst aus größerer Perspektive betrachtet und in einem schrittweisen Prozeß detaillierter dargestellt. So kann einem groben Überblick über die zu behandelnde Thematik eine Darstellung mit Grundbegriffen und betriebswirtschaftlichen und softwarespezifischen Details (Hintergrundwissen) folgen, bis schließlich die konkrete Anwendung am System stattfinden kann.

Zu (2): Neben dem Bestreben, den Unterricht teilnehmerorientiert zu strukturieren und möglichst vielfältige Orientierungshilfen zu geben, sollte der Vermittlungsprozeß lernpsychologische Grundsätze berücksichtigen. D.h., daß die Lehrkraft Lernphasen vorsieht, welche die Informationsaufnahme, -verarbeitung und -festigung der Teilnehmer unterstützen. Zudem soll durch diese Segmentierung der Lehr-Lernprozeß interessanter und abwechslungsreicher sowie durch handlungsorientierte Phasen teilnehmeraktivierender gestaltet werden. Im folgenden sollen einige solcher Abschnitte im Zusammenhang mit der Verwendung integrierter betriebswirtschaftlicher Standardsoftware aufgezeigt werden[307]:

- ein motivierender Unterrichtseinstieg (z.B. mit Hilfe eines Videos über den Softwarehersteller, aktuelle Pressemitteilungen, Fachartikel)
- Erläuterung einer Überblicksdarstellung, welche die grundsätzlichen softwaretechnischen und funktionalen Möglichkeiten der Software aufzeigt
- Demonstration eines instruktionalen Anwendungsbeispiels durch den Dozenten
- Das selbständige Nachvollziehen des gezeigten Anwendungsbeispiels durch die Teilnehmer am System in Einzel- oder Partnerarbeit
- Das individuelle Durcharbeiten eines computerunterstützen Tutorials
- Einschub einer Diskussionsrunde zum Zweck des Erfahrungsaustausches, ggf. der Kritik sowie zur Erörterung von Verbesserungsvorschlägen
- Versuch der Anwendung des Gelernten auf ähnliche Problemstellungen (z.B. nach Kundenstammsatzanlage Lieferantenstammsatz anlegen)
- Explorative Informationssuche zu einer bestimmten Thematik (z.B. e-commerce) im Internet

Zu (3): Ein wichtiger Grund für den Erfolg integrierter betriebswirtschaftlicher Standardsoftware in der Praxis ist die Möglichkeit der integrativen, abteilungs- und bereichsübergreifenden Bearbeitung komplexer Geschäftsprozesse. Die

---

[306] Ebenda, S. 89
[307] Vgl.: Lehnert, U.: Der EDV-Trainer: EDV-Lehrveranstaltungen planen – EDV-Handlungswissen vermitteln, 1997, S. 78, ergänzt um eigene Abschnittsbeispiele

Beschäftigung mit der Software im Bildungsbereich sollte diese Prozeßorientierung methodisch-didaktisch aufbereitet vermitteln. Sie läßt sich nicht aus der sequentiellen Abarbeitung der Handbuchinhalte erzielen. Die Gliederung der Dokumentationen erfolgt in erster Linie nach den Gesichtspunkten des Programmaufbaus. Eine ausschließliche Handhabungs- und Produktschulung erzeugt i.d.R. reines *Insel- bzw. Detailwissen* und vernachlässigt das gewinnbringende Potential von interdisziplinärem, betriebswirtschaftlichem und informationstechnischem Struktur- und Vernetzungswissen, welches über das Lernobjekt repräsentiert werden kann. Die folgende Abbildung zeigt beispielhaft die Strukturierung einer in diesem Sinne methodisch didaktisch aufbereiteten Fallstudienfolge, die eine komplex-integrative, abteilungs- und bereichsübergreifende Bearbeitung eines Geschäftsprozesses von der Stammsatzanlage über die Auftragsbearbeitung bis hin zur Rechnungsregulierung durch den Kunden aufzeigt:

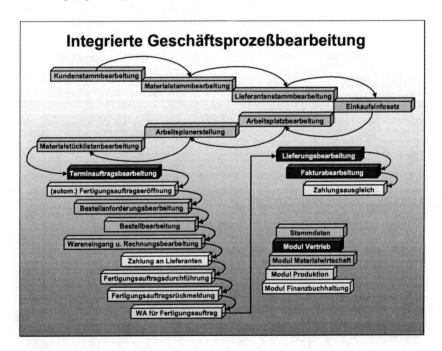

Abb. 42

Die nachfolgend aufgeführten zeitlich geordneten Phasierungen entsprechen den Vorschlägen von Lehnert[308] und Hoberg[309] und sind vom Autor dieser Arbeit methodisch auf den Lerngegenstand integrierter, betriebswirtschaftlicher Standardsoftware abgestimmt und weiterentwickelt worden. Es handelt sich um ein Schema , welches als Anregung dienen soll und beinhaltet einen idealtypischen Unterrichtsablauf.

2.2.3.1.1 Phase des Problematisierens

Diese Phase markiert die Einstiegsphase und dient dazu, die Teilnehmer zu aktivieren bzw. zu motivieren. In dieser Phase, welche eher dozentenzentrierten Charakter aufweist, sollte die Bedeutung und der Praxisbezug des Themas erläutert werden. Durch die Anknüpfung an vorangegangene Themen, an ein ungelöstes Problem und die Präsentation von Übersichten oder einem Demonstrationsbeispiel wird ein Orientierungsrahmen für die Teilnehmer hergestellt. Explizit sollte hier auch das Unterrichtsziel erläutert bzw. zusammen mit den Teilnehmern erarbeitet werden.

2.2.3.1.2 Phase des Informierens und Orientierens

In dieser Phase werden schwerpunktmäßig notwendige Sach- und Verfahrensinformationen behandelt. Methodisch können fast alle Methoden und Handlungsmuster der Stoffvermittlung seitens des Dozenten oder der Teilnehmer zum Einsatz kommen[310]:
- das Lehrgespräch (z.B. Erarbeitung der Vorteile und Risiken des e-commerce)
- der Dozentenvortrag
- der Teilnehmervortrag
- die Teilnehmerpräsentation am System
- der gelenkte Erfahrungsaustausch
- mündl. Schrittweise Instruktion am System
- die Unterweisung direkt am Computer (z.B. mittels Master-slave-Schaltung)
- die Selbsterarbeitung mittels Instruktionsblatt
- die Selbsterarbeitung mittels über das Internet/ Intranet bereitgestellte Materialien
- die Übung in Einzel- und Gruppenarbeit

---

[308] Vgl.: Lehnert, U.: Der EDV-Trainer: EDV-Lehrveranstaltungen planen – EDV-Handlungswissen vermitteln, 1997, S. 80
[309] Vgl.: Hoberg, G.: Training und Unterricht – Anregungen für die Vorbereitung und Durchführung von Unterricht und Seminaren, 1988, S. 229
[310] Siehe hierzu auch Abbildung 12

- Expertenbefragungen und Gastvorträge
- das entdeckende und problemlösende Arbeiten
- der Einsatz ergänzender Software (z.B. Modellierungssoftware wie Aris Toolset)
- der Einsatz von Computer-Lehrprogrammen
-

Es hat sich nach den Unterrichtserfahrungen des Autors dieser Arbeit als sehr hilfreich erwiesen, in sequentieller Schrittfolge zunächst unabhängig von der eingesetzten Software das themenrelevante, betriebswirtschaftliche Hintergrundwissen zu vermitteln. In einem zweiten Schritt kann anschließend das softwarespezifische Hintergrundwissen vermittelt werden. Beide Schritte sind wünschenswert zur Vorbereitung der nachfolgend beschriebenen Anwendungsphase.

2.2.3.1.3 Anwendungsphase

In der Anwendungsphase soll das Erlernte durch die Teilnehmer am System angewendet werden. Beispielsweise können authentische bzw. problemhaltige Fallbeispiele hier vorgegeben werden. Eine didaktische Reduzierung ist jedoch hierbei durchaus wünschenswert. Hierbei ergibt sich zuweilen das Problem, daß integrierte betriebswirtschaftliche Standardsoftware nicht in erster Linie nach methodisch-didaktischen, sondern nach programmierdeterminierten Kriterien konzipiert wird. Deshalb plädiert der Autor dieser Arbeit insbesondere in den Anfangsphasen einer Bildungsmaßnahme Leittexte[311], Instruktionsblätter bzw. Fallstudien[312] mit eher instruktionalem Charakter zu verwenden. Instruktionsblätter unterstützen die Lernenden darin, die zur Ausführung benötigten Schritte bzw. Menüfolgen einer noch nicht sicher beherrschten Funktion programmkonform ausführen zu können. Dies gewährleistet ein grundsätzlich selbständiges Arbeiten der Teilnehmer am System und erleichtert relativ frühzeitig das Zustandekommen von Erfolgserlebnissen. Dabei sollte der anwesende Dozent nur bei Bedarf Hilfestellung (in Form von scaffolding oder fading) geben. Permanent sollte er

---

[311] Leittexte *verweisen auf bereits vorhandenes* Informationsmaterial (z.B. relevante Abschnitte innerhalb der Handbücher/Online-Dokumentationen oder innerhalb verfügbarer Schulungsmaterialien des Softwareherstellers). Sie sollten darüber hinaus zusätzliche erläuternde Informationen zu möglichen Verständnisproblemen und Lösungshinweise enthalten bzw. auf typische Fehler und potentielle Schwierigkeiten bei der Softwarebedienung hinweisen. Der Erstellungsaufwand wird hierdurch im Vergleich zu konventionellen Schulungsunterlagen vermindert. Gerade aufgrund der häufigen Softwareaktualisierungen (Releasewechsel) integrierter betriebswirtschaftlicher Standardsoftwarehersteller gestaltet sich die entsprechende Aktualisierung selbst erstellter Schulungsmaterialien größeren Umfangs als äußerst schwierig. Falls eigene Unterlagen verwendet werden, sollte schon bei der Konzeption auf eine möglichst große Anpassungsflexibilität geachtet werden.

allerdings die Teilnehmer auf Verbesserungs- und Optimierungsmöglichkeiten hinweisen. Obwohl eher im Hintergrund beobachtend tätig, sollte er laufend gelungene Ausführungen lobend anerkennen. Die verfügbare Übungszeit sollte großzügig bemessen und genau mitgeteilt werden. Es kann auch durchaus sinnvoll sein, einzeln die Teilnehmer von Zeit zu Zeit dazu aufzufordern per verbaler Äußerung zu erläutern, was und wie gerade bearbeitet wird. Auf diese Weise erhält die Lehrkraft einen validen Überblick über den Leistungsstand der Lernergruppe. Gerade im Prozeß der Anwendung können noch existierende Wissens- und Verständnislücken geschlossen werden. Die Phasen Information/Orientierung und Anwendung können im Wechsel mehrfach erfolgen und bei Bedarf auch zeitlich parallel verlaufen.

2.2.3.1.4 Transferphase

In der Transferphase sollte das Erlernte weiter vertieft werden, indem grundsätzlich der Anwendungskontext bzw. -horizont erweitert wird. Falls die Übungsbeispiele zum Zwecke der besseren Verständlichkeit zunächst didaktisch reduziert wurden, können hier schrittweise, im Sinne zunehmender Authentizität, Komplexität und beruflichem Anwendungsbezug, *verfeinerte* Aufgabenstellungen bearbeitet werden. Die Phase ist durchaus entbehrlich, wenn die Übungsbeispiele der Anwendungsphase von vorn herein die gewünschte Komplexität und Authentizität aufwiesen. Darüber hinaus ist es denkbar, in dieser Phase in der Anwendungsphase erworbene Handlungsmuster, auf einen unbekannten Kontext zu übertragen. So wäre es beispielsweise denkbar, die Teilnehmer, nachdem sie die Kundenstammanlage beherrschen, ohne weitere Instruktion Lieferantenstammsätze anlegen zu lassen, weil die hierzu notwendige Vorgehensweise aus der Kundenstammanlage transferiert werden kann.

2.2.3.1.5 Reflexions- und Explorationsphase

In Rahmen dieser Phase sollte eine rückblickende Analyse und Reflexion der gewählten Problemlösungsprozesse durch die Lernenden stattfinden. Soweit es der zeitliche Rahmen zuläßt, kann auch ein selbständiges Erkunden beispielsweise dadurch angeregt werden, daß die Teilnehmer die Dokumentation oder vom Dozenten empfohlene Internetadressen oder sonstige Informations- bzw.

---

[312] Vgl. Punkt 4.1.4: Konzeption einer integrierten Wertschöpfungskette vom Kundenauftrag bis zum Rechnungsausgleich in Form von fallstudienbasierten Lerneinheiten

Literaturquellen erforschen können[313]. In Anwendung der Lernmethodik des Cognitive Apprenticeship-Ansatzes kann diese Phase auch dazu dienen, die Entwicklung metakognitiver Strategien, z.B. effektivere und notwendig selektivere Informationsaufnahme, Bedienen, Anwenden oder langfristige Informationsspeicherung zu fördern.

2.2.3.2 Qualitätssicherung in der Durchführungsphase

Die Qualitätssicherung in dieser Phase ist für die Lehrkraft wünschenswert und notwendig, um im laufenden Unterrichtsbetrieb eine Rückmeldung durch die Lernenden zu erhalten. Hierdurch wird es dem Dozent möglich, Fehlentwicklungen aus der Sicht der Teilnehmer frühzeitig[314] zu erkennen und ggf. abzustellen. Dies bezieht sich nicht nur auf die sachlichen Lerninhalte, sondern auch auf die methodisch-didaktische Qualität des Unterrichts sowie die Wahrnehmung des Dozentenverhaltens auf der Beziehungsebene. Wenngleich hier auch Formen der mündlichen Rückmeldung möglich sind, empfiehlt sich schwerpunktmäßig eine (möglichst anonyme) schriftliche Befragung in kurzer Form, welche spätestens nach Ablauf der Hälfte des Maßnahmenzeitraumes erfolgen sollte. Bzgl. der möglichen Befragungsinhalte differenziert Lehnert[315] folgende Merkmalskomplexe:

(1) Zeitliche, räumliche und technische Rahmenbedingungen
(2) Einstellung des Dozenten zu Thema und Teilnehmer
(3) Fachlich-organisatorische Kompetenz des Dozenten
(4) Motivierung durch das Lernklima
(5) Ziel- und Anwendungsorientierung, Teilnehmerbedürfnisse
(6) Struktur des Lehrgangs
(7) Verständlichkeit der Darstellung
(8) Ergebnis- und Transfersicherung
(9) Praktische Bedeutung der Kursinhalte und Übertragbarkeit des Gelernten
(10) Kursmaterialien

---

[313] Zu den Möglichkeiten des explorativen Lernens im Kontext integrierter, betriebswirtschaftlicher Standardsoftware siehe Abbildung 18

[314] Es stellt für viele Teilnehmer ein großes Ärgernis dar, wenn sie erst am Ende einer Maßnahme die Möglichkeit eines (anonyme) Feed back erhalten, weil hieraus resultierende Veränderungen allenfalls für die nachfolgenden Maßnahmen wirksam werden.

[315] Lehnert, U.: Der EDV-Trainer: EDV-Lehrveranstaltungen planen – EDV-Handlungswissen vermitteln, 1997, S. 511-528

Es bietet sich an, die Bewertungsinhalte durch die Darbietung polarer Wortpaare und das Stellen offener Fragen an die Lerngruppe zu erheben. In Anhang IV befindet sich ein entsprechendes Exempel eines Erhebungsbogens, welcher explizit auch das Medium *integrierte betriebswirtschaftliche Standardsoftware* mit berücksichtigt. Desweiteren empfiehlt es sich, durch zusätzliche laufende Beobachtung der Aktivitäten der Lernergruppe und eine kritische, reflektierende Selbstbeobachtung Rückschlüsse über die Qualität des Unterrichtsgeschehens zu erlangen. Auch gegenseitige Unterrichtsbesuche unter Schulungskollegen, das Einholen von Ratschlägen und die kritische Betrachtung der Unterrichtsmaterialien durch Experten können wertvolle Hinweise zu Verbesserung des laufenden Unterrichts geben.

2.2.4 Die Analysephase

Die Analysephase stellt einen abschließend kontrollierenden und bewertenden Rückblick auf das Unterrichts- bzw. Schulungsgeschehen dar. Sie repräsentiert auch die letzte Phase der Qualitätssicherungsbemühungen, welche in allen Phasen der Unterrichtsgestaltung (Planung, Durchführung, Analyse) von Bedeutung sind.

2.2.4.1 Abschließende Evaluationen

Unter abschließenden Evaluationen soll die Wirkungsprüfung der Bildungsmaßnahme verstanden werden. Gegenstand der Analysen kann der Lernerfolg, die Lernzufriedenheit sowie der Transfererfolg sein.

2.2.4.1.1 Analyse des Zufriedenheitserfolgs

Hier steht die Zufriedenheit der Teilnehmer mit der Bildungsmaßnahme bzw. mit den stattgefundenen Lernprozessen im Vordergrund. Die Lernprozesse inkludieren vielfältige (und vielfach vernetzte) individuelle und soziale Faktoren (Lerninhalte, Lerntempo, Lernklima). Darüber hinaus determinieren die Faktoren Trainerkompetenzen, gruppendynamische Prozesse, Zeit, Störungen, Arbeitsmaterialien und Lernmedien die Wahrnehmung des Zufriedenheitserfolgs[316]. Grundsätzlich sollte zum Ende einer Schulungsmaßnahme den Lernenden auf dem Wege der Befragung oder des mündlichen Feedbacks die Möglichkeit offenstehen, den Unterricht abschließend zu bewerten. Die Befragungen sollten derart gestaltet

---

[316] Vgl.: Götz, K., Häfner, P.: Didaktische Organisation von Lehr- und Lernprozessen,1991, S. 162

sein, daß die Bewertung der Teilnehmer in unterschiedlichen Formen erhoben werden kann (z.B. Semantische Differenzierung über Polaritätsprofile, Offene und geschlossene Fragen, Stimmungsthermometer, Satzergänzungen, Punkte- bzw. Notenbewertungen)[317] Die Befragungsinhalte[318] sollten sich zu großen Teilen mit den Inhalten der während der Durchführungsphase erfolgten Befragungen decken. So wird die Überprüfung möglich, ob im laufenden Schulungsgeschehen eingeleitete notwendige Anpassungs- und Verbesserungsmaßnahmen auch den gewünschten Erfolg gezeigt haben.

2.2.4.1.2 Analyse des Lernerfolgs

Die Erhebung des Lernerfolgs erfolgt im schulischen Kontext meist über die klassischen Formen der Leistungskontrollen (Tests, Klausuren, Lösen von Fallstudien, Referate etc.)[319] während und/oder zum Abschluß einer Maßnahme. Bei der Verwendung integrierter betriebswirtschaftlicher Standardsoftware ist es sinnvoll, Leistungskontrollen direkt am System durchzuführen. Hier ergeben sich vielfältige, auf das Lernmedium abgestimmte Kontrollmöglichkeiten (z.B. Erzeugen von Stammdaten, Abbildung kompletter Geschäftsprozesse im System, Abfragen unterschiedlicher Informationen, Lösung von Customizing- und Programmieraufgaben, Tests und Kontrollfragen etc.)[320]. Eine gut oder weniger gut bewertete Leistungskontrolle läßt allerdings noch keine validen Aussagen über die Qualität des Lerntransfers in der Praxis zu.

2.2.4.1.3 Analyse des Transfererfolgs

Lernerfolgsevaluierungen lassen noch keine gesicherten Aussagen darüber zu, ob das Erlernte auch in neue Situationen und differenzierte Kontexte transferiert werden kann. Zukünftige oder aktuelle Arbeitgeber erwarten, daß das in den Bildungsmaßnahmen Erlernte unmittelbar beruflich ein- bzw. umzusetzen ist. Im schulischen Umfeld ist diese Erwartung nicht so stark ausgeprägt. Da es sich bei integrierter, betriebswirtschaftlicher Standardsoftware um ein Werkzeug handelt,

---

[317] Denkbar wäre auch die Durchführung von Online-Evaluationen, bei denen die Teilnehmer ihre Bewertungen direkt über ein entsprechendes Erfassungsprogramm in den Computer eingeben. Anschließend können die Ergebnisse statistisch aufbereitet und ausgewertet werden.
[318] S. Punkt 2.2.3.2 Inhalte der Qualitätssicherung in der Durchführungsphase
Im Anhang II und III befindet sich ein entsprechende Exemplare für eine Teilnehmerbefragung bzgl. des im empirischen Teils dieser Arbeit beschriebenen Seminars.
[319] Zur generellen Problematik der Lernerfolgsanalyse s.a.: Becker, G.E.: Auswertung und Beurteilung von Unterricht. Handlungsorientierte Didaktik –Teil 3, 1986, S. 11ff.
[320] S. auch Punkt 4.3.7 Möglichkeiten der Leistungsbeurteilung

welches aus den Anforderungen der Berufswelt entwickelt wurde und auch dort überwiegend Verwendung findet, beinhaltet dieses Lernmedium ein evidentes, hohes Lerntransferpotential. Wie hoch die Transferwirkungen tatsächlich ausfallen, die kausal auf den Einfluß einer Bildungsmaßnahme zurückzuführen sind , läßt sich durch Befragungen und ähnliche Maßnahmen („Ehemaligentreffen", Benutzerhotline etc.) eruieren, welche einige Zeit nach Maßnahmenende durchzuführen sind. Hierbei sind allerdings auch aktuelle lernbestimmende Umfeldfaktoren zu berücksichtigen (z.B. Arbeitsplatzausstattung, Zeitfaktoren etc.). Empirische Untersuchungen zu möglichen Transferwirkungen im Zusammenhang mit der Schulung integrierter betriebswirtschaftlicher Standardsoftware bestätigen grundsätzlich das hohe Transferpotential des Mediums[321]. Pfänder weist darauf hin, daß sich diese Potentiale nicht nur auf eine gesteigerte Berufsfertigkeit durch Vermittlung softwarespezifischer Anwendungskenntnisse erschöpfen dürfen. Transfermöglichkeiten sind verstärkt auch dann gegeben, wenn in der Ausbildung Verbindungen zwischen den Funktionen der Software und den (theoretischen) Fachinhalten hergestellt werden konnten, welche einen Transfer auch softwareunabhängigen betriebswirtschaftlichen Wissens erlauben.

2.2.4.2 Kosten-Nutzenanalyse

Einen weiteren Aspekt neben der Lernprozeß-, Lernerfolgs- und Transferanalyse stellt die Erhebung entsprechender Kosten- und Nutzenaspekte dar. Reinmann-Rothmeier und Mandl [322] weisen darauf hin, daß sich die Kosten einer Weiterbildungsmaßnahme (einschließlich der Aufwendungen für die Qualitätssicherung) relativ genau berechnen lassen[323], während bei der Nutzenerhebung die Problematik der Quantifizierung, Gewichtung und Bewertung entsprechender Kriterien (welche aus den Evaluationserhebungen abgeleitet werden können) auftritt. Zudem ist der individuelle Nutzen vom weiteren beruflichen Werdegang der einzelnen Absolventen abhängig und wird erst nach einer gewissen Zeitverzögerung (time lag) sichtbar. Der Nutzen von Maßnahmen im betrieblichen

---

[321] Vgl.: Pfänder, O.: Anwendungssoftware als Mittler zwischen Theorie und Praxis. Eine Untersuchung zum Lerntransfer am Beispiel von SAP R/3®, 1999, S. 154-157
[322] Reinmann-Rothmeier, G., Mandl, H.: Computerunterstützte Lernumgebungen: Planung, Gestaltung und Bewertung, in: Arzberger, H., Brehm, K.-H. (Hrsg.), 1994, S. 69
[323] Während die Kostenermittlung im betrieblichen Bereich, insbesondere dann, wenn die Bildungsmaßnahme extern bezogen wurde, exakt erfolgen kann, gestalten sich die Berechnungsmöglichkeiten im öffentlichen Bereich aufgrund kostenrechnerischer Unzulänglichkeiten der Kameralistik erheblich schwieriger. Erschwerend kommt hinzu, daß der Einsatz integrierter betriebswirtschaftlicher Standardsoftware häufig im Rahmen (allgemein-)betriebswirtschaftlicher Ausbildungen erfolgt.

Bildungsbereich kann tendenziell genauer nachgehalten werden, als der Nutzen des Softwareeinsatzes im schulisch-akademischen Bereich. Anhand der folgenden Tabelle soll dargestellt werden, welche typischen Kostenarten und welche Nutzenpotentiale mit dem Einsatz integrierter, betriebswirtschaftlicher Standardsoftware in kfm. Aus- und Weiterbildungen verbunden sein können:

Kosten	Nutzen
• Kosten für die Softwarenutzung[324] • Hardwarekosten, bzw. Kosten zur Anpassung bzw. Erweiterung vorhandener Systeme • Kosten für die Installation • Kosten für die Systemadministration • lfd. Kommunikationskosten • Kosten für zusätzliche techn. Medien und ergänzende Software (z.B. Beamer, Modellierungssoftware) • Kosten für die (lfd.) Schulung der Lehrkräfte • Kosten für die Anschaffung bzw. Erstellung geeigneten Schulungsmaterials	• Möglichkeit der Schaffung handlungs- bzw. problemorientierter betriebswirtschaftlicher Lernumgebungen • Bereitstellung hochgradig auhentischer und praxiserprobter Software • Steigerung beruflicher Qualifikation • Bereichsübergreifende integrierte Nutzung möglich (verschiedene Fachbereiche der BWL, Rechnungswesen, Informatik) • Lernmedium für die Lerninhalte Programmierung, Customizing, Datenbanken etc.) • Realisitische Abbildung, typischer kfm. Geschäftsprozesse mit hohem Integrationsgrad aus den Bereichen Materialwirtschaft, Produktion, Vertrieb, Personalwirtschaft, Finanzbuchhaltung, Controlling etc. • Hilfsmittel für Seminar-, Diplom-, Projekt- und Forschungsarbeiten • Ganzheitliche Simulation von Unternehmen durch Verwendung von Modellunternehmen • Darstellung neuester informationstechnischer und betriebswirtschaftlicher Entwicklungen (z.B. e-commerce, Data-Warehouse)

Tab. 4: Kostenarten und Nutzenpotentiale beim Einsatz integrierter betriebswirtschaftlicher Standardsoftware in kfm. Aus- und Weiterbildungen

---

[324] Siehe hierzu auch: Tabelle 1 (S. 129)

2.3 Zwischenfazit

Integrierte, betriebswirtschaftliche Standardsoftware stellt ein relativ neuartiges Lernobjekt und zugleich Lernmedium dar, welches erhebliche Potentiale zur Bereicherung des kaufmännischen Unterrichts besitzt. Dieses aus den Anforderungen der unternehmerischen Praxis heraus entwickelte Werkzeug beinhaltet in authentischer Form einen großen betriebswirtschaftlichen Wissensumfang, der den aktuellen kaufmännischen und informationstechnischen Anforderungen vieler Unternehmen entspricht.

Durch den Einsatz der Software eröffnet sich die Chance, lerner- und transferorientierte Lehr-Lernarrangements zu gestalten. Es bietet sich zudem grundsätzlich die Möglichkeit, moderne IT-Technik in den traditionellen kfm. Unterricht zu integrieren und betriebswirtschaftliches Lernen und praktisches Tun miteinander zu verknüpfen. Das besondere Anliegen des bisherigen Teils der vorliegenden Arbeit besteht in der allgemein- und wirtschaftsdidaktischen Reflektion und Begründung des Einsatzes integrierter betriebswirtschaftlicher Standardsoftware und der Entwicklung eines spezifischen medienadäquaten, methodisch-didaktischen Strukturierungskonzeptes. Zur Reflektion werden repräsentative bildungs- und lerntheoretische, kommunikative und handlungsorientierte Ansätze herangezogen und themenbezogen diskutiert. Dabei dient die kritisch-handlungsorientierte Fachdidaktik nach Aff als genereller Bezugsrahmen.

Innerhalb des kritisch-konstruktiven Ansatzes nach Klafki werden schwerpunktmäßig die didaktischen Elemente *Wissenschaftsorientierung* und *Exemplarisches Lehren und Lernen* diskutiert. Es läßt sich feststellen, daß integrierte betriebswirtschaftliche Standardsoftware das Potential aufweist, wissenschaftsorientierte, betriebswirtschaftliche Verfahren und Methoden auf Praxistauglichkeit hin zu überprüfen. Der hohe Abdeckungsgrad betrieblicher Funktionserfüllung innerhalb der Softwarepakete führt zu weitgehenden Überschneidungen mit Themen, die wissenschaftsorientiert an Universitäten, Fachhochschulen, Fach- und Kollegschulen gelehrt werden. Integrierte, betriebswirtschaftliche Standardsoftware inkludiert in umfassender Weise exemplarisches prozedurales und deklaratives Wissen aus den verschiedensten betriebswirtschaftlichen Fachdisziplinen. Insbesondere die Verwendung fertig eingerichteter Modellunternehmen erleichtert grundsätzlich das von Klafki geforderte selbständige, orientierende und entdeckende Lernen.

Winkel thematisiert in seinem kritisch-kommunikativen Ansatz störfaktorielle Gesichtspunkte. Kommunikations- und Lernstörungen können sich beim Einsatz der Standardsoftware durch deren Komplexität und Funktionsumfang bedingt ergeben, insbesondere wenn den Teilnehmern nicht im erforderlichen Maße Handhabungs-, Orientierungs- und Hintergrundwissen vermittelt wird.

Die Ansätze von Aebli und Meyer geben wertvolle didaktische Hinweise, die sich auch für die effiziente Gestaltung von Lehr-/Lernarrangements unter Verwendung integrierter betriebswirtschaftlicher Standardsoftware sinnvoll nutzen lassen. Die Ansätze fordern explizit ein handlungsorientiertes Vorgehen bei der Unterrichtssplanung und -durchführung. Der Lehrende sollte auf der Grundlage des Vorwissens, der Erwartungen und der Interessen der Lernenden Handlungsschemata bzw. Handlungsstrukturen zielgerecht planen und vermitteln. Somit wird den Lernenden ein notwendiges „Wissensgerüst" bereitgestellt, welches die Teilnehmer sicher durch den „Dschungel" der Komplexität und Funktionsvielfalt betriebswirtschaftlicher Standardsoftware führt und welches von den Teilnehmern durch eigenes Tun am DV-System angewendet und überprüft werden kann. Dieses Wissensgerüst bezieht sich insbesondere auf die Vermittlung notwendigen betriebswirtschaftlichen und informationstechnischen Orientierungs- und Hintergrundwissens und auf die anfangs ebenfalls notwendige instruktionale und detailliert dokumentierte Beschreibung der gewünschten Anwendungshandlungen am System. Es empfiehlt sich, sich frühzeitig im gegenseitigen Einvernehmen mit den Teilnehmern auf bestimmte Handlungsergebnisse zu einigen. Das erfolgreiche Erstellen dieser Handlungsprodukte sollte zu Erfolgserlebnissen bei den Teilnehmern führen und ist zugleich eine Möglichkeit für den Lehrenden, eine Kontrolle der Zielerreichung vorzunehmen.

Die Verwendung integrierter betriebswirtschaftlicher Standardsoftware gewährleistet einen perspektivenreichen Problem- und Anwendungsbezug der möglichen Themenfelder bzw.- inhalte. Hieraus ergibt sich ein hohes Transferpotential auf neue Situationen bzw. Berufsfelder. „Träges" Wissen kann somit weitgehend vermieden werden. Die vermittelbaren Themenfelder repräsentieren ein breites Spektrum von eher betriebswirtschaftlichen Inhalten (z.B. betriebswirtschaftliche Anwendung mit den Bereichen Dispositions- und Anwendungssysteme, Planungs- Informations-, Kontroll- und Entscheidungsysteme und Projektmanagement, Geschäftsprozeßwissen), bis zu eher informationstechnischen Inhalten (Implementierung, Programmierung, Datenbanken, Systemadministration etc.).
Der gemäßigt konstruktive Cognitive Apprenticeship Ansatz stellt verbunden mit den Kernaussagen des Problemorientierten Lehren und Lernens effektive Vorgehensweisen zur Gestaltung des Unterrichts zur Verfügung. Ausgehend von der kognitiven Modellfunktion des Lehrenden werden die Teilnehmer zunächst instruktional sehr umfassend angeleitet und sollten vielfältige Hilfestellungen (z.B. gut strukturierte und detaillierte Fallstudien) in Anspruch nehmen. Im weiteren Verlauf kann sich der Dozent in Abhängigkeit des Wissens- und Kompetenzstandes der Lernenden adaptiv zurücknehmen und einem explorativen und eher selbstgesteuerten Lernen breiteren Raum lassen. Hier können dann auch verstärkt

unterstützende Medien wie das Internet und Methoden des Projektunterrichts zum Einsatz kommen. Ein exploratives und selbstgesteuertes Arbeiten kann in späteren, fortgeschrittenen Schulungsphasen in Betracht kommen.

Kritisch ist in diesem Zusammenhang anzumerken, daß mit dem Einsatz integrierter betriebswirtschaftlicher Standardsoftware immer auch eine starke „Technisierung" des Unterrichts verbunden ist, welche eine grundsätzlich erhöhte Störanfälligkeit nach sich zieht. Insbesondere Systemausfälle oder zu lange Zugriffszeiten können sich nachhaltig negativ auf die Konzentration und Motivation und somit auf den Lernerfolg der Teilnehmer auswirken. Gleichzeitig steigen die fachlichen, organisatorischen, sozialen und methodischen Anforderungen an die Lehrkräfte. Der Dozent ist und bleibt trotz aller (multi-)medialen Hilfen der entscheidende Garant für einen erfolgreichen, motivierenden Unterricht.

Insbesondere durch die Verwendung fertig eingerichteter Modellunternehmen lassen sich komplexe, betriebswirtschaftliche Konstellationen, Methoden und Prozesse in einer bisher nicht erzielbaren authentischen Präzision abbilden, welche durch andere Formen des computerunterstützten Lernens wie beispielsweise Unternehmensplanspiele nicht zu erreichen ist.

Das Lernmedium erlaubt eine perspektivenreiche sowie die interdisziplinäre Beschäftigung mit vielfältigen betriebswirtschaftlichen und informationstechnischen Themenfeldern, welche die Integration verschiedener Fächer bzw. Fachinhalte erleichtern. Es repräsentiert einen ergänzenden bzw. alternativen Kontext zur „konventionellen" Wissensvermittlung.

Die Verwendung integrierter betriebswirtschaftlicher Standardsoftware darf sich nach Meinung des Autors nicht ausschließlich auf die Zielsetzung gesteigerter beruflicher Fertigkeiten und Arbeitsplatzaussichten durch Vermittlung softwarespezifischer Anwendungskenntnisse (im Sinne der Nutzung als Lernobjekt) erschöpfen. Ein großes betriebswirtschaftliches Lernpotential ist vor allen Dingen dann gegeben, wenn in der Ausbildung Verbindungen zwischen den Funktionen der Software und den (theoretischen) Fachinhalten hergestellt werden können, welche einen Transfer auch softwareunabhängigen betriebswirtschaftlichen Wissens erlauben.

Werden die beschriebenen Empfehlungen berücksichtigt, so läßt sich nach Meinung des Autors dieser Arbeit durch den Einsatz integrierter betriebswirtschaftlicher Standardsoftware eine effiziente Bereicherung kfm. Unterrichts verbunden mit einer starken und wünschenswerten Lerner- bzw. Handlungsorientierung realisieren.

3. Integrierte, betriebswirtschaftliche Standardsoftware als Brücke zwischen Theorie und Praxis

3.1 SAP®R/3® als Beispiel erfolgreicher ERP- Software

Für die Softwaregattung *Integrierter betriebswirtschaftlicher Standardsoftware* wird häufig das Synonym *Enterprice Resource Planning System* (ERP) gebraucht. Die folgende Abbildung zeigt die Einordnung der Software in ein allgemeines Softwareklassifikationsschema[325]:

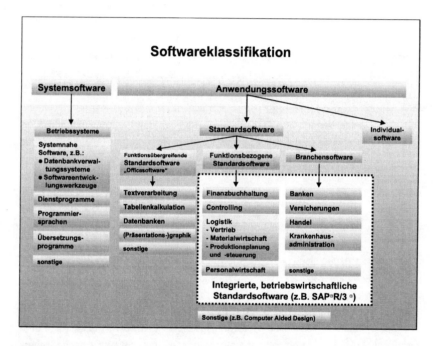

Abb. 43

Im folgenden soll die Struktur und die Funktionalität und damit die möglichen Themenfelder einer integrierten betriebswirtschaftlichen Standardsoftware am konkreten Beispiel des Marktführers SAP®R/3® und in möglichst komprimierter Form dargestellt werden. Dabei kann es im Rahmen dieser Arbeit nicht darum gehen, die

---

[325] In Anlehnung an: Mertens, P., Bodendorf, F., König, W., Picot, A., Schumann, M.: Grundzüge der Wirtschaftsinformatik, 1998, S.13 ,
Stahlknecht, P.: Einführung in die Wirtschaftsinformatik, 1995, S. 83 und S. 347,
Scheer, A.-W.: EDV-orientierte Betriebswirtschaftslehre, Grundlagen für ein effizientes Informationsmanagement, 1990, S. 139

vielfältige und komplexe Funktionalität der Software in aller Tiefe und technischer Genauigkeit darzustellen. Vielmehr soll es darum gehen, die inhaltliche Spannweite insbesondere der möglichen betriebswirtschaftlichen Lernthemen und deren Integrationspotential herauszuarbeiten. Im Mittelpunkt der Betrachtungen steht das Inhalts- bzw. Gestaltungspotential der Software im Rahmen komplexer betriebswirtschaftlicher Lehr-/ Lernarrangements.

Aufgrund des hohen Verbreitungsgrades in der Praxis repräsentiert diese Software eine erfolgreiche, integrierte betriebswirtschaftliche Standardsoftware und wird deshalb in Ausbildungs- und Schulungsmaßnahmen häufig eingesetzt. Auch die im empirischen Teil dieser Arbeit dargestellte Seminarkonzeption wurde mit Hilfe der SAP®R/3® Software innerhalb der vom Hersteller bereitgestellten IDES Modellunternehmung[326] realisiert. Auf die besonderen Möglichkeiten bzw. das methodisch-didaktische Potential der durch die Modellunternehmung bereitgestellten betriebswirtschaftlichen Szenarien soll explizit im Punkt 3.2 eingegangen werden. Darüber hinaus werden im folgenden Teil 3 dieser Arbeit auch Aspekte des Markterfolges und der Einführung der SAP®R/3®Software in der Praxis behandelt, soweit diese für die wirtschaftspädagogische Sicht bzw. das Gesamtverständnis für die Software nötig sind.

3.1.1 Module und Komponenten eines R/3® Systems

3.1.1.1 Grundkonzept und Modulübersicht

Das betriebswirtschaftliche bzw. informationstechnische Grundkonzept der SAP®R/3® Software besteht in der funktionalen Abdeckung aller typischen Unternehmensfunktionen, sowie in einer umfassenden und abteilungs- bzw. bereichsübergreifenden Integration dieser Funktionen[327].

Die implementierten, vielfältigen Organisations-, Prozeß-, Funktions- und Informationsstrukturen repräsentieren ein komprimiertes betriebswirtschaftliches Know-how basierend auf der Umsetzung der Bedarfe einer großen Anzahl von Anwenderunternehmen aus den unterschiedlichsten Branchen.

Die nach dem Prinzip der „best business practices" entwickelten („Referenz")Geschäftsprozesse (z.B. der Geschäftsprozeß der Terminauftragsbearbeitung) können im System mit Hilfe des sogenannten *Business Navigators*, der Navigations- und Modellierungskomponente des SAP®R/3® Systems,

---

[326] IDES steht für *International Education Demonstration System*
[327] Engels, A., Gresch, J., Nottenkämper, N.: SAP®R/3® kompakt – Einführung und Arbeitsbuch für die Praxis, 1996, S. 28

in Form von graphischen Modellen dargestellt werden[328]. Der Business Navigator ist Bestandteil des übergeordneten *Business Engineers*, mit dessen Hilfe eine möglichst schnelle, strukturierte und systemunterstützte Implementierung und Systemanpassung erleichert werden soll. Der Business Engineer beinhaltet das *R/3® Referenzmodell*[329], in dem ca. 800 standardisierte Geschäftsprozesse hinterlegt sind, das *R/3®-Vorgehensmodell*, welches eine Reihe von grundlegenden Einführungsphasen und -schritten beschreibt und die Einführungsanleitungen zum Customizing (= Implementations guides (IMG)).

Die implementierten betriebswirtschaftlichen Standardprozesse können durch das *Customizing* an die Kundenbedürfnisse angepaßt werden. Die Anpassung (z.B. die Abbildung kundenspezifischer Organisations- und Ablaufstrukturen, Währungen, Maßeinheiten, Kalender, Kontenpläne) erfolgt durch entsprechende Einträge bzw. Parametrisierung der Software in Customizingtabellen, wobei kein zusätzlicher Programmieraufwand anfällt. Erst Anpassungen über die sehr umfangreichen Einstellungsoptionen innerhalb des Customizing hinaus erfordern eine vergleichsweise zeit- und kostenaufwendige Programmierung.

Die Gliederung der Software in einzelne Modulbausteine ermöglicht einen flexiblen Einsatz, der auf die unternehmensindividuellen Anforderungen abgestimmt werden kann. Im Rahmen des SAP®R/3® Integrationsmodells werden folgende Module und Komponenten abgebildet: [330]

---

[328] Rebstock, M., Hildebrand, K. (Hrsg.): SAP®R/3® für Manager, 1998, S. 36
[329] SAP AG (Hrsg.): System R/3® Integrierte Produktionsplanung und -steuerung - Funktionen im Detail – PP, 1997, S. 2/8
[330] Vgl.: Möhrlen, R., Kokot, F.: SAP®R/3® Kompendium - Betriebswirtschaftlicher Funktionsumfang und Erfolgspotentiale, 1998, S. 57ff.,
Grigoleit, U., Stark, H.: SAP®R/3® 3.1 Einführung und Überblick – Ein Leitfaden für Entscheider, 1998, S. 45

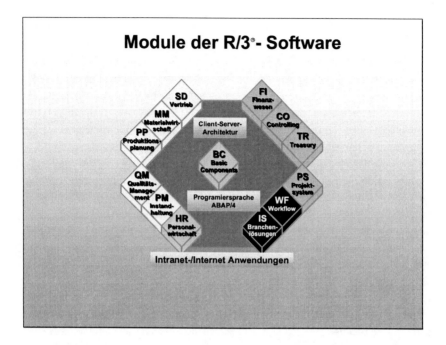

Abb. 44

3.1.1.2 Basismodul

Das Modul *BC Basic Components* ist ein wichtiges und notwendiges Kontroll- und Steuerungsmodul für die Systemadministration. Es enthält Komponenten, welche die technische Funktionsfähigkeit des SAP®R/3® Systems und das Zusammenspiel der übrigen Module steuert. Hierzu gehört das *Computing Center Management System (CCMS)* zur Performance-Überwachung des R/3 Systems. Desweiteren finden sich hier Funktionen zur Benutzerverwaltung und Benutzerberechtigungen, zur Druckverwaltung, zum (Daten-)Transport, zur Mandantenverwaltung (Kopie, Steuerung) und zur Archivierung nicht mehr im Online-Betrieb benötigter Daten[331].

Alle Anwendungen wurden mit Hilfe der Programmiersprache (Advanced Business Application Programming) geschrieben. ABAP/4 ist eine Programmiersprache der vierten Generation und wurde speziell für die Entwicklung von Business-

---

[331] Vgl.: Rebstock, M., Hildebrand, K. (Hrsg.): SAP®R/3® für Manager, 1998, S. 81

Anwendungen konzipiert, die auf *einer* Datenbank aufsetzen[332]. Über die angebotene Standardfunktionalität hinausgehende Anpassungen werden mit Hilfe dieser Sprache entwickelt. Hierzu steht mit der *ABAP/4 Development Workbench* eine eigene Entwicklungsumgebung zur Verfügung[333].

3.1.1.3 Modul Vertrieb

Das Modul *SD Vertrieb* beinhaltet umfangreiche Funktionen zur Verkaufs- bzw. Vertriebsabwicklung. Mit Hilfe der Vertriebskomponente *Vertriebsunterstützung* können typische Aufgabenstellungen aus der Vorverkaufsphase durchgeführt werden (z.B. Interessentenpflege, Planung und Durchführung von Promotion- bzw. Mailingaktionen, Dokumentation von Kundenkontakten, Stammdatenpflege zu Wettbewerberprodukten).

In der Vertriebskomponente *Verkauf* können Anfragen, Angebote und Aufträge kombiniert mit Funktionen der Verfügbarkeitsprüfung und Lieferterminierung erstellt werden[334]. Von hier aus existieren vielfältige integrative Verbindungen zur Materialwirtschaft (z.B. Bestands- und Verfügbarkeitsabfragen, Materialreservierungen) und zur Finanzbuchhaltung (z.B. autom. Buchung der Forderungen und Erlöse, Kreditlimitprüfung). Verschiedenste Auftragsarten (z.B. Barverkauf, Terminauftrag) können unter Bezugnahme vorangegangener Anfragen, Angebote Aufträge, Kontrakte und Lieferpläne ausgeführt werden. Die folgende Abbildung zeigt das beispielhafte Übersichtsbild im Rahmen der (Termin-)auftragserfassung:

---

[332] Grigoleit, U., Stark, H.: SAP®R/3® 3.1 Einführung und Überblick – Ein Leitfaden für Entscheider, 1998, S. 503
[333] Matzke, B.: ABAP/4 – Die Programmiersprache des SAP-Systems R/3®, 1996, S. 13-14
Ebenda, S. 385
[334] Vgl.: SAP AG (Hrsg.): System R/3® Das Vertriebssystem der SAP - Funktionen im Detail – SD, 1997, S. 5/1-5/20
SAP AG (Hrsg.): Verkauf, Schulungsunterlage zum Kurs LO605, 1998, S. 2ff.
Wenzel, P. (Hrsg.): Betriebswirtschaftliche Anwendungen des integrierten Systems SAP®R/3®, 1995, S. 486-493

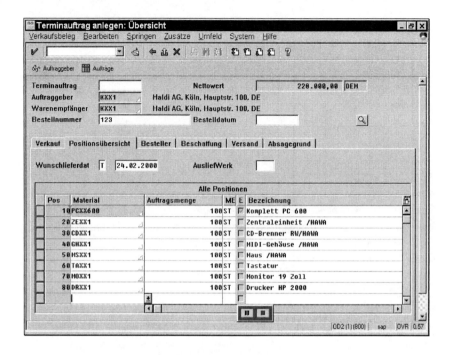

Abb. 45: Übersichtsmaske der Terminauftragserfassung (© SAP AG)

Im Rahmen der Produktkonfiguration kann ein Produkt (z.B. ein Computer) kundenspezifisch konfiguriert werden. Bei Auslandsgeschäften prüft das System im Rahmen der Auftragserstellung Außenhandelsvorschriften (z.B. Meldeverfahren und Präferenzabkommen) und erstellt notwendige Außenhandelsdokumente (z.B. Zollpapiere). Desweiteren ist die Abwicklung von Retouren, sowie Gut- und Lastschriften möglich. Preise werden im Rahmen der Konditionstechnik überwiegend automatisch ermittelt. Der aktuelle Status einer Auftragsabwicklung läßt sich über die *Belegflußdarstellung* abfragen.

Innerhalb der Komponente Versand erfolgt die Organisation und Durchführung der Auslieferung der Waren[335]. Die Lieferabwicklung wird durch umfangreiche Kommissionier-, Pack-, Lade- und Transportfunktionen erleichtert. Über den sogenannten *Liefervorrat* lassen sich die zu einem bestimmten Zeitpunkt fälligen Lieferungen bestimmen.

---

[335] Vgl.: SAP AG (Hrsg.): System R/3® Das Vertriebssystem der SAP - Funktionen im Detail – SD, 1997, S. 6/1-6/12
SAP AG (Hrsg.): Prozesse im Vertrieb, Schulungsunterlage zum Kurs LO150, Walldorf 1998

Die Komponente Außenhandel[336] erlaubt die systemunterstützte Abwicklung von Import- und Exportgeschäften. In den Kunden- und Materialstämmen und in speziellen Customizingtabellen sind außenhandelsspezifische Dateneingaben möglich. Die Ausfuhrabwicklung wird beispielsweise durch eine automatische Verwaltung von Ausfuhrgenehmigungen in Abhängigkeit der aktuell gültigen Ausfuhrbestimmungen erleichtert. Erforderliche Meldungen (in Abhängigkeit verschiedener Wirtschaftblöcke (z.B. EU (Intrastatmeldung) oder NAFTA (North American Free Trade Agreement) (SED (Shipper´s Export Declaration) und Papiere können systemunterstützt erstellt und versandt werden. Es existiert eine interne Schnittstelle zur Auftragsbearbeitung des Vertriebs und zur Bestellbearbeitung im Einkauf, so daß außenhandelsrelevante Stammdaten unmittelbar in entsprechende Belege eingelesen werden können.

Über die Komponente *Transport* [337]können Transporte organisiert und abgefertigt werden. Die Transportdispostion umfaßt alle Aktivitäten, die zu leisten sind, bevor ein Transport eine Versandstelle verläßt. Dies können folgende Tätigkeiten sein:
- Zusammenfassung ähnlicher Lieferungen zu Sammeltransporten
- Ermittlung von geeigneten Verkehrs- und Transporthilfsmitteln
- Zuordnung externer Dienstleister (z.B. Spediteure)
- Routenplanung
- Überwachung der Transporte

Die *Transportabfertigung* schließt sich an die Disposition an. In speziellen *Transportbelegen* werden alle wichtigen Informationen zum Transport festgehalten und überwacht. Durch Statusabfragen kann die aktuelle Situation eines Transportes bestimmt werden. Es existieren verschiedene Möglichkeiten zur Durchführung der Transporte (*Transportarten*):
- *Einzeltransport* (z.B. ein LKW transportiert zwei Lieferungen von Köln nach -
  Hamburg)
- *Sammeltransport* (z.B. ein LKW transportiert zwei Lieferungen; eine erfolgt in
  Hamburg , eine in Bremen)
- *Transportkette* (der Transport erfolgt über verschiedene Verkehrsträger (z.B. Bahn,
  LKW und Schiff); es können mehrere Zielorte angesteuert werden.

Durch die Funktionen der Komponente Fakturierung[338] wird die Rechnungs-, Gutschriften-, Lastschriften und Bonusbearbeitung in vielfältiger Form ermöglicht

---

[336] Vgl.: SAP AG (Hrsg.): System R/3® Das Vertriebsystem der SAP - Funktionen im Detail – SD, 1997, S. 8/1-8/7
Möhrlen, R., Kokot, F.: SAP®R/3® Kompendium - Betriebswirtschaftlicher Funktionsumfang und Erfolgspotentiale, 1998, S. 386-389
[337] Vgl.: SAP AG (Hrsg.): System R/3® Das Vertriebsystem der SAP - Funktionen im Detail – SD, 1997, S. 7/1-7/5
[338] Ebenda, S. 9/1-9/11
SAP AG (Hrsg.): Fakturierung, Schulungsunterlage zum Kurs LO615, 1998, S. 2ff.

(z.B. Einzelrechnungen, Sammelrechnungen, Rechnungssplit, Teilfakturierung, Ratenzahlung, periodische Fakturierung, Rechnungslisten etc.). Über den sogenannten *Fakturavorrat* lassen sich die zu einem bestimmten Zeitpunkt fälligen Rechnungen erstellen.

Eins statistische Analyse der vertriebsrelevanten Daten kann in der Komponente *Vertriebsinformationssystem* (Umsatz- und Absatzabfragen, ABC-Analysen, Plan-/ Istvergleiche, Verkaufshitlisten) erfolgen.

3.1.1.4 Modul Materialwirtschaft

Im Zentrum des Moduls MM (Material Management) stehen die Aufgaben der Materialwirtschaft[339].

In der Komponente Materialdisposition kann auf verschiedene Verfahren der verbrauchs- und plangesteuerten Disposition[340] zurückgegriffen werden. Eine plangesteuerte Disposition liegt vor, wenn die Bedarfe über die Absatz- bzw. Progammplanung vorgegeben werden. Die ermittelten Bedarfe werden an die Produktion und/oder als Bestellanforderungen an den Einkauf weitergeleitet. Mit Hilfe umfangreicher Vorhersageverfahren und -modelle (Konstant-, Trend- und Saisonmodelle) läßt sich eine möglichst exakte Materialprognose durchführen. Losgrößen für Bestellvorschläge werden nach *statischen* (z.B. Auffüllen bis zum Höchstbestand), *periodischen* (z.B. Tages- oder Wochenlosgrößen) und *optimierenden* Losgrößenverfahren (z.B. gleitende, wirtschaftliche Losgröße) berechnet.

In der Komponente Einkauf werden Funktionen der manuellen und automatischen Bezugsquellenermittlung, der Lieferantenauswahl und der Bestellung bzw. der Bestellüberwachung bereitgestellt[341]. Der Status von Bestellungen ist über Listenabfragen möglich. Bestellanforderungen[342] aus den Bereichen Disposition, Fertigung und Vertrieb können weiterverarbeitet und manuell oder automatisiert freigegeben werden. Sogenannte *Einkaufsinfosätze* enthalten detaillierte

---

Wenzel, P. (Hrsg.): Betriebswirtschaftliche Anwendungen des integrierten Systems SAP®R/3®, 1995, S. 496-497
[339] Rebstock, M., Hildebrand, K. (Hrsg.): SAP®R/3® für Manager, 1998, S.87 und S. 145ff.
Wenzel, P. (Hrsg.): Betriebswirtschaftliche Anwendungen des integrierten Systems SAP®R/3®, 1995, S. 205-298
Grigoleit, U., Stark, H.: SAP®R/3® 3.1 Einführung und Überblick – Ein Leitfaden für Entscheider, 1998, S. 261ff.
CDI (Hrsg.): SAP®R/3® Materialwirtschaft – Grundlagen, Anwendungen, Fallbeispiele, 1996; S. 113ff.
[340] SAP AG (Hrsg.): System R/3® Materialwirtschaft - Funktionen im Detail, 1998, S. 4/1-4/8
[341] Ebenda, S. 5/1-5/18
[342] Bestellanforderungen (Banf) sind Aufträge an den Einkauf, spezifizierte Materialien oder Dienstleistungen in der gewünschten Menge zu einem bestimmten Termin zu beschaffen

Informationen, zu welchen Preisen ein bestimmter Lieferant welche Materialien liefern kann. Sie werden bei jeder Bestellung fortgeschrieben.
Das System unterstützt den Einkauf unter anderem bei der Erstellung von Anfragen und Angeboten an Lieferanten. Aufgrund dieser Daten können z.B. verschiedene Angebote im *Angebotspreisspiegel* miteinander verglichen werden. Der Einkauf verhandelt Liefer- und Zahlungskonditionen und schließt gegebenenfalls auch Rahmenverträge ab. Bestellungen können erstellt und dem/den Lieferanten über verschiedene Kommunikationswege (z.B. Fax, Internet, EDI) übermittelt werden. Mit Unterstützung der SAP®R/3® Software kann der Einkauf die Bestellentwicklung, insbesondere die Einhaltung der Liefertermine und den Wareneingang kontrollieren. Jede mögliche Bezugsquelle für einen bestimmten Gültigkeitszeitraum wird als Datensatz im sogenannten *Orderbuch* hinterlegt. Durch eine *Quotierung* besteht die Möglichkeit, Einkaufsbedarfe auf verschiedene Lieferanten zu verteilen.
Im Rahmen der Komponente *Bestandsführung* werden alle bestandsverändernden Vorgänge, wie Wareneingänge, Warenausgänge, Umlagerungen zwischen Lagern und Werken, Reservierungen (z.B. für bestimmte Kunden- oder Fertigungsaufträge) und Bestandskorrekturen erfaßt[343]. Das SAP®-System unterstützt die zum Zweck der Bilanzierung der Bestände gebräuchlichen Inventurverfahren (z.B. Stichtags-, Stichproben und permanente Inventur).
Wird das Zusatzmodul MM-WM (Warehouse Management) eingesetzt, lassen sich die Lagerstrukturen über *Lagernummern* und *Lagertypen* (z.B. Hochregallager, Blocklager) bis auf einen bestimmten *Lagerplatz* verfeinern. Über bestimmte Regeln macht das R/3® System Vorschläge zum Ort der Warenein- und -auslagerung und zum Kommissionierungsort.
Innerhalb der Komponente Rechnungsprüfung[344] findet unter Berücksichtigung der Informationen aus der Bestellung, des Wareneingangs (Lieferschein) und des Materialstammes die Prüfung von Eingangsrechnungen sachlich, rechnerisch und preislich statt. Bei Übereinstimmung der Daten (unter Berücksichtigung vorgegebener Toleranzen) wird die Rechnung freigegeben und zum Zahlungsausgleich an die Finanzbuchhaltung übergeben.
Im Rahmen der Komponente *Einkaufsinformationssystem (EIS)*[345] können Informationen aus der operativen Einkaufssabwicklung - gesammelt, verdichtet und statistisch ausgewertet werden.

---

[343] Vgl.: AG (Hrsg.): System R/3® Materialwirtschaft - Funktionen im Detail, 1998, S. 6/1-6/9,
Wenzel, P. (Hrsg.): Betriebswirtschaftliche Anwendungen des integrierten Systems SAP R/3®, 1995, S. 267-277
Möhrlen, R., Kokot, F.: SAP®R/3® Kompendium - Betriebswirtschaftlicher Funktionsumfang und Erfolgspotentiale, 1998, S. 335-344
[344] Rebstock, M., Hildebrand, K. (Hrsg.): SAP®R/3® für Manager, 1998, S. 87
[345] Vgl.: Möhrlen, R., Kokot, F.: SAP®R/3® Kompendium - Betriebswirtschaftlicher Funktionsumfang und Erfolgspotentiale, 1998, S. 350-351

Das Einkaufssinformationssystem ist Bestandteil des übergeordneten, sogenannten Logistikinformationssystems (LIS), das auf Informationssysteme auch anderer Komponenten, wie beispielsweise des Vertriebs und der Produktion zugreift. Das Einkaufsinformationssystem liefert vor allen Dingen Entscheidungsträgern der mittleren und oberen Managementebene (Einkaufsleiter; Geschäftsführer) wertvolle aggregierte Daten aus den operativen Anwendungen. Die Tiefe der Informationen kann dabei vom Benutzer individuell festgelegt werden. Diese Informationen beinhalten einkaufsrelevante *Kennzahlen* (Rechnungsbetrag, Bestellwert, Anzahl Bestellungen, Anzahl Lieferungen, Beschaffungskosten etc.), und *Merkmale* (z.B. Einkaufsorganisation, Einkäufergruppe, Lieferant, Material) die direkt aus der operativen Anwendung online fortgeschrieben werden.

3.1.1.5 Modul Produktionsplanung und -steuerung

Das Modul *Produktionsplanung und –steuerung (PP)*[346] umfaßt vielfältige Funktionen für die Planung und Steuerung der Fertigung in verschiedenen Branchen mit unterschiedlichen Fertigungstypen. In der Komponente *Stammdaten* können fertigungsrelevante Daten zu Materialien, Klassifikation, Stücklisten, Arbeitsplänen und Arbeitsplätzen hinterlegt werden. Es bestehen verschiedene Schnittstellen zu CAD (Computer Aided Design) und CAQ Systemen (Computer Aided Quallity Assurence)[347].
Im Rahmen der Planungsphasen stehen Funktionen zur Absatz- und Produktionsgrobplanung (SOP= Sales & Operations Planning), Leitteileplanung für kritische Teile (MPS), Plangesteuerte Disposition (MRP= Material Requirement Planning)[348], Distributionsplanung (DRP= Distribution Requirement Planning[349]) und Kapazitätsbestimmung zur Verfügung[350].
Die durch die Planungsfunktionen bzw. Materialbedarfsplanung errechneten Fertigungsbedarfe werden im Rahmen der Fertigungssteuerung in konkrete Aufträge

---

[346] SAP AG (Hrsg.): System R/3® Integrierte Produktionsplanung und -steuerung - Funktionen im Detail – PP, 1997
Wenzel, P. (Hrsg.): Betriebswirtschaftliche Anwendungen des integrierten Systems SAP®R/3®, 1995, S. 299-412
Rebstock, M., Hildebrand, K. (Hrsg.): SAP®R/3® für Manager, 1998, S.86-87
[347] Zur Integration von PPS-Systemen in das Umfeld des Computer Integrated Manufacturing (CIM) siehe auch:
Kurbel, K.: Produktionsplanung und –steuerung. Methodische Grundlagen von PSS-Systemen und Erweiterungen. In: Endres, A. (Hrsg.): Handbuch der Informatik, Band 13.2, 1993. 303- 332
[348] Im Rahmen der MRP findet die Feinplanung statt. Alle gefertigten Baugruppen, Komponenten, Zwischenprodukte, Zukaufteile und Rohstoffe werden mit Hilfe der Stücklistenauflösung disponiert.
[349] Der Ansatz der Distribution Requirements Planning (DRP) unterstützt die Verteilung von Produkten über Auslieferungslager an Kunden bei möglichst wenigen Produktionsstandorten.
[350] Vgl.: Möhrlen, R., Kokot, F.: SAP®R/3® Kompendium - Betriebswirtschaftlicher Funktionsumfang und Erfolgspotentiale, 1998, S. 374ff.

und Fertigungsmaßnahmen umgesetzt. Die SAP®R/3® Fertigungssteuerung umfaßt folgende Kernfunktionen[351]:

- Werkstattsteuerung mit Terminierung, Kapazitäts- und Ressourcenmanagement
- Produktionssteuerung und Betriebsdatenerfassung (BDE)
- Chargenverfolgung
- Nacharbeit
- Fremdbearbeitung
- Kuppelprodukte

Im Rahmen der Fertigungssteuerung durchläuft ein Fertigungsauftrag im SAP®R/3® die in der folgenden Abbildung dargestellten typischen Bearbeitungsschritte[352]:

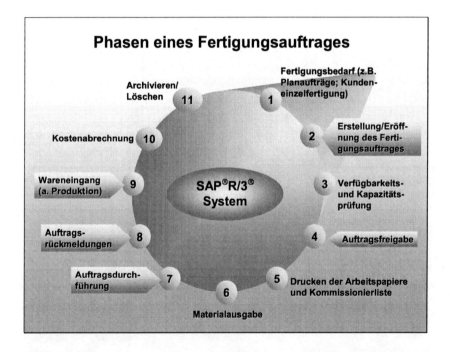

Abb. 46

Desweiteren beinhaltet das SAP®R/3®Modul PP spezifische Funktionen zur Abbildung bestimmter Fertigungstypen (z.B. Serienfertigung, Prozeßfertigung, Variantenkonfiguration, KANBAN/Just-in-Time (JIT), Projektfertigung). Die Integration mit dem Modul Controlling ermöglicht eine schnelle und genaue *Produktkalkulation*.

---
[351] Ebenda, S. 383-391
[352] Vgl: SAP AG (Hrsg.): System R/3® Integrierte Produktionsplanung und -steuerung - Funktionen im Detail – PP, 1997, S. 5/3

Aufgrund der integrativen Verbindungen zum Modul Vertrieb lassen sich bereits zum Zeitpunkt der Kundenauftragsbearbeitung mit der Produktion abgestimmte Verfügbarkeits-, Terminierungs- und Kapazitätsprüfungen durchführen sowie hierauf basierende Fertigungsaufträge erzeugen. Durch den Erwerb zusätzlicher Softwarebausteine wie z.b. die SAP APO (Advanced Planner & Optimizer) Software läßt sich die logistische und internetbasierte Funktionalität durch Berücksichtigung der unternehmensübergreifenden Logistikprozesse (Supply Chain Management) weiter erhöhen[353]. Diese Komponente ermöglicht Unternehmen, in enger Zusammenarbeit mit ihren Geschäftspartnern, die kooperative Optimierung spezieller Funktionen, wie z.B. den Austausch von Planzahlen, die kooperative Materialbeschaffung und Logistikplanung, die internetgestützte Bestandsführung durch Lieferanten etc..

Mit Unterstützung des Moduls Qualitätsmanagement (QM) können wichtige Anforderungen des Qualitätsmanagementsystems nach ISO 9000 erfüllt werden[354]. Hiermit kann ein umfangreiches Qualitätsmanagement, bestehend aus den Bereichen Prüfplanung, Prüfabwicklung und Prüfauswertungen, auf der Grundlage QM-spezifischer Stammdaten (z.B. Prüfmethoden, Prüfkataloge, Stichprobenverfahren), unterhalten werden. Innerhalb des integrierten Qualitätsmeldungssystems können Kundenreklamationen, Mängelrügen an Lieferanten und interne Fehler- und Qualitätsmeldungen erfaßt und analysiert werden.

3.1.1.6 Modul Instandhaltung

Instandhaltungsaktivitäten eines Unternehmens können über das Modul Instandhaltung (PM= Plant Maintenance) gesteuert[355] werden. Instandhaltungsobjekte können sowohl unternehmens- als auch kundeneigene Anlagen sein, für die Dienstleistungen (z.B. in Form von Wartung und Reparatur) erbracht werden. Zu diesem Zweck werden über entsprechende Stammsätze technische Plätze, Equipments, Instandhaltungsstücklisten und -arbeitspläne im System hinterlegt. Wartungsarbeiten für eine vorbeugende Instandhaltung können auf der Grundlage von Wartungsstrategien geplant werden. Darüber hinaus können

---

[353] Zur SAP APO-Software s.a.: o.V.: Logistiknetze optimieren. SAP APO in 350 Projekten im Einsatz, Magazin sapinfo.net, Nr. 67, Ausgabe 02/2000, S. 12-13
[354] Vgl.: Möhrlen, R., Kokot, F.: SAP®R/3® Kompendium - Betriebswirtschaftlicher Funktionsumfang und Erfolgspotentiale, 1998, S. 374ff.
 Wenzel, P. (Hrsg.): Betriebswirtschaftliche Anwendungen des integrierten Systems SAP®R/3®, 1995, S. 392-411
[355] Rebstock, M., Hildebrand, K. (Hrsg.): SAP®R/3® für Manager, 1998, S. 88

Instandhaltungsmeldungen und –aufträge sowie Meßwert- und Zählerstände erfaßt werden. Zum Zwecke der Dokumentation von Wartungsarbeiten und zur Informationsgewinnung für Ersatzinvestitionen kann eine Instandhaltungshistorie aufgebaut werden. Garantie-, Wartungs- und Reparaturleistungen mit und ohne Produktbezug können mit Hilfe des *Service Management* erfaßt werden. Die Serviceabwicklung erlaubt die Erfassung von Servicemeldungen und deren Weiterverarbeitung zu Serviceaufträgen (Dienstleistungen) und Kundenaufträgen (Produkte und Ersatzteile). Nach der Auftragsdurchführung können die Daten zur automatischen Rechnungserstellung und Verbuchung übergeben werden. Das Modul Instandhaltung ist in vielfältiger Weise mit anderen SAP®R/3®Modulen integrativ vernetzt (z.B. den Modulen Vertrieb (Kundenaufträge, Fakturierung), Finanzbuchhaltung/Controlling (Verbuchungen bzw. Kontierungen), Materialwirtschaft (Materialien/Dienstleistungen) und Projektmanagement (Projekte).

3.1.1.7 Modul Personalwirtschaft

Das Modul *Personalwirtschaft (HR= Human resources)* unterstützt alle Geschäftsprozesse von der Personalplanung bis zur Personaladministration. Die Komponente *Personalplanung und –entwicklung (HR-PD)* ist strategisch bzw. konzeptionell ausgerichtet und unterstützt die Personalpolitik des Unternehmens[356]. Im Rahmen der Komponente *Organisationsmanagement* wird die personalrelevante Aufbauorganisation eines Unternehmens abgebildet (z.B. durch die Darstellung der Unternehmensbereiche und Abteilungen, (Plan-)stellen, Arbeitsplätze und Aufgabenbeschreibungen).
Über die Komponente *Qualifikationsmanagement* werden Funktionen zum Aufbau und zur Erstellung von Qualifikations- und Anforderungsprofilen zur Verfügung gestellt. Im Zusammenhang mit dem *Bewerbermanagement* können Profilabgleiche die Bewerberauswahl unterstützen.
Die Komponente *Karriere- und Nachfolgeplanung* erlaubt den Zugriff auf personenunabhängige Laufbahnmodelle, um Mitarbeitern Entwicklungsmöglichkeiten aufzuzeigen und Nachfolgeproblematiken zu lösen. Über einen Profilvergleich können Qualifikationsdefizite und ein entsprechender Weiterbildungsbedarf eruiert werden. Die Komponente *Veranstaltungsmanagement* bietet eine umfangreiche

---

[356] Vgl.: Rebstock, M., Hildebrand, K. (Hrsg.): SAP®R/3® für Manager, 1998, S.182-190
Wenzel, P. (Hrsg.): Betriebswirtschaftliche Anwendungen des integrierten Systems SAP®R/3®, 1995, S. 567-574
Grigoleit, U., Stark, H.: SAP®R/3® 3.1 Einführung und Überblick – Ein Leitfaden für Entscheider, 1998, S. 190-226
Möhrlen, R., Kokot, F.: SAP®R/3® Kompendium - Betriebswirtschaftlicher Funktionsumfang und Erfolgspotentiale, 1998, S. 683-712

Funktionalität zur Planung (z.B. der inhaltlich und fachlich differenzierte Aufbau eines Veranstaltungskataloges) sowie zur Durchführung von Aus- und Weiterbildungsaktivitäten (Ablauf- und Termingestaltung von Seminaren, Schulungen und Kongressen, Planung von Ressourcen (Referenten, Schulungsräume, Ausstattung). Zudem wird die Abrechnung und die Maßnahmenauswertung unterstützt.

Weitere Funktionalitäten werden über die Komponenten *Personalkapazitätsplanung*, *Personaleinsatzplanung und Personalkostenplanung* bereitgestellt.

Die Komponente Personaladministration (HR-PA) stellt schwerpunktmäßig Funktionen zur *Personalverwaltung* und *Personalabrechnung* zur Verfügung[357]. Es besteht eine starke Integration mit dem Finanz- und Rechnungswesen. Neben der Anlage und Pflege von Personalstammdaten (Personalbereich, Kostenstelle, Adresse, Arbeitszeit, Basisbezüge, Bankverbindung, Steuer- und Sozialversicherungsdaten) beinhaltet dieses Modul eine umfassende Lohn- und Gehaltsabrechnung. Durch den Einsatz länderspezifischer *Abrechnungstreiber* ist eine komplette Brutto-/ Nettoabrechnung entsprechend den landesüblichen Vorschriften möglich.

Das Erstellen von Standardbescheinigungen wie Arbeitsbescheinigungen und Verdienstausfallbescheinigungen wird durch die Komponente *Bescheinigungswesen* erleichtert.

Mit Hilfe der Komponente *Zeitwirtschaft* erfolgt die Erfassung und Bewertung der Arbeitszeiten auf der Basis von *Arbeitszeitmodellen* und *Arbeitszeitplänen*, welche z.B. Sollarbeitszeiten und Pausen regeln. Die Registrierung der Arbeitszeiten kann nach der Negativzeiterfassung (reine Erfassung der Ausfallzeiten) oder der Positivzeiterfassung (Erfassung der Präsenzzeiten) erfolgen. Die Komponente *Reisemanagement* ermöglicht die Hinterlegung von Reiseanträgen, Genehmigungen, Erfassung der Reisedaten und -kosten, Buchung und Auszahlungen.

Die Komponente *Personalbeschaffung* unterstützt den kompletten Mitarbeiterbeschaffungsprozeß von der Berechnung des *Personalbedarfs* über die *Bewerberverwaltung* bis zur Korrespondenz und automatisierten Übernahme der Bewerberdaten in den Personalstamm.

3.1.1.8 Modul Finanzwesen

Im Modul *Finanzwesen (FI= Financial Accounting)* befinden sich Funktionen und Werkzeuge zur Organisation und Abwicklung der Finanzbuchhaltung nach den

---

[357] Ebenda, S. 639-682

Vorschriften des externen Rechnungswesens[358]. Dieses Modul besitzt eine zentrale integrative Bedeutung, denn alle betrieblichen Geschäftsvorfälle der übrigen Module werden auf entsprechenden Personen- und Sachkonten überwiegend automatisiert gebucht(z.B. Forderungen und Erlöse aus dem Modul Vertrieb, Wareneingänge aus der Materialwirtschaft und Fertigmeldungen aus der Produktion). Im Rahmen der *Hauptbuchhaltung* werden Sachkonten- und Bankenstammsätze und der gewünschte Kontenplan (IKR, GKR, SKR nach Datev etc.) gepflegt. Die Kontenpläne werden ein oder mehreren *Buchungskreisen* (=selbständig bilanzierende Tochterfirmen) zugeordnet, welche wiederum zu Mandanten (z.B. Konzernen) gehören. Die Verwendung länderspezifischer Kontenpläne ist vorbereitet.

Innerhalb der *Kreditorenbuchhaltung* werden beispielsweise Kreditorenstammdaten und Kreditlimitdaten gepflegt, Belege gebucht, offene Posten erzeugt und ausgeziffert. Diverse Einzelposten- und Saldenanzeigen sind möglich.

Innerhalb der *Debitorenbuchhaltung* können beispielsweise Stammdaten in einem zentralen Debitorendatensatz und Kreditlimitdaten gepflegt, Belege gebucht, offene Posten erzeugt und ausgeziffert, Anzahlungen verrechnet und Mahnprogramme genutzt werden. Die integrierte *Anlagenbuchhaltung* beinhaltet Funktionen zur Bewertung und Abschreibung des Anlagevermögens.

Spezielle Funktionen ermöglichen die Erstellung von Tages-, Monats- und Jahresabschlüssen (Bilanzen), G&V Rechnungen und Umsatzsteuervoranmeldungen. Darüber hinaus ermöglicht das Modul Finanzwesen zeitsparende *automatische Verfahrensabläufe* (Zahlen, Bankenclearing, Mahnen und Ausgleichen) sowie die Konsolidierung von Konzerndaten. Über weitere spezielle Nebenbuchhaltungen („Ledger") und das Finanzinformationssystem (FIS) lassen sich aufbereitete, umfangreiche Debitoren-, Kreditoren- und Sachinformationen abrufen. Die Darstellung unterschiedlicher *Währungen* (inklusive einer separaten Eurowertumrechnung) sind möglich.

---

[358] Vgl.: Rebstock, M., Hildebrand, K. (Hrsg.): SAP®R/3® für Manager, 1998, S.82 und S. 98-108
Engels, A., Gresch, J., Nottenkämper, N.: SAP®R/3® kompakt – Einführung und Arbeitsbuch für die Praxis, 1996, S. 117-197
Wenzel, P. (Hrsg.): Betriebswirtschaftliche Anwendungen des integrierten Systems SAP®R/3®, 1995, S. 91-136
Grigoleit, U., Stark, H.: SAP®R/3® 3.1 Einführung und Überblick – Ein Leitfaden für Entscheider, 1998, S. 14
Möhrlen, R., Kokot, F.: SAP®R/3® Kompendium - Betriebswirtschaftlicher Funktionsumfang und Erfolgspotentiale, 1998, S. 73-128
SAP AG (Hrsg.): System R/3® Hauptbuchhaltung - Funktionen im Detail – FI, 1996, S. 1/3-1/7
CDI (Hrsg.): SAP®R/3® Finanzwesen – Grundlagen, Anwendungen, Fallbeispiele, 1996, S.65-103
CDI (Hrsg.): SAP®R/3® Grundlagen, Architektur, Anwendungen, 1996, S. 252-271

3.1.1.9 Modul Controlling

Durch das Modul *Controlling (CO)* wird das interne Rechnungswesen[359] abgebildet. Die Komponente *Gemeinkostencontrolling* stellt Funktionen zur klassischen Kostenarten- und Kostenstellenrechnung zur Verfügung. Hier werden Kosten und Erlöse verursachungsgerecht zusammengetragen und den Kostenstellen zugeordnet. Zu Planungs- und Steuerungszwecken existieren umfangreiche Planungsfunktionen für unterschiedliche Leistungsarten sowie Abgrenzungsfunktionen (z.B. kalkulatorische Kosten) zur Finanzbuchhaltung. Neben den Kostenstellen können auch Aufträge, Projekte und Prozesse Controllingobjekte (Kostenträger) sein.

Die Kostenermittlung bzgl. zu kalkulierender Produkte oder Dienstleistungen erfolgt im Rahmen der Komponente *Produktkosten-Controlling*. Die Erzeugnis- bzw. Baugruppenkalkulation kann automatisch (mit Hilfe von Stücklisten und Arbeitsplänen) und/oder durch die manuelle Kosteneingabe erfolgen. Dabei kann sich die Kalkulation auf unterschiedliche Fertigungsverfahren, wie z.B. die Kundenauftragsfertigung, die Werkstatt- oder Serienfertigung und die Prozeßkostenrechnung beziehen.

In der Komponente *Ergebnisrechnung* erfolgt die möglichst genaue Zurechnung der Erlöse zu den Kosten. Die entsprechende Ergebnis- bzw. Marktsegmentrechnung kann sich auf Produkte, Kunden; Aufträge, Vertriebswege und Geschäftsbereiche beziehen. Eine kostenrechnerische Marktsegmentierung nach Kundengruppen kann in der parallelen Profit-Center-Rechnung erfolgen. Die Ergebnisermittlung kann nach verschiedenen Verfahren erfolgen, u.a. nach dem Gesamtkosten- oder dem Umsatzkostenverfahren.

3.1.1.10 Modul Treasury

Das Modul *Treasury (TR)* stellt Funktionen zur Finanzmittelrechnung und -planung zur Verfügung[360]. Hierbei wird das Ziel verfolgt, eine optimierte Verfügbarkeit liquider Mittel bei günstigen Finanzierungskosten zu erreichen.

---

[359] Vgl.: Rebstock, M., Hildebrand, K. (Hrsg.): SAP®R/3® für Manager, 1998, S. 109-120
Engels, A., Gresch, J., Nottenkämper, N.: SAP®R/3® kompakt – Einführung und Arbeitsbuch für die Praxis, 1996, S. 198-269
Wenzel, P. (Hrsg.): Betriebswirtschaftliche Anwendungen des integrierten Systems SAP®R/3®, 1995, S. 167-204
Grigoleit, U., Stark, H.: SAP®R/3® 3.1 Einführung und Überblick – Ein Leitfaden für Entscheider, 1998, S. 295-332
Möhrlen, R., Kokot, F.: SAP®R/3® Kompendium - Betriebswirtschaftlicher Funktionsumfang und Erfolgspotentiale, 1998, S. 223-272
CDI (Hrsg.): SAP R/3® Grundlagen, Architektur, Anwendungen, 1996, S. 272-291

In der Komponente *Cashmanagement* erfolgt die Abbildung der kurzfristigen *Finanzdisposition,* welche der Sicherstellung der Liquidität und der Kontrolle der Zahlungsströme dient. Hierzu lassen sich beispielsweise der *Tagesfinanzstatus* zu bestimmten Bankkonten und *Liquiditätsvorschauen* der Zahlungsströme auf bestimmten Debitoren- und Kreditorenkonten anzeigen. Die mittel- bis langfristige Liquiditätsüberwachung erfolgt innerhalb der Finanzmittelrechnung und –planung.

Die zentrale Aufgabe der Komponente *Haushaltsmanagement* besteht darin, die im Rahmen der Finanzmittelrechnung erstellten Pläne auf verantwortliche Unternehmensbereiche zu verteilen und dort als *Budgets* zur Verfügung zu stellen. Ein Soll-/ Istvergleich ermöglicht die Analyse von Abweichungen.

Die zeitliche, finanzielle und ablaufoptimierte Verwaltung von umfangreichen Projektaufträgen kann mit Unterstützung des Moduls *Projektsystem (PS)* erfolgen[361]. Das Modul erlaubt die Anlage von *Projektstrukturplänen (PSP),* die den strukurellen Aufbau und den entsprechenden zeitlichen Ablauf von Projekten abbilden. Innerhalb der Projektstrukturpläne können einzelne Aufgaben- bzw. Arbeitspakete in sogenannten *Projektstrukturplanelementen (PSP-Elemente)* hinterlegt werden. Durch *Netzpläne* können die zeitlichen Abhängigkeiten (z.b. der kritische Pfad) der einzelnen Projektvorgänge graphisch abgebildet werden. Darüber hinaus lassen sich Ressourcen (Mitarbeiter, Sachmittel etc.) den einzelnen Vorgängen zuordnen und entsprechende Kosten, Budgets und Termine planen. Vorgänge können zurückgemeldet, die erbrachten Leistungen erfaßt und durch Integration mit dem Modul Vertrieb direkt fakturiert werden. Es existieren verschiedene Schnittstellen zu weiteren, marktüblichen Projektverwaltungsprogrammen (wie z.B. MS-Projekt), welche einen bequemen (Projekt-)datendown- und -upload erlauben. Mit dem *Projektinformationssystem* lassen sich vielfältige Berichte und Auswertungen erzeugen.

3.1.1.11 Modul Business Workflow und spezielle Branchenlösungen

Mit Hilfe der *Business Workflow Komponente (WF)* können Geschäftsprozesse modul- bzw. abteilungsübergreifend automatisiert werden[362]. Diese Komponente integriert verschiedene SAP-Anwendungen, Fremdanwendungen, Desktop-Anwendungen (z.B. MS-Excel oder MS-WinWord), E-Mail-Systeme und externe Dokumente.

---

[360] Vgl.: Rebstock, M., Hildebrand, K. (Hrsg.): SAP®R/3® für Manager, 1998, S. 84
  Möhrlen, R., Kokot, F.: SAP®R/3® Kompendium - Betriebswirtschaftlicher Funktionsumfang und Erfolgspotentiale, 1998, S. 197-222
[361] Grigoleit, U., Stark, H.: SAP®R/3® 3.1 Einführung und Überblick – Ein Leitfaden für Entscheider, 1998, S. 30-31
  Rebstock, M., Hildebrand, K. (Hrsg.): SAP®R/3® für Manager, 1998, S. 89

Die Workflow Komponente erlaubt beispielsweise eine systeminterne beschleunigte Vorgangsbearbeitung an verschiedenen Arbeitsplätzen. U.a. lassen sich folgende Funktionen definieren:
- (Automatisiertes) Versenden und Bearbeiten von Nachrichten in Textform (z.B. Nachricht an einen Mitarbeiter der Finanzbuchhaltung, einen wegen Überschreitung des Kreditlimit zur Weiterbearbeitung gesperrten Auftragsbeleg freizugeben)
- Anlegen, Weiterleitung und Weiterbearbeitung von Dokumenten und Belegen (z.B. Auftrags-, Liefer- und Rechnungsbelege)
- Festlegung und Überwachung von Terminen
- Dokumentation überfälliger Aktivitäten

Spezifische branchendeterminierte Geschäftsprozesse werden über zusätzliche *Branchenlösungen (IS =Industry solutions)* angeboten. Diese sollen im folgenden nicht weiter erörtert werden. Die folgende Abbildung zeigt einen Überblick über aktuell existierende Branchenlösungen und deren Anteil an den gesamten Neuinstallationen:

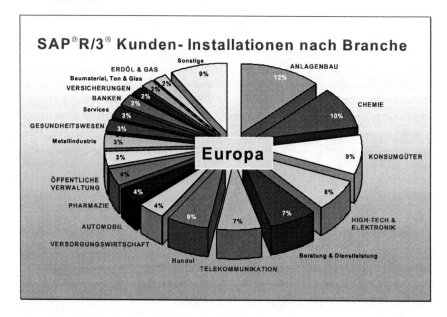

Abb. 47 © SAP AG

Möhrlen, R., Kokot, F.: SAP®R/3® Kompendium - Betriebswirtschaftlicher Funktionsumfang und Erfolgspotentiale, 1998, S. 491-529
[362] SAP AG (Hrsg.): System R/3® Integrierte Produktionsplanung und -steuerung - Funktionen im Detail – PP, 1997, S. 2/10- 2/11

Über Schnittstellen wie ALE[363] *(Application Link Enabling)* und EDI[364] *(Electronic Data Interchange)* lassen sich verschiedene SAP®R/3®-Systeme und -anwendungen, sowie fremde Rechnersysteme bzw. Fremdanwendungen miteinander verbinden.

3.1.1.12 Internet- und Intranet Anwendungen

Die mit der SAP®R/3® Software ausgelieferten *Internet- und Intranetanwendungen* unterstützen bzw. rationalisieren die Geschäftsprozesse zwischen Unternehmen (business to business) und Konsumenten (business to consumer) in vielfältiger Weise[365]. Folgende webspezifische Angebote lassen sich derzeit realisieren:[366]

Im Bereich Vertrieb:
- Angebot eines Produktkataloges mit integrierter Kundenauftragserfassung
- Produktvarianten- und Preiskonfiguration
- Informationen an den Kunden über die Verfügbarkeit (Liefertermin) bzw. den Lieferfortschritt der Bestellung (Abfrage des Kundenauftragsstatus)

Im Bereich Finanzwesen
- Kontostandsabfragen (Einzelposten, Offene Posten, kundenspezifische Stammdateneinsicht)

Im Bereich Controlling
- Informationen zur internen Leistungsverrechnung

Im Bereich Personalwirtschaft
- Stellenangebote
- Bewerberstatus
- Veranstaltungskalender/ Gebuchte Veranstaltungen

Im Bereich Materialwirtschaft
- Konsignationsbestand- Abfrage
- Abfragen zu Bestellungen und Bedarfsanforderungen

Zum Begriff *Workflow* siehe auch: Jablonski, S.: Workflow-Mangement. In: Mertens, P. (Hrsg.): Lexikon der Wirtschaftsinformatik, 1997, S. 444-445

[363] SAP AG (Hrsg.): System R/3® Integrierte Produktionsplanung und -steuerung - Funktionen im Detail – PP, 1997, S. 2/27
Möhrlen, R., Kokot, F.: SAP®R/3® Kompendium - Betriebswirtschaftlicher Funktionsumfang und Erfolgspotentiale, 1998, S. 889

[364] Zum EDI-Begriff siehe: Dörflein, M.: EDI-System. In: Mertens, P. (Hrsg.): Lexikon der Wirtschaftsinformatik, 1997, S. 132-133
Dörflein, M.: Wie funktioniert EDI eigentlich? Beschaffung aktuell, Ausgabe 10, 1995, S. 37-40

[365] Möhrlen, R., Kokot, F.: SAP®R/3® Kompendium - Betriebswirtschaftlicher Funktionsumfang und Erfolgspotentiale, 1998, S. 816-821

[366] Ebenda, S. 823-828

Im Bereich Qualitätsmanagement
- Erstellung von Qualitätszeugnissen bzgl. bestimmter Produkte für ein registrierte Kunden
- Erfassung von Qualitätsmeldungen. Kunden können über das Internet Fehler in erworbenen Produkten melden

Im Bereich Produktionsplanung und –steuerung
- Der Lieferant kann über das Internet bei KANBAN Materialbeschaffung Informationen über leere Behälter abfragen, einen Liefervorrat zusammenstellen und seine Lieferung ankündigen bzw. bestätigen.

Die folgende Abbildung zeigt abschließend die aufbereitete Darstellung der SAP®R/3® Eingangsmaske inklusive der Menüpfaddarstellung der wichtigsten Systemmodule und Komponenten:

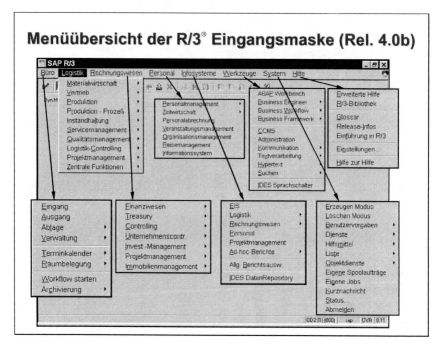

Abb. 48

3.1.2 Gründe für die starke Marktdurchdringung und aktuelles Marktgeschehen

Die Gründe für das starke Wachstum des Marktes für integrierte betriebswirtschaftliche Standardsoftware resultieren aus einer Reihe von langfristigen und auch aktuellen Entwicklungen. Betriebliches Informationsmanagement wird seit einiger Zeit als Kernfunktion für die strategische Sicherung der Unternehmen gesehen. Individuell programmierte, aus vielen Teilsystemen zusammengestellte und i.d.R. für Großrechner konzipierte Altsysteme besitzen vielfach nicht mehr die benötigte IT-technische Offenheit (z.b. vielfältige standardisierte Schnittstellen) und die erforderliche betriebswirtschaftliche Funktionsabdeckung. Mangelnde Anpassungs- (s. die Jahr Problematik 2000 und die EURO Umstellung) und Wachstumflexibilität (z.B. fehlende Vernetzungs- und *Internetfunktionalitäten*), verbunden mit kostspieligen Wartungs- und Mietverträgen und hoher Wartungsintensität führen insbesondere seit Anfang der 90er Jahre zu einer intensiven Hinwendung zu integrierter, betriebswirtschaftlicher Standardsoftware. Die Entscheidung für eine neue kaufmännische Software bedeutet i.d.R. die Entscheidung für eine integrierte Standardsoftware, weil die Individualentwicklung derzeitig nur noch für wenige Kunden wirtschaftlicher ist.
Nicht nur durch die zunehmende Anzahl von Unternehmensübernahmen und Fusionen verändern sich Unternehmensstrukturen immer schneller und lassen die Nachfrage nach organisational und funktional flexibler Software steigen. Integrierte, betriebswirtschaftlicher Standardsoftware muß in der Lage sein, z.B. Konzernstrukturen mit zahlreichen (internationalen) Tochterfirmen abzubilden, zu verwalten und zu steuern.[367] Auch Mittelstandsunternehmen weisen heute vielfach globale Verteilungen ihrer Unternehmensstandorte auf und benötigen daher Software mit unternehmensweiten Integrationsmöglichkeiten und umfassender betriebswirtschaftlicher Funktionalität.
Unternehmen müssen zur Steigerung ihrer Wettbewerbsfähigkeit in der Lage sein, durch schnelle und leistungsfähige Informationssysteme kurzfristig auf Marktveränderungen reagieren zu können. Die Implementierung der SAP®R/3® Software beinhaltet grundsätzlich das Potential, Geschäfts- und Bearbeitungsprozesse zu optimieren. Vielfach wird die Implementierung der SAP®R/3® Software mit Reengineeringprojekten verknüpft[368]. Aufgrund der prinzipiellen *Systemoffenheit*[369] (z.B. Vorhandensein von verschiedensten Schnittstellen), der hohen *Portabilität* (die Software ist zu den marktüblichen Rechnertypen, Betriebssystemen und Datenbanksystemen kompatibel) und

---
[367] Vgl.: Rebstock, M., Hildebrand, K. (Hrsg.): SAP®R/3® für Manager, 1998, S. 25ff.
[368] Ebenda, S. 56
[369] Zur ausführlichen Darstellung der Schnittstellenthematik der SAP®R/3® Software siehe

Skalierbarkeit (flexible Ausbaufähigkeit durch Client-Server-Architektur) können sich Vorteile im Bereich *Investitionssicherheit* und *Kosteneffizienz* ergeben . Die SAP®R/3® Software beinhaltet Funktionen zur *Mehrsprachigkeit*, zur *Mehrwährungsfähigkeit* und zur Abbildung nationaler Besonderheiten (z.B. Kontenpläne, rechtliche Regelungen, Import-/ Exportabwicklungen, Steuern, Maßeinheiten, Kalender).

Die Unternehmung SAP AG mit ihrem Hauptprodukt SAP®R/3® ist weltweit der Marktführer[370] für integrierte betriebswirtschaftliche Standardsoftware im Client-Server-Segment[371]. Im Konzernbereich kann R/3® wie ein Monopolanbieter betrachtet werden. Zwar existieren eine Reihe weiterer Anbieter integrierter betriebswirtschaftlicher Standardsoftware wie BAAN®, Oracle®, IBM®, KHK®, Navision® etc., welche aber bei weitem nicht den Marktverbreitungsgrad der SAP Software erreichen[372]. Im öffentlichen Schulungsbereich (z.B. an Berufsschulen, Akademien und (Fach-) hochschulen spielen die SAP-Konkurrenten eher eine untergeordnete Rolle[373].

Die konsequente Ausrichtung der R/3® Systeme auf Internettechnologien führt aktuell zu einer steigenden Anzahl von eBusiness-Projekten. Die folgende Abbildung zeigt das Ergebnis einer Umfrage bei 2400 SAP®R/3® Kunden[374]:

---

[370] Auf die Darstellung aktueller Umsatz- und Gewinnzahlen wird an dieser Stelle verzichtet. Die aktuellen Zahlen finden sich u.a. in: Magazin sapinfo.net, Nr. 67, Ausgabe 02/2000, S.8.
Die jeweils neuesten Unternehmenskennzahlen finden sich im Internet unter www. sap-ag.com
Derzeit existieren über 20.000 SAP®R/3® Installationen mit mehreren Millionen Anwendern.
[371] Zum Begriff Client-Server s. Punkt 3.1.3 Technische Aspekte der Implementierung (S. 185)
[372] Aktuelle Produkt- bzw. Funktionsvergleiche der Softwarekonkurrenten finden sich bei:
Steffens, F.: Überblick über den Markt für Standardanwendungssysteme der Betriebswirtschaft, Internetadresse: http://vasant02.wifo.uni-mannheim.de/
Zu den Alternativen zu SAP siehe auch:
AFOS (Arbeitsgemeinschaft arbeitsorientierte Forschung und Schulung GbR):
SAP, Arbeit, Management – Durch systematische Arbeitsgestaltung zum Projekterfolg, 1996, S. 49ff.
[373] Vgl. Uhr, W., Lander, K.: Empirische Studie zum Einsatz integrierter, betriebswirtschaftlicher Standardsoftware in der Lehre an Universitäten und Fachhochschulen, in: Wirtschaftsinformatik, 1998, S. 352-355
In der empirischen Studie konnte festgestellt werden, daß in dem Fall der Verwendung einer betriebswirtschaftlichen Standardsoftware die Software SAP®R/3® eine Verbreitungsquote von 82% aufwies.
[374] Vgl.: o.V.: RAAD Consulting, Prospekt zur Studie: R/3-Markt in Deutschland. Status und Potentiale, Münster 08/2000, S. 2

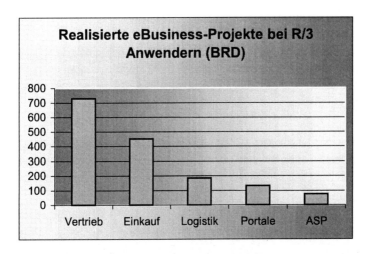

Abb. 49

Neukunden, insbesondere im Bereich des *Mittelstandes*, für die aufgrund geringer Größe der Betrieb einer R/3® Installation bisher nicht wirtschaftlich sinnvoll war, gehören seit einiger Zeit neben den Großunternehmen zur Zielgruppe der SAP AG und ihrer Partnerunternehmen. Die folgende Abbildung gibt ein aktuelles Bild von der SAP-Kundenstruktur nach Mitarbeiterzahlen:

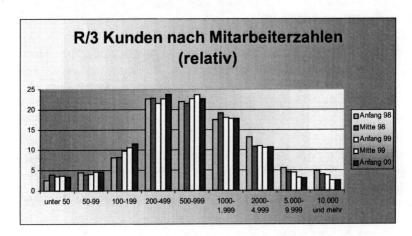

Abb. 50

3.1.3 Technische Aspekte der Implementierung

Das Client-Server-Konzept[375] erlaubt im Kern die flexible und erweiterbare Verteilung von Rechnern und deren Kapazitäten bzw. der entsprechenden Softwarefunktionalität. Die internetfähige Client-Server-Architektur der SAP®R/3® Software umfaßt vier Ebenen:

- *die Präsentationsebene:*
Die Präsentationsebene beinhaltet die graphische Bedieneroberfläche (SAP-GUI =Graphical User Interface). Hier werden durch den Anwender Daten erfaßt und zur weiteren Bearbeitung an den Applikations- bzw. Datenbankserver weitergeleitet.

- *die Anwendungsebene:*
Über einen oder mehrere Applikationsserver werden die verschiedenen Programmteile des Systems aufgerufen (z.B. die Auftragsbearbeitung)

- *die Datenbankebene:*
Die eingegebenen Daten werden durch marktübliche relationale Datenbankmanagementsysteme verwaltet.

- *die Internetfunktionsebene:*
Durch die Installation eines zusätzlichen Internetservers kann die technische Anbindung an das Standardsystem erfolgen. Der sogenannte *Internet-Transaction Server (ITS)* verbindet die Internetanwendungskomponenten (s. Punkt 3.1.1.12) mit einem Web-Server und präsentiert Informationen als Webseiten, auf die über einen entsprechenden Browser zugegriffen werden kann.

In der Regel ist die Softwareeinführung in den Unternehmen nur mit Hilfe externer Beratungshäuser möglich. Kritisiert werden in diesem Zusammenhang die oftmals langen Einführungszeiten, die Einführungskosten (s. hierzu den folgenden Punkt) und die Risiken bei der Umstellung von einem Altsystem auf die SAP-Software. Die SAP-Installationen können mitunter sehr große Ausmaße annehmen. So berichtet Pfänder[376] beispielhaft von der SAP®R/3® Installation der Deutschen Post. Dort werden allein für die Finanzbuchhaltung 17 Datenbankserver mit 2500 GB Festplattenkapazität und 35 Applikationsserver verwendet, auf die 1500 Anwender zugreifen. Ergänzend hierzu umfaßt die Installation der SAP®R/3® Personalwirtschaft 8 Datenbank- und 34 Applikationsserver zum Zweck der personalwirtschaftlichen Verwaltung und Abrechnung von ca. 500.000 Mitarbeitern.

---

[375] Eine detaillierte Beschreibung des Client-Server-Konzeptes findet sich in:
Grigoleit, U., Stark, H.: SAP®R/3® 3.1 Einführung und Überblick – Ein Leitfaden für Entscheider, 1998, S. 344-352
Buck-Emden, R, Galimow, J.: Die Client-Server-Technologie des SAP-Systems R/3®, 3. Auflage,1996, S. 27ff.
[376] Pfänder, O.: Anwendungssoftware als Mittler zwischen Theorie und Praxis. Eine Untersuchung zum Lerntransfer am Beispiel von SAP®R/3®, 1999, S. 49

Die SAP AG empfiehlt ihren Kunden die Installation von mindestens drei getrennten Systemen. Das *Produktivsystem* repräsentiert das im täglichen Einsatz stehende Echtsystem; daneben sollte ein *Testsystem* zum Entwickeln und Erproben neuer Konfigurationen, neuer Programme und sonstiger Systemerweiterungen und ein *Schulungssystem* bereitgestellt werden.

Für den Einsatz zu Schulungszwecken im Bildungsbereich (z.B. an Fachhochschulen und Universitäten) wird i.d.R. ein Schulungssystem eingerichtet. Die Mindestanforderung für die PC-Serverinstallation eines IDES-Schulungsmandanten[377] für den Releasestand 4.0 mit dem Betriebsystem Windows NT und einer Microsoft SQL-Datenbank liegen bei mindestens 256 MB RAM Arbeitsspeicher, ca.: 20 GB nutzbarer Festplattenkapazität und zwei Prozessoren. Hieran können marktübliche Windows-PC angeschlossen werden, auf denen die graphische SAP-Oberfläche (SAP GUI) installiert sein muß und welche über eine Netzverbindung (z.B. TCP/IP) mit dem Hauptserver verbunden werden.

Im Bereich „kleiner" R/3® Installationen (bis 100 Anwender) dominiert mittlerweile das Betriebssystem Windows NT mit einem Verbreitungsgrad von ca. 50%. Eine vorherrschende Stellung des Betriebssystems UNIX ist nur noch bei größeren Installationen festzustellen.[378]

3.1.4 Kosten-Nutzen-Analyse

Die Einführung der SAP-Software in den Unternehmen ist mit hohen Nutzenerwartungen der informationstechnischen und betriebswirtschaftlichen Leistungsfähigkeit verbunden. Ein Umstieg auf ein SAP-System bedeutet jedoch einen beträchtlichen Investitionsaufwand. Plazek[379] beziffert die notwendigen Investitionskosten bei einer SAP-Einführung mit 50 Anwendern auf ca. 1,5 Mio. DM. Allein der anfallende Beratungsaufwand verschlingt zuweilen bis zu 60% der Kosten. Für die Softwarelizenzen fallen im Schnitt 25%, für Hardwareinvestitionen 15% und für Schulungen ca. 10% der Gesamtinvestitionen an. Insbesondere die Kosten für die notwendigen Anwenderschulungen werden vielfach unterschätzt. Ca. 15% der Softwarekosten müssen als jährliche Softwarepflege- und Wartungskosten berücksichtigt werden. Buxmann und König[380] ermittelten im Rahmen einer

---

[377] s. hierzu Punkt 3.2 dieser Arbeit
[378] O.V.: RAAD Consulting, Prospekt zur Studie: R/3®-Markt in Deutschland. Status und Potentiale, Münster 08/2000, S.4
[379] In: AFOS (Arbeitsgemeinschaft arbeitsorientierte Forschung und Schulung GbR): SAP, Arbeit, Management – Durch systematische Arbeitsgestaltung zum Projekterfolg, 1996, S. 36

[380] Zu den Kosten und Dauern von R/3®-Einführungsprojekten siehe Buxmann, P., König, W.: Empirische Ergebnisse zum Einsatz der betrieblichen Standardsoftware SAP®R/3®, in: Wirtschaftsinformatik, 39. Jg., Nr.4, 1997, S. 331-337

europaweit angelegten empirischen Studie bei SAP-Einführungsprojekten durchschnittliche Personalkosten in Höhe von ca. 3 Mio. DM, wobei die Projektteams zu 77% aus internen und zu 23% aus externen Mitarbeitern bestanden. Die durchschnittliche Einführungsdauer, bezogen auf den Zeitraum von der Entscheidung für ein SAP-System bis zur Produktivsetzung, betrug 13,5 Monate. Zu berücksichtigen ist dabei allerdings, daß der Produktlebenszyklus für ein betriebliches Informationssystem häufig zwischen 10 und 20 Jahren liegt.

Die folgende Tabelle zeigt ein zusammenfassendes Ranking der typischen Kostenarten- und Nutzeneffekte, welche bei der Einführung von SAP®R/3® von Bedeutung sind[381]:

Kosten bei der Einführung von SAP®R/3®	Nutzen bei der Einführung von SAP®R/3®
1. Kosten für externe Berater	1. Bessere Planung, Steuerung und Kontrolle der betrieblichen Geschäftsprozesse
2. Kosten für notwendige Hardware- und Systemsoftwareerweiterungen	2. Einheitliche und konsistente Datenbasis
3. Kosten für interne Mitarbeiter im Projekt	3. Verbesserte Flexibilität im Hinblick auf eine Anpassung von Informationssystem und Geschäftsprozessen an geänderte Anforderungen
4. Kosten für die SAP-Software	4. Verkürzte Durchlaufzeiten für betriebliche Geschäftsprozesse
5. Kosten für Schulungsmaßnahmen	5. Qualitative Verbesserung der betrieblichen Geschäftsprozesse

Tab. 5

3.2. Lernthemenpotential von Modellunternehmen am Beispiel des SAP®R/3® IDES- Trainingsmandanten

Die komplexen Strukturen und Abläufe der R/3® Software stellen nicht nur hohe Anforderungen an die Hardware von im produktiven Einsatz befindlichen Systemen, sondern auch an Schulungssysteme.

---

[381] Vgl.:Buxmann, P., König, W.: Organisationsgestaltung bei der Einführung betrieblicher Standardsoftware. Internetadresse: http://caladan.wiwi.uni-frankfurt.de/pbuxmann/sap-stud/mc0531.htm

Um die betriebswirtschaftliche und informationstechnische Funktionalität möglichst aktuell, schnell und umfänglich demonstrieren zu können wurde der Schulungsmandant IDES (= International Demonstration and Education System) entwickelt. Er ist Bestandteil des Systems R/3® und repräsentiert ein komplett konfiguriertes, integriertes Modellunternehmen mit entsprechenden Übungsdaten. IDES ist ein eigenständiges R/3® System und eignet sich für das Simulieren konzeptioneller Überlegungen und zur Durchführung gezielter Schulungsmaßnahmen. Der betriebswirtschaftliche Funktionsumfang eines IDES-Systems entspricht größtenteils einem realen Produktivsystem und somit der in Punkt 3.1.1 dargestellten Funktionalität.

Zwar existieren weitere, didaktisch aufbereitete, SAP®R/3® basierte Modellunternehmen, wie z.b. die aus dem universitären Bereich stammende LIVE AG[382]; diese muß jedoch i.d.r. käuflich erworben werden und verfügt nicht über das potentielle Themen- und Leistungsspektrum sowie die Aktualität eines IDES-Mandanten.

Im folgenden soll die konkrete Organisationsstruktur und das Potential an möglichen (vorwiegend) betriebswirtschaftlichen Lernthemen, welche sich in einer SAP®R/3® basierten Modellunternehmung realisieren lassen, am Beispiel der IDES-Modellunternehmung, dargestellt werden.

3.2.1 Voreinstellung globaler, repräsentativer Unternehmens- und Organisationsstrukturen

Da sich integrierte betriebswirtschaftlicher Standardsoftware zur globalen Verknüpfung weltweit operierender Unternehmen eignet, sollten die Unternehmensstrukturen in Modellfirmen entsprechend aufgebaut sein. Dabei sollte bei der Entwicklung der Unternehmens- und Organisationsstrukturen neben der internationalen Ausrichtung auf eine hohe Praxisrelevanz, Authentizität und Integration geachtet werden. Innerhalb des IDES-Trainingssystems wird beispielsweise ein global agierender Konzern mit mehreren Tochterfirmen (dargestellt in sogenannten Buchungskreisen) abgebildet. Im Rahmen des Customizing können die Organisationsstrukturen ergänzt, angepaßt oder um neue Organisationseinheiten (z.B. zusätzliche Tochterfirmen, Vertriebswege etc.) erweitert werden. Die folgende Abbildung zeigt die im IDES Standard enthaltene Unternehmensstruktur[383]:

---

[382] Zur detaillierten Darstellung der LIVE AG siehe:
Wenzel, P. (Hrsg.): Betriebswirtschaftliche Anwendungen des integrierten Systems SAP®R/3®, 1995, S. 83ff.

[383] SAP AG (Hrsg.): System R/3® IDES - Funktionen im Detail, 1998, S. 1/3

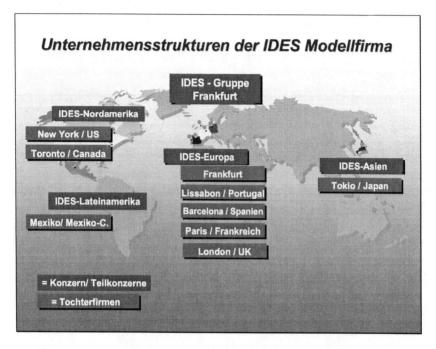

Abb. 51 © SAP AG

Für jede Unternehmensgruppe bzw. Tochterfirma wird eine betriebswirtschaftliche Schwerpunktfunktionalität definiert (s. folgende Tabelle). Die Abbildung buchungskreisübergreifender Geschäftsvorfällle (z.B. die Umlagerung bestimmter Materialbestände zwischen Tochterfirmen zu bestimmten Verrechnungspreisen) ist grundsätzlich möglich. Die Firmen können sowohl als produzierende Unternehmen als auch als reine Vertriebs- oder Handelsunternehmen organisiert sein. Eine konzernweite Konsolidierung ist realisierbar. Die Teilkonzerene Europa und Amerika sind prinzipiell gleichartig aufgebaut, berücksichtigen jedoch die lokalen Geschäftsgegebenheiten und rechtlichen Bestimmungen.

Die folgende Tabelle zeigt beispielhaft die mögliche betriebswirtschaftliche Funktionsverteilung[384] innerhalb des Modellkonzerns.

---

[384] Ebenda, S. 1/3-1/4

IDES Europa	Integrierte Komponenten
Deutschland	*Vollständige Abbildung:* Finanzwesen, Controlling (flexible Plankostenrechnung), Vertrieb, Produktionsplanung und -steuerung, Materialwirtschaft, Qualitätsmanagement, Instandhaltung, Personalwirtschaft, Projektmodul
Großbritannien	Finanzwesen, Controlling (starre Plankostenrechnung), Vertrieb, Produktionsplanung und -steuerung (Serienfertigung), Materialwirtschaft,
Frankreich	Finanzwesen, Controlling (starre Plankostenrechnung), Vertrieb
Portugal	Finanzwesen, Produktionsplanung und -steuerung
Spanien	Finanzwesen, Vertrieb
IDES Amerika	
USA	*Vollständige Abbildung:* Finanzwesen, Controlling (flexible Plankostenrechnung), Vertrieb, Produktionsplanung und -steuerung, Materialwirtschaft, Qualitätsmanagement, Instandhaltung, Personalwirtschaft
Mexiko	Finanzwesen, Vertrieb, Produktionsplanung und -steuerung, Materialwirtschaft (in einem Hochinflationsland)
IDES Asien	
Japan	Finanzwesen, Personalwirtschaft

Tab. 6: Betriebswirtschaftliche Funktionsverteilung im Modellkonzern IDES

Im IDES kann eine repräsentative, authentisch-exemplarische Auf- und Ablauforganisation der logistischen Bereiche abgebildet werden. Gleiches gilt für den Bereich der Finanzbuchhaltung und des Controllings. Der Schulungsmandant stellt grundsätzlich ein branchenneutrales Modellunternehmen dar, welches partiell aber branchenspezifisch eingesetzt werden kann. Eine große Flexibilität ergibt sich durch die verschiedenen implementierten Organisationseinheiten, innerhalb derer unterschiedliche Produkte mit unterschiedlichen Fertigungsverfahren produziert werden können. Logistische Verknüpfungen zwischen Materialwirtschaft, Produktion und Vertrieb sind sowohl innerhalb eines Unternehmens als auch zwischen Unternehmen einer Verbundgruppe oder eines Konzerns möglich. Die im Standard enthaltenen Organistions-elemente können durch Customizingaktivitäten beliebig ergänzt und erweitert werden.

Die folgende Abbildung[385] zeigt die im Standard eingerichteten logistischen Strukturen des IDES Teilkonzerns „Europa":

---

[385] Ebenda, S. 1/3

Abb. 52 © SAP AG

Verschiedene, repräsentative Kundengruppen werden über korrespondierende Vertriebswege (Endkundenverkauf, Wiederverkäufer, Großabnehmner Industrie etc.) beliefert. Durch entsprechende Zuordnungen kann gewährleistet werden, daß über bestimmte Landesgesellschaften bzw. Vertriebswege nur bestimmte Produkte (und Dienstleistungen) produziert bzw. verkauft werden können.

3.2.2 Darstellung verschiedener Fertigungsverfahren und Produktgruppen

Die verfügbaren Materialstammsätze umfassen ein breites, repräsentatives Produktspektrum verschiedenster Materialarten[386] (Fertigerzeugnisse, Handelswaren, Dienstleistungen, Ersatzteile, Verpackungen, Roh-, Hilfs- und Betriebsstoffe, zugekaufte Baugruppen etc.), welche durch mehrere Konzerntöchter bereitgestellt werden können (s. folgende Tabelle[387]):

---

[386] Ebenda, S. 3/31
[387] Ebenda, S. 1/4

Land	Produkte (Materialstammsätze)
Deutschland	Aufzüge, Motorräder, Autos, Pumpen, Home und Multimedia PC's, Glühlampen, Farben, Tabletten
Großbritannien	Komponenten für eine Automobilproduktion (z.B. Bordcomputer)
Frankreich	Vertrieb Home und Multimedia PC's
Portugal	Komponenten für eine Automobilproduktion (z.B. Räder)
Spanien	Komponenten für eine Automobilproduktion (z.B. Räder)
USA	Motorräder, Pumpen, Home und Multimedia PC's, Glühlampen
Mexiko	PC-Teile und Zubehör

Tab. 7: Produktgruppen im IDES

Die verschiedenen Produkte bzw. Produktgruppen werden durch betriebswirtschaftlich fundierte Materialplanungsstrategien (z.B. plan- und verbrauchsgesteuerte Disposition, Leitteileplanung etc.) sowie durch den Einsatz adäquater, typischer Fertigungsverfahren (s. die nachfolgende Abbildung) bereitgestellt.

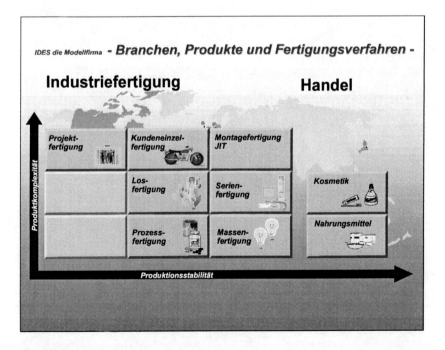

Abb. 53 © SAP AG

Die für die Produktion benötigten Ressourcen (Rohstoffe, Einzelteile, Baugruppen, Arbeitsplätze etc.) sind bereits festgelegt und über Stücklisten und Arbeitspläne den einzelnen Fertigerzeugnissen zugeordnet. Zudem ist die Abbildung komplexer, konfigurierbarer Materialien in Fertigung und Verkauf möglich.

3.2.3 Abbildung integrierter charakteristischer Geschäftsabläufe

Vorkonfigurierte Geschäftsprozesse (z.B. Auftragsabwicklung im Vertrieb oder Montageabwicklung in der Fertigung) sind im IDES in großer Anzahl vorhanden[388] und umfassen repräsentative logistische Prozesse innerhalb des Einkaufs, der Bestandsführung, der Fertigung, des Verkaufs- und Versandbereiches. Alle Prozesse werden parallel und durchgängig durch (größtenteils automatisch ablaufende) Buchungen und Aufzeichnungen im Rechnungswesen begleitet. Das Controlling ist bereits auf der Grundlage von Gemeinkosten, Kostenstellen, Kalkulationsschemata und spezieller Ergebnisrechnungen vorkonfiguriert. Ergänzt werden die mengen- und wertmäßigen Prozesse durch ein fertig eingerichtetes Personalwesen und vorformatierte Mangementreports. Sämtliche in Punkt 3.1.1.12 beschriebenen Intra- und Internetfunktionen (z.B. Implementierung eines Online shops mit direkter SAP®R/3® Anbindung; siehe folgende Abbildung) können bei Bedarf dargestellt werden.

Durch eine auf die Geschäftsprozesse abgestimmte spezielle IDES Online-Hilfe, welche umfangreiche Ablauf- und Datenbeschreibungen sowie Hintergrundinformationen bereitstellt, kann die Einarbeitungszeit beschleunigt werden.

---

[388] Im Releasestand 4.0b existieren mehr als 300 voreingestellte Geschäftsprozesse. Diese sind detailliert dokumentiert in:
SAP AG (Hrsg.): System R/3® IDES - Funktionen im Detail, 1998, Anhang S. A/1-A/22
SAP AG (Hrsg.): SAP Online Dokumentation – IDES Release 4.0b, CD-ROM, Walldorf 1999

Abb. 54 © SAP AG

3.2.4 Herstellung reproduzierbarer betriebswirtschaftlicher Ausgangszustände

Eine zu Schulungzwecken interessante Funktionserweiterung besteht darin, durch das Einspielen jederzeit reproduzierbarer und stimmiger Datenbestände gewünschte betriebswirtschaftliche Ausgangszustände herzustellen. Auf diese Weise können z.B. Perioden- und Jahresabschlüsse wiederholt durchgeführt oder spezielle Schulungskunden- und -materialstammsätze bereitgestellt werden. Durch das Einspielen bestimmter Bewegungs- und Bestandsdaten (Auftrags- und Materialbestände, Umsätze, Preise etc.) entfällt eine entsprechend zeitaufwendige Dateneingabe; zudem können die vielfältigen Informationssysteme auf realistische Daten zurückgreifen.

3.3 Zwischenfazit:
Vorzüge, Grenzen und Risiken beim Einsatz betriebswirtschaftlicher Standardsoftware in komplexen Lehr-Lernarrangements

Im folgenden sollen die Vorzüge des Einsatzes integrierter betriebswirtschaftlicher Standardsoftware im kfm. Unterricht aus wirtschaftspädagogischer bzw. betriebswirtschaftlicher Sicht zusammengefaßt werden. Danach werden die Grenzen und möglichen Risiken erörtert.

Der Einsatz der Software eröffnet neuartige Potentiale zur Gestaltung anspruchsvoller und komplexer betriebswirtschaftlicher Lehr-Lernarrangements. Softwaresysteme wie der Marktführer SAP®R/3® wurden aus der Praxis und für die Praxis für eine große Anzahl von Unternehmen verschiedenster Größe und Branchen entwickelt. Sie repräsentieren somit ein informationstechnisches Werkzeug, welches eine Vielzahl an optimierten betriebswirtschaftlichen Aufgabenerfüllungen ermöglicht. Softwareprogramme wie SAP®R/3® erlauben eine kritische Überprüfung (i.S.v. von Praxistauglichkeit) allgemeiner betriebswirtschaftlicher Konzepte und Methoden (z.b. ABC-Analyse, verschiedene Dispositions- und Kostenrechnungsverfahren). Die starke Verbreitung dieser Programme eröffnet bei der Verwendung im kfm. Unterricht die Schaffung eines authentischen und exemplarischen Lernumfeldes sowie Möglichkeiten der praxisorientierten Wissensvermittlung verbunden mit einem hohen Transferpotential des Gelernten. Die Wissensvermittlung kann durch ein breites Spektrum anspruchsvoller bzw. handlungsorientierter Unterrichtsmethoden erfolgen (Einsatz komplexer Fallstudien, Projektorientierter Unterricht etc.).

Aus fachlicher (betriebswirtschaftlicher) Sicht erlaubt der Einsatz der Software die Darstellung komplexer, auch globaler Organisations- und Unternehmensstrukturen, welche im Rahmen didaktisch aufbereiteter Modellunternehmen, wie beispielsweise dem IDES Modellmandanten (vgl. Abschnitt 3.2), abgebildet und auch flexibel verändert werden können. Die Darstellungsstärke der Software liegt hauptsächlich im administrativen, operativen und planerischen Bereich sowie in der ganzheitlich-integrierten Veranschaulichung charakteristischer Abläufe der wichtigsten betrieblichen Funktionsbereiche Materialwirtschaft, Produktion, Vertrieb, Rechnungswesen etc. (vgl. Abschnitt 3.1.1). Hierbei ist die Darstellung vernetzter bereichs- und abteilungsübergreifender Geschäftsprozesse möglich (z.B. der integrierten Auftragsbearbeitung). Die Bearbeitung entsprechender Problem- und Aufgabenstellungen im kfm. Unterricht spiegelt in einem hohen Maß die betriebliche

Realität wider. Simplifizierte künstliche Lernkontexte, wie sie beispielsweise bei der Verwendung von Unternehmensplanspielen entstehen, werden vermieden. Eine fachbereichsübergreifende Verknüpfung von betriebswirtschaftlichen und informationstechnischen Themen ist realisierbar. Die Integration der Software in den Unterricht eröffnet neben der Betrachtung betriebswirtschaftlichen Anwendungswissens ein großes Reservoir interdisziplinärer Themenfelder wie Datenbanken, Programmierung, Customizing, Implementierungs- und Projektmanagementwissen etc. (vgl. Abschnitt 2.2.2.4).

Die praxisorientierte Repräsentanz, der hohe Grad der betriebswirtschaftlichen Aufgabenabdeckung sowie die Möglichkeit der Steigerung der Arbeitsmarktchancen lassen eine vertiefte Auseinandersetzung der Lernenden mit den Lerninhalten und somit auch eine Steigerung der Lernmotivation erwarten. Eine lernfördernde Wirkung ergibt sich insbesondere aus dem Umstand, daß sich das Lernobjekt bzw. die hiermit verbundenen Lerninhalte den Lernenden überwiegend durch eigenes aktives Tun am System erschließt.

Die enorme Komplexität und Funktionsvielfalt der Software ist nicht uneingeschränkt vorteilhaft; vielmehr beinhaltet sie auch spezielle Risiken insbesondere methodisch-didaktischer Art. Der Einsatz der Software stellt enorme Anforderungen an die Lehrkräfte und an die Gestaltung der Lehr-Lernarrangements. Hierbei ist der Gefahr der Reduzierung der Lerninhalte auf die Vermittlung von reinen Produkt- bzw. Softwarekenntnissen entgegenzuwirken.

Es zeigt sich zudem am Beispiel der betrachteten Software SAP®R/3®, daß integrierte betriebswirtschaftliche Standardsoftware nicht unbedingt eine nach didaktischen Prinzipien entwickelte Software sein muß. Das Programm ist, bedingt durch partiell unübersichtliche und informationsüberladene Masken sowie durch vielstufige Menüpfade für die Lernenden zunächst nur eingeschränkt anwenderfreundlich. Ebenso bedarf es oftmals einer Vielzahl notwendiger Eingaben, welche häufig mit erklärungsbedürftigen, softwarespezifischen Begrifflichkeiten verbunden sind.

Aufgrund der erwähnten Kompliziertheit und Unübersichtlichkeit der Software ergibt sich insbesondere für Anfänger ein erhöhter Bedarf an transparenzförderndem Orientierungs- und Hintergrundwissen. Die praktische Arbeit am System ist zunächst nur im Rahmen einer genauen, instruktionalen Aufgabenstellung sinnvoll. Hier können sich z.B. Aufgabenstellungen in Form praxisorientierter Fallstudien mit genau dokumentierten Bearbeitungs- und Vorgehensabfolgen als hilfreich erweisen. Der Umgang mit bzw. am System stellt hohe fachliche und organisatorisch-technische Anforderungen an die Lehrkräfte und verursacht einen überdurchschnittlich hohen (und ebenso kostspieligen) Anpassungs- und Fortbildungsbedarf. Trotz vielfältiger, auch multimedialer Lernhilfen bleibt der handlungskompetente Dozent als leitende, organisierende und Hilfestellung gebende Kraft unverzichtbar. Ein exploratives und selbstgesteuertes Arbeiten, welches erst im Fortgeschrittenenstadium sinnvoll ist, bedarf ebenfalls der Präsenz eines Experten, welcher über ein hohes Maß an betriebswirtschaftlicher, informationstechnischer, methodisch-didaktischer, organisatorisch-technischer und sozialer Kompetenz verfügen muß (vgl. Abschnitt 2.2.2.2).

Die Einbeziehung integrierter betriebswirtschaftlicher Standardsoftware in den Unterricht bedingt ein generell erhöhtes Störpotential aufgrund des notwendigen Technik-einsatzes (Software, Beamer, PC etc.). Es ergibt sich hieraus das Risiko der fehlenden oder nur geringen Verfügbarkeit (bzw. durch zu lange Antwortzeiten des Systems). Die Verwendung dieses informationstechnischen Werkzeugs verursacht zudem einen erhöhten und permanenten Anpassungs- bzw. Aktualisierungsbedarf der Inhalte (und somit auch der Schulungsmaterialien) an neue Releasestände.

Der Einsatz integrierter betriebswirtschaftlicher Standardsoftware findet dort seine Grenzen, wo die finanziellen Mittel zur Deckung der hohen Kosten für Lizenzen, Installation und Systemadministration sowie für die EDV-Ausstattung und Dozentenaus- und -weiterbildung nicht zur Verfügung stehen.
Es läßt sich zudem feststellen, daß integrierte betriebswirtschaftliche Standardsoftware wenig oder gar nicht geeignet ist, bestimmte „klassische" betriebswirtschaftliche Themenfelder abzudecken. So können insbesondere strategische Entscheidungsfelder wie beispielsweise zur Thematik Standortwahl nicht abgebildet werden. Grenzen ergeben sich auch bei der Darstellung genereller Marktmechanismen und Konkurrenzsituationen (hier bieten Unternehmensplanspiele Vorteile). Wichtige und notwendige Einsichten in Werte- und Normensysteme bzw. in soziale, ethisch-moralische und ökologische Fragestellungen können über die Software nicht oder nur unzureichend transportiert werden. Dies gilt auch für große Teile des wichtigen Lernthemas Unternehmensgründung.
Allgemein läßt sich feststellen, daß durch den Einsatz integrierter betriebswirtschaftlicher Standardsoftware eine starke Betonung des EDV-orientierten BWL-Paradigmas erfolgt.

4. Empirischer Teil:
Entwicklung, Durchführung und Auswertung einer Seminarkonzeption zur Darstellung integrierter Geschäftsabläufe unter Einsatz der betriebswirtschaftlichen Standardsoftware SAP®R/3®

4.1 Entwicklung der Seminarkonzeption

4.1.1 Ablauf und Inhalt des Seminars

Die vom Autor dieser Arbeit entwickelte Seminarkonzeption verfolgt die Intension, wesentliche, im theoretischen Teil dieser Arbeit herausgearbeitete Vorteile und Stärken des Einsatzes integrierter betriebswirtschaftlicher Standardsoftware im praktischen Schulungsbetrieb umzusetzen, aber auch kritisch zu hinterfragen, d.h. mögliche Grenzen und Risiken zu eruieren. Die zu diesem Zweck erstellten umfangreichen Seminarmaterialien[389] beinhalten die Abbildung eines kompletten Geschäftsvorgangs vom Kundenauftrag bis zur Rechnungserstellung inklusive der benötigten Stammdaten (Kunden, Lieferanten; Materialien etc.) mit Hilfe der betriebswirtschaftlichen Standardsoftware SAP®R/3®. Die Konzeption wurde speziell für die Zielgruppe fortgeschrittener Studierender an Hoch- und Fachhochschulen sowie an Berufskollegschulen der Fachrichtungen Betriebswirtschaft und Wirtschaftsinformatik konzipiert. Der zeitliche Umfang wurde daher auf ca. 2-4 Semesterwochenstunden zugeschnitten. Sie eignet sich aber auch für andere Zielgruppen, wie beispielsweise (Junior-) SAP-Berater in einer Einarbeitungsphase.

Inhaltlich soll vor allen Dingen der *Integritätsaspekt* moderner betriebswirtschaftlicher Standardsoftware an einer durchgehenden Wertschöpfungskette verdeutlicht werden.

Zu diesem Zweck wird ein typischer, abteilungs- und funktionsbereichsübergreifender Geschäftsprozeß eines auftragsbezogenen Montagefertigers dargestellt, der nach dem Auftrag eines gewerblichen Kunden eine größere Anzahl eines Komplett-Personal Computers fertigt, ausliefert und in Rechnung stellt. Die Komponenten dieses PC (s. folgende Abbildung) werden von den Teilnehmern als Materialstämme im System angelegt und in einer speziellen Stückliste verwaltet.

---

[389] Das komplette Seminarmaterial wurde auf eine CD-ROM übertragen

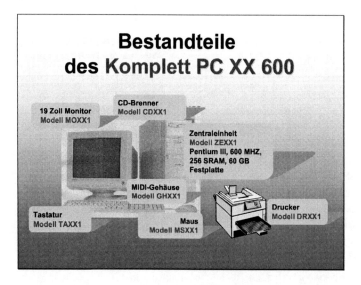

Abb. 55

Der gesamte Geschäftsprozeß wird durch 12 fallstudienbasierte Lerneinheiten vermittelt und innerhalb der von der SAP AG ausgelieferten Modellunternehmung IDES im Releasestand 4.0b abgebildet. Nachdem die Teilnehmer einführende Informationen erhalten und sich mit der Bedienung der SAP®R/3® Software vertraut gemacht haben, sollen die einzelnen Fallstudien (s. nachfolgende Abbildung) handlungsorientiert am System nachvollzogen werden.

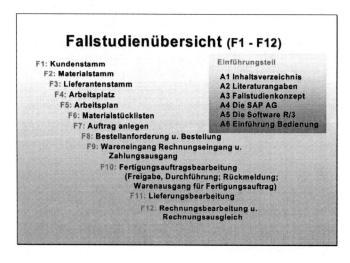

Abb. 56

Abbildung 56 zeigt die Inhalte und die Reihenfolge der abzubildenden Fallstudien in einer Übersicht. Es wird hierbei in die SAP®R/3® Module MM (Materialwirtschaft); PP (Produktionsplanung und -steuerung), das Modul SD (Vertrieb) und FI (Finanzbuchhaltung) verzweigt. Sachverhalte aus dem Bereich CO (Controlling) konnten aus Zeitgründen nicht berücksichtigt werden.

4.1.2 Entwicklung der iterativen Vier-Stufen-Methode

Nach den Erfahrungen des Autors dieser Arbeit erschöpfen sich Schulungen zur SAP-Thematik oft in (Teil-)Funktionsdarstellungen innerhalb einzelner Module. Somit kann den Lernenden der Hauptvorteil der Software, nämlich die Darstellung verschiedener integrierter Geschäftsprozesse über die Abteilungsgrenzen hinweg, nur unzureichend oder überhaupt nicht aufgezeigt werden. Auch die notwendige Behandlung betriebswirtschaftlichen und softwarespezifischen Hintergrundwissens erfolgt unzureichend.

Diesen Mangel versucht die vorliegende Konzeption zu überwinden, indem *ganzheitlich* und handlungsorientiert ein exemplarischer, in sich geschlossener Geschäftsprozeß in Fallstudienform[390] dargestellt wird. In einer vierstufigen Vorgehensweise wird den Lernenden zunächst betriebswirtschaftliches und anschließend softwarespezifisches Orientierungs- und Hintergrundwissen vermittelt. Hierauf aufbauend erhalten die Mitglieder der Lerngruppe eine konkrete Aufgabe in Fallstudienform, welche durch aktive Arbeit am SAP®R/3®System zu realisieren ist. Zu Kontroll- und Demonstrationszwecken stehen zu jeder Fallstudie multimedial aufbereitete Fallösungen („screencams") zur Verfügung. Die Struktur der Vorgehensweise wird in folgender Abbildung dargestellt:

---

[390] Zu den theoretischen Überlegungen zur Fallstudienmethodik siehe auch:
Grohmann, S.: Die Fallmethode: Theoretische Grundlagen. In: Aff, J. und Wagner, M. (Hrsg.): Methodische Bausteine der Wirtschaftsdidaktik,1997, S. 51-73
Reetz, L: Handlungsorientiertes, problemlösendes Lernen mit Fällen im Wirtschaftslehreunterricht. In: Schneider, W. (Hrsg.): Komplexe Methoden im betriebswirtschaftlichen Unterricht. Festschrift für Hans Krasensky. Wien 1993, S. 143-156

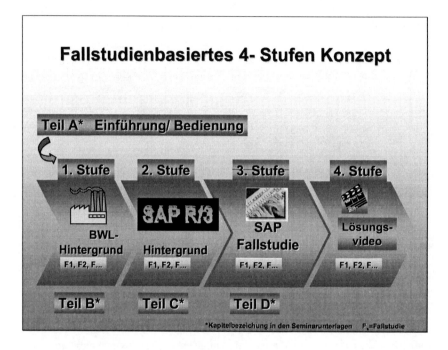

Abb. 57

In einem einführenden Teil werden die Lernenden mit dem grundlegenden Aufbau und Funktionsumfang sowie mit der Bedienung der Software vertraut gemacht. Dieses ist eine notwendige Voraussetzung[391] zur Bearbeitung der nachfolgenden Fallstudien. Bei Bedarf bzw. zur zusätzlichen Motivation und Bereicherung des Lernstoffes können Informationen zur Entwicklung und aktuelle Firmendaten des Softwareherstellers dargeboten werden.

Nach dem einführenden Teil wird in den nachfolgenden Stufen eine in sich geschlossene Wertschöpfungskette durch 12 aufeinander aufbauende Fallstudien dargestellt.

Zu jeder Fallstudie erfolgt zunächst die Beschreibung des entsprechenden *betriebswirtschaftlichen Hintergrundes (Stufe 1)*. Danach erfolgt die Vermittlung des notwendigen *softwarespezifischen Basiswissens (Stufe 2)*. Dieses SAP Hintergrundwissen wurde thematisch bewußt breit angelegt und bezieht sich nicht nur auf die anschließenden SAP®R/3® Fallstudien, sondern beschreibt partiell auch fallstudienunabhängig einzelne Module und Komponenten in übersichtlicher Weise. Hieran schließt sich (als wichtigster Teil) die Durchführung der entsprechenden

---

[391] Es werden keinerlei SAP-spezifischen Vorkenntnisse vorausgesetzt

Fallstudie durch die Teilnehmer am System an *SAP- Fallstudien (Stufe 3)*. In diesem Teil befinden sich auch Übersichten zu den zu erstellenden Belegen und den benötigten Menüpfaden. Zu jeder Fallstudie befindet sich zum Zweck der Erfolgskontrolle ein Lösungsvideo in Form von Lotus SceenCams auf der Begleit CD-ROM *(Stufe 4)*. Die einzelnen Stufen der Wissensvermittlung bzw. -aneignung sollen im folgenden präzisiert werden.

4.1.2.1 Einführung/Bedienung der Software

Da sich die Seminarkonzeption an Teilnehmer wendet, welche noch nicht über SAP R/3® Kenntnisse verfügen, ist es notwendig, grundlegende Informationen zur Software und deren Bedienung zu vermitteln. Im einführenden Teil A[392] (s.a. Abb. 57) wird zunächst, unterstützt durch diesbezügliche Seminarmaterialien, der Inhalt, die Zielsetzung und die methodisch-didaktische Konzeption *(Fallstudienbasierte 4-Stufenmethodik)* des Seminars erläutert. In einem weiteren Einführungsteil[393] werden interessante Informationen zur Unternehmensgeschichte der SAP AG, aktuelle Unternehmensdaten sowie SAP bezogene Internetadressen und Hinweise zu spezifischen Berufsfeldern bereitgestellt. Nachfolgend wird dann die grundlegende betriebswirtschaftliche und informations-technische Struktur der Software erläutert[394] (Modulüberblick, technische R/3 Umgebung, Client-Server-Architektur etc.).
Der wichtigste Teil der Einführung besteht in der Vermittlung von elementaren Bedienungskenntnissen[395] als Voraussetzung zur Bearbeitung der nachfolgenden SAP-Fallstudien. Methodisch ist es sinnvoll, daß zunächst diese Bedienungsinhalte durch die Lehrkraft am System vorgeführt werden. In einer anschließenden Phase sollten die Lernenden die gezeigten Aufgabenstellungen selber am System nachvollziehen und auf diese Weise erste Erfahrungen im Umgang mit der Software sammeln. Hierbei ist die Präsenz der Lehrkraft als hilfe- und ratgebender Experte unbedingt zu empfehlen.

4.1.2.2 Stufe 1: Betriebswirtschaftlicher Hintergrund

Jede Fallstudie beginnt mit der Beschäftigung des ihr zugrunde liegenden betriebswirtschaftlichen Sachverhaltes. Die Vermittlung der betriebswirtschaftlichen

---
[392] Ebenda, S. A3-1/A6-29
[393] Ebenda, S. A4-1/A4-11
[394] Ebenda, S. A5-1/A5-7
[395] Ebenda, S. A6-1/A6-29

Hintergrundinformationen zu den einzelnen Fallstudien[396] erfolgt überwiegend softwareunabhängig. Hierdurch sollen allgemeine kfm. Vorüberlegungen angeregt werden, welche die anschließende DV-technische Realisierung flankieren bzw. vorbereiten. Bei einer heterogen Lerngruppe kann hiermit auch eine für alle Teilnehmer verbindliche Wissensgrundlage geschaffen werden. Grundsätzlich wird jedoch bei der Seminarkonzeption davon ausgegangen, daß die Lernenden bereits über fortgeschrittene betriebswirtschaftliche Kenntnisse, insbesondere aus dem Bereich der Logistik und der Finanzbuchhaltung, verfügen.

4.1.2.3 Stufe 2: SAP®R/3® spezifischer Hintergrund

Jeder der 12 Fallstudien werden softwarespezifische Hintergrundinformationen vorangestellt. Den Teilnehmern werden entsprechende Seminarmaterialien[397] in schriftlicher und elekronischer Form zur Verfügung gestellt. Da es sich größtenteils um spezifische und komplexe Sachverhalte handelt, empfiehlt es sich, diese Inhalte vor bzw. unter Mitarbeit der gesamten Lernergruppe zu behandeln. Die Teilnehmer haben hier in erster Linie die Möglichkeit, sich mit softwarespezifischen Fachbegriffen vertraut zu machen sowie sich Wissen über die Organisationsstrukturen und typische Geschäftsprozeßabläufe anzueignen.

Der Umfang des zu vermittelnden SAP Hintergrundwissens wurde thematisch bewußt breit angelegt und bezieht sich nicht nur ausschließlich auf die nachfolgend zu bearbeitenden SAP®R/3® Fallstudien, sondern beschreibt partiell auch fallstudienunabhängig einzelne Module und Komponenten in übersichtlicher Weise. Dies dient ebenso wie die vorangegangenen rein betriebswirtschaftlichen Hintergrundinformationen dem Gesamtverständnis und schafft notwendiges Struktur- und Orientierungswissen.

4.1.2.4 Stufe 3: SAP®R/3® Fallstudien

Anschließend erhalten die Mitglieder der Lerngruppe eine konkrete problemhaltige Aufgabenstellung in Fallstudienform[398], welche durch aktive Arbeit am System zu realisieren ist. Die Bearbeitung kann in Zweiergruppen, idealerweise in Einzelarbeit durchgeführt werden. Bei Bedarf kann der Dozent die Fallstudienbearbeitung vorab im Plenum am System präsentieren, parallel hierzu spezielle Hinweise geben und auf mögliche Schwierigkeiten eingehen. Jede SAP-Fallstudie beginnt mit einer

---
[396] Ebenda, S. B1-1/B12-1
[397] Ebenda, S. C1-1/C12-7
[398] Ebenda, S. D1-1/d12-3

kurzen Aufgabenbeschreibung, anschließend werden alle zur Bearbeitung der Fallstudie benötigten Menüpfade und Befehle dargestellt. Bei der Gestaltung der Fallstudienunterlagen wurde bewußt auf die Abbildung der vielen zu durchlaufenden Bildschirmmasken verzichtet, um spätere Releaseanpassungen zu erleichtern bzw. zu beschleunigen. Zur besseren Kontrolle erhalten die Teilnehmer ein Übersichtsformular, in das alle individuell anzulegenden Stammdaten und Belege eingetragen werden. Zusätzlich werden die wichtigsten Menüpfade in einer komprimierten Übersicht zusammengetragen[399].

4.1.2.5 Stufe 4: Multimediale Fallstudienlösungen

Zu Kontroll- und Demonstrationszwecken stehen zu jeder Fallstudie multimedial aufbereitete Fallösungen („screencams") auf einer entsprechenden CD-ROM zur Verfügung. Die Teilnehmer können so *nach* oder *während* der Fallstudienbearbeitung am System schrittweise ihre eigenen Aktivitäten auf Richtigkeit kontrollieren, reflektieren[400] und ggf. diskutieren. Die Lösungsvideos sind auch dann zu Lern- und Präsentationszwecken für Dozenten sowie Lernende nutzbar, wenn das originäre SAP®R/3®-System aufgrund technischer Störungen nicht oder nur unzureichend verfügbar ist (z.B. durch zu lange Antwortzeiten).

4.1.3 Angestrebte Lehrziele

Das mit diesem Seminar angestrebte Richtziel wurde derart festgelegt, daß die Teilnehmer die Möglichkeit erhalten, eine integrierte betriebswirtschaftliche Standardsoftware kennenzulernen. Sie werden in die grundlegende Bedienung eingeführt und in die Lage versetzt, durch Realisierung einer durchgehenden Wertschöpfungskette sich mit der komplexen Funktionalität vertraut zu machen. Insbesondere soll der *Integritätsaspekt* moderner betriebswirtschaftlicher Standardsoftware durch die Abbildung vernetzter abteilungs- und bereichsübergreifender Geschäftsvorfälle verdeutlicht werden.
Die Teilnehmer sollen fähig sein, die Vorteile, aber auch die Mängel und Grenzen derartiger Software einzuschätzen.
Die hieraus resultierenden Grob- und Feinziele werden im Rahmen der nachfolgenden Beschreibung der einzelnen Lerneinheiten detailliert aufgeführt.

---
[399] Ebenda, S. D0-1/D0-2
[400] Denkbar wäre auch, daß die Teilnehmer diese Lösungsvideos in Einzel- oder Gruppenarbeit selbst erstellen und bei Interesse zusätzlich nachvertonen. Dies setzt jedoch eine geeignete Soft- und Hardwareverfügbarkeit voraus.

4.1.4 Konzeption der integrierten Wertschöpfungskette vom Kundenauftrag bis zum Rechnungsausgleich in Form von fallstudienbasierten Lerneinheiten

Die gesamte Wertschöpfungskette wird durch 12 fallstudienbasierte Lerneinheiten vermittelt und innerhalb der von der SAP AG ausgelieferten Modellunternehmung IDES im Releasestand 4.0b abgebildet. Hierbei steht die Darstellung vernetzter Geschäftsprozesse und deren Abbildung mit Hilfe einer modernen betriebswirtschaftlicher Standardsoftware im Vordergrund. Zu diesem Zweck werden exemplarische, abteilungs- und funktionsbereichsübergreifende Geschäftsprozesse eines auftragsbezogenen Montagefertigers dargestellt, der nach dem Auftrag eines gewerblichen Kunden eine größere Anzahl eines Komplett- Personal Computers fertigt, ausliefert und in Rechnung stellt. Die hierzu notwendigen Stammdaten werden von den Teilnehmern selbst angelegt. Die Komponenten des PC und das hieraus resultierende Fertigerzeugnis (s. Abbildung 55) werden von den Teilnehmern als Materialstämme im System hinterlegt und in einer speziellen Stückliste verwaltet. Zudem wird ein Lieferanten- und ein entsprechender Einkaufsinfostammsatz[401] angelegt. Zur Durchführung der Montagetätigkeiten in der Produktion wird ein Arbeitsplan erstellt und ein Arbeitslatz eingerichtet (s. folgende Abbildung).

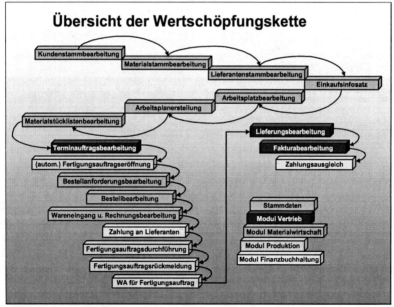

Abb. 58

Die Inhalte bzw. die Grob- und Feinziele der jeweiligen Lerneinheiten sollen nachfolgend vor allem unter methodisch-didaktischen Gesichtspunkten präzisiert werden. Zunächst werden in tabellarischer Form die Lehr- bzw. Lernziele[402] der Lerneinheit, nach den Stufen *Betriebswirtschaftlicher Hintergrund*, *SAP®R/3® Hintergrund* und *SAP-Fallstudie* gegliedert, dargestellt. Danach folgt die Beschreibung des geplanten Unterichtsablaufes unter Angabe der benötigten Unterrichtsmaterialien, der empfohlenen Sozialform und der anzusetzenden Schulungszeit.

4.1.4.1 Lehrziele, Unterrichtsablauf und -materialien der Lerneinheit 1: Kundenstammbearbeitung

Betriebswirtschaftlicher Hintergrund
• Bedeutung des Kundenstammes als zentrale, abteilungsübergreifende Informationsquelle in einem Unternehmen bzw. in einem EDV-System erkennen • Zwischen privaten, gewerblichen Kunden und Einmalkunden unterscheiden können • Verschiedene Kundenrollen kennen (Auftraggeber, Warenempfänger, Rechnungsempfänger etc.) • Vorteile von Einkaufsgemeinschaften kennen • Die Rahmenvertragsarten Kontrakt und Lieferplan unterscheiden können
SAP- Hintergrund
• SAP R/3® Vertriebsorganisationsstrukturen verstehen • Debitorische und kreditiorische Geschäftspartnerrollen kennen • Steuerungsfunktion der Kontengruppe erkennen • Den strukturellen Aufbau eines Kundenstammsatzes im SAP- System verstehen
SAP- Fallstudie
• Einen Kundenstammsatz zentral (d.h. inklusive der Buchhaltungssichten) anlegen und ändern können • Die steuernden Funktionen einzelner Datenfelder für operative Geschäftsvorgänge erkennen • Navigation in den Datenmasken durch die Springen-Funktion kennen

Tab. 8: Lehrziele der Lerneinheit 1 (Kundenstammbearbeitung)

---

[401] Dieser beinhaltet Lieferanten- und materialspezifische Konditionen (z.B. gültige Preise, Lieferbedingungen etc.)
[402] Nachfolgend nur noch Lehrziele genannt

Nr.	Aktivitäten	Materialien	Sozialform	Zeit (min)
1	• Darstellung der organisatorischen Strukturen innerhalb eines R/3®- Systems	TU: (C1-1 bis C1-7)/OH/B	V/GR	30
2	• Erläuterung der verschiedenen Geschäftspartnerrollen • Erläuterung der steuernden Funktion der Kontengruppen • Darstellung des strukturellen Aufbaus eines Kundenstammsatzes	TU /(C1-8 bis C1-10)/OH/B	V/GR	15
3	**Praktischer Teil:** • Fallstudie D1: Anlagen eines zentralen Kundenstammsatzes im R/3®- System durch die Teilnehmer	TU (D1-1 bis D2-2)/B	E/SAP	45

Abkürzungen:

Personelle Funktionsträger:
- D — Dozent/in
- T — Teilnehmer/innen

Materielle Funktionsträger:
- TU — Teilnehmerunterlage
- AB — Arbeitsblatt
- OH — Overheadgerät/(animierte) Powerpointfolie
- B — SAP- Frontend des Dozenten / Foliendarstellung über PC- Beamer
- SAP — SAP- Frontend der Teilnehmer/innen
- CD — Begleit-CD ROM (mit Video- Musterlösungen)

Sozialform:
- V — Dozentenvortrag (mit Teilnehmerbeteiligung)
- GR — Gruppenarbeit
- E/SAP — Einzel-oder Zweierarbeit (mit SAP- System)

Tab. 9: Unterrichtsablauf und –materialien der Lerneinheit 1 (Kundenstammbearbeitung)

4.1.4.2 Lehrziele, Unterrichtsablauf und -materialien der Lerneinheit 2: Materialstammbearbeitung

---

Betriebswirtschaftlicher Hintergrund

- Bedeutung der Materialstämme als zentrale abteilungsübergreifende Informationsquelle in einem Unternehmen bzw. in einem EDV-System erkennen
- Zwischen verschiedenen Materialarten unterscheiden können
- Grundlegende Ziele der Materialwirtschaft kennen
- Bedeutsamkeit der Materialstammdaten abteilungsübergreifend erfassen

SAP- Hintergrund
● Steuerungsfunktion der Materialstammmasken durch die Materialart und Branchenklassifikation verstehen ● Einordnung der Materialstämme in die Organisationsebenen kennen ● Strukturellen Aufbau (Sichten) eines Materialstammes in Abhängigkeit der gewählten Materialart im SAP- System erkennen ● Möglichkeiten der Darstellung unterschiedlicher Mengeneinheiten erfassen ● Haupt- und Nebenbilder differenzieren können
SAP- Fallstudie
● Materialstammsätze in der Materialart Handelsware anlegen und ändern können ● Materialstammsätze in der Materialart Fertigerzeugnis anlegen und ändern können ● Voreinstellungen zur Branche, den Sichten und den Organisationsebenen zum Zweck der Erleichterung der Dateneingabe vornehmen ● Navigation in den Datenmasken durch die Springen - Funktion kennen ● Materialübersichten erzeugen ● Erste Materialbestandsbuchungen vornehmen ● Gebuchte Materialbelege anzeigen lassen

Tab. 10: Lehrziele der Lerneinheit 2 (Materialstammbearbeitung)

Nr.	Aktivitäten	Materialien	Sozialform	Zeit (min)
1	● Darstellung der verschiedenen Materialarten und Branchen	TU (C2-1 bis C2-3)/OH/B	V/GR	10
2	● Erläuterung der verschiedenen Organisationsebenen und der Sichtenauswahl ● Darstellung des strukturellen Aufbaus eines Materialstammsatzes am Beispiel eines neu anzulegenden Stammsatzes	TU (C2-3 bis C2-4)/OH/B TU (C2-4 bis C2-6)/OH/B	V/GR	30
3	**Praktischer Teil:** Fallstudie D2: ● Anlegen von Materialstammsätzen der Materialart Handelsware im R/3®- System durch die Teilnehmer ● Anlegen von Materialstammsätzen der Materialart Fertigerzeugnis ● Voreinstellungen zur Branche, den Sichten und den Organisationsebenen vornehmen ● Materialverzeichnis über neu angelegte Materialien erstellen ● Erste Materialbestandsbuchungen vornehmen ● Gebuchte Materialbelege anzeigen lassen	TU (D2-1 bis D2-9)/B	E/SAP	50

Abkürzungen: Personelle Funktionsträger: D Dozent/in
　　　　　　　　　　　　　　　　　　T Teilnehmer/innen
　　　　　　　Materielle Funktionsträger: TU Teilnehmerunterlage
　　　　　　　　　　　　　　　　　　AB Arbeitsblatt
　　　　　　　　　　　　　　　　　　OH Overheadgerät/(animierte) Powerpointfolie
　　　　　　　　　　　　　　　　　　B SAP- Frontend des Dozenten / Foliendarstellung
　　　　　　　　　　　　　　　　　　　　über PC- Beamer
　　　　　　　　　　　　　　　　　　SAP SAP- Frontend der Teilnehmer/innen
　　　　　　　　　　　　　　　　　　CD Begleit-CD ROM (mit Video- Musterlösungen)
　　　　　　　Sozialform: V Dozentenvortrag (mit Teilnehmerbeteiligung)
　　　　　　　　　　　　　　　　　　GR Gruppenarbeit
　　　　　　　　　　　　　　　　　　E/SAP Einzel-oder Zweierarbeit (mit SAP- Frontend)

Tab. 11: Unterrichtsablauf und –materialien der Lerneinheit 2 (Materialstammbearbeitung)

4.1.4.3 Lehrziele, Unterrichtsablauf und -materialien der Lerneinheit 3: Lieferantenstammbearbeitung

Betriebswirtschaftlicher Hintergrund

- Bedeutung der Lieferantenstämme als zentrale, abteilungsübergreifende Informationsquelle in einem Unternehmen bzw. in einem EDV-System erkennen
- Mögliche Vertragsinhalte mit Lieferanten kennen
- Begriffe Lieferant und Kreditor unterscheiden können
- Bedeutung des Lieferantenstammes für Logistikprozesse erkennen
- Konsignations- und Streckengeschäft kennen
- Vorgänge innerhalb der Beschaffungsanbahnung, des Beschaffungsabschlusses und der weiteren Beschaffungsabwicklung beschreiben können

SAP- Hintergrund

- Die Komponenten (Stammdaten, Disposition; Einkauf, Lagerverwaltung; Bestandsführung, Rechnungsprüfung; Einkaufsinformationssystem) des Moduls Materialwirtschaft (MM) und deren Funktionsumfang kennen
- Organisationsstrukturen (Einkaufsorganisationen, Werke, Einkäufergruppen etc.) innerhalb des Moduls Materialwirtschaft kennen
- Die wichtigsten Stammdaten und Belege und deren Inhalt innerhalb des Moduls MM kennen
- Strukturellen Aufbau (Sichten) eines Lieferantenstammes im SAP- System erkennen
- Geschäftspartnerrollen (Bestellempfänger, Warenlieferant; Rechnungssteller) differenzieren können
- Abläufe im Einkauf und deren Abbildung im SAP- System erfassen
- Orderbuch, Quotierung und Einkaufsinfosatz differenzieren können
- Strukturellen Aufbau (Sichten) der Einkaufsbelege (z.B. Bestellung) im SAP- System erkennen
- Abläufe in der Materialwirtschaft und deren Abbildung im SAP- System erfassen

SAP- Fallstudie
● Einen Lieferantenstammsatz im Modul Materialwirtschaft zentral (d.h. inklusive der Buchhaltungssichten) anlegen und ändern können ● Einkaufsinfosätze für zwei Materialien anlegen ● Die angelegten Einkaufsinfosätze per Liste anzeigen können

Tab. 12: Lehrziele der Lerneinheit 3 (Lieferantenstammbearbeitung)

Nr.	Aktivitäten	Materialien	Sozialform	Zeit (min)
1	● Überblick über die Komponenten des Moduls Materialwirtschaft und Darstellung der Organisationsstrukturen	TU (C3-2 bis C3-7)/OH/B	V/GR	15
2	● Erläuterung der wichtigsten Stammdaten und Belege innerhalb der Komponente Einkauf (Lieferantenstamm; Orderbuch, Quotierung, Einkaufsinfosatz etc.)	TU (C3-7 bis C3-13)/ OH/B	V/GR	20
3	● Erläuterung des Mustervideos zur Anlage eines Lieferantenstammsatzes und von Einkaufsinfosätzen	CD/B	V/GR	15
4	**Praktischer Teil:** Fallstudie D3: ● Anlegen eines Lieferantenstammsatzes und zweier Einkaufsinfosätze im R/3® System durch die Teilnehmer ● Darstellung der angelegten Einkaufsinfosätze per Listenfunktion	TU (D3-1 bis D3-3)	E/SAP	40

Abkürzungen:	Personelle Funktionsträger:	D	Dozent/in
		T	Teilnehmer/innen
	Materielle Funktionsträger:	TU	Teilnehmerunterlage
		AB	Arbeitsblatt
		OH	Overheadgerät/(animierte) Powerpointfolie
		B	SAP- Frontend des Dozenten / Foliendarstellung über PC- Beamer
		SAP	SAP- Frontend der Teilnehmer/innen
		CD	Begleit-CD ROM (mit Video- Musterlösungen)
	Sozialform:	V	Dozentenvortrag (mit Teilnehmerbeteiligung)
		GR	Gruppenarbeit
		E/SAP	Einzel-oder Zweierarbeit (mit SAP- Frontend)

Tab. 13: Unterrichtsablauf und –materialien der Lerneinheit 3 (Lieferantenstammbearbeitung)

4.1.4.4 Lehrziele, Unterrichtsablauf und -materialien der Lerneinheit 4: Arbeitsplatzbearbeitung

Betriebswirtschaftlicher Hintergrund
• Bedeutung des Arbeitsplatzes als wichtiges Organisations- und Dispositionselement in der Produktion erkennen • Ausprägungsformen der Arbeitsplätze als Maschinen(-gruppen), bzw. Personen (-gruppen) • Relevanz eines Arbeitsplatzes für die innerbetriebliche Kalkulation, Durchlaufterminierung und Kapazitätsplanung erkennen
SAP- Hintergrund
• Wesen eines Arbeitsplatzes im Modul PP (Produktionsplanung und –steuerung) im R/3® System kennen • Verschiedene Leistungsarten und Vorschlagswerte an Arbeitsplätzen kennen • Inhalte der Datensichten zum Arbeitsplatz kennen
SAP- Fallstudie
• Einen Stammsatz für einen (Linien-)arbeitsplatz anlegen können • Kapazitäts- und Terminierungsdaten pflegen

Tab. 14: Lehrziele der Lerneinheit 4 (Arbeitsplatzbearbeitung)

Nr.	Aktivitäten	Materialien	Sozialform	Zeit (min)
1	• SAP spezifische Beschreibung eines Arbeitsplatzes	TU (C4-2)/ OH/B	V/GR	10
2	• Erläuterung der wichtigsten Hauptfunktionen und Datensichten bei der Pflege eines Arbeitsplatzes	TU (C4-3) OH/B	V/GR	10
3	• Erläuterung des Mustervideos zur Anlage eines Arbeitsplatzes	CD/B	V/GR	10
4	**Praktischer Teil:** Fallstudie D4: • Anlegen der grundlegenden Datensichten eines Arbeitsplatzes im R/3®-System durch die Teilnehmer/innen	TU (D4-1 bis D4-2)	E/SAP	20

Abkürzungen:	Personelle Funktionsträger:	D	Dozent/in
		T	Teilnehmer/innen
	Materielle Funktionsträger:	TU	Teilnehmerunterlage
		AB	Arbeitsblatt
		OH	Overheadgerät/(animierte) Powerpointfolie

	B	SAP- Frontend des Dozenten / Foliendarstellung über PC- Beamer
	SAP	SAP- Frontend der Teilnehmer/innen
	CD	Begleit-CD ROM (mit Video- Musterlösungen)
Sozialform:	V	Dozentenvortrag (mit Teilnehmerbeteiligung)
	GR	Gruppenarbeit
	E/SAP	Einzel-oder Zweierarbeit (mit SAP- Frontend)

Tab. 15: Unterrichtsablauf und –materialien der Lerneinheit 4 (Arbeitsplatzbearbeitung)

4.1.4.5 Lehrziele, Unterrichtsablauf und -materialien der Lerneinheit 5: Arbeitsplanbearbeitung

Betriebswirtschaftlicher Hintergrund
● Bedeutung des Arbeitsplans als wichtiges Fertigungsdokument in der Produktion erkennen ● Aufgaben der Arbeitsplanerstellung vermitteln ● Unterschiedliche Arbeitspläne in Abhängigkeit vom Erstellungsaufwand und nach ihrem Verwendungszweck differenzieren können
SAP- Hintergrund
● Wesen eines Arbeitsplanes im Modul PP (Produktionsplanung und –steuerung) im R/3® System kennen ● Normal- und Standardarbeitspläne differenzieren können ● Bestandteile eines Normalarbeitsplanes kennen ● Folgen eines Normalarbeitsplanes kennen
SAP- Fallstudie
● Einen Stammsatz für einen Normalarbeitsplan im R/3® System anlegen können ● Vorgangsübersicht zur Beschreibung der Montage des Komplett- PC pflegen

Tab. 16: Lehrziele der Lerneinheit 5 (Arbeitsplanbearbeitung)

Nr.	Aktivitäten	Materialien	Sozialform	Zeit (min)
1	● SAP spezifische Beschreibung eines Arbeitsplanes	TU (C5-2)/ OH/B	V/GR	5
2	● Erläuterung verschiedener Arbeitsplanarten ● Erläuterung der Bestandteile eines Normalarbeitsplanes ● Erläuterung der verschiedenen Folgen eines Arbeitsplanes	TU (C5-2 bis C5-4) OH/B	V/GR	10

3	● Erläuterung des Mustervideos zur Anlage eines Arbeitsplanes	CD/ B	V	10
4	**Praktischer Teil:** Fallstudie D5: ● Anlegen der grundlegenden Datensichten eines Arbeitsplanes im R/3® System durch die Teilnehmer/innen	TU (D5-1 bis D5-2)	E/SAP	25

Abkürzungen:	Personelle Funktionsträger:	D	Dozent/in
		T	Teilnehmer/innen
	Materielle Funktionsträger:	TU	Teilnehmerunterlage
		AB	Arbeitsblatt
		OH	Overheadgerät/(animierte) Powerpointfolie
		B	SAP- Frontend des Dozenten / Foliendarstellung über PC- Beamer
		SAP	SAP- Frontend der Teilnehmer/innen
		CD	Begleit-CD ROM (mit Video- Musterlösungen)
	Sozialform:	V	Dozentenvortrag (mit Teilnehmerbeteiligung)
		GR	Gruppenarbeit
		E/SAP	Einzel-oder Zweierarbeit (mit SAP- Frontend)

Tab. 17: Unterrichtsablauf und –materialien der Lerneinheit 5 (Arbeitsplanbearbeitung)

4.1.4.6 Lehrziele, Unterrichtsablauf und -materialien der Lerneinheit 6: Materialstücklistenbearbeitung

Betriebswirtschaftlicher Hintergrund

● Definition des Begriffs Stückliste kennen
● Verschiedene Stücklistenarten (Baukasten-, Struktur-, Mengenübersichts- und Variantenstückliste differenzieren können

SAP- Hintergrund

● Definition und Erscheinungsformen von Stücklisten im R/3® System kennen
● Stücklistenarten (-typen) im R/3® System differenzieren können
● Stücklistenaufbau mit Kopf- und Positionsdaten kennen
● Bedeutung der verschiedenen Positionstypen in SAP-Stücklisten erkennen
● Stücklistenaufbau mit Kopf- und Positionsdaten kennen
● Wesen konfigurierbarer Produkte kennenlernen
● Verschiedene Stücklistenverwendungen kennen

SAP- Fallstudie

● Eine Materialstückliste im Modul Produktionswirtschaft (PP) für die Verwendungszwecke Fertigung und Vertrieb im R/3® System pflegen

Tab. 18: Lehrziele der Lerneinheit 6 (Materialstücklistenbearbeitung)

Nr.	Aktivitäten	Materialien	Sozialform	Zeit (min)
1	• Überblick über die unterschiedlichen Stücklistenarten im R/3® System • Strukturellen Aufbau der Stücklisten erläutern	TU (C6-2 bis C6-4)/ OH/B	V/GR	20
2	• Verschiedene Abteilungssichten auf Stücklisten aufzeigen	TU (C6-5)/ OH/B	V/GR	10
3	• Erläuterung des Mustervideos zur Anlage einer Materialstückliste	CD/B	V/GR	15
4	**Praktischer Teil:** Fallstudie D6: • Anlegen einer Materialstückliste für die Verwendungszwecke Fertigung und Vertrieb	TU (D6-1 bis D6-2)	E/SAP	40

Abkürzungen:

Personelle Funktionsträger:	D	Dozent/in	
	T	Teilnehmer/innen	
Materielle Funktionsträger:	TU	Teilnehmerunterlage	
	AB	Arbeitsblatt	
	OH	Overheadgerät/(animierte) Powerpointfolie	
	B	SAP- Frontend des Dozenten / Foliendarstellung über PC- Beamer	
	SAP	SAP- Frontend der Teilnehmer/innen	
	CD	Begleit-CD ROM (mit Video- Musterlösungen)	
Sozialform:	V	Dozentenvortrag (mit Teilnehmerbeteiligung)	
	GR	Gruppenarbeit	
	E/SAP	Einzel-oder Zweierarbeit (mit SAP- Frontend)	

Tab. 19: Unterrichtsablauf und –materialien der Lerneinheit 6 (Materialstücklistebearbeitung)

4.1.4.7 Lehrziele, Unterrichtsablauf und -materialien der Lerneinheit 7: Terminauftragsbearbeitung

---

Betriebswirtschaftlicher Hintergrund

• Aufgaben der Verkaufsabwicklung in Abhängigkeit verschiedener Unternehmenstypen (z.B. Kundenanonymer Lagerfertiger auf dem Konsumenten/ Produzentenmarkt bzw. Auftragsbezogener Montagefertiger auf dem Konsumenten/ Produzentenmarkt differenzieren können.
• Typische Vertriebsfunktionen (Preisfindung, Exportkontrolle, Verfügbarkeitsprüfung; Liefertermimbestimmung) den verschiedenen Vertriebsphasen (Anfrage, Angebot, Auftrag, Lieferungsbearbeitung, Rechnungserstellung) zuordnen können

SAP- Hintergrund
• Die Komponenten (Stammdaten, Vertriebsunterstützung, Verkauf, Versand, Transport, Fakturierung, Außenhandel; Vertriebsinformationssystem) des Moduls Vertrieb (SD) und deren Funktionsumfang kennenlernen • Die Funktionen des Kunden- Material- Infosatzes kennen • Verschiedene Verkaufsbelegarten und deren steuernde Funktionen differenzieren können • Positions- und Einteilungstypen in Verkaufsbelegen differenzieren können • Strukturellen Aufbau eines Verkaufsbeleges kennen • Prozeßabläufe bei der Terminauftragsbearbeitung im SAP- System erfassen • Preisfindungsfunktionen kennen • Systeminterne Verfügbarkeitsprüfung, Versand- und Transportterminierung und die automatische Versandstellenfindung verstehen.

SAP- Fallstudie
• Eine Anfrage über das Stücklistenmaterial erstellen und in ein Angebot übernehmen • Das Angebot in einen Terminauftrag übernehmen • Optional: Die Erkundung der Funktionalität der Auftragserfassung über die Beantwortung eines Fragenkataloges

Tab. 20: Lehrziele der Lerneinheit 7 (Terminauftragsbearbeitung)

Nr.	Aktivitäten	Materialien	Sozialform	Zeit (min)
1	• Überblick über die Komponenten des Moduls Vertrieb	TU (C7-2 bis C7-10)/OH/B	V/GR	20
2	• Erläuterung der wichtigsten Vertriebsbelegarten, Darstellung des strukturellen Aufbaus und der Funktionen der Verkaufsbelege	TU (C7-10 bis C7-19)/ OH/B	V/GR	20
3	• Erläuterung des Mustervideos zur Anlage einer Anfrage, eines Angebotes und eines Terminauftrages	CD/B	V/GR	10
4	**Praktischer Teil:** Fallstudie D7: • Anlegen einer Anfrage, eines Angebotes und eines Terminauftrages im R/3® System durch die Teilnehmer • Optional: (Online) Bearbeitung eines Fragenkataloges zur Navigation und Funktionalität innerhalb der Auftragserfassung	TU (D7-1 bis D7-3)	E/SAP	40

Abkürzungen:

	Personelle Funktionsträger:	D	Dozent/in
		T	Teilnehmer/innen
	Materielle Funktionsträger:	TU	Teilnehmerunterlage
		AB	Arbeitsblatt
		OH	Overheadgerät/(animierte) Powerpointfolie
		B	SAP- Frontend des Dozenten / Foliendarstellung über PC- Beamer
		SAP	SAP- Frontend der Teilnehmer/innen
		CD	Begleit-CD ROM (mit Video- Musterlösungen)
	Sozialform:	V	Dozentenvortrag (mit Teilnehmerbeteiligung)
		GR	Gruppenarbeit
		E/SAP	Einzel-oder Zweierarbeit (mit SAP- Frontend)

Tab. 21: Unterrichtsablauf und –materialien der Lerneinheit 7 (Terminauftragsbearbeitung)

4.1.4.8 Lehrziele, Unterrichtsablauf und -materialien der Lerneinheit 8: Bestellbearbeitung

Betriebswirtschaftlicher Hintergrund
● Grundsätzliche Aufgaben der Materialwirtschaft kennen ● Wesen einer Bestellanforderung verstehen ● Wichtige Phasen der Einkaufstätigkeit unterscheiden können
SAP- Hintergrund
● Abwicklung einer Bestellanforderung kennenlernen ● Möglichkeiten zum Erstellen einer Bestellung im R/3® System ● Verschiedene Konditionsarten (Preisbestandteile) in Einkaufsbelegen differenzieren können ● Verschiedene Nachrichtenarten im Einkauf differenzieren können
SAP- Fallstudie
● Die im Verkauf erzeugte Bestellanforderung im Ändern- Modus aufrufen ● Eine Bestellung selektiv über eine Bestellanforderung erstellen

Tab. 22: Lehrziele der Lerneinheit 8 (Bestellbearbeitung)

Nr.	Aktivitäten	Materialien	Sozial-form	Zeit (min)
1	● BANF- Abwicklung und Ablaufoptimierung erläutern ● Möglichkeiten zum Erzeugen einer Bestellung aufzeigen	TU (C8-2 bis C8-4)/OH/ B	V/GR	15

2	● Typische Konditions- und Nachrichtenarten im Einkauf erklären	TU (C8-4 bis C8-5)/OH/B	V/GR	15
3	● Erläuterung des Mustervideos zur Anlage einer Bestellung auf Basis einer Bestellanforderung	CD/ B	V/GR	15
4	**Praktischer Teil:** Fallstudie D8: ● Anlegen einer Bestellung im R/3®- System durch die Teilnehmer ● Aufruf der Listanzeige für Einkaufsinfosätze	TU (D8-1 bis D8-2)	E/SAP	45

Abkürzungen: Personelle Funktionsträger: D   Dozent/in
                                              T   Teilnehmer/innen
              Materielle Funktionsträger: TU   Teilnehmerunterlage
                                              AB   Arbeitsblatt
                                              OH   Overheadgerät/(animierte) Powerpointfolie
                                              B   SAP- Frontend des Dozenten / Foliendarstellung über PC- Beamer
                                              SAP SAP- Frontend der Teilnehmer/innen
                                              CD   Begleit-CD ROM (mit Video- Musterlösungen)
              Sozialform: V   Dozentenvortrag (mit Teilnehmerbeteiligung)
                                              GR   Gruppenarbeit
                                              E/SAP Einzel-oder Zweierarbeit (mit SAP- Frontend)

Tab. 23: Unterrichtsablauf und –materialien der Lerneinheit 8 (Bestellbearbeitung)

4.1.4.9   Lehrziele, Unterrichtsablauf und -materialien der Lerneinheit 9: Wareneingangsbearbeitung mit Bestellbezug; Rechnungsbearbeitung mit Bestellbezug

Betriebswirtschaftlicher Hintergrund
● Prozeß der Wareneingangsbearbeitung kennen ● Ziele und Ablauf der Rechnungsbearbeitung verstehen ● Manuelle und maschinelle Zahlungen an Kreditoren unterscheiden können
SAP- Hintergrund
● Abwicklung von Warenbewegungen im R/3® System kennenlernen ● Ablauf eines Wareneingangs zu einer Bestellung im R/3® System kennen ● Material- und Buchhaltungsbelege differenzieren können ● Ablauf der Rechnungsprüfung im R/3® System kennen

SAP- Fallstudie

- Wareneingang zur Bestellung (erzeugt in Fallstudie 8) im R/3 System buchen
- Veränderte Bestandssituation per Materialbeleg anzeigen lassen
- Rechnungseingang des Lieferanten verbuchen
- Zahlungsausgang an den Lieferanten buchen

Tab. 24: Lehrziele der Lerneinheit 9 (Wareneingangsbearbeitung mit Bestellbezug; Rechnungsbearbeitung mit Bestellbezug)

Nr.	Aktivitäten	Materialien	Sozialform	Zeit (min)
1	• Aufgaben der Bestandsführung erläutern • Möglichkeiten zum Buchen in verschiedenen Bestandsarten aufzeigen • Ablauf eines Wareneingangs zu einer Bestellung darstellen	TU (C9-2 bis C9-3)/OH/B	V/GR	15
2	• Aufgaben der Rechnungsprüfung erläutern • Möglichkeiten der Rechnungserfassung und Verbuchung aufzeigen	TU (C9-3 bis C9-4)/OH/B	V/GR	15
3	• Erläuterung des Mustervideos zur Wareneingangsbuchung, Rechnungseingangserfassung und -freigabe und Zahlung der Lieferantenrechnung	CD/B	V	15
4	**Praktischer Teil:** Fallstudie D9: • Wareneingang mit Bezug auf eine Bestellung buchen • Lieferantenrechnung erfassen und freigeben • Zahlungsausgangsbuchung im Modul Finanzbuchhaltung	TU (D9-1 bis D9-3)	E/SAP	45

Abkürzungen:
- Personelle Funktionsträger:
  - D   Dozent/in
  - T   Teilnehmer/innen
- Materielle Funktionsträger:
  - TU   Teilnehmerunterlage
  - AB   Arbeitsblatt
  - OH   Overheadgerät/(animierte) Powerpointfolie
  - B   SAP- Frontend des Dozenten / Foliendarstellung über PC- Beamer
  - SAP SAP- Frontend der Teilnehmer/innen
  - CD   Begleit-CD ROM (mit Video- Musterlösungen)
- Sozialform:
  - V   Dozentenvortrag (mit Teilnehmerbeteiligung)
  - GR   Gruppenarbeit
  - E/SAP Einzel-oder Zweierarbeit (mit SAP- Frontend)

Tab. 25: Unterrichtsablauf und –materialien der Lerneinheit 9 (Wareneingangsbearbeitung mit Bestellbezug; Rechnungsbearbeitung mit Bestellbezug)

4.1.4.10 Lehrziele, Unterrichtsablauf und -materialien der Lerneinheit 10: Fertigungsauftragsbearbeitung

Betriebswirtschaftlicher Hintergrund
● Eine Übersicht über die wichtigsten Phasen der Fertigungssteuerung geben, insbesondere: - die Fertigungsauftragseröffnung - die Fertigungsauftragsfreigabe - die Fertigungsauftragsdurchführung - die Warenausgabe für den Fertigungsauftrag - die Fertigungsauftragsrückmeldung - Wareneingang von Fertigerzeugnissen
SAP- Hintergrund
● Das Wesen eines Fertigungsauftrages kennenlernen ● Ablauf der Anlage eines Fertigungsauftrages im R/3® System kennen ● Die verschiedenen Bearbeitungsphasen eines Fertigungsauftrages im R/3® System differenzieren können
SAP- Fallstudie
● Einen Fertigungsauftrag im R/3® System eröffnen und freigeben können ● Die Fertigungsauftragsdurchführung und –rückmeldung im R/3® System abbilden können ● Den Wareneingang der Fertigprodukte buchen und die neue Bestandssituation prüfen können

Tab. 26: Lehrziele der Lerneinheit 10 (Fertigungsauftragsbearbeitung)

Nr.	Aktivitäten	Materialien	Sozial-form	Zeit (min)
1	● Aufgaben der Fertigungssteuerung erläutern ● Wesen eines Fertigungsauftrages veranschaulichen ● Die einzelnen Schritte der Fertigungsauftragseröffnung darstellen	TU (C10-2 bis C10-3)/ OH/B	V/GR	15
2	● Die allgemeine Struktur eines Fertigungsauftrages erläutern ● Die verschiedenen Phasen der Bearbeitung eines Fertigungsauftrages aufzeigen	TU (C10-3 bis C10-4)/ OH/B	V/GR	10

3	• Erläuterung des Mustervideos zur Fertigungsauftragsbearbeitung	CD/ B	V/GR	15

4	**Praktischer Teil:** Fallstudie D10:
	• Die komplette Bearbeitung eines Fertigungsauftrages im R/3® System mit den Phasen
	  - Auftragseröffnung
	  - Auftragsfreigabe
	  - Auftragsdurchführung
	  - Auftragsrückmeldung
	  - Wareneingangsbuchung der Fertigerzeugnisse abbilden können
	
	• Die neue Bestandssituation des Fertigerzeugnisses überprüfen
		TU (D10-1 bis D10-5)	E/SAP	50

Abkürzungen:	Personelle Funktionsträger:	D	Dozent/in
		T	Teilnehmer/innen
	Materielle Funktionsträger:	TU	Teilnehmerunterlage
		AB	Arbeitsblatt
		OH	Overheadgerät/(animierte) Powerpointfolie
		B	SAP- Frontend des Dozenten / Foliendarstellung über PC- Beamer
		SAP	SAP- Frontend der Teilnehmer/innen
		CD	Begleit-CD ROM (mit Video- Musterlösungen)
	Sozialform:	V	Dozentenvortrag (mit Teilnehmerbeteiligung)
		GR	Gruppenarbeit
		E/SAP	Einzel-oder Zweierarbeit (mit SAP- Frontend)

Tab. 27: Unterrichtsablauf und –materialien der Lerneinheit 10 (Fertigungsauftragsbearbeitung)

4.1.4.11 Lehrziele, Unterrichtsablauf und -materialien der Lerneinheit 11: Lieferungsbearbeitung

Betriebswirtschaftlicher Hintergrund
• Die wichtigsten Aufgaben innerhalb der Lieferungsbearbeitung kennen • Verschiedene Kommissionierarten unterscheiden können • Inhalte der Verpackungs-, Transport- und Tourenplanung in ihren Grundzügen kennen • Wesen der Warenausgangsbearbeitung erfassen
SAP- Hintergrund
• Die wichtigsten Funktionen und Abläufe innerhalb der Vertriebskomponente Versand im R/3® System kennen

- Begriffe Versandkriterien und Pick- Menge unterscheiden können
- Die verschiedenen Formen der Lieferungsbearbeitung (Komplett- und Teillieferung, Auftragszusammenführung) kennenlernen

SAP- Fallstudie

- Eine Warenauslieferung im R/3® System anlegen
- Eine einfache Warenkommissionierung durchführen
- Den Warenausgang der Fertigprodukte an den Kunden buchen und die Belegflußübersicht aufrufen

Tab. 28: Lehrziele der Lerneinheit 11 (Lieferungsbearbeitung)

Nr.	Aktivitäten	Materialien	Sozialform	Zeit (min)
1	• Funktionen der Komponente Versand erläutern • Abläufe bei der Auslieferung eines Terminauftrages darstellen • Verschiedene Formen der Lieferungsbearbeitung schildern	TU (C11-2 bis C11-3)/ OH/B	V/GR	30
2	• Erläuterung des Mustervideos zur Lieferungsbearbeitung	CD/B	V/GR	10
3	**Praktischer Teil:** Fallstudie D11: • Eine auftragsbezogene Lieferung im R/3® System eröffnen • Im Rahmen der Kommissionierung der Lieferung die Pick- Mengen zurückmelden • Die Warenausgangsbuchung vornehmen • Den Belegfluß im Lieferungsbeleg zurückmelden	TU (D11-1 bis D11-2)	E/SAP	50

Abkürzungen:
Personelle Funktionsträger:
- D Dozent/in
- T Teilnehmer/innen

Materielle Funktionsträger:
- TU Teilnehmerunterlage
- AB Arbeitsblatt
- OH Overheadgerät/(animierte) Powerpointfolie
- B SAP- Frontend des Dozenten / Foliendarstellung über PC- Beamer
- SAP SAP- Frontend der Teilnehmer/innen
- CD Begleit-CD ROM (mit Video- Musterlösungen)

Sozialform:
- V Dozentenvortrag (mit Teilnehmerbeteiligung)
- GR Gruppenarbeit
- E/SAP Einzelarbeit (mit SAP- Frontend)

Tab. 29: Unterrichtsablauf und –materialien der Lerneinheit 11 (Lieferungsbearbeitung)

4.1.4.12 Lehrziele, Unterrichtsablauf und -materialien der Lerneinheit 12: Fakturabearbeitung, Rechnungsausgleich

Betriebswirtschaftlicher Hintergrund
● Wesen und grundlegende Inhalte der Fakturabearbeitung erkennen ● Eine lieferungsbezogene von einer auftragsbezogenen Fakturierung differenzieren können ● Einzel- und Sammelabrechnung und Rechnungslisten unterscheiden können ● Einfluß spezieller Informationen aus dem Material- und Kundenstammsatz auf die Fakturierung erfassen
SAP- Hintergrund
● Verschiedene Fakturaarten (Barverkauf, Gut- und Lastschrift, Rechnungsliste, Proformarechnungen etc.) und deren Bearbeitungmöglichkeiten (Fakturierungsformen) im R/3® System kennen ● Verschiedene Erstellungsformen im R/3® System differenzieren können ● Verschiedene Abrechnungsformen unterscheiden können
SAP- Fallstudie
● Eine lieferungsbezogene Einzelfakturierung im R/3® System vornehmen können ● Das erstellte Rechnungsformular per Druckvorausschau aufrufen können ● Die Faktura an die Finanzbuchhaltung weiterleiten ● Den Zahlungseingang des Kunden in der Finanzbuchhaltung erfassen

Tab. 30: Lehrziele der Lerneinheit 12 (Fakturabearbeitung, Rechnungsausgleich)

Nr.	Aktivitäten	Materialien	Sozialform	Zeit (min)
1	● Grundlegende Abläufe der Fakturabearbeitung erläutern ● Verschiedene Fakturierungsarten und- formen darstellen	TU (C12-2 bis C12-3)/ OH/B	V/GR	15
2	● Verschiedene Erstellungs- und Abrechnungsformen erläutern	TU (C12-3 bis C12-4)/ OH/B	V/GR	10
3	● Erläuterung des Mustervideos zur Fakturabearbeitung und zum Rechnungsausgleich durch den Kunden	CD/B	V/GR	15

4	**Praktischer Teil:** Fallstudie D12: • Eine lieferungsbezogene Einzelfakturierung im R/3® System abbilden • Das entsprechende Rechnungsformular per Druckvorausschau aufrufen • Den Zahlungseingang des Kunden in der Finanzbuchhaltung und die entsprechende OP- Korrektur erfassen • Die neue Bearbeitungssituation im Belegfluß des Auftrages kontrollieren	TU (D12-1 bis D12-2)	E/SAP	45

Abkürzungen:

Personelle Funktionsträger:	D	Dozent/in	
	T	Teilnehmer/innen	
Materielle Funktionsträger:	TU	Teilnehmerunterlage	
	AB	Arbeitsblatt	
	OH	Overheadgerät/(animierte) Powerpointfolie	
	B	SAP- Frontend des Dozenten / Foliendarstellung über PC- Beamer	
	SAP	SAP- Frontend der Teilnehmer/innen	
	CD	Begleit-CD ROM (mit Video- Musterlösungen)	
Sozialform:	V	Dozentenvortrag (mit Teilnehmerbeteiligung)	
	GR	Gruppenarbeit	
	E/SAP	Einzel-oder Zweierarbeit (mit SAP- Frontend)	

Tab. 31: Unterrichtsablauf und –materialien der Lerneinheit 12 (Fakturabearbeitung, Rechnungsausgleich)

4.1.5 Organisatorisch- technische Rahmenbedingungen

Das Seminar wurde erstmalig im Sommersemester 1999 in den Räumlichkeiten der Fachhochschule Köln im Umfang von 2 Semesterwochenstunden vom Autor dieser Arbeit gehalten[403]. Aufgrund der großen Nachfrage seitens der Studenten wurde die gleiche Veranstaltung, zeitlich etwas versetzt, von Herrn Prof. Dr. Amon vom Fachbereich Wirtschaft durchgeführt. Der Fachbereich verfügt vor Ort über ein eigenes SAP®-System, welches in Eigenregie administriert wird. Die Seminardurchführung erfolgte in einer Räumlichkeit, in der sich ein multimedia- und internetfähiger PC-Pool (25 Geräte) befand. Die Geräte waren untereinander und mit dem zentralen SAP®R/3® System vernetzt. Es wurde sichergestellt, daß nicht mehr als 2 Teilnehmer an einem PC arbeiteten. Der Schulungsraum verfügte zudem über einen Demonstrations-PC, welcher an einen lichtstarken Beamer angeschlossen war. Desweiteren stand ein Overheadprojektor zur Folienpräsentation zur Verfügung. Aufgrund der großen Resonanz seitens der Studierenden wurde bzw. wird das vom Autor entwickelte Seminar an der Fachhochschule Köln jedes Semester angeboten.

---

[403] Siehe hierzu auch den Anhang V *Seminaraushang*

Um weitergehende Erkenntnisse zu gewinnen, wurde das Seminar zudem am Bildungszentrum für informationsverarbeitende Berufe e.V. (b.i.b.) in Bergisch Gladbach, welches Träger einer staatlich anerkannten Berufskollegschule und einer staatlich anerkannten Fachhochschule ist, vor angehenden SAP-Beratern durchgeführt. Die organisatorisch- technischen Rahmenbedingungen entsprachen hier weitgehend denen der Fachhochschule Köln.

4.1.6 Teilnehmer/Zielgruppe

Die Konzeption wurde speziell für die Zielgruppe fortgeschrittener Studierender an Hoch- und Fachhochschulen, Berufsakademien sowie an Berufskollegschulen der Fachrichtungen Betriebswirtschaft und Wirtschaftsinformatik entwickelt. Sie eignet sich aber auch für andere Zielgruppen, wie beispielsweise SAP-Berater in der Aus- und Weiterbildungsphase. Obwohl die Erörterung des unmittelbar fallstudienabhängigen betriebswirtschaftlichen Hintergrundwissens zum Lerninhalt gehört, sollte das Seminar nicht vor betriebswirtschaftlichen Erstsemestern gehalten werden. Dagegen werden grundlegende SAP®R/3® Kenntnisse innerhalb des Seminars vermittelt und deshalb bei den Teilnehmern nicht vorausgesetzt.

An dem ersten durchgeführten Seminar nahmen Studenten der Fachrichtungen Betriebswirtschaftslehre und Wirtschaftpädagogik der Universität Köln (Lehrstuhl für Produktionswirtschaft, Prof. Dr. Tempelmeier, bzw. Professur für Wirtschafts-, Berufs- und Sozialpädagogik, Prof. Dr. Aff) teil. Hinzu kamen Studierende der Fachhochschule Köln aus dem Fachbereich Wirtschaft (Planung, Organisation und Datenverarbeitung; Prof. Dr. Amon). Zu einem späteren Zeitpunkt wurde das gleiche Seminar mit angehenden SAP-Beratern, welche überwiegend über ein abgeschlossenes betriebswirtschaftliches Studium verfügten, durchgeführt.

4.1.7 Dozenten

Die Dozenten sollten über fundierte betriebswirtschaftliche Fachkompetenz insbesondere aus dem Logistikbereich (Materialwirtschaft, Produktions- und Absatzwirtschaft) verfügen. Zudem sind grundlegende EDV-Kenntnisse aus dem Office-Bereich (z.B. um PowerPoint Folien zu erstellen und anzupassen) und dem Seminarinhalt entsprechende SAP®R/3® Kenntnisse erforderlich. Dies sind insbesondere Anwendungskenntnisse aus den Modulen FI (Finanzbuchhaltung), MM (Materialwirtschaft), PP (Produktionsplanung und -steuerung) und SD (Vertrieb). Eine entsprechende Einarbeitungszeit im IDES-Mandanten sollte hierfür eingeplant werden (welche idealerweise durch externe Schulungen ergänzt bzw. erleichtert wird). Die Realisierung der gesamten Fallstudienreihe vor Seminarbeginn durch Dozenten in dem vorgesehenen Schulungssystem ist unbedingt zu empfehlen.

4.1.8 Methoden und Medienmix

Bei den üblichen 1,5 stündigen Schulungseinheiten hat es sich als sinnvoll erwiesen, jeweils eine der 12 Lerneinheiten zu behandeln. Das betriebswirtschaftliche Hintergrundwissen kann durch einen Dozenten-/Teilnehmervortrag, ein Klassengespräch oder in Einzel- oder Gruppenarbeit behandelt werden. Bei großem Zeitmangel bzw. unvorhersehbarem Unterrichtsausfall ist auch eine vorbereitende, autodidaktische Bearbeitung durch die Teilnehmer außerhalb der Schulungszeiten denkbar.

Die Vermittlung des SAP®R/3® Hintergrundwissens sollte überwiegend durch einen Dozentenvortrag unter Teilnehmerbeteiligung erfolgen. Zu diesem Zweck stehen auf der CD-ROM alle Abbildungen, welche auch in der Teilnehmerunterlage zu finden sind, als PowerPoint Folien zu Verfügung. Als sehr effektiv und lernfördernd erweist sich die Präsentation der fallstudienbezogenen SAP®Bildschirminhalte über einen Beamer in Verbindung mit der gleichzeitigen Darbietung von erläuternden Folien über einen Overheadprojektor. Auf diese Weise können (theoretische) Orientierungs- und Hintergrundinformationen mit der praktischen Anwendung am SAP®R/3® System unmittelbar verknüpft werden. Spätestens nach der Hälfte der Schulungseinheit sollten die Teilnehmer die SAP-Fallstudien online bearbeiten. Die Verfügbarkeit der Dozenten als Ansprechpartner bei Problemen in dieser „Praxisphase" ist hier unerläßlich. Während bzw. zum Abschluß der Fallstudienbearbeitung sollten die Teilnehmer Zugriff auf die Videolösungen haben, um ihre Ergebnisse zu kontrollieren und zu reflektieren. Zusätzliche Rechenzeiten zur Vor- und Nacharbeit der Schulungsinhalte sind empfehlenswert.

4.1.9 Schulungsmaterialien

Parallel zur Seminarkonzeption wurden vom Autor dieser Arbeit umfangreiche Seminarmaterialien[404] erstellt. Diese wurden in Anlehnung an das im Punkt 4.1.2 dargestellte 4-Stufen Konzept gegliedert[405] (Teil A: Einführung und Bedienung, Teil

---

[404] Diese befanden sich auf einer vom Autor erstellten CD-ROM, auf der sich ebenfalls alle Seminarmaterialien und die Videomusterlösungen befanden
[405] Die Studierenden erhielten ein detailliertes Inhaltsverzeichnis der Seminarunterlagen, in ausgedruckter Form und zusätzlich auf einer CD-ROM.

B: Betriebswirtschaftlicher Hintergrund (jeweils zu den 12 Lerneinheiten), Teil C: SAP-Hintergrund, Teil D: SAP-Fallstudien) und den Teilnehmern in ausgedruckter Form in speziellen Ordnern ausgegeben. Im Verlauf der ersten Seminardurchführung an der Fachhochschule Köln wurden die einzelnen Teile auf eine CD-ROM portiert, welche ebenfalls jeder Teilnehmer erhielt. Zusätzlich befinden sich hierauf Videolösungen zu jeder Lerneinheit. Der Aufruf der einzelnen Dateien erfolgt über eine beim Einlegen der CD-ROM automatisch öffnende HTML- basierte Einstiegsseite (siehe Abbildung 59), welche gleichzeitig einen gängigen Internetbrowser (hier: Netscape 4.6) startet und somit sichtbar wird.

Abb. 59: Einstiegsseite zum SAP®R/3® Seminar

Von hier aus können die zentralen Seiten *Seminarübersicht* (s. Abbildung 60) und *SAP®R/3® Infothek* (Abbildung 62) durch einen Doppelklick aufgerufen werden.

Abb. 60: Seite *Seminarübersicht* zum SAP®R/3® Seminar

Von der Seite Seminarübersicht gelangt man in lerneinheitenspezifische Übersichtsbilder, von denen ein direkter Zugriff auf die einzelnen, überwiegend im WinWord 97 Format erstellten Dokumente und Videolösungen bzgl. der 12 Lerneinheiten möglich ist (s. folgende Abbildung 61). Die Seiten wurden kontinuierlich weiterentwickelt und inhaltlich (z.B. durch vertiefende Übungen, Tests und Feedbackmöglichkeiten) erweitert.

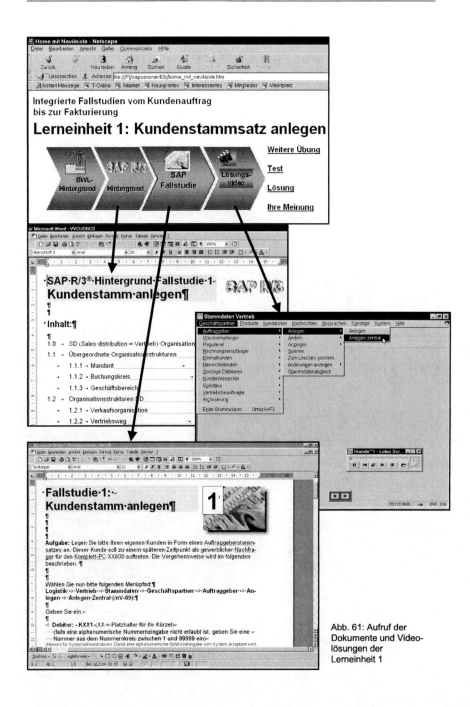

Abb. 61: Aufruf der Dokumente und Videolösungen der Lerneinheit 1

Die von jeder Seite aufrufbare Seite *SAP Infothek* (Abbildung 62) erlaubt ein exploratives Arbeiten der Teilnehmer durch einen unmittelbaren Zugriff auf SAP®R/3® bezogene und inhaltlich geordnete Themenschwerpunkte (Fachliteratur, Ausbildungsstätten, Online-Magazine, Jobanbieter etc.). Zudem können Videos von SAP®R/3® einsetzenden Unternehmungen betrachtet werden.

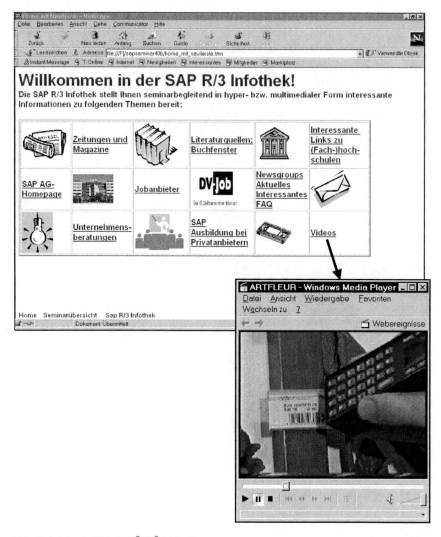

Abb. 62: Inhalte der Seite *SAP®R/3® Infothek*

4.2 Auswertung der Veranstaltung

4.2.1 Teilnehmerbefragung und Feedback

Zum Zweck der Einschätzung der Eingangsvoraussetzungen bzw. der Erwartungen und Einstellungen wurden den Teilnehmern zwei Fragebögen, einer vor Seminarbeginn und einer zum Seminarende, vorgelegt[406]. Im Rahmen der Befragung bei Seminarbeginn ging es insbesondere um die Erhebung der betriebswirtschaftlichen und softwarespezifischen Vorkenntnisse der Teilnehmer, sowie um deren Interessens- und Motivationsschwerpunkte im Zusammenhang mit der verwendeten betriebswirtschaftlichen Standardsoftware SAP®R/3®. Durch geschlossene und offene Fragen wurden zudem die Erwartungen an das Seminar[407] eruiert.

Die abschließende Befragung zum Seminarende beinhaltete Ermittlungen zur Einschätzung der Methodik und Didaktik des Seminarkonzeptes, insbesondere der 4-stufigen, fallstudienorientierten Vorgehensweise. Weitere Beurteilungspunkte waren z.B. die Handlungskompetenz des Dozenten, die Qualität der Unterrichtsmaterialien, die Bewertung der Software, die Praxisrelevanz der Seminarinhalte und die Erfüllung der individuellen Erwartungen und Ziele.

4.2.2 Eingangsvoraussetzungen der Teilnehmer

Zum Seminarbeginn erfolgte zunächst die Erhebung der betriebswirtschaftlichen und softwarespezifischen Vorkenntnisse der Teilnehmer. Die Eruierung vorhandenen softwarespezifischen Wissens bezog sich sowohl auf allgemeine EDV-Kenntnisse als auch auf spezielle Vorkenntnisse zu integrierter betriebswirtschaftlicher Standardsoftware.

Ein Großteil der Befragten verfügte über fortgeschrittene betriebswirtschaftliche Kenntnisse speziell im Logistikbereich und im Rechnungswesen. Alle 48 Befragten befanden sich im betriebswirtschaftlichen Hauptstudium. Die Studienschwerpunkte lagen in den Bereichen Marketing, Rechnungswesen, Controlling, DV und Organisation. Analog zu ihren Studienschwerpunkten hatten die Studierenden bereits entsprechende Vorlesungen besucht (s. folgende Abbildung)

---

[406] Diese befinden sich im Anhang II und III.
[407] Zu den Ergebnissen siehe Punkt 4.2 *Auswertung der Veranstaltung*

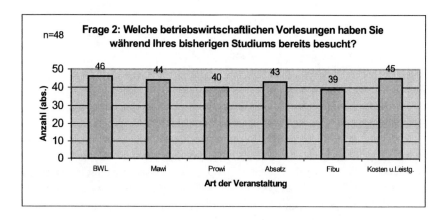

Abb. 63: Betriebswirtschaftliches Vorwissen der Seminarteilnehmer (Befragung bei Seminarbeginn)

Der Anteil der Teilnehmer ohne kfm. Berufs- bzw. Praxiserfahrung war relativ gering (7 von 48 Befragten). 19 Befragte verfügten über eine kfm. Ausbildung. Dagegen war eine Berufs- bzw. Praxiserfahrung im EDV-Bereich eher unterrepräsentiert (s. Abb. 64/65).

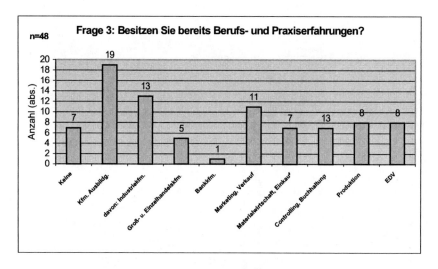

Abb. 64: Berufs- und Praxiserfahrung der Seminarteilnehmer (Befragung bei Seminarbeginn)

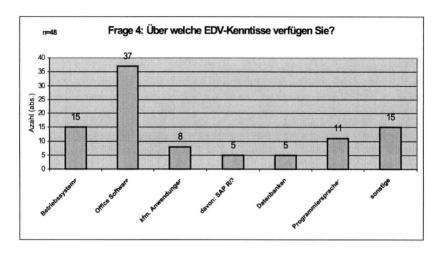

Abb. 65: EDV-Kenntnisse der Seminarteilnehmer (Befragung bei Seminarbeginn)

Bei den vorhandenen EDV-Kenntnissen lag der Schwerpunkt bei Office-Standardsoftwareanwendungen (Textverarbeitung, Tabellenkalkulation, Datenbanken, Präsentationssoftware) [408]. Lediglich 5 der befragten Teilnehmer hatten bereits mit einem SAP®R/3® System gearbeitet (siehe hierzu auch Abbildung 65).

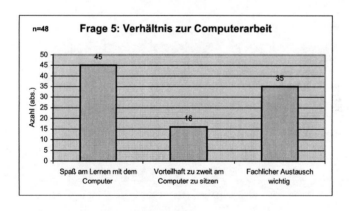

Abb. 66: Verhältnis zur Computerarbeit (Befragung bei Seminarbeginn)

Das allgemeine Verhältnis zur Arbeit am Computer wurde von der Mehrheit der Befragten als unproblematisch eingeschätzt. 45 von 48 Teilnehmern gaben an,

---

[408] Unter der Kategorie „Sonstige" wurden folgende EDV-Kenntnisse subsumiert: Graphiksoftware, Authorensoftware, Projektierungssoftware, HTML-Erstellungsanwendungen (z.B. MS-Frontpage),

grundsätzlich Spaß an der Arbeit mit Computern zu haben; allerdings wollte die Mehrheit in Übungsphasen lieber alleine am Computer arbeiten. Dennoch wurde ein fachlicher Austausch unter den Teilnehmern und Teamarbeit als bedeutsam eingeschätzt (vgl. Abb. 66)

Obwohl in den Lernergruppen kaum SAP®R/3® Kenntnisse vorhanden waren, gaben 32 der 48 Befragten an, daß ihnen die Unternehmung SAP und deren Software R/3® namentlich bekannt seien. Als Informationsquellen wurden insbesondere die Medien (Presse, Fernsehen, Internet), Bücher und vorangegangener Unterricht angegeben (vgl. Frage 7).

4.2.3 Teilnehmererwartungen

Im Rahmen der Erhebung der Teilnehmererwartungen an das Seminar wurden Gründe für die Seminarteilnahme, betriebswirtschaftliche Interessenschwerpunkte und konkrete Erwartungen eruiert.

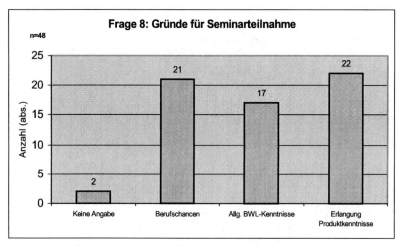

Abb. 67: Gründe für die Seminarteilnahme (Befragung bei Seminarbeginn)

Die Gründe für die Seminarteilnahme lagen hauptsächlich in der Hoffnung, die eigene berufliche Qualifikation zu steigern und konkrete SAP®R/3® Kenntnisse zu erwerben. Außerdem wurde die Möglichkeit erwartet, bereits erworbene allgemeine BWL-Kenntnisse im Kontext mit der Beschäftigung mit der SAP®R/3® Software zu vertiefen bzw. anwenden zu können.

Nachdem die Teilnehmer die (in der Gliederung der Seminarunterlagen aufgeführten) genauen Seminarinhalte zur Kenntnis genommen hatten, wurde die Praxisrelevanz des Seminars von einer deutlichen Mehrheit der Teilnehmer als hoch eingeschätzt.

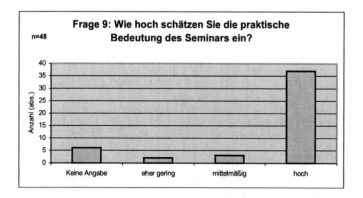

Abb. 68: Einschätzung der praktischen Bedeutung des Seminars (Befragung bei Seminarbeginn)

Dabei deckten sich die betriebswirtschaftlichen Interessenschwerpunkte der Teilnehmer sehr stark mit den angebotenen Seminarinhalten Logistik und Rechnungswesen[409].

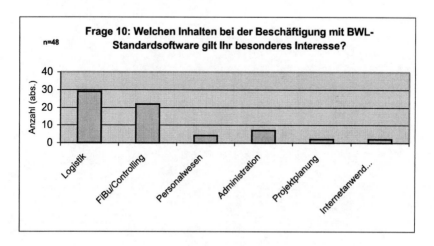

Abb. 69: Interessensschwerpunkte nach BWL-Bereichen (Befragung bei Seminarbeginn)

---

[409] Lernthemen aus dem Bereich Controlling gehörten allerdings nicht zum Seminarinhalt.

42 von 48 Befragten vertraten die Ansicht, daß ihnen der Umgang mit integrierter betriebswirtschaftlicher Standardsoftware hilft, Zusammenhänge in und zwischen verschiedenen betriebswirtschaftlichen Fächern ihres Ausbildungsganges besser zu verstehen (Frage 11).

45 von 48 Befragten schätzten die Bedeutung von Kenntnissen aus dem Bereich SAP®R/3® für ihr späteres Berufsfeld als hoch ein (Frage 12). Lediglich 2 Teilnehmer waren der Meinung, daß dies nicht der Fall sei.

Die folgende Abbildung gibt einen Überblick über die konkreten Erwartungen, die von Seiten der Teilnehmer an das Seminar gestellt wurden:

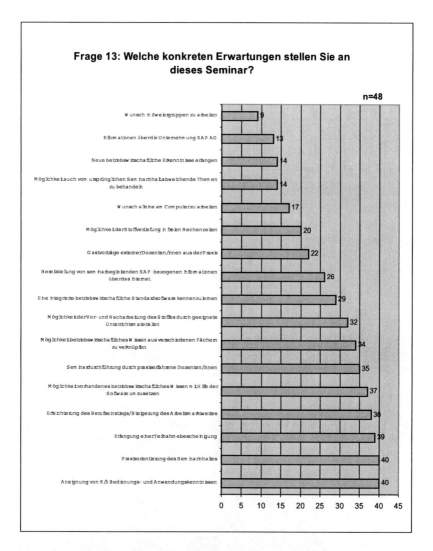

Abb. 70: Teilnehmererwartungen an das Seminar (Befragung bei Seminarbeginn)

Hierbei war deutlich zu erkennen, daß die Mehrheit der Seminarteilnehmer konkrete SAP®R/3® spezifische Bedienungs- und Anwendungskenntnisse, d.h. konkrete Produkterfahrung erwerben wollte. Es wurde deshalb großer Wert auf praxiserfahrene Dozenten und entsprechend praxisorientierte Seminarinhalte gelegt. Ausgeprägt war zudem der Wunsch, betriebswirtschaftliches Wissen mit Hilfe der Software anzuwenden und fächerübergreifend zu verknüpfen. 38 der 48 Befragten waren der Ansicht, daß die Beschäftigung mit der Software den Arbeitseinstieg erleichtert und den Arbeitsmarktwert steigert. Somit ist es auch nicht verwunderlich, daß fast alle Teilnehmer auf die Ausstellung einer Teilnahmebescheinigung[410] großen Wert legten.

4.2.4 Beurteilung des Seminarinhaltes

Die einzelnen Seminarinhalte wurden zum Seminarende durchweg positiv beurteilt (die folgende Abbildung zeigt die durchschnittlichen Benotungswerte). Hierbei wurden die SAP®-Fallstudien am positivsten bewertet. Dies mag insofern nicht verwundern, als bei diesem Inhalt die größte Teilnehmeraktivität gefordert war. Das Angebot der SAP®-Infothek (Internetlinks zu bestimmten SAP®R/3® Themen) wurde dagegen vergleichsweise wenig genutzt und entsprechend bewertet[411].

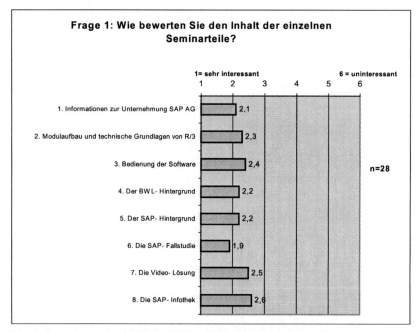

Abb. 71: Bewertung der Seminarinhalte (∅ Werte, Befragung bei Seminarende)

---

[410] Die für das Seminar ausgehändigte Teilnahmebescheinigung befindet sich im Anhang V.
[411] Dies mag auch daran gelegen haben, daß dieser Teil als *exploratorische Ergänzung* konzipiert wurde und somit als zusätzliches Angebot zum eigentlichen Seminarthema zu betrachten war. Außerdem stand innerhalb der Unterrichtszeit nur beschränkt Zeit zur Verfügung, sich mit den angebotenen Internetinhalten zu beschäftigen.

Als besonders attraktive Inhalte (Frage 2: Welche Inhalte fanden Sie besonders interessant?) wurde vielfach die SAP-Fallstudie und die darin enthaltene integrierte modul-übergreifende (Materialwirtschaft, Produktion, Vertrieb, Finanzbuchhaltung) Darstellung der Geschäftsvorfälle genannt.

4.2.5 Bewertung der Lernmöglichkeiten und der Software

Die Arbeit am System und die damit verbundenen Lernmöglichkeiten konnten im Rahmen vorgegebener Items von den Teilnehmern bewertet werden. Es zeigte sich, daß die Bedienung und Orientierung im System zumindest aus didaktischer Sicht verbesserungsbedürftig ist. Teilweise wurde die Software als zu komplex und die Masken als inhaltlich überfrachtet und unübersichtlich empfunden. Hier zeigt sich recht deutlich, daß es sich bei SAP R/3® um eine aus der Praxis und nicht aus dem pädagogisch-didaktischen Bereich entwickelte Software handelt. Vielfach wurden auch die Antwortzeiten des Systems als zu langsam wahrgenommen. Optimierungspotential bezüglich der Seminarinhalte bzw. der Seminarschwerpunkte ergaben die Items 4 und 5 (s. Abbildung 72).

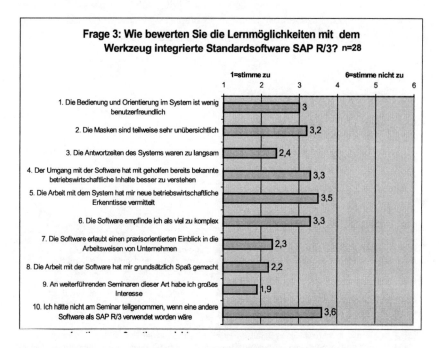

Abb. 72: Bewertung der Lernmöglichkeiten und der Software (∅ Werte, Befragung bei Seminarende)

Es gab keine Eindeutigkeit in der Bewertung, ob die Arbeit mit der Software den Aufbau betriebswirtschaftlicher Kenntnisse und Bezug zu bestehenden Wissensstrukturen gefördert hat[412]. Dennoch war die Arbeit mit der Software ein motivierender Faktor. Die Mehrheit der Teilnehmer bescheinigte die hohe Praxisorientierung der Software; die Beschäftigung mit dem Programm bereitete überwiegend Spaß und auch das Interesse an weiterführenden Seminaren dieser Art war groß.

Die Verbesserungswünsche der Teilnehmer konzentrierten sich auf eine bessere technische Verfügbarkeit (schnellere Systemreaktion) und auf eine übersichtlichere Benutzerführung[413].

4.2.6 Bewertung der Lehr-Lernmethodik/ Wahrnehmung des Praxisbezugs der Seminarinhalte

Das hier unterrichtete 4-Stufenkonzept wurde insgesamt positiv bewertet. Gleiches galt für die Bewertung des Fallstudienaufbaus und die Praxisorientierung der Fallstudien. Die Gruppen- bzw. Partnerarbeit wurde ebenfalls als vorteilhaft wahrgenommen; etwas uneinheitlich war der Wunsch, alleine oder zu zweit am PC arbeiten zu können. Das Verhältnis zwischen Erläuterungs- und Übungsteil wurde überwiegend als ausgewogen eingeschätzt. Großer Wert wurde auf die Erläuterung des SAP-Hintergrundes und eine hierfür ausreichende Zeit gelegt.

---

[412] Hierzu muß erläutert werden, daß partiell die Behandlung des betriebswirtschaftlichen Hintergrundes aufgrund Zeitmangels nur eingeschränkt innerhalb der regulären Seminarzeiten stattfinden konnte. Somit ergab sich inhaltlich eine Zentrierung auf die SAP-bezogenen Inhalte (SAP-Hintergrund und SAP-Fallstudien) und damit eine schwerpunktmäßige Betrachtung der Software als Lernobjekt und weniger als Lernmittel. Im Grunde genommen determiniert das jeweilige Seminarkonzept, wie intensiv die Software als Lernmittel und/oder -objekt Verwendung findet. Die Verwendung als Lernmittel setzt jedoch i.d.R. eine vorangegangene Betrachtung als Lernobjekt voraus.

[413] Das Problem der unübersichtlichen Benutzerführung ist auch aus der Praxis heraus bekannt. SAP hat insofern hierauf reagiert, als der neueste Releasestand 4.6 mit einer optimierten und übersichtlicheren Benutzeroberfläche ausgeliefert („Enjoy SAP") wird.

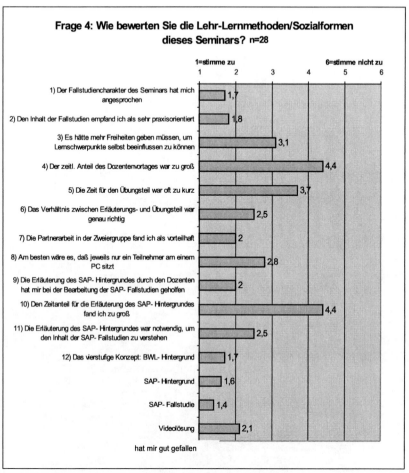

Abb. 73: Bewertung der Lehr-Lernmethoden und der Praxisorientierung (Ø Werte, Befragung bei Seminarende)

4.2.7 Kompetenzeinschätzung des Dozenten

Die Leistung des Dozenten wurde sowohl im fachlichen, als auch im methodischen und affektiven Bereich durchgehend positiv beurteilt (siehe folgende Abbildung).

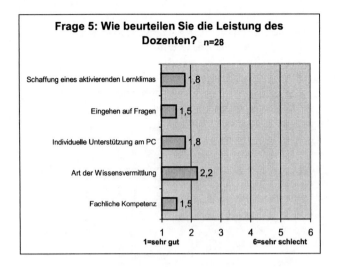

Abb. 74: Leistungsbeurteilung des Dozenten (Ø Werte, Befragung bei Seminarende)

4.2.8 Beurteilung der Unterrichtsmaterialien

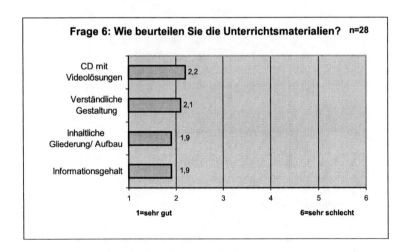

Abb. 75: Beurteilung der Unterrichtsmaterialien (Ø Werte, Befragung bei Seminarende)

Die erstellten Unterrichtsmaterialien wurden ebenfalls überwiegend positiv bewertet. Insbesondere die Gliederung sowie der Inhalt und der inhaltliche Aufbau fanden breiten Zuspruch.

4.2.9 Bewertung des Informationsgehaltes der SAP®-Infothek

Auf der den Teilnehmern ausgehändigten CD-ROM befand sich eine html-Seite („SAP Infothek"), von der aus direkt bestimmte Internetseiten zu SAP®R/3® relevanten Themenbereichen (s. folgende Abbildung) aufgerufen werden konnten. Desweiteren war es möglich, kurze Videos von SAP®R/3® einsetzenden Unternehmen anzusehen. Insgesamt wurde das Angebot als interessant bewertet[414].

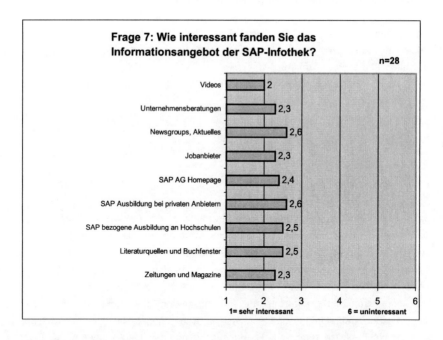

Abb. 76: Bewertung des Informationsgehaltes der SAP®-Infothek (Ø Werte, Befragung bei Seminarende)

---

[414] Während des Unterrichtszeiten wurde allerdings dieses Informationsangebot nicht explizit behandelt. Die Teilnehmer hatten jedoch außerhalb dieser Schulungszeiten die Möglichkeit, sich mit den SAP-bezogenen Internetseiten zu beschäftigen.

4.2.10 Erfüllte Erwartungen aus Teilnehmersicht

Die Frage nach den erfüllten Erwartungen (Frage 8) wurde von 18 der befragten Teilnehmer beantwortet[415]. Der höchste Erfüllungsgrad ergab sich bei der *Erlangung von Produkt-, Bedienungs- und Anwendungskenntnissen* (18 Nennungen). Desweiteren wurden die Punkte *Verstehen der Integration bzw. modulübergreifendes Arbeiten* und die *Verbindung von Theorie und Praxis* genannt. Die Frage 9 („Haben Sie Lern-erfolge erzielt, mit denen Sie vor Beginn des Seminars nicht gerechnet haben?") wurde lediglich von 5 Teilnehmern beantwortet. Die Befragten gaben unerwartete Lernerfolge in folgenden Antwortkategorien an:
- Erlangung einer Übersicht über die Einsatzmöglichkeiten der Software
- Einsicht in die Integration der Geschäftsprozesse
- interessante Informationen zur Unternehmung SAP

Die Gesamtbewertung des Seminars (Frage 10: „Wie würden Sie das Seminar insgesamt auf einer Notenskala von 1-6 bewerten?") erfolgte mit einer Durchschnittsbenotung von 1,9.
26 der 28 Befragten bejahten die Frage 11 („Würden Sie das Seminar weiterempfehlen?")

4.3 Einsatzerfahrungen im Rahmen der Seminardurchführung

4.3.1 Angestrebte Lehrziele

Die gewünschten Lehrziele wurden nach Einschätzung des Autors dieser Arbeit bzw. nach den Ergebnissen der Befragungsauswertung größtenteils erreicht. Die Teilnehmer nutzten die Möglichkeit, die Software SAP®R/3® theoretisch und praktisch kennenzulernen und sich vertiefte Bedienungs- und Anwendungskenntnisse zu verschaffen. Zudem konnten sie sich ein praxisorientiertes Bild von den integrativen Vorteilen der Software machen, indem ein abteilungsübergreifender Geschäftsprozess im System abgebildet wurde. Obwohl als Lehrziel nicht explizit formuliert, konnte nicht eindeutig geklärt werden, ob bzw. inwieweit an bereits vor dem Seminar vorhandene betriebswirtschaftliche Wissensstrukturen angeknüpft werden konnte. Kritisch ist anzumerken, daß aufgrund eines gewissen Zeitdruckes die Vermittlung des „theoretischen" betriebswirtschaftlichen Wissens etwas in den Hintergrund gedrängt wurde.

---

[415] Obwohl hier vergleichsweise wenig Teilnehmer antworteten, lassen sich aus den Antworten der übrigen Fragen durchaus Rückschlüsse zur Erwartungserfüllung ziehen.

Optimierungsbedarf besteht nach Ansicht des Autors dieser Arbeit darin, noch detaillierter das betriebswirtschaftliche Vorwissen der Teilnehmer zu eruieren und in die Seminarinhalte einfließen zu lassen. Allerdings lagen die Interessenschwerpunkte der Teilnehmer in erster Linie in der Vermittlung softwarespezifischer Produktkenntnisse. Da die Teilnehmer überwiegend *nicht* über solche verfügten, war ein verstärkt instruktionaler Aufgabencharakter (im Sinne einer detaillierten Anleitung und Hilfestellung) sinnvoll und notwendig. In fortführenden bzw. aufeinander aufbauenden Seminaren mit SAP-Inhalten kann den Teilnehmern sicherlich mehr Raum zu selbstbestimmten bzw. explorativen Tätigkeiten gegeben werden als es in diesem Einführungsseminar möglich war.

4.3.2 Lehr- Lernmethoden

Ein wesentlicher methodischer Bestandteil der Seminarkonzeption ist der ständige Wechsel von Theorie und Praxis, welcher von den Studierenden als sehr lernfördernd empfunden wurde. Die zeitnahe Vorbereitung der praktischen Phase in Form der Vermittlung von betriebswirtschaftlichen bzw. softwarespezifischen Hintergrund- und Orientierungswissens ist aus Sicht des Autors dieser Arbeit unabdingbar notwendig zum Verständnis der anschließenden Arbeit mit der R/3® Software. Zur Erarbeitung diesen Wissens können unterschiedliche Methodiken angewandt werden. Im ausgewerteten Seminar wurde das Hintergrundwissen überwiegend durch Dozentenvorträge und fragend-entwickelnde Unterrichtsgespräche erarbeitet. Desweiteren können die Teilnehmer einzelne Lernthemen auch in Gruppenarbeiten vorbereiten und dann vor der Lerngruppe bzw. am System präsentieren. Bei weiterführenden Seminaren dieser Art wäre aufgrund der fortgeschrittenen Kenntnisse der Teilnehmer auch ein projektorientiertes Arbeiten, welches beispielsweise die Konstruktion von Aufgabenstellungen durch die Teilnehmer selber beinhaltet, sinnvoll. Bei Zeitengpässen ist es partiell möglich, einzelne Themen autodidaktisch außerhalb der Schulungszeiten vorzubereiten[416].

4.3.3 Unterrichtsinhalte

Der vermittelte Unterrichtsinhalt der Erläuterung und Abbildung einer integrierten abteilungsübergreifenden Auftragsbearbeitung fand bei den Studierenden große Zustimmung. Vorhandene bzw. erarbeitete Kenntnisse aus den Bereichen

---

[416] Voraussetzung ist allerdings die Verfügung des entsprechenden Unterrichtsmaterials in gedruckter oder elektronischer Form (CD-ROM).

Materialwirtschaft, Produktion, Vertrieb und Finanzbuchhaltung konnten *fächerübergreifend* (dies war für fast alle Teilnehmer neuartig) mit Hilfe der gängigen betriebswirtschaftlichen Standardsoftware SAP®R/3® umgesetzt werden. Die Phasen, innerhalb derer die Teilnehmer selber am System „handeln" konnten, hatten eine starke motivierende Wirkung und wurden dementsprechend auch positiv bewertet. Die konstruktive Umsetzung der Unterrichtsinhalte setzt bei Anfängern in jedem Fall eine Einführung in die Softwarebedienung voraus. Zudem ist es verständnissteigernd, wenn die Teilnehmer die benötigten Stammdaten selber anlegen. Der Nachteil hierbei ist allerdings, daß man erst mit einer gewissen Zeitverzögerung mit der Abbildung des eigentlichen Geschäftsprozesses beginnen kann. Die Inhalte der SAP®-Fallstudien müssen (insbesondere bei Anfängern) vom Dozenten detailliert vorgegeben und dokumentiert werden. Ansonsten besteht die Gefahr, daß die unerfahrenen Teilnehmer der Komplexität des Systems nicht mehr gewachsen sind und recht schnell demotiviert werden. Dieser eher instruktionaler Charakter in der Anfangsphase der Arbeit mit einem SAP®R/3® System ist nach Meinung des Autors dieser Arbeit notwendig, auch wenn er dem gelegentlich geäußerten Teilnehmerwunsch nach mehr Mitbestimmung bei der Auswahl der Unterrichtsinhalte zunächst nicht entspricht. Je erfahrener die Teilnehmer mit dem System umgehen können, desto mehr kann diesem Wunsch nachgekommen werden. Der instruktionale Charakter kann also schrittweise einen (gemäßigt) konstruktionalen Charakter annehmen.

4.3.4 Medieneinsatz

Die Seminarkonzeption basiert verstärkt auf dem Einsatz technischer Medien (lichtstarker Overheadprojektor und Beamer, verfügbares SAP®R/3® System, internet- bzw. multimediafähiger PC-Pool, Seminarmaterialien auf CD-ROM). Erfahrungsgemäß beansprucht die Unterhaltung und Administration eines SAP®R/3® Systems die meisten Resourcen. Empfehlenswert aus der Sicht des Autors sind deshalb zukünftig Nutzungsmodelle, wie sie im Punkt 2.2.2.8.2 (Hochschulkompetenzzentren) dargelegt wurden. Dies gilt insbesondere für Bildungsträger, die bislang noch über kein eigenes System verfügen. Alle benötigten technischen Medien sollten vor Unterrichtsbeginn kontrolliert werden. Idealerweise sollte für jeden Seminarteilnehmer ein eigener PC zur Verfügung stehen.

4.3.5 Seminarteilnehmer

Die Teilnehmer des per Befragung analysierten Seminars waren hauptsächlich Studierende der Fachhochschule Köln aus dem Fachbereich Wirtschaft Schwerpunkt Planung, Organisation und Datenverarbeitung. Die Teilnehmerzahl der Studierenden war insbesondere in den ersten Schulungsstunden recht groß, so daß sich teilweise mehrere Studierende einen PC-Arbeitsplatz teilen mußten. Es ist jedoch sinnvoll, daß jeder Teilnehmer die Möglichkeit erhält, seine eigenen Daten im SAP®R/3® System zu pflegen. Da die Lerneinheiten inhaltlich aufeinander aufbauten, war es notwendig, daß die Lernenden zu jeder Unterrichtsstunde anwesend waren. Die hohe Zahl der kontinuierlich anwesenden Studierenden[417] dokumentierte deren große Motivation, sich mit der angebotenen Thematik zu beschäftigen.

4.3.6 Dozenten/ Betreuer

Während der Veranstaltungsdurchführung zeigte sich deutlich, daß der Dozent den zentralen Erfolgsfaktor des Seminars repräsentiert durch das engagierte Einbringen seiner fachlichen, organisatorischen und medientechnischen, sozialen und methodisch-didaktischen Kompetenzen. Die Durchführung von Unterricht mit einer integrierten betriebswirtschaftlichen Standardsoftware wie der hier gewählten SAP®R/3® Software verlangt von den Lehrenden vertiefte interdisziplinäre Kenntnisse aus den Bereichen Betriebswirtschaft, Informatik und Pädagogik. Knappe technische und räumliche Resourcen müssen organisiert, bereitgestellt und ständig auf Funktionstüchtigkeit kontrolliert werden. Aufgrund der Komplexität und der immensen Funktionsvielfalt der Software ist der Dozent als permanent präsenter und Hilfestellung gebender Ratgeber auch in den Praxisphasen trotz verfügbarer multimedialer Hilfen *unverzichtbar*. Zudem obliegt ihm bei dieser komplexen Thematik die zentrale Aufgabe (unter intensiver und ständiger Mitarbeit der Lernenden), das umfangreiche Wissen zu strukturieren und eine entsprechende Orientierung herzustellen.

4.3.7 Möglichkeiten der Leistungsbeurteilung

Wichtige Anhaltspunkte zum aktuellen Leistungsstand der Lerngruppe erhält der Dozent schon durch den ständigen intensiven Kontakt zu den einzelnen Teilnehmern insbesondere während der Praxisphasen am System.

---

[417] Das Seminar wurde überwiegend samstags durchgeführt. Die Studierenden kamen eigens wegen dieser Veranstaltung zum Bildungsträger.

Die Durchführung des Seminars war nicht mit einer (ausbildungsrelevanten) Prüfung verbunden. Dennoch konnten die Lernenden ihren Leistungsstand durch Tests, welche sich auch auf der ausgegebenen CD-ROM befanden und von dort aus bearbeitet und/oder ausgedruckt werden konnten, freiwillig überprüfen. Die Fragestellung erfolgte teilweise in Multiple-Choise-Form. Die entsprechenden Lösungen waren ebenfalls über die ausgegebene CD-ROM verfügbar. Zur Vertiefung des Stoffes wurden je Lerneinheit bzw. Fallstudie weitere Übungen angeboten (s. folgende Abbildung).

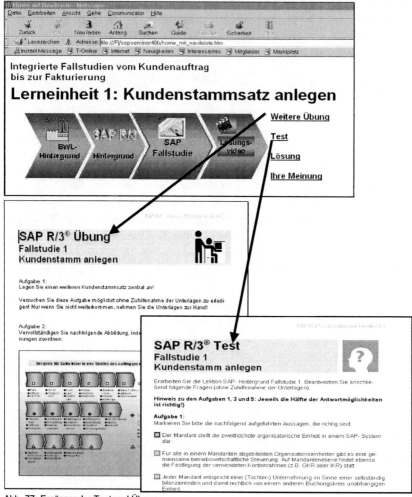

Abb. 77: Ergänzender Test und Übungen

Ein wesentlicher Indikator für das Erreichen der Lehr-Lernziele in der Praxisphase bestand im erfolgreichen Anlegen der erforderlichen Stamm- und Bewegungsdaten im SAP®R/3® System.

4.3.8 Probleme bei der Durchführung

Probleme bereitete in den ersten Stunden der Seminardurchführung die technische Verfügbarkeit des SAP®R/3® Systems. Die Antwortzeiten waren insbesondere bei der Verwendung datenbankintensiver Suchfunktionen störend langsam. Durch eine Reorganisation der Datenbankzugriffe und Optimierungen an den Netzwerkverbindungen konnte diese anfängliche Unzulänglichkeit behoben werden.

Ein weiteres Problem ergab sich aus der knappen zur Verfügung stehenden Unterrichtszeit. Eine Entschärfung konnte hier durch eine Ergänzung der Lehrveranstaltung um zusätzliche freie Übungszeiten erzielt werden.

Die komplexen Inhalte der Software und die häufigen Vernetzungen innerhalb der Komponenten und Module beeinträchtigten den Lernprozeß insofern, als daß ungewollt durchgeführte bzw. von der Aufgabenstellung geringfügig abweichende Dateneingaben eine Weiterbearbeitung der Fallstudien verhinderten. Zudem wurde die schwierige Bedienung des Systems und Orientierungsschwierigkeiten von einigen Teilnehmern vor allem in der Anfangsphase als störend betrachtet.

Auch aus diesem Grunde ist der eher instruktionale Charakter der Fallstudien bei der Arbeit mit Anfängern durchaus sinnvoll und notwendig; allerdings erschwert er auch das spontane Einbringen von Teilnehmerinteressen und nachträgliche Inhaltsanpassungen. Der gewählte „Instruktionsgrad" wurde allerdings von den Teilnehmern als durchaus angemessen empfunden und es bestand offensichtlich kaum Bedarf, steuernd in den Lernprozeß einzugreifen.

Die anfängliche „Euphorie" bezüglich der Software wich im Laufe der Veranstaltung einer nüchtern-sachlichen Betrachtung der erkennbaren Vor- und Nachteile, ohne hierbei die Teilnehmer zu demotivieren.

Kritisch ist anzumerken, daß einige wenige Teilnehmer offensichtlich die alleinige Zielsetzung verfolgten, die begehrte Teilnehmerbescheinigung zu erlangen, indem sie überhastet die Fallstudien „abarbeiteten", ohne die vielfältigen begleitenden und verständnissteigernden Informationsquellen zu nutzen (z.B. Informationen zum BWL- und SAP-spezifischen Hintergrundwissen, Internetlinks zu SAP-Themen). Hier war der Dozent verstärkt gefordert, die Vorteile der Nutzung dieser Informationsquellen für den gesamten Lernerfolg aufzuzeigen.

Der Arbeitsaufwand zur Vorbereitung der Seminareinheiten und zur Erstellung der Unterrichtsmaterialien waren sehr hoch; dieser relativiert sich jedoch bei einer wiederholten Durchführung der Veranstaltung.

4.4 Abschließende Zusammenfassung der empirischen Ergebnisse

Die Seminarauswertung zeigte insgesamt positive Ergebnisse bezüglich der Nutzung der integrierten betriebswirtschaftlichen Standardsoftware SAP®R/3® zu Lernzwecken. Die Lernenden schätzten die mit dem Lernobjekt- bzw. Lernmittel verbundene hohe Praxisorientierung. Es erwies sich als ein Instrument zur exemplarischen und authentischen Erlangung und Anwendung betriebswirtschaftlichen Wissens und bot zudem die Möglichkeit der Wissensverknüpfung verschiedener kaufmännischer Fachbereiche im Kontext informationstechnischer Anwendung.
Die Untersuchung zeigte ebenfalls, daß die Beschäftigung mit der Software für die Lernenden auch attraktiv ist, weil sie als Mittel zur Steigerung der Arbeitsmarktchancen geschätzt wird. Die Erlangung softwarespezifischer Bedienungs- und Anwendungskenntnisse hatte deshalb einen besonders hohen Stellenwert.
Diese sollten allerdings durch betriebswirtschaftliche und softwaretheoretische Hintergrundinformationen ergänzt bzw. begleitet werden, welche notwendig sind, um wichtige Strukturierungs- und Orientierungshilfen zur Bewältigung der Softwarekomplexität bereitzustellen.

Die unzulängliche didaktische Auslegung der komplexen Software zeigt sich in der zumindest für Anfänger schwierigen Bedienung und Orientierung. Hinzu kommt eine zumindest potentiell erhöhte technische Abhängigkeit und Störanfälligkeit des Unterrichtes. Die enorme Komplexität und der Funktionsumfang verlangen nach einer methodisch-didaktischen Aufarbeitung und Strukturierung des Unterrichtes durch handlungskompetente Dozenten und geeignete Unterrichtsmaterialien und -medien. Das hier angewendete Seminarkonzept der iterativen vierstufigen Wissensvermittlung (BWL-Hintergrund, SAP®R/3®-Hintergrund, SAP®-Fallstudie und multimediale Lösungspräsentation) zeigt eine solche Strukturierungsmöglichkeit, die im Rahmen der empirischen Anwendung von den Lernenden insgesamt positiv bewertet wurde. Dies galt auch für den gewählten Seminarinhalt, welcher die Abbildung einer in sich geschlossenen, abteilungs- und bereichsübergreifenden Wertschöpfungskette aus dem Bereich der Auftragsbearbeitung umfaßt.

Das Seminarkonzept basiert auf einer instruktionalen Vorgabe der praktischen Aufgabenstellungen, welche allerdings auch die Selbststeuerungsmöglichkeiten der Lernenden begrenzt. Dieser Umstand erwies sich allerdings für die untersuchte Lerngruppe als unproblematisch.

Die Seminardurchführung zeigte deutlich, daß der Dozent bei diesem Konzept unverzichtbarer, permanenter und somit zentraler Bezugspunkt als fachlicher, sozialer und organisatorisch-technischer Ratgeber und Partner der Lernenden bleibt.

Die Seminardurchführung verlangt von der Lehrkraft ein überdurchschnittliches Engagement bei der Unterrichtsvorbereitung im Überschneidungsbereich betriebswirtschaftlicher, informationstechnischer und methodisch-didaktischer Anforderungen.

5. Schlußbetrachtung

5.1 Möglichkeiten und Grenzen des Einsatzes integrierter betriebswirtschaftlicher Standardsoftware in komplexen Lern- Lehrarrangements

In dieser Arbeit konnte aufgezeigt werden , daß der Einsatz einer integrierten betriebswirtschaftlichen Standardsoftware, wie der hier verwendeten SAP®R/3® Software, beachtliche Vorzüge und Potentiale zur effizienten Gestaltung kaufmännischer Lehr-Lernarrangements eröffnen kann.
Die Verwendung dieser Softwaregattung ermöglicht den Transfer betrieblicher Realität in den Unterricht. Zudem erlaubt sie eine praxisorientierte und aktuelle Darstellung der Anforderungen, Nutzungsmöglichkeiten und Auswirkungen der betriebswirtschaftlich orientierten Informationstechnologie in Unternehmen.
Integrierte betriebswirtschaftliche Standardsoftware wird auf der Basis der Bedürfnisse einer repräsentativen Anzahl von Unternehmen der unterschiedlichsten Branchen mit dem Ziel einer möglichst hohen Abdeckung der betrieblichen Funktionserfüllung entwickelt. Deshalb stellen entsprechende Softwareprogramme, wie die in dieser Arbeit untersuchte SAP®R/3® Software, ein breites Repertoire an betriebswirtschaftlichem Wissen und Methoden zu allen wesentlichen betrieblichen Funktionsbereichen zur Verfügung. Neben optimierten ablauforganisatorischen Prozessen lassen sich typische Szenarien verschiedener Organisationsstrukturen abbilden. Außerdem eröffnet sich beim Einsatz dieses Mediums im Schulungsbereich die neuartige Chance, betriebliche Geschäftsprozesse integriert, d.h. ganzheitlich und vernetzt in realer Komplexität zu betrachten.
Die Verwendung integrierter betriebswirtschaftlicher Standardsoftware ersetzt jedoch keineswegs einen wissenschaftsorientierten Fachunterricht, der auf dem heuristischen Rahmen der Bezugsdisziplinen Betriebswirtschaftslehre/ Wirtschaftsinformatik aufsetzt. Vielmehr sind Programme, wie die SAP®R/3® Software, als innovative Bereicherung zu sehen und geeignet, eine Brücke zwischen theoretischer Wissens-aneignung und praktischer Wissensanwendung zu schlagen.
Dabei verfügt die Software über einen enormen Funktionsumfang, welcher alle wesentlichen betriebswirtschaftlichen Bereiche einer Unternehmung abdeckt (s. Punkt 3.1.1) In diesem Kontext kann die Software Anlaß sein bzw. Möglichkeiten aufzeigen, um theoretische Lernstoffe auf praktische Realisierbarkeit hin zu hinterfragen und zu diskutieren.
Neuartig ist auch das Potential multipler interdisziplinärer Sichtweisen auf die Lerninhalte. Als Repräsentant betriebswirtschaftlicher Informationstechnologie eignet sich die Software in gleichem Maße sowohl für eine Betrachtung eher informationstechnischer Fragestellungen (z.B. Softwarebedienung und Anwendung,

Programmierung, Datenbanken, Customizing). als auch für eine Betrachtung betriebswirtschaftlicher abteilungs- und bereichsübergreifender Problemstellungen und Methoden (z.B. ABC-Analyse, verschiedene Kostenrechnungs- und Dispositionsverfahren, Lieferantenbewertung, eCommerce, Geschäftsprozeßwissen etc.[418]).

Aus der Sicht der Wirtschaftspädagogik stellt die Verwendung dieser Lernressource eine innovative Bereicherung mit viel handlungsorientiertem Potential und zugleich auch eine Herausforderung dar. Durch das als Lernmittel bzw. Lernobjekt nutzbare Medium können praxisorientierte und authentische Inhalte in die Lernsituation transferiert werden. Es entsteht hierbei, anders als z.B. beim Einsatz von Unternehmensplanspielen, kein künstlich erzeugtes und simplifiziertes, sondern ein realistisch-komplexes Lernumfeld. Dies erhöht die Transfermöglichkeiten des Gelernten in das berufliche Umfeld. Die Verwendung der Software ermöglicht eine breite Palette möglicher Handlungsprodukte (s. Abschnitt 2.2.2.5 sowie Abbildung 36, S. 118) im Sinne des handlungsorientierten Unterrichtskonzeptes nach Meyer (s. Abschnitt 2.1.1.7). Dieses Konzept ist u.a. Bestandteil der kritisch-handlungsorientierten, ökonomischen Fachdidaktik nach Aff, welche als genereller Bezugsrahmen zur Bearbeitung der Aufgabenstellung dieser Arbeit gewählt wurde und welche einen sinnvollen Kompromiß zwischen der traditionellen Lehr-Lernphilosophie der Instruktion und konstruktivistischen Auffassungen darstellt. Dieser Ansatz versteht Lernen als einen handlungs- und teilnehmerorientierten, situativen und sozialen Prozeß, geht aber gleichzeitig davon aus, daß eine instruktive Anleitung und unterstützende Begleitung der Lernenden durch Lehrende gerade bei komplexen Sachverhalten sinnvoll und notwendig ist. Klafki, dessen Modell ebenfalls in die kritisch-handlungsorientierte, ökonomische Fachdidaktik integriert ist, weist in seinem kritisch-konstruktiven Didaktikansatz u.a. auf die Erfordernis des Exemplarischen Lernens (s. Punkt 2.1.1.2) hin. Integrierte betriebswirtschaftliche Standardsoftware kann exemplarisches Lernen in der Form unterstützen, daß fachbereichsübergreifende Zusammenhänge sowie als typisch zu bezeichnende Geschäftsprozesse innerhalb der Fachbereiche praxisorientiert abgebildet werden können. Durch die Verwendung softwarespezifischer Modellunternehmen, wie dem untersuchten SAP®R/3® IDES® Mandanten, (s. Punkt 3.2) kann exemplarisches Lernen durch die Möglichkeit der Darstellung globaler, repräsentativer Unternehmens- und Organisationsstrukturen und die Abbildung charakteristischer Fertigungsverfahren und Produktgruppen unterstützt werden.

Beim Einsatz integrierter betriebswirtschaftlicher Standardsoftware, wie der hier beispielhaft betrachteten SAP®R/3® Software, muß ein Mittelweg zwischen den

---

[418] Zu den potentiellen interdisziplinären Themenfeldern im Rahmen des Einsatzes integrierter betriebswirtschaftlicher Standardsoftware s. Abschnitt 2.2.2.4

Möglichkeiten des selbstgesteuerten und explorativen Lernens und der notwendigen Beherrschung der Systemkomplexität gefunden werden, um der potentiellen Gefahr der Informationsüberflutung und Orientierungslosigkeit entgegenzuwirken. Den Ansätzen speziell zur Gestaltung computerunterstützter Lernumgebungen, nämlich dem Konzept des problemorientierten Lernens und Lehrens nach Mandl und dem Cognitve apprenticeship Ansatz nach Collins, Brown & Newman folgend, wurde im Rahmen dieser Arbeit ein medienadäquates Seminarkonzept entwickelt und erfolgreich durchgeführt (s. Abschnitt 2.2 und Teil 4 dieser Arbeit). Es verfolgte die Zielsetzung, eine Heuristik zur Gestaltung komplexer Lehr-Lernarrangements bereitzustellen, welche sich explizit an Softwareanfänger wendet. Das Konzept basiert auf dem ständigen Wechsel von Instruktions- und handlungsdurchführenden Phasen und dem Einsatz komplexer Fallstudien. Im Rahmen der Instruktionsphasen soll die Lerngruppe notwendiges betriebswirtschaftliches und softwarespezifisches Hintergrund- und Orientierungswissen erarbeiten. Im Rahmen der praktischen Durchführung am System soll das Gelernte just-in-time umgesetzt werden. Die Seminarerfahrungen machten deutlich, daß trotz vielfältiger, auch multimedialer Lernhilfen in beiden Phasen der handlungskompetente Dozent als leitende, organisierende und Hilfestellung gebende Kraft unverzichtbar bleibt. Die Präsenz des Lehr-Lernexperten, welcher über ein hohes Maß an betriebswirtschaftlicher, informationstechnischer, methodisch-didaktischer, organisatorisch-technischer und sozialer Kompetenz verfügen muß, ist aufgrund der Softwarekomplexität und der technischen Abhängigkeit bzw. Störanfälligkeit des Systems hier unentbehrlich (s. Abschnitt 2.2.2.2 bzw. Punkt 4.3.6). Erst wenn die Lerngruppe die Komplexität der Software beherrscht, können Phasen selbstgesteuerten und explorativen Lernens folgen. In allen Phasen kann ein breites Spektrum handlungsorientierter Unterrichtsmethoden und ergänzender Medien zum Einsatz kommen (s. Abbildung 12, sowie Abschnitte 2.2.2.6 und 2.2.2.7).

Die Seminarerfahrungen und -auswertungen zeigten recht deutlich die hohe Akzeptanz des Mediums bei den Lernenden. Das eigene praktische Arbeiten am System bzw. die Beschäftigung mit dem System übt eine große Anziehungskraft und Motivation aus. Die Arbeit mit dem System wird von den Lernenden auch deshalb geschätzt, weil eine hohe Praxisbezogenheit wahrgenommen und durch die Erlangung von Produkt- und Anwendungskenntnissen eine unmittelbare Steigerung der kurz- und mittelfristigen Arbeitsmarktchancen bzw. ein großes Transferpotential auf spätere berufliche Tätigkeiten antizipiert wird. Zudem wird erwartet, betriebswirtschaftliches Wissen unmittelbar anwenden zu können.

Es darf allerdings nicht vergessen werden, daß es sich bei integrierter betriebswirtschaftlicher Standardsoftware um ein technisch orientiertes IT-Werkzeug handelt, welches insbesondere den Paradigmen der EDV-orientierten Betriebswirtschaftlehre entspricht. Der Einsatz der Software findet dort seine Grenzen, wo die finanziellen Mittel zur Deckung der hohen Kosten für Lizenzen, Installation und Systemadministration sowie für die EDV-Ausstattung und Dozentenaus- und -weiterbildung nicht zur Verfügung stehen. Durch den Einsatz integrierter betriebswirtschaftlicher Standardsoftware wird der Unterricht zunehmend „technisierter" und damit störanfälliger. Von der Anwenderseite her können schon kleinere Fehlbedienungen und geringfügige Veränderungen im Customizing die Funktionstüchtigkeit des Systems empfindlich einschränken. Die Rückmeldungen des Systems bei fehlerhaften Eingaben bzw. Verarbeitungen sind insbesondere für „Softwareneulinge" wenig verständlich und interpretationsbedürftig. Die teilweise mangelhafte Bedienung und didaktisch-pädagogische Ausrichtung der Software muß häufig durch intensive methodisch-didaktische Anstrengungen kompensiert werden. Es läßt sich zudem feststellen, daß integrierte betriebswirtschaftliche Standardsoftware wenig oder gar nicht geeignet ist, bestimmte „klassische" betriebswirtschaftliche Problem- bzw. Themenfelder, welche explizit Gegenstand des kritisch- handlungsorientierten Konzeptes sind, abzudecken. So können strategische Entscheidungsfelder wie z.B. die Unternehmensgründung (Entrepreneurship) nicht abgedeckt werden. Grenzen ergeben sich auch bei der Darstellung von Marktmechanismen und Konkurrenzsituationen (hier bieten Unternehmensplanspiele Vorteile). Wichtige und notwendige Einsichten in Werte- und Normensysteme bzw. in soziale, ethisch-moralische und ökologische Fragestellungen können über die Software nicht oder nur unzureichend transportiert werden.

5.2 Weiterer Handlungsbedarf

Aus Sicht des Autors dieser Arbeit wäre eine verstärkte Verankerung betriebswirtschaftlicher Standardsoftware in den fortgeschrittenen Betriebswirtschaftslehreunterricht als curricularer Bestandteil wünschenswert. Es fehlen allerdings detaillierte pragmatische Konzepte zur Eingliederung der Software in ein betriebswirtschaftliches Gesamtkonzept, welches alle betriebswirtschaftlichen Funktionsbereiche ganzheitlich miteinander vernetzt und das Potential integrierter betriebswirtschaftlicher Standardsoftware als Instrument zur kritischen und praxisorientierten Spiegelung theoretisch erlernten Wissens berücksichtigt. Hieran schließt sich der Bedarf an Konzepten zur kostenoptimierten Systemverfügbarkeit verschiedener Bildungseinrichtungen und der Ausbildung der Lehrkräfte an.

Eine Einschränkung der mit der Software verbundenen Lernthemen ergibt sich derzeitig aus der zwangsweisen Betrachtungsfokussierung auf ein (Modell-) Unternehmen. Nach Ansicht des Autors dieser Arbeit wäre eine technisch-didaktische Weiterentwicklung der Software derart sinnvoll, daß in *einem System* die Austauschbeziehungen zweier oder mehr Unternehmen simuliert werden können. Hieraus ergäbe sich die innovative Möglichkeit der Darstellung *unternehmensübergreifender* Wertschöpfungsketten (z.B. Abbildung von Just-in-time Belieferungen aus Kunden- *und* Lieferantensicht) mit interessanten wirtschaftspädagogischen Potentialen. Zeitgemäße Einsichten in ein *Supply Chain Management* wären realisierbar, welches die Planung, Durchführung, Kontrolle und Steuerung des Material- und Informationsflusses entlang der gesamten Lieferkette, d.h. eine integrative Abbildung sämtlicher Lieferanten-Kundenbeziehungen einschließt. Die Umsetzung des Supply Chain Management erfordert jedoch überbetrieblich integrierte Informationssysteme.

Sinnvoll wäre zudem die Möglichkeit einer technisch-adaptiven Anpassung an den Wissensstand unterschiedlicher Lerngruppen i.S.e. partiell-temporären didaktischen Reduzierung zum Zweck der leichteren sowie schnelleren Bedienung und Erlernbarkeit der Software. So wäre es hilfreich, einzelne aktuell nicht benötigte Softwaremodule bzw. -komponenten und deren datentechnische Vernetzungen in einfacher Weise ausblenden zu können. Diese wünschenswerte Reduzierung der Komplexität sollte mit der Entwicklung einer übersichtlicheren Bedienungsoberfläche beginnen.
Ein lizenzrechtlich unbedenklicher Zugriff auf die Software (z.B. über einen InternetBrowser) vom häuslichen Arbeitsplatz aus würde durch den zeit- und ortsunabhängigen Zugriff ein autonomes Lernen erlauben und eine weitere Steigerung der Selbststeuerungsmöglichen bedeuten.

Literaturverzeichnis

A

Achtenhagen, F.: Implementierung und Evaluation komplexer Lehr-Lern-Arrangements als neue Formen des Lehrens und Lernens in beruflichen Schulen In: Schneider, W. (Hrsg.):Komplexe Methoden im betriebswirtschaftlichen Unterricht. Festschrift für Hans Krasensky. Wien 1993, S. 47

AFOS (Arbeitsgemeinschaft arbeitsorientierte Forschung und Schulung GbR): SAP, Arbeit, Management – Durch systematische Arbeitsgestaltung zum Projekterfolg, Braunschweig/Wiesbaden, 1996

Aebli, Hans: Zwölf Grundformen des Lehrens, Stuttgart 1983

Aff, J.: Handlungsorientierung – Mythos oder (wirtschafts)didaktische Innovation? In: Schneider, W. (Hrsg.):Komplexe Methoden im betriebswirtschaftlichen Unterricht. Festschrift für Hans Krasensky. Wien 1993, S. 195-271

Aff, J.: Wissenschaftsorientierung und Praxisbezug (Situationsorientierung) als curriculare und fachdidaktische Herausforderungen für kaufmännische Sekundarschulen. In: Fortmüller, R. und Aff, J. (Hrsg.): Wissenschaftsorientierung und Praxisbezug in der Didaktik der Ökonomie. Festschrift Wilfried Schneider. Wien 1996,S. 343-371

Aff, J.: Die Wirtschaftsdidaktik im Spiegel unterschiedlicher betriebswirtschaftlicher Ansätze. In: Aff, J. und Wagner, M. (Hrsg.): Methodische Bausteine der Wirtschaftsdidaktik. Wien 1997, S. 11-49

Aff, J., Grohmann, S., Lindner, J.: Die Projektmethode im kaufmännischen Unterricht. In: Aff, J. (Hrsg.): Schriftenreihe für Wirtschaftspädagogik, Reader Wirtschaftsdidaktik, Köln Sofia Wien 1998, S. 379-400

Aff, J.: Materialien zur Vorlesung Einführung in die Wirtschaftspädagogik – Wirtschaftsdidaktische Grundüberlegungen – Einführung in Fragestellungen der betrieblichen Aus- und Weiterbildung, WS 1999/2000, Einheit 13/14, S. 6

Ashauer, G.: Kleines Wirtschaftslexikon – Fachbegriffe der Berufs- und Wirtschaftspädagogik, Stuttgart 1990

B
Baake, D.: Kommunikation und Kompetenz, München 1973

Becker, G.E.: Planung von Unterricht. Handlungsorientierte Didaktik –Teil1, Weinheim 1987

Becker, G.E.: Auswertung und Beurteilung von Unterricht. Handlungsorientierte Didaktik –Teil 3, Weinheim 1986

Bloom, B.S. (Hrsg.): Taxonomie von Lernzielen im kognitiven Bereich, Weinheim 1973

Bodendorf, F.: Computer in der fachlichen und universitären Ausbildung. In Endres, A., Krallmann, H., Schnupp, P. (Hrsg.): Handbuch der Informatik, Bd. 15.1, München 1990

Brand, H.: SAP®R/3®- Einführung mit ASAP. Technische Implementierung von SAP®R/3® planen und realisieren, Bonn 1998

Bransford, J.D., Sherwood, R.D., Hasselbring, T.S., Kinzer, C.K., Williams, S.M.: Anchored Instruction: Why we need it and how technology can help. In Nix, D., Spiro, R. (Eds.): Cognition, education and multimedia: Exploring ideas in high technology (pp. 115-151), Hillsdale, New Jersey 1990

Buck-Emden, R, Galimow, J.: Die Client-Server-Technologie des SAP-Systems R/3®. 3. Auflage, Bonn 1996

Buxmann, P., König, W.: Empirische Ergebnisse zum Einsatz der betrieblichen Standardsoftware SAP®R/3®, in: Wirtschaftsinformatik, 39. Jg.,Nr.4,1997, S. 331-337

C
CDI (Hrsg.): SAP®R/3® Grundlagen, Architektur, Anwendungen, Haar bei München 1996

CDI (Hrsg.): SAP®R/3® Finanzwesen – Grundlagen, Anwendungen, Fallbeispiele, Haar bei München 1996

CDI (Hrsg.): SAP®R/3® Materialwirtschaft – Grundlagen, Anwendungen, Fallbeispiele, Haar bei München 1996

Cognition and Technology Group at Vanderbilt: Anchored instruction and its relationship to situated cognition. Educational Reseacher, 19, 1990, S. 2-10

Collins, A., Brown, J.S., Newman, S.E.: Cognitive apprenticeship: Teaching the craft of reading, writing and mathematics. In Resnick, L.B.: Knowing, learning and instruction (pp. 453-494), Hillsdale, New Jersey 1989

D

Dörflein, M.: EDI-System. In: Mertens, P. (Hrsg.): Lexikon der Wirtschaftsinformatik, 1997, S. 132-133

Dörflein, M.: Wie funktioniert EDI eigentlich? Beschaffung aktuell, Ausgabe 10, 1995, S. 37-40

Döring, K. W.: Lehren in der Erwachsenenbildung. Ein Dozentenleitfaden, Weinheim 1983

Döring, K. W.: System Weiterbildung, Weinheim 1987

Döring, K. W.: Medien in Lernprozessen der beruflichen Bildung. In: Döring, K.W., Ziep, K.-D.: Medien in der Weiterbildung, Weinheim 1989

Dubs, R.: Fachwissenschaftliche Orientierung als Beitrag zur Didaktik der Wirtschaftswissenschaften. In: Fortmüller, R. und Aff, J. (Hrsg.): Wissenschaftsorientierung und Praxisbezug in der Didaktik der Ökonomie. Festschrift Wilfried Schneider. Wien 1996, S. 43-58

Dubs, R.: Lehrerverhalten. Ein Beitrag zur Interaktion von Lehrenden und Lernenden im Unterricht. Schriftenreihe für Wirtschaftspädagogik, Band 23, Zürich 1995

Duffy, Th.M., Jonassen, D.H.: Constructivism and the Technology of Instruktion – A Conversation, Hillsdale, New Jersey 1992

E

Engels, A., Gresch, J., Nottenkämper, N.: SAP®R/3® kompakt – Einführung und Arbeitsbuch für die Praxis, München 1996

Euler, D.: Didaktik des computerunterstützten Lernens, Praktische Gestaltung und theoretische Grundlagen in: Holz, H., Zimmer, G. (Hrsg.) Multimediales Lernen in der Berufsbildung, Band 3, Nürnberg 1992

Euler, D.: Neue Medien – alte Pädagogik? Multimediales und telekommunikatives Lernen zwischen Potenzialität und Aktualität. In: Wirtschaft und Erziehung, 7-8/2000, S. 251-257

F

Ferstl, O.K.: Leserbrief zu SAP®R/3® in der WI-Lehre und –Forschung an Hochschulen. Der Nutzen rechtfertigt die hohen Kosten, in: Wirtschaftsinformatik, 1996, S. 242

Fischer, J.: Die betriebswirtschaftliche Standardsoftware SAP®R/3® – vom attraktiven Kürzel zum praktischen Erlebnis, in: Wirtschaftsinformatik, 1995, S. 623-624
Glöckel, H. (Hrsg.), Bauer, E. (Mitverf.): Vorbereitung des Unterrichtes, Bad Heilbrunn 1989

Frey, K.: Computerunterstütztes Lernen und Informatik. In: Frey, K, Elling, A.: Allgemeine Didaktik, 6. Aufl., Zürich 1993

G

Glöckel, H. (Hrsg.), Bauer, E. (Mitverf.): Vorbereitung des Unterrichtes, 1989, S. 28ff.

Görk, M.: Customizing. In: Mertens, P. (Hrsg.): Lexikon der Wirtschaftsinformatik, 1997

Götz, K., Häfner, P.: Didaktische Organisation von Lehr- und Lernprozessen, Neue Formen des Lernens im Betrieb, Band 3, Schriftenreihe des Arbeitskreises Pädagogische Hochschulen/Wirtschaft in Baden-Württemberg, Weinheim1991, S. 95ff.

Grauer, M.: SAP®R/3® in einer Übung oder einem Praktikum ja, R/3-Vorlesung oder Forschung mit R/3 nein, in: Wirtschaftsinformatik, 1995, S. 242-243

Grohmann, S.: Die Fallmethode: Theoretische Grundlagen. In: Aff, J. und Wagner, M. (Hrsg.): Methodische Bausteine der Wirtschaftsdidaktik,1997, S. 51-73

Greimel, B.: Ein Anforderungsprofil an Lehrer. In: Fortmüller, R. und Aff, J. (Hrsg.): Wissenschaftsorientierung und Praxisbezug in der Didaktik der Ökonomie, 1996, S. 236ff.

Greunke, U.: Projektmanagement für neue Medien - Ein Praxisleitfaden -, Frankfurt a.M., 2000, S. 104-107

Grigoleit, U., Stark, H.: SAP®R/3® 3.1 Einführung und Überblick – Ein Leitfaden für Entscheider, Düsseldorf 1998

Gudjons, H., Teske, R., Winkel, R. (Hrsg.): Didaktische Theorien, Hamburg 1999

Gutenberg, E.: Grundlagen der Betriebswirtschaftslehre, 1. Band – Die Produktion, Berlin, Heidelberg, New York, 1966

Gutenberg, E.: Grundlagen der Betriebswirtschaftslehre, 2. Band – Der Absatz, Berlin, Heidelberg, New York, 1966

H

Hantusch, Th., Matzke, B., Pérez, M.: SAP®R/3® im Internet – Globale Plattform für Handel, Vertrieb und Informationsmanagement, Bonn 1997

Hämmerle, M.: Das didaktische Konzept der Übungsfirma. In: Aff, J. (Hrsg.): Reader Wirtschaftsdidaktik, Köln Sofia Wien 1998

Hasebrook, J.: Lernen mit Multimedia. In: Zeitschrift für Pädagogische Psychologie, 6 9, 1995,S. 95-103

Heimann, P., Otto, G., Schulz, W.: Unterricht - Analyse und Planung, Hannover 1972

Heinrich, L. J., Roithmayr, F.: Wirtschaftsinformatik-Lexikon, 4. Auflage, München-Wien 1992, S. XII-XIII

Herkner, W.: Einführung in die Sozialpsychologie, 3. Aufl. 1983, S. 387ff.

Hoberg, G.: Training und Unterricht – Anregungen für die Vorbereitung und Durchführung von Unterricht und Seminaren, Stuttgart 1988, S. 229

Hoberg, G.: Profil: Der Trainer der 90er braucht Mut zum eigenen Typ. In: Wirtschaft und Weiterbildung, 1993, Heft 4

Hurrelmann, K.: Einführung in die Sozialisationstheorie. Über den Zusammenhang zwischen Sozialstruktur und Persönlichkeit, Weinheim 1989, S. 161

Hüther, J.: Neue Medien. In: Geißler, Loos (Hrsg.): Handbuch Personalentwicklung, Beraten, Trainieren Qualifizieren, Konzepte, Methoden und Strategien, Deutscher Wirtschaftsdienst, Köln 1995, Abschnitt 9.1.2.0, S. 15

Issing, J., Klimsa, P. (Hrsg.): Information und Lernen mit Multimedia, Weinheim 1997

J

Jablonski, S.: Workflow-Mangement. In: Mertens, P. (Hrsg.): Lexikon der Wirtschaftsinformatik, 1997, S. 444-445

Jank, W., Meyer, H.: Didaktische Modelle. Frankfurt am Main, 1994

Janko, W.: Projektplanungs- und -steuerungssystem. In: Mertens, P. (Hrsg.): Lexikon der Wirtschaftsinformatik, 1997, S. 330-331

Jungmann, H.: Programmierter Unterricht – Fossil oder neue Chance. Entwicklung und Implementation von computerisierten Lehr- und Lernprogrammen in der betrieblichen Aus- und Weiterbildung aus didaktischer Sicht. In Pongratz, G. (Hrsg): Betriebspädagogik Band 3, Frankfurt a.M. u.a. 1997

K

Keller, G., Teufel, Th.: SAP®R/3® prozeßorientiert anwenden – Iteratives Prozeß-Prototyping zur Bildung von Wertschöpfungsketten, Bonn 1997

Klafki, W.: Neue Studien zur Bildungstheorie und Didaktik – Zeitgemäße Allgemeinbildung und kritisch-konstruktive Didaktik, Weinheim und Basel 1991

Kollmann, T.: Wie der virtuelle Marktplatz funktionieren kann. In: Harward Business Manager, 4/99, 21. Jahrg. 1999, S. 27-34

König, A.R.: CBT als Medium der betrieblichen Weiterbildung. In: Geißler, Loos (Hrsg.): Handbuch Personalentwicklung, Beraten, Trainieren Qualifizieren, Konzepte, Methoden und Strategien, Deutscher Wirtschaftsdienst, Köln 1996, Abschnitt 9.1.5.0., S. 1-14

Krallmann, H., Derszteler, G.: Business Process Reengineering. In: Mertens, P. (Hrsg.): Lexikon der Wirtschaftsinformatik, 1997, S. 70

Krapp, A.: Interesse und Studium. Forschungsansätze, Befunde und Konsequenzen, München 1993

Krapp, A.: Interesse und Studium, in: Gruber, H., Renkl, A. (Hrsg.): Wege zum Können, Bern 1997, S. 45-58

Kruczynski, K.: Moderne Ausbildung erfordert moderne Technologien, in: Wirtschaftsinformatik, 1995, S. 622-623

Kurbel, K.: Produktionsplanung und –steuerung. Methodische Grundlagen von PSS-Systemen und Erweiterungen. In: Endres, A. (Hrsg.): Handbuch der Informatik, Band 13.2, München u.a. 1993

L
Layer, M., Der Einsatz kommerzieller Standardsoftware im Rahmen universitärer Ausbildung am Beispiel von R/3® der SAP AG, in: Preßmar, D., Scheer, A.-W., (Hrsg.), Schriften zur Unternehmensführung Band 62: SAP R/3® in der Praxis, Neuere Entwicklungen und Anwendungen, Wiesbaden 1998

Lehnert, U.: Der EDV-Trainer: EDV-Lehrveranstaltungen planen – EDV-Handlungswissen vermitteln, Oldenburg 1997

Lynx Consulting Group (Hrsg.), o.V.: eBusiness Terms –eBusiness Fachtage 2000-, S. 11

M
Mandl, H., Gruber, H., Renkl, A.: Situiertes Lernen in multimedialen Lernumgebungen. In: Issing, J., Klimsa, P. (Hrsg.): Information und Lernen mit Multimedia, 1997, S. 168

Mandl, H.; Reinmann-Rothmeier, G., Gräsel, C.: Gutachten zur Vorbereitung des Programms „Systematische Einbeziehung von Medien, Informations- und Kommunikationstechnologien in Lehr- und Lernprozesse", Heft 66, Bund-Länder-Kommission für Bildungsplanung und Forschungsförderung, Bonn 1998

Matzke, B.: ABAP/4 – Die Programmiersprache des SAP-Systems R/3, Bonn u.a. 1996

Meissner, G.: SAP – die heimliche Softwaremacht, Wie ein mittelständisches Unternehmen den Weltmarkt eroberte, Hamburg 1997

Mertens, P., u.a. (Hrsg.): Lexikon der Wirtschaftsinformatik, Berlin Heidelberg 1997

Mertens, P., Integrierte Informationsverarbeitung 1, Administrations- und Dispositionssysteme in der Industrie, 1997

Mertens, P. (Hrsg.): Lexikon der Wirtschaftsinformatik, Berlin u.a. 1997

Mertens, P., Bodendorf, F., König, W., Picot, A., Schumann, M.: Grundzüge der Wirtschaftsinformatik, 5. Aufl., Berlin 1998

Meyer, H.: Unterrichtsmethoden, I: Theorieband, Frankfurt am Main, 1987

Meyer, H.: Unterrichtsmethoden, II: Praxisband, Frankfurt am Main, 1989

Meyer, H.: Leitfaden zur Unterrichtsvorbereitung, Frankfurt am Main, 1991

Möhrlen, R., Kokot, F.: SAP®R/3® Kompendium - Betriebswirtschaftlicher Funktionsumfang und Erfolgspotentiale, München 1998

Möller, Ch.: Die curriculare Didaktik – oder: Der lernzielorientierte Ansatz. In: Gudjons, H., Teske, R., Winkel, R. (Hrsg.): Didaktische Theorien, Hamburg 1999

Möller, Ch.: Technik der Lernplanung, Weinheim 1973

O
Oberniedermaier, G.: Vertriebslogistik mit SAP®R/3®. Konzeption und Implementierung der R/3 Moduls SD, München 2000

Oetinger, R.: SAP soll die Lehre als Anwendungsbeispiel begleiten, in: Wirtschaftsinformatik, 1995, S. 623

o.V.: Dekra SAP-Arbeitsmarktstudie, Ausgabe 08/1999, S. 1-20

o.V.: Hochschulen forschen mit mySAP.com –Kompetenz-Zentren gegründet-; in: sapinfo.net, Ausgabe Juli 2000, S. 55

o.V.: Logistiknetze optimieren. SAP APO in 350 Projekten im Einsatz, Magazin sapinfo.net, Nr. 67, Ausgabe 02/2000, S. 12-13

o.V.: RAAD Consulting, Prospekt zur Studie: R/3®-Markt in Deutschland. Status und Potentiale, Münster 08/2000 o.V.: Rekordergebnis, Magazin sapinfo.net, Nr. 67, Ausgabe 02/2000, S. 8

P

Pfänder, O.: Anwendungssoftware als Mittler zwischen Theorie und Praxis. Eine Untersuchung zum Lerntransfer am Beispiel von SAP®R/3®, Dissertation, 1999

Posch, P., Schneider, W., Mann, W.: Unterrichtsplanung mit Beispielen für den betriebswirtschaftlichen Unterricht, Wien 1989

Preiß, P.: Handbuch zum Planspiel Jeansfabrik Betriebliche Leistungsprozesse, Version 2.4, 1994

R

Rebstock, M., Hildebrand, K. (Hrsg.): SAP®R/3® für Manager, Bonn 1998

Reetz, L: Handlungsorientiertes, problemlösendes Lernen mit Fällen im Wirtschaftslehreunterricht. In: Schneider, W. (Hrsg.): Komplexe Methoden im betriebswirtschaftlichen Unterricht. Festschrift für Hans Krasensky. Wien 1993, S. 143-156

Reinmann-Rothmeier, G., Mandl, H.: Computerunterstützte Lernumgebungen: Planung, Gestaltung und Bewertung, in: Arzberger, H., Brehm, K.-H. (Hrsg.), Erlangen 1994

Reinmann-Rothmeier, G., Mandl, H.: Problemorientiertes Lernen mit Multimedia. In: Geißler, Loos (Hrsg.): Handbuch Personalentwicklung, Beraten, Trainieren Qualifizieren, Konzepte, Methoden und Strategien, Deutscher Wirtschaftsdienst, Köln 1997, Abschnitt 9.1.1.1, S. 1-20

Reinmann-Rothmeier, G., Mandl, H.: Selbststeuerung des Lernprozesses mit Multimedia. In: Geißler, Loos (Hrsg.): Handbuch Personalentwicklung, Beraten, Trainieren Qualifizieren, Konzepte, Methoden und Strategien, Deutscher Wirtschaftsdienst, Köln 1997, Abschnitt 9.1.1.2., S. 1-22

Renkl, A.: Träges Wissen: Wenn Erlerntes nicht genutzt wird, Psychologische Rundschau, 47, S. 78-92, 1996

Ross, E.: Potentiale des Computer Unterstützten Lernens. In: Geißler, Loos (Hrsg.): Handbuch Personalentwicklung, Beraten, Trainieren Qualifizieren, Konzepte,

Methoden und Strategien, Deutscher Wirtschaftsdienst, Köln 1996, Abschnitt 9.1.5.1, S. 3ff.

Ruschel, A.: Die Arbeitsplatzunterweisung. In: Geißler, Loos (Hrsg.): Handbuch Personalentwicklung, Beraten, Trainieren Qualifizieren, Konzepte, Methoden und Strategien, Deutscher Wirtschaftsdienst, Köln, 1997, Abschnitt 8.1.5.0, S. 3ff.

S

SAP AG (Hrsg.): Das SAP Magazin sapinfo.net, Nr. 70, Mai 2000, S. 4

SAP AG (Hrsg.): ASAP R/3® Einführung, Schulungsunterlage zum Kurs CA091, Walldorf 1998

SAP AG (Hrsg.): Übergreifendes Customizing in SD, Schulungsunterlage zum Kurs LO650, Walldorf 1998

SAP AG (Hrsg.): Prozesse im Vertrieb, Schulungsunterlage zum Kurs LO150, Walldorf 1998

SAP AG (Hrsg.): Verkauf, Schulungsunterlage zum Kurs LO605, Walldorf 1998

SAP AG (Hrsg.): Fakturierung, Schulungsunterlage zum Kurs LO615, Walldorf 1998

SAP AG (Hrsg.): System R/3® Controlling I (Gemeinkostencontrolling) - Funktionen im Detail – CO, Walldorf 1996

SAP AG (Hrsg.): System R/3® Das Vertriebssystem der SAP - Funktionen im Detail – SD, Walldorf 1997

SAP AG (Hrsg.): System R/3® Hauptbuchhaltung - Funktionen im Detail – FI, Walldorf 1996

SAP AG (Hrsg.): System R/3® IDES - Funktionen im Detail, Walldorf 1998

SAP AG (Hrsg.): System R/3® Integrierte Produktionsplanung und -steuerung - Funktionen im Detail – PP, Walldorf 1997

SAP AG (Hrsg.): System R/3® Materialwirtschaft - Funktionen im Detail, Walldorf 1998

Scheer, A.-W.: EDV-orientierte Betriebswirtschaftslehre, Grundlagen für ein effizientes Informationsmanagement, 4. Auflage, 1990

Scheer, A.-W.: Wirtschaftsinformatik – Informationssysteme im Industriebetrieb, 3. Auflage, 1990

Scheer, A.-W.: Wirtschaftsinformatik – Referenzmodelle für industrielle Geschäftsprozesse, 6. Auflage, 1995

Scheer, A.: Unternehmensdatenmodell. In: Mertens, P. (Hrsg.): Lexikon der Wirtschaftsinformatik, 1997, S. 417-419

Schieferle, U., Schreyer, I.: Intrinsische Lernmotivation und Lernen, München 1992

Schneider, W.: Computerbasierte Lehrprogramme als Lehrerersatz. Eine kritische Betrachtung multimedialer, computergestützter Lehrsysteme aus lernpsychologischer und ökonomischer Sicht. In Aff, J. (Hrsg.): Schriftenreihe für Wirtschaftspädagogik. Zukunft gestalten – Bilden für die Marktwirtschaft, Köln/Sofia/Wien 2000, S. 379-399

Schneider, W.: Informieren und Motivieren. Eine Einführung in die Präsentationstechnik, Wien 1995

Schulmeister, R.: Grundlagen hypermedialer Lernsysteme Theorie – Didaktik – Design, 2. Aufl., München/Wien 1997

Schumann, M., Schüle, H., Schumann, U.: Entwicklung von Anwendungssystemen, Grundzüge eines werkzeuggestützten Vorgehens, Berlin u.a., 1994

Schulz, W.: Didaktische Einblicke – Das Gesicht der Schule gestalten, in: Otto, G., Luscher-Schulz, G. (Hrsg.), Weinheim und Basel 1995

Schulz, W.: Unterrichtsplanung – Praxis und Theorie des Unterrichtens, München 1981

Schütte, R.: Supply Chain Management. In: Mertens, P. (Hrsg.): Lexikon der Wirtschaftsinformatik, 1997, S. 389-390

Stahlknecht, P.: Einführung in die Wirtschaftsinformatik, 7. Auflage, 1995

Strittmatter, P., Mauel, D.: Einzelmedium, Medienverbund und Multimedia.
In: Issing, J., Klimsa, P. (Hrsg.): Information und Lernen mit Mulimedia, 1997, S. 55

Stucky, W.: Universität muß mehr sein als SAP-Praxis – und ist es auch! in: Wirtschaftsinformatik, 1995, S. 624-625

U

Uhr, W., Lander, K.: Empirische Studie zum Einsatz integrierter, betriebswirtschaftlicher Standardsoftware in der Lehre an Universitäten und Fachhochschulen, in: Wirtschaftsinformatik, 1998, S. 352-355

W

Walter, P.: Medien. In Ashauer, G.: Kleines Wirtschaftslexikon – Fachbegriffe der Berufs- und Wirtschaftspädagogik,1990, S. 205-207

Watzlawick,P. u.a.: Menschliche Kommunikation, Stuttgart 1990, S. 50ff.

Weber, M.: Evaluation von multimedialen Lernprogrammen als Beitrag zur Qualitätssicherung von Weiterbildungsmaßnahmen, Europäische Hochschulschriften, Reihe 11, Pädagogik; Bd. 753, Frankfurt am Main 1998

Weidenmann, B.: Multicodierung und Multimodalität im Lernprozeß, in Issing, L.J., Klimsa, P. (Hrsg.): Informationen und Lernen mit Multimedia, Weinheim 1995

Weidenmann, B.: Multimedia und Lernen, in: Geißler, Loos (Hrsg.): Handbuch Personalentwicklung, Beraten, Trainieren Qualifizieren, Konzepte, Methoden und Strategien, Deutscher Wirtschaftsdienst, Köln 1997, Abschnitt 9.1.1.0, S. 1-18

Wenzel, P. (Hrsg.): Betriebswirtschaftliche Anwendungen des integrierten Systems SAP®R/3®, Braunschweig u.a. 1995

Wenzel, P. (Hrsg.): Geschäftsprozeßoptimierung mit SAP®R/3®, Braunschweig u.a. 1995

Winkel, R.: Der gestörte Unterricht, Bochum 1993

Winkel, R.: Antinomische Pädagogik und Kommunikative Didaktik – Studien zu den Widersprüchen und Spannungen in Erziehung und Schule, Düsseldorf 1986

Wöhe, G.: Einführung in die Allgemeine Betriebswirtschaftslehre, 16. Auflage, Saarbrücken und München 1986

Z
Ziep, K.D.: Der Dozent in der Weiterbildung. Professionalisierung und Handlungskompetenzen, Weinheim 1990

Ergänzende elektronische Medien:

Internetadressen:

Buxmann, P., König, W.: Organisationsgestaltung bei der Einführung betrieblicher Standardsoftware
Internetadresse: http://caladan.wiwi.uni-frankfurt.de/pbuxmann/sap-stud/mc0531.htm

Lukat, A.: Nutzung von EC-Anwendungen, Veröffentlichung des GMD – Forschungszentrum Informationstechnik GmbH, Bonn 2000
Internetadresse: http://www-ibe.gmd.de

o.V.: Website des SAP Hochschulkompetenzzentrums der Universität Passau,
Internetadresse: http://hcc.uni-passau.de

o.V.: Website der SAP AG
Internetadresse: http://www.sap-ag.com

Siemon, J.: Lernwege in Hypertext und Hypermedia, Seminararbeit im Rahmen der Veranstaltung „Einführung in die Instruktionstheorie" WS 94/95 bei Prof. Dr. Dr. Frank Achtenhagen/ Peter Preiß
Internetadresse: www.wiso.gwdg.de/~jsiemon/W3_Deckb.htm

Steffens, F., Dorrhauer, C., Cuo, F.; Zendler, A., (1998), Überblick über den Markt für Standardanwendungssysteme der Betriebswirtschaft,
Internetadresse: http://vasant02.wifo.uni-mannheim.de/

CD-ROM:

Möhrlen, R., Kokot, F.: Begleit-CD zum Buch: SAP®R/3® Kompendium - Betriebswirtschaftlicher Funktionsumfang und Erfolgspotentiale, München 1998

PROCODA AG (Hrsg.): TutorWin R/3®, Demo CD-ROM, Köln 1998

SAP AG (Hrsg.): SAP Online Dokumentation – IDES Release 4.0B, CD-ROM, Walldorf 1999

SAP AG (Hrsg.): SAP Online Dokumentation – R/3® System Release 4.0B, CD-ROM, Walldorf 1998

SAP AG (Hrsg.): SAP CRM Initiative, CD-ROM, Walldorf 03/1999

SAP AG (Hrsg.): SAP VISUAL, System R/3® für den Mittelstand, CD-ROM, Walldorf 03/ 1998

SAP AG (Hrsg.): MySAP.com Workplace. The Gateway to a world of Interaction, CD-ROM, Walldorf 12/1999

SAP AG (Hrsg.): R/3® System R/3-CBT '98, CD-ROM, Walldorf 12/1998

SAP AG (Hrsg.): SAP – The Company, CD-ROM, Walldorf 10/1998

SAP AG (Hrsg.): SAP Visual CeBIT '98, CD-ROM, Walldorf 03/1998

SAP AG (Hrsg.): SAP Visual CeBIT '99, CD-ROM, Walldorf 03/1999

Ergänzende Literatur zu den Seminarmaterialien:

Arnolds, H.: Materialwirtschaft und Einkauf, 9. Auflage, Wiesbaden 1996

Backhaus, K.: Investitionsgütermarketing, 4. Auflage, München 1995

Hartmann, H.: Materialwirtschaft. Organisation, Planung, Durchführung, Kontrolle, 7. Auflage, Gernsbach 1997

Kilger, W.: Industriebetriebslehre, Band 1, Wiesbaden 1986

Kurbel. K.: Handbuch der Informatik. Produktionsplanung und –steuerung. Methodische Grundlagen von PPS-Systemen und Erweiterungen, München u.a. 1993

Melzer-Ridinger, R.: Materialwirtschaft, Oldenburg, 1989

Melzer-Ridinger, R.: Materialwirtschaft und Einkauf, Band 2 Qualitätsmangement, Oldenburg, 1995

Schierenbeck: H.: Grundzüge der Betriebswirtschaftslehre, 11. Auflage, München u.a. 1993

JOSEF EUL VERLAG
Ausgewählte Veröffentlichungen

EINZELSCHRIFTEN

Bernhard R. Müller
Bedürfnisorientierte Unternehmenspolitik am Beispiel von Universalbanken in Deutschland
Lohmar – Köln 1997 ♦ 312 S. ♦ DM 76,- ♦ ISBN 3-89012-534-4

Britta Adolphs
Stabile und effiziente Geschäftsbeziehungen – Eine Betrachtung von vertikalen Koordinationsstrukturen in der deutschen Automobilindustrie
Lohmar – Köln 1997 ♦ 300 S. ♦ DM 74,- ♦ ISBN 3-98012-541-7

Edgar Quadt
Kunst als Institution – Eine transaktionskostenökonomische Analyse
Lohmar – Köln 1997 ♦ 160 S. ♦ DM 69,- ♦ ISBN 3-89012-543-3

Carole Ackermann
Konzepte der Ladengestaltung – Beitrag zur Profilierung und Rationalisierung im Einzelhandel
Lohmar – Köln 1997 ♦ 272 S. ♦ DM 74,- ♦ ISBN 3-89012-548-4

Ansgar Strumann
Vertikale Kooperation bei Produktinnovationen im Investitionsgüterbereich – Ein situations-, innovationsphasen- und instrumentebezogener Ansatz zur Einbindung von Kunden und Lieferanten
Lohmar – Köln 1997 ♦ 276 S. ♦ DM 69,- ♦ ISBN 3-89012-545-X

Martin Franke
Die Engpaß- und CO_2-Problematik im Straßenverkehr – Eine vergleichende Analyse nachfrageseitiger Steuerungsmaßnahmen am Beispiel des Straßenfernverkehrs in der BRD
Lohmar – Köln 1997 ♦ 344 S. ♦ DM 79,- ♦ ISBN 3-89012-555-7

Thomas Scheipers
Zur Kompensation beamtenrechtlicher Versorgungsprivilegien durch Gehaltsnachteile – Ein Vergleich der Lebenseinkommen von Angestellten und Beamten auf der Grundlage von Einkommensdaten der Beschäftigtenstatistik
Lohmar – Köln 1997 ♦ 240 S. ♦ DM 69,- ♦ ISBN 3-89012-561-1

Uwe Schramm
Handlungsorientierung in der Berufsausbildung im Berufsfeld „Wirtschaft und Verwaltung"
Lohmar – Köln 1997 ♦ 312 S. ♦ DM 76,- ♦ ISBN 3-89012-562-X

Kay von Dultzig
Erfolgskontrolle von Fernsehwerbespots
Lohmar – Köln 1997 ♦ 292 S. ♦ DM 79,- ♦ ISBN 3-89012-568-9

Carl-Christian von Weyhe
Die Entsendung von Mitarbeitern ins Ausland – Ein Vergleich des privatwirtschaftlichen mit dem öffentlichen Sektor
Lohmar – Köln 1997 ♦ 440 S. ♦ DM 94,- ♦ ISBN 3-89012-571-9

Ralf Steding
Chancengleichheit und Quoten – Eine Analyse von Gleichberechtigung und „Gleichstellung" vor dem Hintergrund von „equal protection of the laws" der US-amerikanischen Verfassung und Artikel 3 des Grundgesetzes
Lohmar – Köln 1997 ♦ 376 S. ♦ DM 85,- ♦ ISBN 3-89012-572-7

Herbert Lang
Erfolgsfaktoren privater Krankenanstalten – Theoretische Formulierung und kausalanalytische Überprüfung eines marktorientierten Erfolgsfaktorenmodells
Lohmar – Köln 1997 ♦ 372 S. ♦ DM 87,- ♦ ISBN 3-89012-579-4

Michael Neßler
Die Kommunikationspolitik der Unternehmen des öffentlichen Personennahverkehrs
Lohmar – Köln 1997 ♦ 216 S. ♦ DM 69,- ♦ ISBN 3-89012-580-8

Anja Weber
Auswirkungen rechtlicher Nebenbedingungen auf produktions- und absatzwirtschaftliche Entscheidungen
Lohmar – Köln 1998 ♦ 400 S. ♦ DM 89,- ♦ ISBN 3-89012-591-3

Ralf Teepe
Kommunitarismus und Ökonomische Theorie der Politik – Bedeutung und Ausgestaltung des Menschenbildes aus Sicht der Grundlagen und Bedingungen einer positiven Theorie politischer Institutionen
Lohmar – Köln 1998 ♦ 328 S. ♦ DM 83,- ♦ ISBN 3-89012-595-6

Walter Endres
Der Betrieb – Grundriß der Allgemeinen Betriebswirtschaftslehre
3., überarbeitete Auflage
Lohmar – Köln 1998 ♦ 600 S. ♦ DM 64,- ♦ ISBN 3-89012-599-9

Ralf Hagemeyer
Die Wahl von Institutionen zur Lösung des Glaubwürdigkeitsproblems diskretionärer Geldpolitik
Lohmar – Köln 1998 ♦ 196 S. ♦ DM 68,- ♦ ISBN 3-89012-601-4

Georg Winkelhofer
Planung der betrieblichen Weiterbildung in der Informationsverarbeitung
Lohmar – Köln 1998 ♦ 296 S. ♦ DM 84,- ♦ ISBN 3-89012-603-0

Mathias Mühlen
Die Unterstützung der Implementierung von Controllingsystemen in Unternehmen
Lohmar – Köln 1998 ♦ 324 S. ♦ DM 87,- ♦ ISBN 3-89012-617-0

Martin Kaschny
Eintrittsbarrieren und Eintrittsverhalten im Markt für Krankenhausdienste – Eine empirisch-experimentelle Untersuchung unter besonderer Berücksichtigung der Verhinderung privaten Angebots
Lohmar – Köln 1998 ♦ 324 S. ♦ DM 86,- ♦ ISBN 3-89012-624-3

Jürgen Gay
Stoff- und Energieflußkostenrechnung – Ein Ansatz industrieller Kostenrechnung für eine kostensenkende und umweltorientierte Unternehmensführung
Lohmar – Köln 1998 ♦ 252 S. ♦ DM 79,- ♦ ISBN 3-89012-626-X

Stefanie Lebek-Linke
Organisation und Aufgaben der Gewerkschaften in Deutschland und England
Lohmar – Köln 1998 ♦ 364 S. ♦ DM 91,- ♦ ISBN 3-89012-631-6

Claus W. Stephan
Die Grundlagen der strategischen Standortpolitik im Kreditwesen – Am Beispiel der internationalen Standortwahl deutscher Großbanken und ihrer Entwicklung
Lohmar – Köln 1998 ♦ 344 S. ♦ DM 89,- ♦ ISBN 3-89012-637-5

Claudia Werner
Unternehmenskultur und betriebliche Strukturen – Darstellung der Gestaltungsmöglichkeiten und Anwendung der Analyse auf die Lean Production
Lohmar – Köln 1998 ♦ 272 S. ♦ DM 82,- ♦ ISBN 3-89012-638-3

Mischa Müller
Target Costing im Krankenhaus – Entwurf eines objektorientierten EDV-Systems zur Unterstützung einer retrograden Deckungsbeitragsrechnung
Lohmar – Köln 1998 ♦ 316 S. ♦ DM 86,- ♦ ISBN 3-89012-639-1

Volkhardt Kruse
Komplexitätsmanagement in Banken
Lohmar – Köln 1999 ♦ 240 S. ♦ DM 77,- ♦ ISBN 3-89012-649-9

Dirk W. Kleine
Geschäftsprozeßmanagement – Eine Analyse des strategischen und organisatorischen Veränderungsmanagements am Beispiel von Kreditinstituten
Lohmar – Köln 1999 ♦ 352 S. ♦ DM 89,- ♦ ISBN 3-89012-653-7

Peter A. Karl
Varianten der Privatisierung kommunaler Allgemeinkrankenhäuser
Lohmar – Köln 1999 ♦ 352 S. ♦ DM 89,- ♦ ISBN 3-89012-654-5

Klaus Nowak
Ökonomik, Erkenntnisfortschritt und theoretische Integration – Eine methodologische Analyse der Entwicklungsperspektiven der evolutorischen Ökonomik
Lohmar – Köln 1999 ♦ 348 S. ♦ DM 89,- ♦ ISBN 3-89012-656-1

René Kay Munser
Bilaterale Kooperation als Form des Wissenstransfers
Lohmar – Köln 1999 ♦ 368 S. ♦ DM 89,- ♦ € 45,50 ♦ ISBN 3-89012-659-6

Klaus Goedereis
Finanzierung, Planung und Steuerung des Krankenhaussektors – Dualistik und Monistik im Strukturvergleich
Lohmar – Köln 1999 ♦ 392 S. ♦ DM 93,- ♦ € 47,55 ♦ ISBN 3-89012-664-2

Jürgen Eckardt
Kurz- und langfristige Kurseffekte beim Erwerb von Beteiligungen deutscher börsennotierter Aktiengesellschaften
Lohmar – Köln 1999 ♦ 604 S. ♦ DM 109,- ♦ € 55,73 ♦ ISBN 3-89012-676-6

Kai Bender
Analysemuster in der Architektur kommerzieller Informationssysteme
Lohmar – Köln 1999 ♦ 188 S. ♦ DM 69,- ♦ € 35,28 ♦ ISBN 3-89012-677-4

Herbert Nocon
PRO Soziale Marktwirtschaft
Lohmar – Köln 1999 ♦ 156 S. ♦ DM 65,- ♦ € 33,23 ♦ ISBN 3-89012-678-2

Daniel Knickenberg
Programmfreiheit contra Sponsoring
Lohmar – Köln 1999 ♦ 192 S. ♦ DM 73,- ♦ € 37,32 ♦ ISBN 3-89012-680-4

Stefan Klein
Aktien-Analysemethoden versus Effizienzmarkttheorie – Eine empirische Untersuchung am deutschen Aktienmarkt von 1975 bis 1997 unter Berücksichtigung der Volatilität des Terminmarktes
Lohmar – Köln 1999 ♦ 328 S. ♦ DM 88,- ♦ € 44,99 ♦ ISBN 3-89012-684-7

Ralf Itter
Internet-basierte Informationssysteme in betrieblichen Prozessen – Einsatzbereiche und Vorgehensmodell
Lohmar – Köln 1999 ♦ 312 S. ♦ DM 86,- ♦ € 43,97 ♦ ISBN 3-89012-689-8

Sabine Göttgens
Marktpolitische Positionierung von Direktbanken
Lohmar – Köln 1999 ♦ 404 S. ♦ DM 95,- ♦ € 48,57 ♦ ISBN 3-89012-699-5

Ralf Schlottmann
Berücksichtigung von Wechselkursrisiken in der internationalen Preispolitik am Beispiel des Großanlagenbaus
Lohmar – Köln 1999 ♦ 328 S. ♦ DM 88,- ♦ € 44,99 ♦ ISBN 3-89012-700-2

Udo Merten
Verteilte Leistungserstellung auf der Basis agentenbasierter Informationssysteme – Dargestellt am Beispiel von Multimedia-Dienstleistern
Lohmar – Köln 1999 ♦ 248 S. ♦ DM 78,- ♦ € 39,88 ♦ ISBN 3-89012-703-7

Norbert Szyperski/Klaus Nathusius
Probleme der Unternehmungsgründung – Eine betriebswirtschaftliche Analyse unternehmerischer Startbedingungen
2., unveränderte Auflage
Lohmar – Köln 1999 ♦ 132 S. ♦ DM 58,- ♦ € 29,65 ♦ ISBN 3-89012-706-1

Jörn-Axel Meyer (Hrsg.)
Flensburger Forschungsbeiträge zu kleinen und mittleren Unternehmen – Ausgewählte Schriften
Lohmar – Köln 1999 ♦ 232 S. ♦ DM 75,- ♦ € 38,35 ♦ ISBN 3-89012-712-6

Marco Metzler
Wertorientierte Jahresabschlußanalyse von Schaden- und Unfallversicherungsunternehmen in Deutschland
Lohmar – Köln 2000 ♦ 396 S. ♦ DM 93,- ♦ € 47,55 ♦ ISBN 3-89012-718-5

Aljoscha Schaffer
Die Übernahme internationaler Normen in die deutsche Rechnungslegung – Eine Analyse der Auswirkungen auf das Bilanzverständnis und die Steuerbelastung
Lohmar – Köln 2000 ♦ 348 S. ♦ DM 88,- ♦ € 44,99 ♦ ISBN 3-89012-725-8

Wilhelm A. Vogt
Der Zusammenhang von Vermögensbindung, persönlicher Haftung und Liquidationsgebot bei Gesellschaften
Lohmar – Köln 2000 ♦ 296 S. ♦ DM 84,- ♦ € 42,95 ♦ ISBN 3-89012-729-0

Matthias Bertl
Change of Position – Der Wegfall der Bereicherung im englischen Recht
Lohmar – Köln 2000 ♦ 272 S. ♦ DM 79,- ♦ € 40,39 ♦ ISBN 3-89012-739-8

Jörg Rühle
Wertmanagement im Krankenhaus
Lohmar – Köln 2000 ♦ 548 S. ♦ DM 103,- ♦ € 52,66 ♦ ISBN 3-89012-740-1

Christian Armbruster
Entwicklung ökologieorientierter Fonds – Eine Untersuchung im deutschsprachigen Raum und in Großbritannien
Lohmar – Köln 2000 ♦ 460 S. ♦ DM 98,- ♦ € 50,11 ♦ ISBN 3-89012-743-6

Oliver Wolf
Informations- und Planungssystem für Lehrende am kaufmännisch ausgerichteten Berufskolleg – Aufbau eines Fachkonzepts mit Ist- und Anforderungsanalyse, Realisierungsempfehlungen und empirischer Untersuchung
Lohmar – Köln 2000 ♦ 344 S. ♦ DM 89,- ♦ € 45,50 ♦ ISBN 3-89012-745-2

Burkhard Tyrell
Die Planbilanz als Bestandteil eines unternehmenswertorientierten Rechnungswesens
Lohmar – Köln 2000 ♦ 332 S. ♦ DM 88,- ♦ € 44,99 ♦ ISBN 3-89012-761-4

Dirk Halm
Das Kürzungsrecht des pflichtteilsberechtigten Erben gegenüber Vermächtnisnehmern und Auflagenbegünstigten – Zugleich eine systematische Analyse der §§ 2318 – 2324 BGB
Lohmar – Köln 2000 ♦ 284 S. ♦ DM 83,- ♦ € 42,44 ♦ ISBN 3-89012-781-9

Nina Klein
Ökonomische Erkenntnistheorie und ordnungspolitische Implikationen – Die Beiträge von Platon, Aristoteles, Thomas von Aquin, John Locke, David Hume, Immanuel Kant, John Stuart Mill, Karl R. Popper und Friedrich August von Hayek
Lohmar – Köln 2000 ♦ 412 S. ♦ DM 96,- ♦ € 49,08 ♦ ISBN 3-89012-782-7

Harald Schmitz
Der Krankenhausbetriebsvergleich als Instrument der internen und externen Koordination
Lohmar – Köln 2000 ♦ 320 S. ♦ DM 87,- ♦ € 44,48 ♦ ISBN 3-89012-788-6

Daniela Brandl
Koppelungsgeschäfte in der Rechtsordnung unter besonderer Berücksichtigung des Betriebsverfassungsrechts
Lohmar – Köln 2000 ♦ 240 S. ♦ DM 78,- ♦ € 39,88 ♦ ISBN 3-89012-789-4

Dorothea Gerloff
Möglichkeiten, Grenzen und Konsequenzen des Einsatzes elektronischer Geldbörsen
Lohmar – Köln 2000 ♦ 424 S. ♦ DM 96,- ♦ € 49,08 ♦ ISBN 3-89012-792-4

Christian Boris Robbers
Übertragbarkeit internationaler Bewertungsrelationen zur Vergütung von Krankenhausleistungen
Lohmar – Köln 2000 ♦ 252 S. ♦ DM 78,- ♦ € 39,88 ♦ ISBN 3-89012-800-9

Irene L. Market
The Economics of Informal Financial Arrangements – The Characteristics and Potentials of Informal Financial Institutions and the Senegalese Experience
Lohmar – Köln 2000 ♦ 260 S. ♦ DM 79,- ♦ € 40,39 ♦ ISBN 3-89012-811-4

Frank Körsgen
Handlungsorientierte computerunterstützte Lehr-Lernarrangements am Beispiel SAP® R/3®
Lohmar – Köln 2001 ♦ 298 S. ♦ DM 86,- ♦ ab 01.01.02 € 44,- ♦ ISBN 3-89012-832-7

Weitere Schriftenreihen:

UNIVERSITÄTS-SCHRIFTEN

- **Reihe: Steuer, Wirtschaft und Recht**
  Herausgegeben von vBP StB Prof. Dr. Johannes Georg Bischoff, Wuppertal, Dr. Alfred Kellermann, Vorsitzender Richter (a. D.) am BGH, Karlsruhe, Prof. Dr. Günter Sieben (em.), Köln, und WP StB Prof. Dr. Norbert Herzig, Köln

- **Reihe: Planung, Organisation und Unternehmungsführung**
  Herausgegeben von Prof. Dr. Dr. h. c. Norbert Szyperski, Köln, Prof. Dr. Winfried Matthes, Wuppertal, Prof. Dr. Udo Winand, Kassel, und Prof. Dr. Joachim Griese, Bern

- **Reihe: Wirtschaftsinformatik**
  Herausgegeben von Prof. Dr. Dietrich Seibt, Köln, Prof. Dr. Dr. Ulrich Derigs, Köln, und Prof. Dr. Werner Mellis, Köln

- **Reihe: Telekommunikation @ Mediendienste**
  Herausgegeben von Prof. Dr. Dr. h. c. Norbert Szyperski, Köln, Prof. Dr. Udo Winand, Kassel, Prof. Dr. Dietrich Seibt, Köln, Prof. Dr. Rainer Kuhlen, Konstanz, Dr. Rudolf Pospischil, Bonn, und Prof. Dr. Claudia Löbbecke, Köln

- **Reihe: Electronic Commerce**
  Herausgegeben von Prof. Dr. Dr. h. c. Norbert Szyperski, Köln, Prof. Dr. Beat F. Schmid, St. Gallen, Prof. Dr. Dr. h. c. August-Wilhelm Scheer, Saarbrücken, Prof. Dr. Günther Pernul, Essen, und Prof. Dr. Stefan Klein, Münster

- **Reihe: Medienwirtschaft**
  Herausgegeben von Prof. Dr. Christoph Zacharias, Köln

- **Reihe: FGF Entrepreneurship-Research Monographien**
  Herausgegeben von Prof. Dr. Heinz Klandt, Oestrich-Winkel, Prof. Dr. Dr. h. c. Norbert Szyperski, Köln, und Prof. Dr. Michael Frese, Gießen

- **Reihe: Gründung, Innovation und Beratung**
  Herausgegeben von Prof. Dr. Dr. h. c. Norbert Szyperski, Köln, vBP StB Prof. Dr. Johannes Georg Bischoff, Wuppertal, und Prof. Dr. Heinz Klandt, Oestrich-Winkel

- **Reihe: Wissenschafts- und Hochschulmanagement**
  Herausgegeben von Prof. Dr. Detlef Müller-Böling, Gütersloh, und Dr. Reinhard Schulte, Dortmund

- **Reihe: Personal-Management**
  Herausgegeben von Prof. Dr. Fred G. Becker, Bielefeld, und Prof. Dr. Jürgen Berthel, Siegen

- **Reihe: Marketing**
  Herausgegeben von Prof. Dr. Heribert Gierl, Augsburg, und PD Dr. Roland Helm, München

- **Reihe: Produktionswirtschaft und Industriebetriebslehre**
  Herausgegeben von Prof. Dr. Jörg Schlüchtermann, Bayreuth

- **Reihe: Europäische Wirtschaft**
  Herausgegeben von Prof. Dr. Winfried Matthes, Wuppertal

- **Reihe: Quantitative Ökonomie**
  Herausgegeben von Prof. Dr. Eckart Bomsdorf, Köln, Prof. Dr. Wim Kösters, Bochum, und Prof. Dr. Winfried Matthes, Wuppertal

- **Reihe: Internationale Wirtschaft**
  Herausgegeben von Prof. Dr. Manfred Borchert, Münster, Prof. Dr. Gustav Dieckheuer, Münster, und Prof. Dr. Paul J. J. Welfens, Potsdam

- **Reihe: Studien zur Dynamik der Wirtschaftsstruktur**
  Herausgegeben von Prof. Dr. Heinz Grossekettler, Münster

- **Reihe: Versicherungswirtschaft**
  Herausgegeben von Prof. Dr. Dieter Farny (em.), Köln
- **Reihe: Wirtschaftsgeographie und Wirtschaftsgeschichte**
  Herausgegeben von Prof. Dr. Ewald Gläßer, Köln, Prof. Dr. Josef Nipper, Köln, Dr. Martin W. Schmied, Köln, und Prof. Dr. Günther Schulz, Bonn
- **Reihe: Wirtschafts- und Sozialordnung: FRANZ-BÖHM-KOLLEG – Vorträge und Essays**
  Herausgegeben von Prof. Dr. Bodo B. Gemper, Siegen
- **Reihe: WISO-Studientexte**
  Herausgegeben von Prof. Dr. Eckart Bomsdorf, Köln, und Prof. Dr. Dr. h. c. Dr. h. c. Josef Kloock, Köln
- **Reihe: Kunstgeschichte**
  Herausgegeben von Prof. Dr. Norbert Werner, Gießen

FACHHOCHSCHUL-SCHRIFTEN
- **Reihe: Institut für betriebliche Datenverarbeitung (IBD) e. V. im Forschungsschwerpunkt Informationsmanagement für KMU**
  Herausgegeben von Prof. Dr. Felicitas Albers, Düsseldorf

PRAKTIKER-SCHRIFTEN
- **Reihe: Betriebliche Praxis**
  Herausgegeben von vBP StB Prof. Dr. Johannes Georg Bischoff, Wuppertal